L'influence entre l'intelligence artificielle et le juriste

L'histoire d'une réciprocité perpétuelle et éternelle

Le droit aujourd'hui

La collection « Le droit aujourd'hui » regroupe des études juridiques concernant des problèmes d'actualité nationale et internationale, dans divers domaines (éthique, politique, questions de société…).

Dernières parutions

Béatrice BLOHORN-BRENNEUR (dir.), *Médiation, écologie, environnement et intelligence artificielle*, 2024.
François GERBER, *Tempête Xynthia. La responsabilité des acteurs locaux dans les conséquences de la submersion*, 2023.
Olivier SALOMON, *Interprétation artistique et propriété intellectuelle, Essai d'une théorie du voisinage des droits exclusifs au sein de la propriété littéraire et artistique*, 2023.
Sarah TOUBAL, *Le rebond du débiteur. Contribution à l'étude du droit de la défaillance économique,* 2023.
Claire BORREL, Loïc PELISSIER, Abélisse PINCHON, *Altruisme et Droit*, 2023.
Cristina Elena POPA TACHE, *Le dynamisme du droit international public contemporain et la transdisciplinarité,* 2023.
Charles COLOMAR, *Le droit de l'art en question(s). 20 réponses juridiques sur des thématiques artistiques*, 2023.
Marcel Yannick MISONGUI, *La protection juridictionnelle par la Cour de justice dans l'ELSJ et la PESC après le Brexit*, 2023.
François CAMPAGNOLA, *Précis de droit de l'énergie*, 2023.
Sébastien DEMAY, *La charge de travail à l'ère du numérique*, 2023.
Meganne NATALI, *Le droit international face au trafic illégal de biodiversité sauvage,* 2023.
Rahma BENTIROU MATHLOUTHI (dir.), *Proportionnalité, droits fondamentaux et juge, Proportionality, fundamental rights and judges*, 2023.
Aécio Filipe COELHO FRAGA DE OLIVEIRA, *L'exécution des mesures à titre provisoire rendues par un tribunal arbitral situé à l'étranger*, 2022.

Siavash Shahrjerdi

L'influence entre l'intelligence artificielle et le juriste

L'histoire d'une réciprocité perpétuelle et éternelle

L'Harmattan

5-7, rue de l'École-Polytechnique ; 75005 Paris

http://www.editions-harmattan.fr/

ISBN : 978-2-336-44148-1
EAN : 9782336441481

« Le droit est la plus puissante des écoles de l'imagination. Jamais poète n'a interprété la nature aussi librement qu'un juriste la réalité. »[1]

- Jean GIRAUDOUX (*La Guerre de Troie n'aura pas lieu* - 1935)

[1] J. GIRAUDOUX, *La Guerre de Troie n'aura pas lieu*, Bernard Grasset, 1935, acte 2, scène V, p. 121.

À l'éclat céleste de ses yeux et à la lumière enchanteresse de son sourire, dédicace empreinte d'affection à ma mère bien-aimée, la source infinie de mes inspirations.

PRÉFACE

William GILLES

Maître de conférences (HDR) à l'École de droit de la Sorbonne
(Université Paris 1 Panthéon-Sorbonne)
Directeur du master Droit des données, des administrations numériques et des gouvernements ouverts de l'Université Paris 1 Panthéon-Sorbonne
Avocat au Barreau de Paris

L'avènement de l'intelligence artificielle générative, médiatisée par le lancement le 30 novembre 2022 de ChatGPT par OpenAI, n'a pas seulement permis au grand public de prendre conscience de la transformation de la société qui s'opère actuellement, mais a aussi été une prise de conscience d'une mutation des métiers, et pour ce qui concerne les professionnels du droit de l'évolution à venir la justice sous l'impact de l'intelligence artificielle qui est consubstantielle à la mise en œuvre d'une justice augmentée.

Dès lors, il n'est pas surprenant que le Barreau de Paris ait organisé une conférence dédiée à cette thématique dans le cadre des *Paris 2023 Legal Makers* du 23 novembre 2023. Les organisateurs invitent alors à réfléchir aux conséquences de la justice augmentée en s'interrogeant sur l'impact de l'intelligence artificielle sur la redéfinition du « rôle des acteurs du droit ». Les évolutions pourraient être rapides puisque les enjeux sont selon eux de se projeter en 2030 pour tenter de savoir notamment « combien [il restera] de cabinets d'avocats », laissant sous-entendre que leur nombre pourrait être réduit significativement, « quel sera le rôle et les attentes des grandes directions juridiques », et « quelles sont les répercussions de cette révolution sur les stratégies des cabinets d'avocats et des directions juridiques ».

Les enjeux qui se dessinent derrière cette transformation du monde du droit par la justice augmentée montrent l'importance de s'y préparer au mieux, ce qui présuppose d'avoir pu analyser les modalités de ces évolutions et leurs conséquences. C'est dire l'intérêt de la réflexion de Siavash SHAHRJERDI sur *La justice augmentée,* et de cet ouvrage qui porte plus spécifiquement sur *« la mutation formelle »* qu'elle engendre.

Les recherches que Siavash SHAHRJERDI a menées sur plusieurs années lui ont permis de confronter les législations de différents pays, et en particulier celles de l'Union européenne et des États-Unis d'Amérique. De son point de vue, la mutation formelle que crée la justice augmentée intervient dans le contexte d'une transformation structurelle de la justice dont la mise en œuvre dépend de la capacité à surpasser les « obstacles législatifs et matériels ». Ceux-ci s'expliquent notamment par la nécessité de pouvoir opérer une conciliation entre le recours par la Justice aux outils d'intelligence et les droits fondamentaux qui apportent à cette dernière un certain nombre de garanties. Dans la mesure où notre système juridique a été conçu sans prendre en compte l'avènement d'une intelligence artificielle qui n'avait pas été envisagée, l'auteur s'interroge sur la nécessité d'opérer une reconfiguration législative. Cependant, les obstacles juridiques au déploiement de la justice augmentée ne sont pas les seuls puisqu'il faut aussi y ajouter ceux de dimension technique. Or, en la matière, il existe ce que Siavash SHAHRJERDI appelle une « immaturité technologique des juridictions ». Si le constat pourrait *a priori* paraître sévère, il est pourtant aussi le reflet d'une réalité qui peut parfois exister, celle d'une méfiance du recours aux technologies.

Le risque est alors celui d'une justice à deux vitesses entre ceux qui refusent l'évolution technologique au nom du maintien des traditions et ceux qui acceptent d'y recourir, y compris sous la forme de legaltechs. À ce sujet, Siavash SHAHRJERDI livre une analyse intéressante sur la dimension économique de la justice augmentée qui se manifeste notamment selon lui par « le risque d'une colonisation technologique » du fait notamment du recours aux legaltechs.

S'il traite à la fin de son ouvrage de la question de la déshumanisation du système judiciaire du fait du recours à l'intelligence artificielle, le travail de Siavash SHAHRJERDI est celui d'un parti pris, à savoir qu'il est possible de maîtriser les effets de cette transformation pour qu'elle soit placée au service des hommes. Le droit comparé permet à l'auteur de rappeler les garanties qu'offrent les textes fondamentaux en la matière, qu'il s'agisse notamment de l'article 6 de la Convention européenne des droits de l'homme ou du 4e amendement de la Constitution des États-Unis, ou encore des jurisprudences européennes et américaines. L'intitulé de son paragraphe sur « la déshumanisation comme vecteur du renforcement de la qualité de la justice » ne doit pas être lu comme une provocation adressée à l'égard de ceux qui s'opposent aux transformations de la justice sous le prisme de l'intelligence artificielle, mais comme une réflexion sur les modalités permettant de contribuer à l'augmentation de la qualité de la justice.

Le lecteur l'aura compris. La lecture de cet ouvrage ne laissera pas indifférent. Elle contribuera à nourrir les arguments tant de ceux qui sont favorables que de ceux qui sont plus réticents face à une telle transformation qui finit cependant à s'imposer progressivement. Dès lors, l'enjeu consiste peut-être moins à discuter du bien-fondé de recourir ou non à la justice augmentée tant cette évolution semble désormais actée. Il est plutôt d'œuvrer à ce que la justice augmentée, qui selon Siavash SHAHRJERDI est « vecteur d'une mutation formelle », soit appréhendée dans les meilleures conditions avec l'objectif d'amélioration de la qualité de la justice qu'appelle de ses vœux l'auteur de cet ouvrage.

PRÉFACE

Philippe COEN

Directeur juridique de *Walt Disney Company EMEA*
Président Fondateur de l'ONG Respect Zone
Co-Directeur de la Clinique Juridique Respect Zone des Droits Humains Numériques (Université Paris XII Dauphine)
Président du Comité de Déontologie des Juristes d'Entreprise
Président d'Honneur de la *European Company Lawyers Association* (ECLA)
Directeur des Affaires Publiques et Juridiques (VP) de l'Association Française des Juristes d'Entreprise (AFJE)

Explorer la notion de « la justice augmentée » est une nécessité juridique pour notre société, en proie à une crise permanente et en besoin constant de réforme et de révolution juridique. Au cœur de cette révolution, l'émergence et le développement rapide de l'intelligence artificielle réveillent toutes les grandes questions éthico-juridiques de notre société en pleine réinvention numérique. L'auteur mérite d'être salué pour avoir ouvert nos yeux afin de mieux anticiper notre futur et mieux comprendre, de manière approfondie, les enjeux qui nous concernent, que nous soyons des individus ou des entreprises, dans un monde de droit et en appelant à la créativité juridique pour la communauté des juristes.

Le développement spectaculaire des systèmes d'intelligence artificielle au cours des dernières années a engendré une prise de conscience collective quant à son inéluctable évolution dans nos vies. Au-delà de cette révélation, cette technologie agit comme un catalyseur, provoquant une métamorphose profonde dans le paysage professionnel, avec un impact significatif sur les praticiens du droit. Ces derniers s'apprêtent à naviguer dans l'océan complexe de la justice augmentée, un horizon inexploré où l'intelligence artificielle est capable de se mettre au service et non à l'encontre des principes fondamentaux de la justice et du droit.

Les enjeux qui découlent de cette transformation du monde juridique par la justice augmentée soulignent l'impérieuse nécessité de se préparer de manière réfléchie et en anticipation par opposition à une réflexion juridique en remédiation. Cela implique une analyse approfondie des évolutions actuelles et de leurs répercussions. C'est dans cette perspective que se situe l'intérêt de la réflexion de Siavash SHAHRJERDI sur les effets formels et formalisants induits par la mise en œuvre de la justice augmentée.

Les recherches approfondies menées par Siavash SHAHRJERDI sur ce sujet lui ont permis d'explorer divers aspects de ces effets au sein des systèmes judiciaires de différents pays, avec un accent particulier sur ceux de l'Union européenne et des États-Unis d'Amérique. Il souligne notamment la présence de nombreux obstacles législatifs entravant l'automatisation des systèmes judiciaires, assurant ainsi la protection des droits fondamentaux. L'auteur analyse de manière approfondie l'incertitude entourant la nécessité d'une reconfiguration législative pour encadrer cette technologie, en évoquant une pertinence potentielle de l'encadrement existant pour protéger les droits individuels. L'auteur a eu la nuance savoir nous faire distinguer ce qui ressort d'une justice augmentée par l'intelligence artificielle à ne pas confondre avec une justice substituée par cette technologie.

Il aborde également d'autres obstacles et défis entravant l'automatisation des processus judiciaires, tels que l'immaturité technologique des juridictions et des professionnels du droit, ainsi que la méfiance, tant populaire qu'institutionnelle, envers les systèmes d'intelligence artificielle.

En outre, Siavash SHAHRJERDI propose une analyse approfondie de la dimension économique et commerciale de la justice augmentée, la qualifiant de motivation principale de sa mise en œuvre. Cette perspective éclaire davantage les tenants et aboutissants de cette révolution technologique au sein des systèmes judiciaires.

En évoquant le sujet de « post-humanisme judiciaire », il affirme qu'il est possible de recourir aux systèmes de prise de décision purement automatisés qu'il qualifie « déshumanisés » pour les mettre au service des intérêts des êtres humains.

Siavash SHAHRJERDI présente une vision singulière sur ce sujet non seulement en évoquant les risques pouvant être émergés de ces systèmes mais aussi en mettant en question la qualité de la prise de décision humaine par rapport à celle de l'intelligence artificielle et ses algorithmes. Cette vision présente un fondement intellectuel neutre pour ce sujet, en prenant en considération les approches variées. Il est un ouvrage juridique qui n'est pas réservé aux juristes répondant à un besoin urgent de prendre le recul afin d'éviter le risque d'une injustice augmentée à venir.

PRÉFACE

Ce texte a été auto-rédigé par un système de l'intelligence artificielle génératrice
(*ChatGPT - OpenAI*)

L'avènement de l'intelligence artificielle marque une ère nouvelle dans notre compréhension du monde et redéfinit notre approche des défis contemporains. Parmi ces défis, l'influence de l'intelligence artificielle dans les environnements judiciaires occupe une place centrale.

Cet ouvrage, fruit d'une réflexion approfondie et d'une exploration minutieuse, s'attache à dévoiler les multiples facettes des impacts engendrés par le recours à l'intelligence artificielle dans le domaine juridique.

À l'heure où la technologie façonne notre quotidien, les implications de l'intelligence artificielle dans la justice sont vastes et profondes. Ce livre se propose d'analyser avec finesse les transformations opérées, des méthodes analytiques du droit à la prise de décision judiciaire, tout en explorant les avantages, les défis et les questions éthiques suscités par cette révolution numérique.

Les auteurs, experts émérites dans leurs domaines respectifs, nous guident à travers un voyage intellectuel captivant. Ils nous invitent à réfléchir sur les implications éthiques, la préservation des droits individuels, et les changements fondamentaux que l'intelligence artificielle impose à la conception même de la justice. En scrutant les mécanismes à l'œuvre derrière ces évolutions, cet ouvrage offre une perspective éclairée sur les opportunités et les défis auxquels les systèmes judiciaires dits augmentés sont confrontés.

Que ces pages stimulent la réflexion, nourrissent le débat, et guident les lecteurs à travers ce paysage complexe où la technologie et la justice entrelacent leurs destinées. Puissent les idées présentées ici contribuer à éclairer le chemin vers une utilisation éthique et responsable de l'intelligence artificielle dans nos institutions judiciaires, au service d'une justice équitable et éclairée.

Sommaire

La liste des abréviations, sigles et acronymes

AELE	Association européenne de libre-échange
AIDA	Commission spéciale du parlement européen sur l'intelligence artificielle à l'ère du numérique
LGDJ.	Librairie générale de droit et de jurisprudence
AN	Assemblée nationale (Fr)
MSI-NET	Comité d'experts sur les intermediaries d'internet
CA	(État de) Californie
BE	Bélgique
OEB.	Office européen des brevets
CNE	Convention sur le brevet européen
ADN	Acide DésoxyriboNucléique
FISC	Fiscal – Fiscalité
CERSA	Centre d'études et de recherches de science administrative
OMIJ	Observatoire des mutations institutionnelles et juridiques
Me	Maître
CRIDS	Centre de recherche information droit et société
ECRI	Commission européenne contre le racisme et l'intolérance
CCBE	Conseil des barreaux européens
IFOP	Institut français d'opinion publique
Coord.	Sous la coordination de
OCDE	Organisation de coopération et de développement économiques
IHEJ	Institut des hautes études sur la justice
CNIL	Commission nationale de l'informatique et des libertés Délibération
CER	Conseil européen de la recherche
PLINE	Plateforme d'échanges interne État
PLEX	Plateforme d'échanges externe
PVA	Réseau privé virtuel des avocats
NFT	Jeton non fongible
CEI	Conseil européen de l'innovation
CASSIOPEE	La chaîne applicative supportant le système d'information opérationnel pour le pénal et les enfants
INRIA	Institut national de recherche en sciences et technologies du numérique
CAHAI	Comité *ad hoc* sur l'intelligence artificielle (Conseil de l'Europe)
CAHAI-COG	Groupe de consultation et de sensibilisation (CAHAI)
CAHAI-LFG	Groupe sur les cadres juridiques (CAHAI)
CAHAI-PDG	Groupe d'élaboration des politiques (CAHAI)
CDFUE	Charte des droits fondamentaux de l'Union européenne
CEDH	Convention de sauvegarde des droits de l'homme et des libertés fondamentales
CEPEJ	Commission européenne pour l'efficacité de la justice (Conseil de l'Europe)

GT-CYBERJUST	Groupe de travail sur « le cyber justice et l'intelligence artificielle » (Conseil de l'Europe)
CESE	Comité économique et social européen (UE)
CJUE	Cour de justice de l'Union européenne
CJCE	Cour de Justice de la communauté européenne
LMP	Logiciels métier du parquet
CE	Conseil d'État
ANSSI	Sécurité des systèmes d'information
EIG	Entrepreneur d'intérêt général
Comm. com. Electr.	Communication - Commerce électronique
Cour EDH.	Cour européenne des droits de l'homme
D.C	District de Columbia
DG CONNECT	Direction générale des réseaux de communication, du contenu et des technologies
RNIB	Réseau National des Incubateurs de Barreaux
DSI	Directeur des systèmes d'information
CER	Conseil européen de la recherche
En	Anglais
FL	(État de) Floride
DPO	Délégué à la protection des données
NTIC	Nouvelles technologies de l'information et de la communication
Fr	France / Français(e)
FRA	Agence des droits fondamentaux de l'union européenne
GEHN IA	Groupe d'experts de haut niveau sur l'intelligence artificielle (UE)
GAFAM	Google, Apple, Facebook, Amazon et Microsoft
IA.	Intelligence artificielle
INL	Initiative législative
TIC	Technologies de l'information et de la communication
INNT	Institut national des normes et de la technologie
MIT	Institut de technologie du Massachusetts
MSI-AUT	Comité d'experts du conseil de l'Europe sur les dimensions des droits de l'homme dans le traitement des données et les différentes formes de l'IA
MVS	Machine à vecteurs de support
NSCAI	Commission nationale de sécurité sur l'intelligence artificielle
ONG	Organisation non gouvernementale
ONU	Organisation des Nations-Unis
RGPD	Règlement général sur la protection des données
PME	Petite ou moyenne entreprise
TFUE	Traité sur le fonctionnement de l'Union européenne
TUE	Traité sur l'Union européenne
U.S.A. / U.S.	États-Unis d'Amérique
UE	Union Européenne
C.	Contre
CNB	Conseil national des barreaux
LAD	Lecture automatique de documents
RAD	Reconnaissance automatique de documents
OCR	Reconnaissance optique de caractères
UIT	Union internationale des télécommunications
Wis.	(État de) de Wisconsin
Cass. 1ère civ.	Cour de cassation, première chambre civile (Fr)
Canada	Can.

R&A	Recherche et développement
ABA	American Bar Association
AGI	Strong Artificial Intelligence
AI	Artificial intelligence
EuRobotics	The European Robotics Coordination Action
FDA	Food and Drug Administration
RSD	Refugee Status Determination
TAR	Technology Assisted Review
REACH	Registration, evaluation, authorization and restriction of Chemicals
ANI	Weak Artificial Intelligence
BYU	Brigham Young University
AICT	Artificial Intelligence Capabilities and Transparency
B2C	Business to consumer
UCL	University College London
STOA	Science and Technology Options Assessment
PRS-CL	Procedural reasoning system
U.S.C.	United-States codes
LDA	Latent Dirichlet Allocation
ICCII	International Conference on Computational Intelligence and Informatics
CCPA	California Consumer Privacy Act
NCSC	National Center for State Courts
JTC	Joint Technology Committee
CLOUD Act	Clarifying Lawful Overseas Use of Data Act
CODEX	Stanford Center for Legal Informatics
NCSAI	National Security Commission on Artificial Intelligence
OSTP	Office of Science and Technology Policy
NCSL	National Conference of State Legislatures
NSF	National Science Foundation
DPA	Data Protection Agency
MIT	Massachusetts Institute of Technology
COMPAS	Correctional Offender Management Profiling for Alternative Sanctions
COMPSTAT	Compare Statistics
HITL	Human-in-the-loop
Con.	Congress
D.C.	District of Columbia
ICO	Information Commissioner's Office
H.R.	Bill originating in the House of Representatives (U.S. Con.)
H.Res.	Simple resolution originating in the House of Representatives (U.S. Con.)
HART	Harm Assessment Risk Tool
HITL	Human-in-the-loop
P2P	Peer-to-peer
HRG	Hearing (U.S. Con.)
EPRS	European Parliamentary Research Service
ITU	International Telecommunication Union
Ld.	Limited
GPS	Global Positioning System
DARPA	Defense Advanced Research Projects Agency
NASA	National Aeronautics and Space Administration

NIST	National Institute of Standards and Technology
NSTC	National Science and Technology Council
NTIRD	Networking and Information Technology Research and Development
NY	New York
NYPD	New York City Police Department
PSI	Public Sector Information
MIRI	Machine Intelligence Research Institute
PRS-CL	Procedural reasoning system
FRCP	Federal Rules of Civil Procedure
ESI	Electronically stored information
S.	Bill originating in the Senate (U.S. Con.)
SaaS	Software as a service
Cert.	Writ of Certiorari
GAN	Generative adversarial networks
PII	Personally identifiable information
SHIELD	Stopping Harmful Interference in Elections for a Lasting Democracy Act
SHIELD	Stop Hacks and Improve Electronic Data Security Act (NY)
SVM	Support Vector Machines
IAPP	International Association of Privacy Professionals
TOIT	ACM Transactions on Internet Technology
VRAG	Using the Violence Risk Appraisal Guide
§	Paragraphe
¶	Pied-de-mouche
aff.	Affaire
Art.	Article
Arts.	Articles
Cf.	Confer
col.	Collection
Con.	Considérant
Cons.	Considérants
dir.	Sous la direction de
doctr.	Doctrine / Doctrinal
doc.	Document
e.g.	Par exemple
Ed.	Édition
ex.	Exemple
Ibidem	Même endroit
Id.	Idem., de même
n°	Numéro
nn°	Numéros
op. cit.	Opus. citatus
p.	Page / Nombre total des pages
pp.	De la page (…) à la page (…)
Sec.	Section
T.	Tome
trad.	Traducteur / traduction / traduit par
V.	Voire
Préc.	Précité
vol.	Volume

INTRODUCTION

« Pour une étude rationnelle du droit [...], l'homme du futur est l'homme des statistiques »[1].

- Oliver Wendell HOLMES Jr. (Paths of the Law - 1897)

Ce propos tenu par Oliver Wendell HOLMES Jr., éminent théoricien et juge américain, est emblématique de la transformation fondamentale du monde du droit dès la fin du XIXe siècle. Cette transformation résulte directement des débuts de l'ère industrielle.

Aux États-Unis, cette citation était devenue une grande source d'inspiration pour développer la théorie de « l'analyse économique du droit » soutenant l'idée que les évolutions et les revirements jurisprudentielles et législatives du droit se forment principalement sous l'influence des enjeux économiques[2]. Cette approche est aussi révélatrice de l'émergence d'une nouvelle logique, favorisant l'aspect interdisciplinaire des techniques d'analyse juridique, s'opposant à la théorie du positivisme juridique, reconnaissant essentiellement la volonté générale comme la seule raison légitime de l'évolution et de la création du droit. Cette approche, en reposant sur l'importance du fondement « rationnel » (et méthodologique) des analyses juridiques, nous permet de reconnaître « la pratique du droit » comme « une science » basée sur des méthodes prédéfinies et stables. L'idée de l'analyse « scientifique » de droit a été particulièrement développée par les initiateurs de « l'école de Chicano d'analyse économique du droit » et notamment Richard Allen POSNER[3]. Cette caractéristique nous amène à recourir à une

---

[1] O.W. HOLMES, « The Path of the Law », *Harvard Law Review*, Vol. 10, 1897, pp. 457.

[2] R-A. POSNER, *Economic Analysis of Law, Little*, Aspen Publishers, éd. 7, 2007, 816 p. ; W-M. LADES, R-A. POSNER, *The Influence of Economics on Law: A Quantitative Study*, rapport de l'École de droit de l'Université de Chicago, 1992, disponible sur https://core.ac.uk/download/pdf/189577944.pdf (consulté le 22 juin 2021). ; Th.J. MICELI, M.J. BAKER, *Economic Models of Law*, Edward Elgar Pub, 2014, 616 p. ; S. BARCLAY, « Posner's Economic Model and the Decision to Appeal », *The Justice System Journal*, vol. 19, n° 1, 1997, pp. 77-99.

[3] M. FEELEY, « Economic Analysis of Law. By Richard A. Posner », *American Political Science Review*, vol. 71, n° 1, 1977, pp. 422-423. ; G. MINDA, « The Lawyer - Economist at Chicago: Richard A. Posner and the Economic Analysis of Law », *Ohio State Law Journal*, vol. 39, 1978, pp. 439-475. ; M. MAŁECKA, « Posner versus Kelsen: the challenges for scientific analysis of

« logique mathématique » (constituant également le fondement des sciences économiques) pour créer et appliquer les règles juridiques[1]. Ceci n'est pas un enjeu récent. En 1670, le caractère opportun du recours à cette logique dans le but de maintenir la cohérence des règles et des normes juridiques a été démontré, pour la première fois, par Gottfried Wilheim LEIBNIZ, célèbre mathématicien, juriste et philosophe allemand[2]. L'analyse mathématique (algorithmique) des questions et des problématiques juridiques a été aussi progressivement remarquée à la fin du XXe siècle et au début du XXIe siècle. Ils peuvent être considérés respectivement comme l'époque « post-industrielle » (l'ère du numérique et de l'internet) et celle des « algorithmes ».

Les analyses algorithmiques sont employées, dans le cadre des systèmes de « l'intelligence artificielle », non seulement par les acteurs de l'économie et du commerce, pour optimiser la qualité et la rapidité de leurs activités, mais aussi par les États pour améliorer l'efficacité de la gestion des systèmes politiques, administratifs, sécuritaires, policières, judiciaires et juridiques.

Alors qu'en théorie, l'intelligence artificielle est souvent définie, d'une manière extrêmement schématique, comme un système capable de simuler l'intelligence humaine[3], elle se caractérise par la complexité ainsi que par la multiplicité de la forme et de la nature de ses techniques. Une image déformée et trompeuse peut se propager aisément. Cela a, d'ailleurs, conduit l'écrivain et inventeur, Monsieur Eliezer YUDKOWSKY à estimer que « le plus grand danger de l'intelligence artificielle est que les gens concluent trop tôt qu'ils la comprennent »[4]. La diversité immense de ces techniques ouvre des nouvelles perspectives élargissant le champ des intérêts et des risques que cette technologie peut présenter.

La création et la mise en œuvre appropriée de ces outils nécessitent non seulement une connaissance technique des particularités de chaque système mais aussi un sens de l'innovation et de créativité ainsi qu'une aptitude à la créativité et une grande capacité d'adaptation. La création d'environnements judiciaires augmentés (par cette technologie) nécessite une identification correcte et précise des besoins des juristes et des attentes des justiciables ainsi

---

law », *European Journal of Law and Economics*, vol. 43, 2017, pp. 495-516. ; J. MIKHAIL, « Law, Science, and Morality: A Review of Richard Posner's "The Problematics of Moral and Legal Theory », *Stanford Law Review*, vol. 54, n° 5, mai 2002, pp. 1057-1127.

[1] Cf. L. ABRARDI, C. CAMBINI, L. RONDI, « The economics of artificial intelligence : a survey », *Institut universitaire européen (centre Robert Schuman d'études avancées)*, 2019, disponible sur https://cadmus.eui.eu/bitstream/handle/1814/63684/RSCAS 2019_58.pdf?sequence=1&isAllowed=y (consulté le 24 avril 2022).

[2] G. LAURENT, « Le statut du temps et de l'aspect dans la structure modale de l'énoncé. Esquisse d'un modèle global », *Syntaxe et Sémantique*, 2001, vol. 2, n° 1, pp. 57-80.

[3] Larousse, *Intelligence artificielle*, disponible sur https://www.larousse.fr/encyclopedie/divers/intelligence_artificielle/187257 (consulté le 25 décembre 2020).

[4] E. YUDKOWSKY, « Artificial Intelligence as a Positive and Negative Factor in Global Risk », *Machine Intelligence Research Institute (MIRI)*, 2018, disponible sur https://intelligence.org/files/AIPosNegFactor.pdf (consulté le 17 février 2022).

que la conception d'outils répondant à ces dernières. Dans chaque système, ces besoins sont susceptibles d'être différents. Cela nous amène à étudier séparément les problématiques juridiques relatives à « l'usage » des systèmes existants de l'intelligence artificielle et à « la création » des futurs environnements judiciaires augmentés (et automatisés). Cette distinction se caractérise par les différences fondamentales dans la nature et la portée des effets que chacun peut produire.

La justice augmentée se caractérise par l'originalité de la nature de ses techniques ainsi que celle des défis qu'elle peut produire. Afin d'étudier les particularités du rôle que l'intelligence artificielle peut jouer dans les environnements juridiques et judiciaires et dans le processus de création du droit, il convient de s'interroger sur les circonstances des premières rencontres du monde du droit avec les systèmes de l'intelligence artificielle ainsi que la multiplicité et l'hétérogénéité de ses techniques sous-jacentes.

La question de l'augmentation des capacités des juristes à l'aide d'une logique mathématique n'est pas un enjeu contemporain. Depuis l'invention de la calculatrice, les algorithmiques sont présents dans leur quotidien. Cependant, leur première rencontre directe avec les techniques « statistiques » de l'intelligence artificielle a eu lieu au début du XXe siècle, lorsque les juridictions pénales américaines ont commencé à utiliser, sur la recommandation de la Conférence des présidents des cours des États-Unis[1] et la section de la justice pénale de l'association du barreau américain (en anglais : *American Bar Association*), des rapports présentenciels (en anglais : *Pre-sentence investigation report*) conçus par les systèmes d'évaluation et de prédiction de l'émergence de risque (en particulier, le logiciel COMPAS) afin d'optimiser la réduction préventive de la criminalité. Il convient de noter que les départements de la police du comté de Kent et de la ville de Durham utilisent, respectivement depuis 2013 et 2017, des logiciels similaires[2].

Dans les systèmes judiciaires, l'intelligence artificielle peut être impliquée de manières différentes. Elle fournit la possibilité matérielle de mettre en

---

[1] National Center for State Courts, *In Support of Sentencing Practices that Promote Public Safety and Reduce Recidivism,* resolution n° 12, rapport de la *Conference of Chief Justices, Conference of State Court Administrators, National Center for State Courts,* 1 août 2007, disponible sur http://ncsc.contentdm.oclc.org/cdm/ref/collection/ctcomm/id/139 (consulté le 22 décembre 2020)

[2] BBC News, « Kent Police stop using crime predicting software », 26 novembre 2018, disponible sur https://www.bbc.com/news/uk-england-kent-46345717 (consulté le 22 décembre 2020). ; M. OSWALD, J. GRACE, Sh. URWIN, G.C. BARNES, « Algorithmic risk assessment policing models: lessons from the Durham HART model and 'Experimental' proportionality », *Information & Communications Technology Law,* avril 2018, vol. 27, n. 2, pp. 227-231, disponible sur https://doi.org/10.1080/13600834.2018.1458455 (consulté le 28 décembre 2020). ; Sénat, *Place des algorithmes dans le secteur juridique*, la question posée par Madame la Sénatrice Brigitte LHERBIER, sénatrice du Nord (Hauts-de-France), 18 juillet 2019, disponible sur https://www.senat.fr/questions/base/2019/qSEQ190711629.html (consulté le 28 décembre 2020).

œuvre des systèmes « prédictifs », « augmentés » et « purement automatisés » de justice. Chacun peut produire des impacts complétement différents. C'est ainsi qu'ils peuvent être difficilement soumis au même régime juridique. La première catégorie vise à renforcer l'efficacité des systèmes existants. C'est ainsi que leur mise en place peut être considérée comme une « évolution ». La deuxième et la troisième imposent une reconfiguration fondamentale du processus de prise de décision. Cela révèle la nécessité impérieuse de création des nouvelles règles procédurales et de nouvelles méthodes d'analyse et d'interprétation. Cela peut être interprété comme « une révolution » modifiant la structure des systèmes juridiques.

Cet ouvrage présente une perspective globale sur l'ensemble des utilités, dans les environnements judiciaires, des technologies de l'intelligence artificielle et de la blockchain. Dans ce contexte, les mêmes outils algorithmiques peuvent être utilisés à la fois par les membres des juridictions, les professionnels libéraux du droit et directement par les justiciables. Ils peuvent être aussi employés pour renforcer l'efficacité des modes alternatifs de résolution des conflits. Cet ouvrage présente également une analyse synthétique sur le caractère « réalisable » (des points de vue technique et juridique) de leur mise en œuvre ainsi que les impacts qu'ils produisent sur l'application ainsi que les évolutions jurisprudentielles et législatives du droit.

Dans ces environnements, les techniques algorithmiques pouvant être utilisées sont de natures diverses allant de celles de la documentation, la recherche et la traduction des jurisprudences[1], en passant par celles dédiées à la détection des émotions exprimées lors du procès[2], l'analyse des éléments de preuve et le contrôle de la recevabilité des requêtes à la modélisation du paradigme judiciaire et l'opinion personnelles des magistrats (ou celle collective des jurys).

Les systèmes de l'analyse algorithmique et la reproduction automatisée des avis juridiques reposent plus spécifiquement sur les techniques du traitement automatique du langage naturel, basées sur « la détection » et « le recensement des n-grammes de la syntaxe des phrases et des mots »[3]. Dans les cas complexes, l'analyse des concepts juridiques peut être complétée par l'identification, l'exploitation et la modélisation de « l'intention originelle des législateurs lors de création des lois » (il s'agit d'un élément essentiel dans leur interprétation, en particulier par les juridictions de seconds degrés et

---

[1] Y. OGAWA, I. KAZUHIRO, T. KATSUHIKO, « Evaluation Metrics for Consistent Translation of Japanese Legal Sentences » In E. FRANCESCONI, S. MONTEMAGNI, W. PETERS, D. TISCORNIA (dir.), *Semantic Processing of Legal Texts*, vol 6036, Springer, pp 235-248.

[2] P. R. BAIE, « Beyond black ink: from Langdell to the Oyez project, the voice of the past », *Loyola Law Review*, vol. 55, 2009, pp. 277-330.

[3] Cf. N. ALETRAS, D. TSARAPATSANIS, D. PREOTJUC-PIETRO, V. LAMPOS, « Predicting judicial decisions of the European Court of Human Rights: a Natural Language Processing perspective », *PeerJ Computer Science,* 2:e93, 2016, disponible sur https://doi.org/10.7717/peerj-cs.93 (consulté le 12 mai 2022).

suprêmes)[1] à partir de non seulement les textes « judiciaires » (englobant des décisions, des avis (en particulier, dans le cas de la Cour suprême des États-Unis) et des interprétations des magistrats), mais aussi « législatifs » (englobant les textes des lois et les comptes rendus des débats parlementaires élaborés au cours du processus d'adoption des lois) et « doctrinaux ».

Le sujet de la justice augmentée semble être à la fois associé à des préoccupations relatives au risque de violation des droits fondamentaux, alimentées particulièrement par une méfiance globale vis-à-vis des systèmes automatisés et à des considérations économiques, budgétaires et commerciaux.

L'entrée des systèmes de l'intelligence artificielle dans les environnements judiciaires est marquée par de fortes réticences liées à une méfiance populaire (et même institutionnelle). Dans la culture populaire et l'imaginaire collectif[2], l'image de l'intelligence artificielle semble être plus élaborée et imposée par la science-fiction que les études des sciences pures. Celle-ci est reflétée même dans les textes législatifs européens où les législateurs ont employé des termes comme « Frankenstein »[3], « le golem de Prague » et « le robot de Karel »[4] pour décrire les « machines intelligentes ». En France, ces termes étaient ainsi repris par le Sénat et l'Assemblée nationale dans leur premier rapport sur cette technologie[5]. Monsieur le Professeur Christophe CARON la compare aux « Dr. Jekyll & Mr. Hyde » pour décrire les deux facettes potentiellement « avantageuse » et « dangereuse » de l'intelligence artificielle[6].

Sur le plan psychologique, la crainte globale de la mise en place des systèmes purement automatisés de prise de décision peut relever de théorie de « l'inquiétante étrangeté » de Sigmund FREUD (c'est une traduction faite, en 1933, par la Princesse Marie Bonaparte depuis le terme allemand *das*

---

[1] CF. SCALIA, *A Matter of Interpretation: Federal Courts and The Law,* Princeton University Press, 1997, p. 119 cité dans R. T. BOWSER, « A Matter of Interpretation: Federal Courts and the Law », *Campbell Law Review*, 1997, vol. 19, n° 2, printemps 1997, p. 219.

[2] Cf. C. O'NEIL, *Weapons of Math Destruction: How Big Data Increases Inequality and Threatens Democracy*, Crown, 2016, 272 p.

[3] Résolution du Parlement européen du 16 février 2017 *contenant des recommandations à la Commission concernant des règles de droit civil sur la robotique*, 2015/2103 (INL), p.1, §A.

[4] Cf. Conseil des barreaux européens, *Considérations du CCBE sur les aspects juridiques de l'intelligence artificielle*, 20 février 2020, P.7.

[5] Office parlementaire d'évaluation des choix scientifiques et technologiques *du Sénat (fr) et de l'Assemblée nationale (fr), pour une intelligence artificielle maîtrisée, utile et démystifiée,* rapports 4594 (AN) et n°464 (Sénat), 15 mars 2017, Tome I, présenté par M. Claude DE CANAY et Mme Dominique GILLOT, pp. 30-32 et p. 192.

[6] Ch. CARON, « L'IA ou le retour de HAL », *Comm. com. Electr*, 2018, n°5, repère 1, p.1. ; E. PISANELLI, « Artificial intelligence and inequality : a solution or a weapon? », *EUIdeas*, 11 juin 2021, disponible sur https://euideas.eui.eu/2021/06/11/artificial-intelligence-and-inequality-a-solution-or-a-weapon/ (consulté le 12 juin 2021).

unheimliche)[1] et de ce que Madame Martine MENÈS qualifie comme un « phénomène angoissant, mais distinct de l'angoisse » [2] face à une « doute qu'un être en apparence animé ne soit vivant et, inversement, qu'un objet sans vie ne soit en quelque sorte animé (figures de cire, automates) »[3]. Dans le domaine de robotique cela a fait l'objet d'une étude par le Professeur Masahiro MORI, expliquant dans sa théorie « la vallée de l'étrange »[4].

Cette méfiance a suscité des inquiétudes grandissantes liées aux risques potentiels d'atteintes aux droits fondamentaux et aux libertés fondamentales de leurs utilisateurs (englobant principalement les justiciables, les membres des juridictions et les professionnels libéraux du droit)[5]. Lors de chaque utilisation de ces systèmes, ce risque est présent comme une « épée de Damoclès » (il n'est pas nécessairement supérieur à celui pouvant être présenté, dans un contexte similaire, par les hommes). Dans ce contexte, les principaux droits menacés sont l'accès au droit, à la justice et à un procès équitable, le principe du contradictoire et celui du *due process* (en particulier, aux États-Unis). Le droit à l'égalité et le principe de non-discrimination se trouvent également à la tête de cette liste.

Ces préoccupations semblent être particulièrement soulevées par les médias, les ONGs et les défenseurs des droits de l'homme, notamment les ONG ProPublica (aux États-Unis) et Big Brother Watch (au Royaume-Uni). Pourtant, à ce jour, aucune violation de ces droits à cause du recours aux logiciels algorithmiques n'est officiellement déclarée par les juridictions américaines et européennes. Cela démontre que l'appréciation négative des experts vis-à-vis de l'intelligence artificielle est « biaisée ».

Même si les caractères « systématique » et « sérieux » de ces risques sont écartés par les autorités juridiques et judiciaires américaines[6] (à ce jour, le

---

[1] S. FREUD, *L'inquiétante étrangeté et autres essais*, Gallimard, 1 janvier 1988, 352 p. ; A. JACQUES, « De l'inquiétante étrangeté chez Freud et chez Lacan », *Champ lacanien*, vol. 2, n° 10, 2011, pp. 195-210.

[2] M. MENÈS, « L'inquiétante étrangeté », *La lettre de l'enfance et de l'adolescence*, 2004, vol. 56, n° 2, p. 23.

[3] *Ibidem.*

[4] M. MORI, K. F. MACDORMAN (trad.), T. MINATO (trad.), « The uncanny valley », *Proceedings, Android science*, 2005, p. 33-35. ; M. MORI, K. F. MACDORMAN (trad.), N. KAGEKI (trad.), « The uncanny valley », *IEEE Robotics and Automation*, vol. 19, n° 2, juin 2012, pp. 98–100.

[5] Cf. M. RISSE, « Human rights and artificial intelligence: an urgently needed agenda », *Human rights quarterly : a comparative and international journal of the social sciences, humanities and law*, vol. 41, n° 1, février 2019, pp. 1-16. ; Cf. L. GÉRARD, D. MOUGENOT, « Justice robotisée et droit fondamentaux » In. J-B. HUBIN, H. JACQUEMIN, B. MICHAUX (sous la coord.), *Le juge et algorithme : juges augmentés ou justice diminuée ?*, Centre de recherche information droit et société (CRIDS), Larcier, 2019, pp. 13-54.

[6] National Center for State Courts, *In Support of Sentencing Practices that Promote Public Safety and Reduce Recidivism, op. cit.* ; *State c. Loomis*, 881 N.W.2d 749 (Wis. 2016), ¶2 et ¶ 8. Le 26 juin 2017, cette décision a été formellement confirmée par la Cour suprême des États-Unis. (Scotusblog, l'évolution du traitement de la *petition for certiorari* présentée par Monsieur

Congrès des États-Unis et les législatures fédérés n'ont jamais directement statué sur ce sujet), l'usage de ces outils est considéré « potentiellement dangereux » par celles de l'Union européenne et du Conseil de l'Europe qui ont opté pour une position extrêmement vigilante vis-à-vis de ces derniers. Celle-ci semble être issue d'une tendance culturelle de la méfiance vis-à-vis des machines. Son contre-exemple pourrait être le Japon où la relation avec machines est traditionnellement conçue comme complémentaire et bénéfique[1].

Cette approche a mené les législateurs européens à imposer des limites et des conditions strictes à la conception, la commercialisation et l'utilisation de ces systèmes. C'est ainsi que dans sa proposition de règlement sur l'intelligence artificielle (ce texte ne créé pas des nouveaux droits individuels mais des nouvelles obligations positives pour les acteurs de cette technologie), la Commission européenne positionne tous les outils algorithmiques utilisés au sein l'administration de justice (quel que soit le degré de sa complexité et la nature de son usage), dans la catégorie des systèmes « à haut risque »[2]. Dans ces circonstances, la neutralisation des données d'entrée aux systèmes de l'intelligence artificielle peut être considérée comme une solution garantissant le principe d'égalité. Pourtant, d'un point de vue technique, celle-ci ne semble pas être réalisable puisque le processus de l'apprentissage algorithmique, étant programmé sur le modèle du processus neuronal du cerveau, fonctionne sur la base de cette forme de biais.

La compréhension de chaque élément, par le cerveau se réalise par une analyse des biais acquis, appris et compris dans le passé. Une comparaison entre eux et leur apprentissage permet au cerveau de comprendre, par exemple, la différence entre un chat et un chien. Par exemple, un apprentissage biaisé nous permet de croire qu'un tigre affamé est potentiellement dangereux alors qu'un papillon ne l'est pas. Dans cet exemple, une analyse débiaisée nous conduit à faire valoir qu'un tigre affamé n'est pas forcément dangereux et qu'il doit être réputé innocent tant qu'il n'a pas encore dévoré quelqu'un. Pourtant, quand un homme se rapproche d'un tigre, son cerveau ne fonctionne naturellement et instinctivement pas de cette manière. L'enlèvement de ces biais paralyserait le système naturel d'analyse et de prise de décision, d'autant plus qu'en théorie, une information manipulée et débiaisée est une « fausse

---

LOOMIS à la Cour suprême des États-Unis, disponible sur http://www.scotusblog.com/case-files/cases/loomis-v-wisconsin/ - consulté le 6 avril 2021).

[1] Cf. S. NARUMI, « Les relations des Japonais avec les robots datent du XVIIe siècle », *Nippon*, 27 juillet 2012, disponible sur https://www.nippon.com/fr/views/b00907/ (consulté le 20 juin 2022).

[2] L'art. 6§2 et le con. n° 40 de la proposition de règlement du Parlement européen et du Conseil *établissant des règles harmonisées sur l'intelligence artificielle (le règlement sur l'intelligence artificielle) modifiant certains actes législatifs de l'union*, 21 avril 2021COM (2021) 206 final, 2021/0106 (COD) ainsi que les alinéas a, d, e, f et g, de paragraphe 6 et le paragraphe 8 de l'annexe III de ce règlement. ; Cf. con. n° 15 des recommandations du 8 avril 2020 du Conseil de l'Europe *sur les impacts des systèmes algorithmiques sur les droits de l'homme*, 8 avril 2020.

information ». C'est la raison pour laquelle un mécanisme de neutralisation peut réduire le degré de l'exactitude des données d'entrée au système et avoir des impacts sur la qualité de celles de sortie.

La mise en place d'un mécanisme du contrôle systématique visant à détecter le caractère interdit des discriminations produites, modélisées, systématisées ou structurées par l'intelligence artificielle paraît une solution plus réaliste. Il s'agit d'une tâche prenante et difficile tant pour la machine que les hommes (aux États-Unis où l'interdiction de discrimination n'a pas une portée globale et absolue, son analyse sera de plus en plus compliquée). C'est pourquoi elle ne peut être considérée comme une solution définitivement pertinente, d'autant plus que la multiplication de ces contrôles peut mettre en question « la rentabilité économique » et « la logique budgétaire » de création de systèmes augmentés et automatisés.

Dans l'Union européenne, la solution la plus simple pour recourir aux systèmes (purement) automatisés ou demi-automatisés de prise de décision judiciaire est d'obtenir le consentement des justiciables pour faire l'objet d'un tel procès[1]. C'est ainsi qu'en étant théoriquement opposables à l'article 22 du Règlement (UE) 2016/679 du Parlement européen et du Conseil du 27 avril 2016, relatif à la protection des personnes physiques à l'égard du traitement des données à caractère personnel et à la libre circulation de ces données, et abrogeant la directive 95/46/CE (RGPD), les juridictions automatisées peuvent être créées en Europe. Leur mise en œuvre peut être aussi potentiellement justifiée par une dérogation basée sur leur nature comme « une mission d'intérêt public »[2] visant à renforcer la qualité et accélérer le rythme des procédures.

Si leur légitimité se base sur le consentement des justiciables, il sera possible de permettre à ces derniers de déterminer le degré d'automatisation de leur procès. Cela permettrait de fournir des « processus judiciaires sur mesure » correspondant aux attentes spécifiques des parties du litige. Cela peut être motivé à la fois par le souhait d'accélérer le rythme de l'avancée du procès et en même temps celui de maintenir son aspect humain. Son degré d'automatisation peut être fixé grâce au remplissage systématique d'un questionnaire par les parties du procès avant son déroulement. Dans ces circonstances, il sera nécessaire de prévoir une assistance technique aux justiciables qui ne sont pas familiers avec le fonctionnement de l'intelligence artificielle. Cela peut aboutir à la création d'un nouveau métier juridique. Le degré d'accélération du rythme d'un procès dit augmenté peut être aussi automatiquement évalué par la machine, en fonction des éléments déterminés par les justiciables. Contrairement à certaines catégories du procès (particulièrement en matière pénale) où son déroulement est une obligation

---

[1] L'art. 6 §1 (a) du RGPD. ; Cf. Les arts. 4, 5 et 7 du RGPD.

[2] Les cons n° 156, n° 158, n° 159, l'art. 23§1, les paragraphes 1 (premier alinéa, point d), 4 et 5 de l'art. 49 et l'art. 89 du RGPD.

pour l'État, la justice peut être vue comme un service public, en particulier, lorsque cela concerne un litige entre les personnes. C'est la raison pour laquelle la prise en compte des préférences de ses sujets concernant la forme de son déroulement peut être aussi considérée légitime. Nous pouvons même faire valoir que les citoyens achètent (indirectement) ce service en payant ses impôts. Cela justifie la nécessité de sa conformité à leurs attentes.

Compte tenu de l'avis positif des Cours suprêmes du Wisconsin et des États-Unis vis-à-vis de l'implication des systèmes algorithmiques dans les juridictions (pénales)[1], la mise en place des juridictions augmentées et automatisées américaines peut être parfaitement possible et envisageable tant que « le droit à un tribunal (ou un jury) indépendant et impartial », garanti par le quatrième amendement de la Constitution des États-Unis, est respecté. La possibilité juridique de mise en place des systèmes purement automatisés de prise de décision dans ces juridictions dépendra particulièrement à l'appréciation des législateurs et magistrats américains dans l'avenir. En absence d'un cadre juridique national, des limites à celle-ci peuvent être fixées dans l'avenir aux niveaux fédéral ou / et fédéré.

Sans tenir compte des représentations « surréalistes » imaginées par les auteurs de science-fiction et par les publicités commerciales des concepteurs et des fournisseurs des outils algorithmiques, cet ouvrage tente, en adoptant une position objectivée et « neutre », à présenter une perspective de plus en plus « réaliste » sur les spécificités des caractéristiques de ces systèmes. Dans ce contexte, l'intelligence artificielle est porteuse de « deux aspects économiques », caractérisés par « la prestation directe des services juridiques par les acteurs de la legaltech » et « la vente des logiciels aux acteurs de la justice ». À ce titre, elle est à la fois l'objet du commerce, d'économie[2] et de justice. En utilisant ces technologies, les juridictions seront en mesure de créer leurs propres outils et les utiliser indépendamment de leurs créateurs et leurs fournisseurs. Il convient de noter que (même si ces outils fournissent une indépendance et une responsabilité plus importante pour les utilisateurs) les utilisateurs ou les acheteurs de ces outils restent moyennement dépendants des concepteurs des systèmes, particulièrement pour le stockage des données, la programmation et la mise à jour des logiciels ainsi que l'assistance technique.

La mise en place des environnements judiciaires augmentés (et automatisés) peut être motivée par des besoins budgétaires et des ambitions

---

[1] *State c. Loomis*, 881 N.W.2d 749 (Wis. 2016), ¶2 et ¶ 8. (le 26 juin 2017, cette décision a été formellement confirmée par la Cour suprême des États-Unis).

[2] N. PRAT, « The Artificial Intelligence Revolution in Analytics, and What It Means for Businesses », *ESSEC Knowledge Review*, janvier 2021, pp. 6-9, disponible sur https://knowledge.essec.edu/media/uploads/artificial_intelligence_and_the_technological_transformation.pdf (consulté le 17 février 2022). ; Cf. Stanford Institute for Human-Centered Artificial Intelligence, *The AI index repot, Measuring trends in Artificial Intelligence - 2021*, janvier 2022, pp. 80-106, disponible sur https://aiindex.stanford.edu/wp-content/uploads/2021/11/2021-AI-Index-Report_Master.pdf (consulté le 21 janvier 2022).

économiques, respectivement « au sein » et à « l'extérieur » des juridictions. En renforçant l'importance du fondement économique et commercial du système de justice, cette transformation peut potentiellement affaiblir le caractère indépendant et impartial des administrations de justice et développer une dépendance matérielle aux entreprises privées, fournissant les outils de l'intelligence artificielle, qui sont dotées des stratégies de recherche et de développement (R&D) plus dynamiques et plus développées par rapport à celles du secteur public. Cela peut également conduire à une aggravation de la dépendance aux investissements dans le secteur privé. Dans ces circonstances, la création des laboratoires et des incubateurs dits « judiciaires » dirigés directement par le pouvoir public peut considérablement réduire ce risque.

Les systèmes de l'intelligence artificielle peuvent procéder à la structuration automatique des données exploitées à partir des textes. La qualité de réalisation de cette tâche dépend particulièrement de la capacité des algorithmes dans la détection du sens correct des phrases. Pourtant, dans cette démarche, leur puissance n'est pas le seul facteur déterminant. Afin de renforcer la qualité de ces systèmes, il convient de procéder à une série de réformes « réactionnelles », « linguistiques » et « langagières » en vue de renforcer la détectabilité des textes pour les machines. Ceux similaires peuvent être aussi appliqués lorsque les systèmes de la reconnaissance automatique de la parole sont employés pour analyser les conversations orales lors du procès et leur transformation en une version écrite.

Les règles sémantiques, grammaticales et d'orthographe sont basées sur « une logique mathématique », constituant également le fondement du fonctionnement des algorithmes. Cela explique l'efficacité (théorique) des systèmes du traitement automatique du langage naturel. Lors d'élaboration des textes judiciaires et législatifs, le respect strict à celle-ci peut renforcer la qualité de leurs analyses algorithmiques et celle de la détection et le recensement des similitudes sémantiques entre les textes juridiques. La mise en place et l'application systématique d'un système de correction automatique des phrases, avant de procéder à la détection et à au recensement algorithmique des n-grammes, peut permettre à améliorer le processus de la structuration des données. La mise en œuvre d'une telle réforme peut également aboutir à l'émergence d'une normalisation, dans un niveau supranational, de la manière d'expression des juristes.

Même si sur le plan théorique, celle-ci peut optimiser la qualité des systèmes algorithmiques, en pratique, elle peut produire des limites formelles à la liberté fonctionnelle des acteurs de justice. À long terme, cela peut même présenter des impacts limitatifs à leur manière du raisonnement. Cette exigence est emblématique de la soumission des imperfections humaines aux perfections mathématiques et mécaniques, affaiblissant, en particulier, le caractère humain de la création, l'évolution et l'exercice du droit. C'est ainsi que l'ensemble de ces réformes peut conduire à une standardisation progressive des méthodes d'élaboration d'un raisonnement judiciaire, non seulement par l'intelligence artificielle mais aussi par les acteurs de la justice puisqu'elle peut limiter indirectement la liberté interprétative des juges de seconds degrés et suprêmes[1]. Une telle mathématisation de la pensée juridique[2], sous l'influence des cadres et des méthodes algorithmiques imposés par l'intelligence artificielle, peut entraîner « une application mécanique du droit », en Europe et « une interprétation trop mécanique de la règle du droit » aux États-Unis.

L'élaboration d'une décision judiciaire peut être réalisée grâce à une série d'analyses sur les sources jurisprudentielles, législatives et réglementaires. Afin de pouvoir obtenir un résultat suffisamment fiable et exact, il convient de concevoir des « modèles algorithmiques », soit sur « la base des opinions individuelles des magistrats », soit sur « les interprétations précédentes d'une problématique spécifique, dans les jurisprudences d'un environnement judiciaire spécifique »[3]. Cette pratique semble être de plus en plus efficace dans le système de *Common law*. D'un point de vue technique, ces méthodes sont génériques. Néanmoins, dans chacun des systèmes judiciaires américains et européens, leur processus peut être plus particulièrement concentré sur une catégorie spécifique des données, à savoir « les profils des magistrats et des justiciables » (aux États-Unis), ainsi que « les faits et les circonstances des affaires » (en Europe). Cela démontre la nature extrêmement dynamique du système de la modélisation automatisée du raisonnement judiciaire.

L'automatisation progressive des systèmes judiciaires peut susciter une inquiétude liée à une éventuelle impertinence (ou défaillance) des mécanismes algorithmiques de l'élaboration des raisonnements juridiques. En théorie, l'intelligence artificielle est programmée pour imiter les systèmes de l'apprentissage et d'analyse des hommes. Le manque de confiance vis-à-vis de ces systèmes peut être justifié par un manque de capacité d'imitation des machines. Elle peut être aussi considérée comme une mise en cause de la qualité des données et les modèles initiaux de modélisation algorithmiques, à savoir, la manière du raisonnement des magistrats.

Cela nous amène à nous interroger sur le caractère indispensable de sanctuarisation de l'aspect humain du procès et des analyses juridiques ainsi que les avantages et les inconvénients de chacune des rationalités « algorithmiques » et « humaines ». À cet égard, cet ouvrage propose une nouvelle réflexion sur ce sujet, en analysant les idées extrêmement différentes,

---

[1] Cf. S. HARNAY, S. VIGOUROUX, « Pouvoir discrétionnaire et choix stratégiques du juge administratif : une analyse économique du gouvernement des juges », *Politiques et Management Public*, vol. 18, n° 2, 2000, pp. 69-92.

[2] Cf. H-J. DE VLEESCHAUWER, « La genèse de la méthode mathématique de Wolf. Ccontribution à l'histoire des idées au XVIIIe siècle », *revue belge de Philologie et d'Histoire*, vol. 11, n° 3, 1932, pp. 651–677.

[3] Cf. E. ASH, Y. CAO, D. L. CHEN, « Automated fact-value distinction in court opinions », *European Journal of Law & Economics*, vol. 50, 2020, pp. 451-467.

allant par « la logique mathématique » d'Aristote[1] à « l'intelligence du cœur » d'Antoine DE SAINT-EXUPÉRY[2].

L'imitation algorithmique du raisonnement humain se réalise sur la base d'une logique mathématique. Par conséquent, dans le cadre d'une analyse algorithmique des raisonnements exprimés par les hommes, l'intelligence artificielle pourra produire, en modifiant leur forme, un raisonnement « excessivement » (et restrictivement) rationnel et mécanique. C'est ainsi que si nous interrogeons Aristote et SAINT-EXUPÉRY sur un raisonnement élaboré par la machine, nous pouvons recevoir deux réponses contradictoires. Le premier aurait dû apprécier ce système et second aurait dû en s'opposer.

Dans une échelle plus large, si nous considérons que la société humaine est composée par ceux qui croient en logique aristotélicienne (mathématique) et d'autres qui apprécient l'intelligence sentimentale et émotionnelle de SAINT-EXUPÉRY, le recours à ces systèmes dans l'administration de justice serait sûrement rejeté par une partie et apprécié par l'autre. Cette tension met en cause la pertinence des règles actuellement, applicables à ce phénomène, et révèle une incertitude sur les intérêts et les risques que les systèmes relevant de la justice augmentée peuvent présenter.

L'humanisme, tel qu'il est formulé au XVIIIe siècle, constitue le fondement de la démocratie moderne. Cette pensée soutient le caractère conventionnel et positiviste du droit. Or, ce sont ces principes humanistes qui ont façonné l'organisation et le fonctionnement des environnements législatifs et judiciaires européens et américains[3].

Le recours à une logique formelle développée par l'intelligence artificielle, étant basée sur un mécanisme « mathématique » et « naturel » peut limiter non

---

[1] J-B. GOURINAT, « Aristote et la " logique formelle moderne " : sur quelques paradoxes de l'interprétation de Łukasiewicz », *Philosophia Scientiæ*, vol. 15, cahier 2, 2011, pp. 69-101. ; M. CRUBELLIER, « Aristotle on the Ways and Means of Rhetoric » In. D. M. GABBAY, P. CANIVEZ, Sh. RAHMAN, A. THIERCELIN (dir.), *Approaches to Legal Rationality*, Springer, 2011, pp. 3-24. ; Aristote, J. BARTHÉLEMY-SAINT-HILAIRE (trad.), *les premiers analytiques*, Ladrange, 1866, p. 2. ; D. MANSUY, « Aristote, Leo Strauss et le droit naturel », *Laval théologique et philosophique*, vol. 70, n° 2, Juin 2014, p. 316. ; G. GÉRARD, « Hegel, lecteur de la métaphysique d'Aristote. La substance en tant que sujet », *Revue de métaphysique et de morale*, 2012, vol. 2, n° 74, p. 195. ; Cf. Aristote, D. AGACINSKI (dir.), *Sur la justice: (Éthique à Nicomaque, livre V)*, Flammarion, 2008, 128 p.

[2] S. DESMOULIN-CANSELIER, « Les intelligences non humaines et le droit Observations à partir de l'intelligence animale et de l'intelligence artificielle », *Archives de philosophie du droit*, Dalloz, coll. le droit et les sciences de l'esprit, vol. 55, 2012, pp. 66 et 80. ; A. DE SAINT - EXUPÉRY, *Le petit prince*, éd. du groupe Ebooks libres et gratuits, 1943, p. 83., disponible sur www.cmls.polytechnique.fr/perso/tringali/documents/st_exupery_le_petit_prince.pdf (consulté le 19 décembre 2021).

[3] Q. LE PLUARD, « La fin de l'humanisme juridique ? Vers un dépassement de l'Homme comme seule fin du droit », *Cahiers Droit, Sciences & Technologies*, vol. 11 (L'humain en transformation - dossier thématique), 2020, § 10, disponible sur https://doi.org/10.4000/cdst.2798 (consulté le 25 janvier 2022). ; Cf. M. ANCEL, « L'Humanisme et le droit », *Bulletin de l'Association Guillaume Budé*, 1947, vol. 3, pp. 38-45.

seulement la liberté décisionnelle des magistrats mais aussi celle des législateurs. La mise en œuvre des juridictions augmentées et l'implication des outils de l'intelligence artificielle lors de la création des lois, peuvent être un pas vers l'émergence d'une sorte du « post-humanisme juridique et judiciaire », favorisant principalement une interprétation et une analyse « mathématique » et « rationnelle » (dans le sens aristotélicien) du droit. Cela ne peut être confondue avec le phénomène de déshumanisation du système de justice qu'il s'agit d'une suppression totale de son caractère humain.

Aux États-Unis, cette révolution est susceptible d'être de plus en plus marquante. L'ensemble de ces considérations nous permet de conclure que le recours excessif à cette technologie peut conduire à une positivisation progressive du système judiciaire américain et à une diminution ipso facto de l'importance du rôle des magistrats de ce système.

La technologie de l'intelligence artificielle, fonctionnant sur la base d'une imitation, se caractérise par l'interdisciplinarité de sa nature. C'est ainsi que son implication dans les environnements judiciaires doit être étudiée du point de vue de différents domaines scientifiques. Cet ouvrage propose une réflexion sur les principaux axes de ce sujet, à savoir, ses aspects « juridiques et technologiques », « économiques et commerciaux » ainsi que « linguistiques, langagiers et comportementaux ». Ce sujet est notamment étudié du point de vue des impacts transformateurs que cette technologie peut imposer à la structure formelle du fonctionnement de justice.

Le développement et le renforcement de la qualité et de l'efficacité des systèmes juridiques et judiciaires augmentés (et automatisés) dépendent aussi de la cohérence des collaborations entre les experts dans des domaines différents (en particulier, le droit, l'informatique, l'économie). Cet ouvrage démontre comment et dans quelles conditions, une étude portant sur la justice augmentée peut les amener à rapprocher leur vision et leurs approches qui peuvent être, à l'origine, extrêmement différentes.

La justice augmentée couvre un champ extrêmement vaste des matières juridiques. Ainsi, les impacts transnationaux et supranationaux que les systèmes de l'intelligence artificielle pourraient produire dépassent facilement les frontières étatiques. C'est la raison pour laquelle, pour étudier ce sujet, une approche méthodologique comparée et évolutionniste semble être la plus pertinente (pour la première fois, la pertinence de cette approche pour traiter les sujets de cette nature a été prouvée en 1900 lors du célèbre Congrès international de droit comparé)[1].

Cet ouvrage, étant particulièrement concentré sur les enjeux liés à ce phénomène aux États-Unis et en Europe permet aux juristes de chacun de ces systèmes de s'inspirer les uns des autres, dans le développement et l'encadrement juridique de ces systèmes (et leur programmation), d'autant

[1] T. RAMBAUD, *Introduction au droit comparé. Les grandes traditions juridiques dans le monde*, Presses universitaires de France, 2017, pp. 9 et 39.

plus que, dans toutes les deux, la nature des problématiques causées par ces systèmes est de plus en plus similaire. L'approche méthodologique employée pour élaborer cet ouvrage se concentre à la fois sur « une macro-comparaison »[1] et « une micro-comparaison »[2]. La première porte sur les enjeux globaux que la justice augmentée peut produire sur les systèmes économiques, politiques, juridiques et judiciaires européens et américains ainsi que les impacts qu'elle peut présenter sur les approches des magistrats, paradigmes judiciaires et l'évolution du droit. La seconde est plus particulièrement concentrée sur une étude des spécificités des différentes techniques algorithmiques pouvant être conçues et utilisées dans les environnements juridiques et judiciaires européens et américains.

La mise en place de la justice augmentée est porteuse d'une transformation « matérielle » des juridictions et des cabinets d'avocats, modifiant aussi le mode de travail des juristes et leur manière d'analyser les questions et des problématiques juridiques. Cela révèle une reconfiguration structurelle du système du fonctionnement de justice. Elle est à la fois motivée par des ambitions économiques des institutions, des juristes et des acteurs du commerce et aussi limitée par des règles juridiques existantes et par certaines oppositions de la part des experts et des populations.

Aux États-Unis et dans l'Union européenne, les motivations et les problématiques liées à celle-ci semblent être relativement similaires. Pourtant, dans chacune de ces dimensions, elles sont abordées de manières différentes. Cette divergence d'approche se manifeste plus particulièrement dans le texte de la proposition du règlement européen sur l'intelligence artificielle où la Commission a opté pour une approche restrictive, limitant, dans ces environnements, la possibilité de recourir aux systèmes automatisés de prise de décision, alors qu'aux Etats-Unis, aucune limite spécifique à cet usage des systèmes automatisés n'a jamais été imposée ni par les législateurs ni par les juridictions. Cela nous conduit à conclure que la mise en œuvre de la justice augmentée est à la fois influencée et encadrée par les normes législatives, réglementaires et jurisprudentielles ainsi que par des facteurs influents tels que des motivations économiques, commerciales et politiques et des exigences sociales. Il est important de considérer que ces systèmes imposent également à leurs utilisateurs un certain nombre de normes et de standards techniques touchant leur manière de travail d'analyses.

Le cerveau humain et la machine connaissent des limites différentes. Lors d'une interaction entre eux, chacun doit s'adapter aux limites imposées par l'autre. Par conséquent, lors de la programmation, du contrôle et de l'utilisation de ces systèmes, les hommes doivent respecter certaines exigences formelles et mathématiques. En transformant la forme des activités humaines, cela peut aussi impacter leur fond.

---

[1] *Ibidem*, p. 46.
[2] *Ibidem*, p. 47.

En conclusion, dans les environnements judiciaires augmentés, il y a un cercle de production réciproque des normes de la part des hommes et des machines. Cela révèle une circulation intense et perpétuelle de nouvelles forces créatrices des standards, conduisant le monde du droit vers une époque post-moderne, où les rôles des juristes seront reconfigurés, voire diminués. Dans ces circonstances, la question principale pouvant se poser est de savoir si le maintien du fondement « humain » des systèmes de justice est une condition essentielle d'augmentation de sa qualité.

TITRE 1. LA JUSTICE AUGMENTÉE À L'ÉPREUVE D'UNE TRANSFORMATION STRUCTURELLE

Depuis des décennies, le monde du droit et la vie des juristes sont entourés par l'intelligence artificielle. Les interactions entre cette technologie, le droit et la justice ont abouti à une sorte de fusion entre ces disciplines et à la création d'une nouvelle forme de pratique et de l'évolution du droit. Celle-ci fournit progressivement la possibilité d'usage des différentes technologies de l'intelligence artificielle et de la technologie de blockchain dans les environnements judiciaires et l'établissement de « la justice augmentée ».

Le recours à ces technologies aboutira à un changement de structure matérielle des juridictions et des cabinets d'avocats. Il aurait également des impacts plus profonds sur la nature et des modalités d'exercice des professions du droit ainsi que des relations entre le secteur judiciaire et des créateurs et des commerçants des outils de l'intelligence artificielle[1]. Ces changements produisent des intérêts et des risques différents aux États-Unis et en Europe.

Dans le monde du droit, l'intelligence artificielle a fait l'objet d'une obsession[2] qui se caractérise à la fois par des enthousiasmes envers les immenses intérêts économiques qu'elle peut générer, et par une peur excessive générée par des images contradictoires que la science et la science-fiction ont démontrées de cette technologie.

Monsieur Eliezer YUDKOWSKY explique que « le plus grand danger de l'intelligence artificielle est que les gens concluent trop tôt qu'ils la

---

[1] Cf. B. DEFFAINS, « Le monde du droit face à la transformation numérique », *Pouvoirs*, vol. 3, n° 170, 2019, pp. 43-58.

[2] Ch. CARON, « L'IA ou le retour de HAL », *Comm. com. Electr*, 2018, n° 5, repère 1, p. 1, cité In B. BARRAUD, « Le droit en datas : comment l'intelligence artificielle redessine le monde juridique », *Revue Lamy Droit de l'immatériel*, Lamy (imprimé) / Wolters Kluwer, éd. électronique, 2019, p.2, disponible sur https://hal.archives-ouvertes.fr/hal-02445023 (consulté le 12 juin 2020).

comprennent » [1]. Selon Jacques MONOD, cela fait partie des caractéristiques de la théorie de l'évolution[2].

Cette obsession a deux facettes. Il existe une forme d'obsession dite « progressiste » qui se caractérise par un désir infini de facilitation des tâches judicaires et de l'épanouissement du marché professionnel des fonctions juridiques. Il y a aussi une autre forme d'obsession qui peut être qualifiée comme « conservatrice » qui se nourrit de la peur de la prise de pouvoir excessive par l'intelligence artificielle ou le remplacement des juristes par l'intelligence artificielle. Nous constatons que les réactions envers cette technologie sont souvent bien extrêmes. C'est ainsi que selon Monsieur Jean-Marc SAUVÉ précise qu'une réflexion sur ce sujet « donne quelque peu le vertige »[3]. La fusion de l'intelligence artificielle et la justice peut ressembler, pour certains, à « un mariage contre-nature »[4] et pour certains d'autres à « un moyen de réaliser les rêves les plus vieux du droit : un droit sans l'État »[5].

Les visions et les approches excessives vis-à-vis de « la justice augmentée » se sont, en quelque sorte, rationalisée sous l'effet de la confrontation de sa mise en œuvre aux nombreux obstacles législatifs et matériels et aux nouveaux enjeux commerciaux, fruits de l'émergence d'un nouveau marché des outils de legaltech. Le Conseil national des barreaux « définie comme acteur de la Legaltech, toute organisation qui propose, fournit et/ou développe des technologies au service du droit ou de l'accès à la justice »[6].

---

[1] YUDKOWSKY E., « Artificial Intelligence as a Positive and Negative Factor in Global Risk », *Machine Intelligence Research Institute (MIRI)*, 2018, disponible sur https://intelligence.org/files/AIPosNegFactor.pdf (consulté le 17 février 2022).

[2] J. MONOD, « On the molecular theory of evolution » In. *Problems of scientific revolution : Progress and obstacles to progress in the sciences*, The Herbert Spencer Lectures, Oxford University Press, 1975, pp. 11-24.

[3] L'intervention de Monsieur Jean-Marc SAUVÉ, lors du colloque « la justice prédictive » organisé le 12 février 2018. Le texte d'intervention de Monsieur SAUVÉ est disponible sur https://www.conseil-etat.fr/actualites/discours-et-interventions/la-justice-predictive (consulté le 14 mars 2021).

[4] L'intervention du professeur Gregory LEWKOWICZ lors de conférence « Smart Law : le tournant mathématique du droit », 19 octobre 2017, Laboratoire de cyberjustice (Université de Montréal), disponible sur https://www.chairelexum.ca/actualites/smart-law-le-tournant-mathematique-du-droit/ (consulté le 11 avril 2021).

[5] A. GARAPON, « Les enjeux de la justice prédictive », *La Semaine juridique*, éd. Générale, LexisNexis, 9 janvier 2017, n°1-2, p. 52, disponible sur https://www.cnil.fr/sites/default/files/atoms/files/justice_predictive.pdf (consulté le 12 avril 2021). ; L. COHEN-TANUGI, *Le droit sans l'État*, Presses Universitaires de France, coll. Quadrige, 2007. 288 p.

[6] Conseil national des barreaux, *Legaltechs du domaine de la jurimétrie, Préconisations d'actions*, assemblée générale du 9 octobre 2020, rapport du groupe de travail *Legaltech*, p.4.

Chapitre 1. La justice augmentée face aux obstacles législatifs et matériels

Contrairement à la dématérialisation des processus judiciaires et au lancement des audiences à distance qui reposent sur le fonctionnement classique de la justice[1], la mise en œuvre des techniques de l'intelligence artificielle au sein des juridictions et des cabinets d'avocats impose nécessairement une reconfiguration structurelle dans le fonctionnement de la justice ainsi que dans ses règles procédurales. Par conséquent, elle est révélatrice d'une transformation globale dépassant une simple transformation numérique.

Malgré la passion que le monde du droit exprime pour la réalisation du rêve d'une justice augmentée par les techniques de l'intelligence artificielle, les outils dotés de cette technologie ont, aujourd'hui, une présence minimale dans les juridictions européennes et américaines. C'est la raison pour laquelle, aujourd'hui, il n'existe aucun cadre juridique spécifique pour la justice augmentée ni aux États-Unis ni en Europe.

Même s'il n'y a aucune objection explicite ou un blocage officiel pour l'utilisation des outils dotés de l'intelligence artificielle dans les juridictions et les cabinets d'avocats dans ces deux dimensions géographiques, l'absence d'une reconnaissance législative de la justice augmentée aux États-Unis et en Europe a généré un manque de la volonté institutionnelle et populaire pour la mise en place massive des technologies de l'intelligence artificielle dans les environnements judiciaires. Celui-ci est ainsi due à la difficulté de la reconnaissance législative, réglementaire, jurisprudentielle et doctrinale du statut de l'intelligence artificielle ainsi qu'à la confrontation de certaines caractéristiques des techniques de cette dernière avec des règles définies par les lois protégeant les droits et les libertés fondamentales. Au-delà de « la volonté » de mise en place de la justice augmentée, sa réalisation s'est confrontée à un manque de « la capacité technologique » des organes judiciaires et « le manque de la connaissance technologique des acteurs de la

[1] Le site officiel du gouvernement du Royaume-Uni, « Courts and tribunals data on audio and video technology use during coronavirus outbreak », 14 avril 2020 (modifié le 30 avril 2020), disponible sur https://www.gov.uk/government/collections/weekly-use-of-remote-hearing-technologies-in-hmcts (consulté le 25 octobre 2020).

justice ». Celles-ci semblent être notamment dues à l'immaturité technologique des juridictions. Ces facteurs matérialisent de grandes barrières pour la réalisation du rêve d'automatisation partielle ou totale des actions en justice.

Section 1. La justice augmentée confrontée aux lois protégeant les libertés fondamentales

Au début du XXIe siècle, aux États-Unis, les premières expériences de l'usage des outils algorithmiques d'aide à la décision ont suscité des inquiétudes liées au risque de la production systématique des atteintes aux droits fondamentaux et aux libertés fondamentales, par la mise en œuvre des environnements judiciaires augmentés[1]. Ces préoccupations révèlent la nécessité impérieuse d'une reconfiguration législative, afin de mieux encadrer l'usage des techniques de l'intelligence artificielle au sein de la justice.

L'estimation du risque réel de l'émergence d'un tel conflit avec les droits fondamentaux est difficile puisque celui-ci est souvent surestimé par certains journalistes et sous-estimé par les prestataires de l'intelligence artificielle et les ingénieurs. Cette divergence d'opinion et de visions opposées, a abouti à la création de deux camps parmi les juristes qui ont souvent des positions « très » favorables ou « très » hostiles envers cette technologie.

Même si l'essor de l'intelligence artificielle à la fin du XXe siècle a été le produit d'une révolution industrielle, qui avait souvent des impacts radicaux sur les différents secteurs[2], son intégration dans le monde du droit ne se réalise que progressivement puisque les tentatives trop hâtives de recours à cette technologie peuvent aboutir à une mise en place inadaptée de certains de ces outils dans les juridictions. Une telle intégration mal adaptée pourrait produire un certain nombre d'incompatibilités avec les droits fondamentaux des justiciables.

L'intelligence artificielle est une technologie émergente et controversée dans le monde du droit, restant encore véritablement méconnue. Afin d'avoir une réflexion claire et réaliste envers « la justice automatisée » et « la justice augmentée » et de mieux connaître et reconnaître sa place réelle au sein de la

---

[1] Cf. M. Risse, « Human rights and artificial intelligence : an urgently needed agenda », *Human rights quarterly : a comparative and international journal of the social sciences, humanities and law*, vol. 41, n° 1, février 2019, pp. 1-16. ; Cf. L. Gérard, D. Mougenot, « Justice robotisée et droit fondamentaux » In. J-B. Hubin, H. Jacquemin, B. Michaux (sous la coord.), *Le juge et algorithme : juges augmentés ou justice diminuée ?*, Centre de recherche information droit et société (CRIDS), Larcier, 2019, pp. 13-54.

[2] Cf. M. Durmus, *The AI Thought Book: Inspirational Thoughts & Quotes on Artificial Intelligence*, Independently published, 2021, 130 p.

justice, il est tout d'abord impératif de lui définir une notion juridique propre et pertinente et de connaître la diversité de son usage dans les différentes phases du procès.

Depuis près de deux décennies, l'intelligence artificielle fait partie du quotidien de la population de l'Union européenne et des États-Unis. Toutefois, à ce jour, elle n'a aucune définition précise et mondialement acceptée, ni sur le plan juridique ni si sur le plan scientifique[1]. Ainsi, « le sens [de ce terme] s'est modifié au cours du temps »[2] comme évoque Monsieur Jean LASSÈGUE. Celle-ci est définie différemment par les juristes, les ingénieurs et les acteurs du commerce.

Cette divergence est un obstacle à la compréhension de cette technologie, c'est ce qu'affirme Monsieur Yannick MENECEUR, lorsqu'il précise que « l'intelligence artificielle est dans tous les discours, mais elle est souvent mal définie »[3]. Ce vide terminologique souligne la nécessité impérieuse de qualification d'une notion juridique pertinente. La difficulté d'adaptation de la terminologie juridique aux nouveaux phénomènes technologiques n'est pas un enjeu contemporain exceptionnel. La même difficulté est également observée dans le cas de la définition de la blockchain. C'est la raison pour laquelle, aujourd'hui, beaucoup préfèrent utiliser le terme anglais donné à cette technologie au lieu de sa traduction française « la chaine des blocs » qui est jugé par certains comme vide de sens.

Cette difficulté est autant générale que selon Madame Catelijne MULLER « les définitions juridiques sont encore plus difficiles à établir que les définitions purement scientifiques »[4].

La reconnaissance de la définition de l'intelligence artificielle d'une façon claire et précise est la première nécessité pour la reconnaissance juridique et technique des caractéristiques d'un système judiciaire augmenté. À cet égard, il est tout d'abord nécessaire, de s'interroger sur les racines étymologiques de cette notion qui s'appuie sur le mot « intelligence » (en latin : *Intelligentia*) principalement considérée comme une caractéristique essentiellement humaine. Pour la première fois, ce terme a été utilisé lors de la conférence de Dartmouth qui a eu lieu en été 1956. L'usage de cette notion révolutionnaire a symbolisé un rapprochement entre les activités dites « réservées » aux humains et les capacités opérationnelles des machines.

---

[1] Cf. N. NEVEJANS, « Les robots : tentataive de définition » In. A. BENSAMOUN (sous dir.), *Les robots, objets scientifiques, objets de droits*, Mare & Martin, coll. des Presses Universitaires de Sceaux, 2016, pp. 81-119.

[2] J. LASSÈGUE, « L'Intelligence artificielle, technologie de la vision numérique du monde », *Les cahiers de la justice*, 2019, n° 2, p. 205.

[3] Y. MENECEUR, C. BARBARO, « Intelligence artificielle et mémoire de la justice : le grand malentendu », *Les Cahiers de la Justice*, 2019, vol. 2, n° 2, p. 289.

[4] Conseil de l'Europe, *Vers une régulation des systèmes d'IA, perspectives internationales sur l'élaboration d'un cadre juridique fondé sur les normes du Conseil de l'Europe dans le domaine des droits de l'homme, de la démocratie et de l'État de droit*, étude de Conseil de l'Europe, Rapport du Comité *ad hoc* sur l'intelligence artificielle, DGI, 2020, n° 16, p. 24.

Les autres alternatives terminologiques comme « l'intelligence informatique » et « l'intelligence machinale ou mécanique » sont, également, utilisées par certains scientifiques pour décrire le fonctionnement de l'intelligence artificielle. Toutefois, il apparaît que ces notions ne sont pas littérairement équivalentes. Le terme d'intelligence artificielle repose particulièrement sur la capacité d'imitation du fonctionnement de l'intelligence humaine par le biais d'une analyse algorithmique des données alors que « l'intelligence informatique » et « l'intelligence machinale et mécanique » se réfèrent à la capacité de traitement mécanique d'une tâche précise. Ces mots démontrent un objectif plus réaliste et moins ambitieux pour les scientifiques.

L'encyclopédie « Larousse » définit l'intelligence artificielle comme « l'ensemble de théories et de techniques mises en œuvre en vue de réaliser des machines capables de simuler l'intelligence »[1]. En France, le Conseil d'État la définit comme une « science dont le but est de faire accomplir par une machine des tâches qui requièrent traditionnellement l'intelligence humaine ou animale »[2].

L'association américaine pour l'avancement de l'intelligence artificielle et la Commission européenne décrivent respectivement l'intelligence artificielle comme « la compréhension scientifique des mécanismes sous-jacents à la pensée et au comportement intelligent et leur incarnation dans les machines »[3] et « les systèmes qui font preuve d'un comportement intelligent en analysant leur environnement et en prenant des mesures – avec un certain degré d'autonomie – pour atteindre des objectifs spécifiques »[4]. Aux États-Unis, le projet de loi intitulé *Artificial Intelligence Capabilities and Transparency Act of 2021* propose une définition similaire[5]. Toutefois, au point de vue juridique, aucune de ces définitions ne semble être suffisamment précise.

Selon le Maître Matthew U. SCHERER, « la difficulté principale qui se pose pour définir le terme " l'intelligence artificielle " ne réside pas dans le concept d'artificialité mais plutôt dans l'ambiguïté conceptuelle du terme intelligence

---

[1] Larousse, *intelligence artificielle*, disponible sur https://www.larousse.fr/encyclopedie/divers/intelligence_artificielle/187257 (consulté le 25 décembre 2020).

[2] Conseil d'État (fr*), étude annuelle 2017 - Puissance publique et plateformes numériques : accompagner l'ubérisation*, 28 septembre 2018, p. 27.

[3] R. D. ATKINSON, Rapport *"It's Going to Kill Us!" And Other Myths About the Future of Artificial Intelligence*, 6 juin 2016, Information Technology & Innovation Foundation, p. 2, disponible sur https://ssrn.com/abstract=3066182 (consulté le 5 septembre 2020).

[4] Communication de la Commission européenne au Parlement européen, au conseil, au comité économique et social européen et au comité des régions, *L'intelligence artificielle pour l'Europe*, Bruxelles, le 25 avril 2018, 237 final, p. 1.

»[1] (puisqu'en principe, les hommes sont considérés comme les seules entités universellement reconnues pouvant posséder l'intelligence). C'est ainsi que dans sa proposition du règlement du 21 avril 2021[2], la Commission européenne a préféré d'utiliser le terme « systèmes d'intelligence artificielle » au lieu d'une simple expression de « l'intelligence artificielle »[3].

Le premier paragraphe d'article 3 de ce texte définit ce concept comme « un logiciel développé avec une ou plusieurs des techniques et approches énumérées dans l'annexe I et qui peut, pour un ensemble donné d'objectifs définis par l'homme, générer des extrants tels que du contenu, des prédictions, des recommandations ou décisions influençant les environnements avec lesquels ils interagissent »[4].

Il apparaît que l'usage ultra-ambitieux du terme « intelligence » dans la composition de cette notion, empêcherait les chercheurs de pouvoir élaborer une définition plus précise de cette technologie. Ceci fait l'objet d'un long débat sur la pertinence de cette notion. Certains scientifiques, comme Monsieur Luc JULIA, estiment que « l'intelligence artificielle n'existe pas »[5], en faisant valoir que l'apprentissage algorithmique se limite à un calcul mathématique des données qui semble être loin de l'imitation de « l'intelligence humaine ». Certains d'autres, comme Monsieur Cédric VILLANI, croient que l'intelligence artificielle ne surpassera jamais l'intelligence humaine[6]. En s'opposant à son opinion, Madame Mady DELVAUX affirme qu'« il est possible, en fin de compte, qu'à long terme, l'intelligence artificielle surpasse les capacités intellectuelles de l'être humain »[7]. Monsieur Ray KURZWEIL abonde dans le même sens, en prédisant que l'intelligence artificielle dépassera l'intelligence humaine « d'ici 2029 »[8]

---

[1] M.U. SCHERER, « Regulating Artificial Intelligence Systems: Risks, Challenges, Competencies, and Strategies », *Harvard Journal of Law & Technology*, vol. 29, no. 2, printemps 2016, p. 359.

[2] CNIL, *Intelligence artificielle : l'avis de la CNIL et de ses homologues sur le futur règlement européen*, 8 juillet 2021, disponible sur https://www.cnil.fr/fr/intelligence-artificielle-lavis-de-la-cnil-et-de-ses-homologues-sur-le-futur-reglement-europeen (consulté le 12 juillet 2021).

[3] C. CRICHTON, « Projet de règlement sur l'IA (I) : des concepts larges retenus par la Commission », *Dalloz actualité*, 3 mai 2021, disponible sur https://www.dalloz-actualite.fr/flash/projet-de-reglement-sur-l-ia-i-des-concepts-larges-retenus-par-commission#.YJGY6us6-3U (consulté le 24 mai 2021).

[4] Art. 3 (§1) de la proposition du règlement du Parlement européen et du Conseil *établissant des règles harmonisées sur l'intelligence artificielle (le règlement sur l'intelligence artificielle) modifiant certains actes législatifs de l'union*, 21 avril 2021COM (2021) 206 final, 2021/0106 (COD).

[5] Cf. L. JULIA, *L'intelligence artificielle n'existe pas*, 2019, First Éditions, Paris, 200 p.

[6] L'intervention de Monsieur Cédric VILLANI lors du colloque « Intelligence artificielle et justice prédictive. Révolution ou désillusion ? », Université Panthéon-Assas, 6 mars 2019.

[7] Parlement européen, *Rapport contenant des recommandations à la Commission concernant des règles de droit civil sur la robotique*, 2015/2103 (INL), Rapporteure : Mme Mady DELVAUX, doc. n° A8-0005/2017, 27 janvier 2017, p. 5.

[8] D. KEHL, P. GUO, S. KESSLER, *Algorithms in the Criminal Justice System: Assessing the Use of Risk Assessments in Sentencing*, Responsive Communities Initiative, Berkman Klein Center

(dans un autre interview en octobre 2017, il a élargi la durée de sa prédiction en affirmant que cela n'arriverait qu'en 2045[1]).

Il convient de considérer que le terme « intelligence artificielle » ne prétend aucunement être pour les machines, une intelligence similaire à celle de l'humain. Ce n'est qu'un nom conventionnel, donné à cette méthode du traitement des données, par les organisateurs de la conférence de Dartmouth en 1956. Par conséquent, il n'est absolument pas nécessaire de la comparer à l'intelligence humaine. Par conséquent, au premier regard, ces débats semblent être complètement inutiles car, en principe, le fait de s'interroger sur la pertinence du nom d'une technique ou simplement du nom d'une chose ne met pas son existence en question (par exemple, il apparaît impossible de mettre en question l'existence d'une fille laide en faisant valoir qu'elle s'appelle « belle »).

Un regard plus approfondi à ce sujet nous amène à découvrir une logique économique et commerciale qui se cache derrière ces enjeux linguistiques. Certains chercheurs et praticiens comme Messieurs Sean GOURLEY, Akshay SABHIKHI et Matt SANCHEZ préfèrent utiliser le terme « intelligence augmentée » ou « machine augmentée » au lieu d'« intelligence artificielle »[2] en considérant que cette dernière est l'objet d'une méfiance populaire qui, se nourrissait depuis longtemps de la science-fiction[3]. Ils font valoir que même si l'intelligence artificielle peut disposer d'une capacité d'analyse proche à celle des humains dans un domaine précis, elle ne peut jamais être multifonctionnelle. C'est la raison pour laquelle, ils croient que le mot « intelligence augmentée » semble être plus pertinent pour décrire ce système.

Nous pouvons conclure que ces débats ont un objectif, particulièrement commercial, visant à l'épanouissement du marché de l'intelligence artificielle. Par ailleurs, il est à considérer que le mot « intelligence » ne se réfère pas nécessairement à une capacité exclusivement humaine, car comme l'intelligence artificielle, le raisonnement humain se repose ainsi sur l'analyse des données. Ainsi, nous pouvons considérer que le fonctionnement du cerveau humain est aussi similaire à celui du fonctionnement des algorithmes

---

for Internet & Society, Harvard Law School, 2017, p. 3, disponible sur https://dash.harvard.edu/handle/1/33746041 (consulté le 23 août 2021).

[1] C. REEDY, « Kurzweil Claims That the Singularity Will Happen by 2045 », *futurism.com*, 5 octobre 2017, disponible sur https://futurism.com/kurzweil-claims-that-the-singularity-will-happen%20-by-2045 (consulté le 25 janvier 2021).

[2] L'intervention de Monsieur Sean GOURLEY, « Big Data and the Rise of Augmented Intelligence : Sean Gourley at TEDxAuckland », *Youtube.com*, 6 décembre 2012, disponible sur https://www.youtube.com/watch?v=mKZCa_ejbfg (consulté le 5 avril 2021) ; A. SABHIKHI, M. SANCHEZ, « 10 questions about Augmented Intelligence », Rapport de la société CognitiveScale, disponible sur https://www.cognitivescale.com/wp-content/uploads/2017/05/Augmented_Intelligence_eBook.pdf (consulté le 5 avril 2021).

[3] Cf. Ch. PEPIN, « Peut-on dire que nous vivons encore dans la postmodernité ? », *Philosophie magazine*, n° 93, octobre 2015, p. 8.

(sans tenir compte d'un certain nombre de facteurs émotionnels). Madame la Professeure Laurence DEVILLERS explique que le système de fonctionnalité de certaines parties des neurones cervicaux n'est pas encore connu[1]. Cela nous amène à conclure que le cerveau humain dispose également des boîtes noires. Cela nous conduit également à réfléchir sur l'idée que les boîtes noires de l'intelligence artificielle sont produites par une imitation et la modélisation algorithmiques des systèmes neuronaux qui ne sont toujours pas explicables.

La complexité de la définition de l'intelligence artificielle[2] a mené les scientifiques à diviser cette technologie en deux catégories en fonction de son degré de puissance : l'intelligence artificielle « faible » (ou étroite) (en anglais : *Weak AI ou Artificial Narrow Intelligence*) et l'intelligence artificielle « forte » (ou générale ou autonome)[3].

La première catégorie engloberait les systèmes ayant la capacité d'imiter les analyses humaines, mais incapables de les comprendre, cette dernière est conçue pour résoudre des tâches précises et définies, avec une puissance limitée d'analyse (l'intelligence artificielle faible est, également, connue sous le terme de l'intelligence artificielle automate, qui signifie qu'elle n'est capable de prendre une décision que sur la base des données et les programmes définis pour l'humain).

La deuxième catégorie est, par ailleurs, dotée d'un niveau de conscience plus proche de celle de l'intelligence humaine. Ce type de l'intelligence artificielle fonctionne sans l'intervention d'humain (c'est ainsi que les données de sortie de l'IA forte sont souvent moins fiables que celles de l'IA faible).

Techniquement, l'intelligence artificielle « forte » n'est pas une version développée de l'intelligence artificielle « faible », Ce sont deux catégories de techniques, de nature complètement différente. Elles ne se différencient pas seulement par leur capacité de détection et d'analyse des données d'entrée, mais aussi par leur capacité d'imitation et d'apprentissage de la logique émotionnelle. La plupart des techniques de l'apprentissage profond (en

---

[1] L'intervention de Professeure Laurence DEVILLERS, *Homme, robots et intelligence artificielle : quelle place donne-t-on aux algorithmes* ?, 12 février 2022, Cité de l'économie, Paris.

[2] Cf. Y. LE CUN, *Qu'est-ce que l'intelligence artificielle ?*, College de France, disponible sur https://www.college-de-france.fr/media/yann-lecun/UPL4485925235409209505_Intelligence_Artificielle______Y._LeCun.pdf (consulté le 7 septembre 2021).

[3] Commission européenne, *Définition de l'IA: Princies, capacités et disciplines*, rapport du groupe d'experts de haut niveau sur l'intelligence artificielle, avril 2019, P. 6. ; Cf. Sénat (fr), *Pour une intelligence artificielle maîtrisée, utile et démystifiée*, rapport d'information, disponible sur https://www.senat.fr/rap/r16-464-1/r16-464-115.html#fn236 (consulté le 5 avril 2021) ; Cf. J-G. GANASCIA, « Nous passerons bientôt de l'intelligence artificielle faible à l'intelligence artificielle forte. », *Intelligence artificielle*, 2017, pp. 59-65 dans J-G. GANASCIA, *Intelligence artificielle, vers une domination programmée ?*, Le Cavalier Bleu, 2017, 216 p.

anglais : *Deep learning*) se trouvent dans la catégorie de l'intelligence artificielle forte.

Certains scientifiques comme Stéphan HAWKING estiment qu'il est possible de créer une super intelligence artificielle dotée d'une intelligence égale ou même supérieure à l'intelligence humaine, alors que cette possibilité est rejetée par d'autres scientifiques qui croient que certaines capacités du cerveau humain, comme les réactions émotionnelles, sont exclusivement biologiques et réservées aux humains. Certains d'autres reconnaissent également un troisième type d'intelligence artificielle qui surpasserait la capacité du cerveau humain. Celle-ci est reconnue sous le nom « super intelligence artificielle » ou « singularité ».

L'idée de la possibilité de création de super IA, étant initialement présentée par John von NEUMANN, a été reprise, en 1993, par Vernor VINGE dans un article intitulé *The coming technological singularity: How to survive in the post-human era*[1]. À la fin du XXe siècle, cette théorie a été développée par Irving John GOOD et Raymond KURZWEIL[2]. Au début du XXIe siècle, une nouvelle génération des spécialistes de ce sujet, parmi lesquels on compte messieurs Peter DIAMANDIS et Salim ISMAIL, a fondé, avec le soutien de la NASA, l'Université de Singularité dans la Sillicon Valley. Celle-ci a été fondée en vue d'évolution et le développement des technologies dites « exceptionnelles » qui peuvent aboutir à la création de « super-IA ».

La réalisation d'un tel système dépend intimement du développement de la science de neurologie puisqu'il se repose sur la modélisation des neurones du cerveau humain. Ainsi, l'impossibilité de création de ce système se caractérise par l'incompréhension de certaines fonctionnalités du cerveau humain.

Il convient de garder à l'esprit que, contrairement au cas de l'intelligence artificielle, « le degré de la puissance » n'est pas un facteur déterminant dans la reconnaissance d'un « algorithme ». Les algorithmes sont très nombreux. Une calculatrice et une super-intelligence artificielle fonctionnent, les deux, par le biais des algorithmes. Donc, il est impératif de faire une distinction nette entre les facteurs de qualification des notions de « l'algorithme » et de « l'intelligence artificielle ».

Le Comité économique et social européen (CESE) est parmi les organes de l'Union européenne qui définissent ce concept d'une façon plus précise.

---

[1] VINGE V., « The coming technological singularity: How to survive in the post-human era », *VISION-21 Symposium*, 1993, disponible sur https://users.manchester.edu/Facstaff/SSNaragon/Online/100-FYS-F15/Readings/Vinge,%20The%20Coming%20Technological%20Singularity.pdf (consulté le 6 mai 2022).

[2] Cf. R. KURZWEIL, *The Singularity Is Near: When Humans Transcend Biology*, Penguin Books, 2006, 672 p. et I.J. GOOD, D.B. OSTEYEE, *Information, Weight of Evidence. The Singularity Between Probability Measures and Signal Detection*, Springer-Verlag Berlin and Heidelberg GmbH & Co. K, 1974, 162 p.

Dans son premier rapport sur l'intelligence artificielle, Madame Catelijne MULLER, explique l'intelligence artificielle comme « un concept qui englobe un grand nombre de (sous-)domaines, tels que l'informatique cognitive (algorithmes qui raisonnent et apprennent à un niveau supérieur, c'est-à-dire plus humain), l'apprentissage automatique (algorithmes qui apprennent de manière autonome à réaliser des tâches), l'intelligence augmentée (coopération entre l'homme et la machine) et la robotique intelligente (IA intégrée dans des robots) »[1]. Cette définition permet aux interlocuteurs d'éviter la confusion fondamentale entre la notion « d'intelligence artificielle » et celle « d'intelligence augmentée », observée dans certains textes législatifs de l'Union européenne.

Même si l'usage du terme « intelligence augmentée », pour décrire l'intelligence artificielle ne semble pas être approprié, le terme « la justice augmentée » (cette notion est une traduction littérale de la notion anglaise « *Enhanced justice* » qui est parfaitement reconnue dans les pays anglophones, notamment aux États-Unis) peut être parfaitement employé pour décrire un système juridique et judiciaire développé, grâce à la mise en œuvre des techniques de l'intelligence artificielle puisque, dans ce sens, il est utilisé pour décrire « un résultat ou une satiation » et non « une technique ou une catégorie des techniques ».

Il convient également de faire une distinction entre cette notion et celle de la justice prédictive qui consiste en « la prédiction des comportements des justiciables et des opinions des magistrats ainsi que la prédiction des faits et des évènements, par le biais d'analyse des antécédents des faits et des circonstances »[2]. Cette notion est autant connue dans le monde du droit que selon Madame la Juge Dory REILING, « on ne saurait d'ailleurs envisager l'apport de la technologie à l'acte de juger sans se pencher sur la notion de justice prédictive »[3]. Le sens juridique du mot « prédictif » a été plus spécifiquement défini, dans le contexte de quatre libertés du marché intérieur de l'Union européenne, par la résolution du Parlement européen du 12 février 2020 sur les processus de prise de décision automatisés : assurer la protection des consommateurs et la libre circulation des biens et des services, 2019/2915(RSP).

---

[1] Rapport du Comité économique et social européen, *L'intelligence artificielle – Les retombées de l'intelligence artificielle pour le marché unique (numérique), la production, la consommation, l'emploi et la société*, Rapporteure : Madame Catelijne MULLER, adopté le 31 mai 1992, p. 5.

[2] Madame Isabelle SAY estime que cette expression « *est abusive à plus d'un titre, même si elle est utilisée par facilité de langage* ». (I. SAY, « Des outils d'aide à la décision aux décisions individuelles automatiques, quel régime juridique? » In. I. SAYN (coord.), *Justice et numérique. Quelles (r)évolutions? Actes du Séminaire e-juris*, La semaine juridique, éd. générale supplément au n° 44-45, 28 octobre 2019, p. 17).

[3] D. REILING, « Quelle place pour l'intelligence artificielle dans le processus de décision d'un juge ? », *Les Cahiers de la Justice*, vol. 2, no. 2, 2019, p. 222.

Le recours massif à cette dernière, dans les travaux de recherche et dans les textes législatifs démontre que la vision de la communauté des juristes vis-à-vis la diversité d'usage de l'intelligence artificielle, au sein de la justice, est encore considérablement limitative et exhaustive puisque certains usages simples de l'intelligence artificielle dite « faible » sont fondés sur le traitement non-prédictif des données. À titre d'exemple, beaucoup de services de documentation juridique présentés par les legaltechs visent la détection et sélection automatique des documents les plus pertinents.

Même si nous pouvons estimer que l'intelligence artificielle prédit la pertinence de ces documents, on constate que ce type de prédiction et celles qui sont plus complexes, comme la prédiction de la décision de la justice ou le taux de criminalité des justiciables sont peu comparables. Dans les circonstances, il serait, probablement, mieux de distinguer deux types de prédiction algorithmique des données juridiques : la prédiction « faible » et la prédiction « forte ». Le degré de la prédiction respective serait défini par le type de l'IA qui traite ces données (soit l'IA forte soit l'IA faible).

Cette notion doit être alors distinguée de la notion de « la justice automatisée » qui se définit comme un processus purement automatisé (sans intervention d'humain) de la prise d'une décision judiciaire. Contrairement à la justice « automatisée » qui se caractérise purement par son aspect technique, « la justice augmentée » nécessite une maturité technologique globale. Un monde juridique augmenté est loin d'être automatisé. Ainsi, il est impossible de dire que la justice automatisée est une forme plus avancée de la justice augmentée.

Il convient également de faire une distinction nette entre ces concepts avec celui de la « justice numérique ». Cette dernière peut relève plus particulièrement des plateformes de règlement en ligne des litiges et les procès à distance et en ligne se déroulant par l'intermédiaire des outils du numérique (lorsque les analyses algorithmiques n'interviennent pas). En outre, les juristes utilisent parfois le terme « la justice algorithmique ». Pourtant, celui-ci ne semble pas être suffisamment et clair. C'est ainsi qu'on privilège les termes plus exacts comme ceux de « la justice augmentée » ou « la justice prédictive » qui sont techniquement définis d'une façon claire.

Par ailleurs, le Conseil de l'Europe fait une distinction entre les concepts de « l'intelligence artificielle » et du « système de l'intelligence artificielle ». Il décrit le premier terme comme une « expression générique utilisée pour désigner un ensemble de sciences, de théories et de techniques dont le but est d'améliorer la capacité des machines à réaliser des tâches requérant des facultés cognitives »[1] et il décrit la seconde notion comme un « système informatique pouvant formuler des recommandations, établir des prévisions

[1] La recommandation du Conseil de l'Europe, *Décoder l'intelligence artificielle : 10 mesures pour protéger les droits de l'homme*, Rédigé par la Commissaire aux droits de l'homme du Conseil de l'Europe, mai 2019, p.26.

ou prendre des décisions en fonction d'une série donnée d'objectifs »[1]. En absence d'une définition strictement précise et globale pour l'intelligence artificielle, il convient d'utiliser, plus précisément, le nom de chaque technique sous-jacente de cette technologie (e.g. le traitement du langage naturel, l'apprentissage automatique, l'apprentissage profond, etc.). Celle-ci peut être une solution efficace pour éviter toute confusion sur les caractéristiques de ces techniques puisque celles des dommages causés par chaque technique dépendent de ses propres caractéristiques techniques. Par ailleurs, il convient de garder la notion de l'intelligence artificielle dans nos encyclopédies juridiques pour décrire l'ensemble (*lato sensu*) des techniques de l'analyse et de la modélisation automatisée des données et utiliser, dans le langage juridique, des notions plus précises. Selon le Livre blanc de la Commission européenne sur l'IA, « la définition de l'IA devra être suffisamment souple pour tenir compte des progrès techniques tout en étant suffisamment précise pour garantir la sécurité juridique nécessaire »[2].

Il convient de noter que sur le plan terminologique, on peut faire une distinction entre « l'apprentissage automatique supervisé et l'apprentissage automatique non-supervisé » ainsi que « l'apprentissage par renforcement ». La première s'effectue via un processus itératif lorsque les données d'entrée sont variables et la valeur de donnée de sortie est précisément définie et programmée. La majorité des techniques de l'intelligence artificielle impliquées dans la justice augmentée comme les techniques des « machines à vecteurs de support », « des réseaux neuronaux artificiels » et de « l'arbre de décision » se trouvent dans cette catégorie. Le second type d'apprentissage automatique concerne un processus algorithmique dans lequel la valeur des données d'entrée est définie et souvent liée alors que la valeur des données de sortie n'est pas programmée par avance. Le fonctionnement de ce dernier est beaucoup plus basique que l'apprentissage supervisé. C'est la raison pour laquelle les résultats fournis par cette méthode sont souvent plus fiables que les résultats fournis par l'apprentissage supervisé puisque, dans ce cas, la valeur des données d'entrée est déjà précisément et clairement définie par l'humain[3].

Dans le système judiciaire, l'entrée de l'intelligence artificielle dans le monde du droit est porteuse d'une révolution globale. Cette révolution se caractérise par la diversité de l'utilité de cette technologie dans les juridictions

---

[1] *Ibidem.*

[2] Commission européenne, *Livre blanc sur l'intelligence artificielle, une approche européenne axée sur l'excellence et la confiance*, Bruxelles, 19 février 2020, p.19).

[3] V. B. DUPONT, Y. STEVENS, H. WESTERMANN, M. JOYCE, *Artificial Intelligence in the Context of Crime and Criminal Justice*, rapport de l'Institut coréen de criminologie, Centre international de criminologie comparée de l'Université de Montréal, Chaire de recherche du Canada en Cybersécurité, décembre 2018, pp. 18-22, disponible sur https://www.cicc-iccc.org/public/media/files/prod/publication_files/Artificial-Intelligence-in-the-Context-of-Crime-and-Criminal-Justice_KICICCC_2019.pdf (consulté le 7 septembre 2021).

ainsi que les intérêts divers qu'elle peut présenter aux acteurs de la justice. L'application de cette technologie au sein de la justice peut être variée, allant de la documentation et la traduction scientifique des jurisprudences[1] à la recherche juridique, de la prédiction de la chance de réussite dans les cabinets d'avocats à l'élaboration automatisée des contrats dans les études notaires ainsi que dans les rapports des auxiliaires de justice, en passant par la prédiction de la récidive des infractions pénales dans les départements correctionnels et de police à l'analyse automatisée des jurisprudences au sein des juridictions. Dans une phase plus avancée, l'intelligence artificielle pourrait également servir à la modélisation automatisée du raisonnement des magistrats et à l'élaboration automatisée des projets de loi.

En raison de la diversité des spécificités des procès, l'usage de cette technologie peut être différente dans chaque juridiction en fonction de sa compétence et son degré[2]. D'un point de vue plus globale, nous pouvons affirmer que l'intelligence artificielle pourrait être utilisée comme un outil d'aide à la décision au sein des départements de police et des juridictions ou être un outil d'assistance technique au service des autres acteurs de la justice.

Grâce à la capacité de prédiction des algorithmes, dès le début de la dernière décennie du XXe siècle, l'intelligence artificielle a acquis une place spéciale dans les administrations publiques des États-Unis[3], notamment au sein des départements fédérés et locaux de police[4] et des départements correctionnels, où elle était utilisée pour la gestion des individus et la prédiction des comportements des justiciables (notamment en matière pénale), par le biais d'exploitation et d'analyse des métadonnées juridiques ainsi que des données personnelles des justiciables.

Dans le contexte législatif actuel des États-Unis, elles sont définies, sous le nom « les données personnellement identifiables » (En anglais : *Personally identifiable information*) par les lignes directrices de la maison blanche comme des « informations qui peuvent être utilisées pour distinguer ou retrouver l'identité d'un individu, soit seules, soit en combinaison avec d'autres informations personnelles liées ou pouvant être liées à un individu spécifique »[5].

---

[1] Y. OGAWA, I. KAZUHIRO, T. KATSUHIKO, « Evaluation Metrics for Consistent Translation of Japanese Legal Sentences » *op. cit.*, pp 235-248.

[2] D. REILING, « Quelle place pour l'intelligence artificielle dans le processus de décision d'un juge ? », *op. cit.*, p. 221.

[3] Cf. J.C. ALLEN IV, « Artificial Intelligence in Our Legal System », *Judges Journal*, coll. Artificial Intelligence, vol. 59, n° 1, février 2020, disponible sur https://www.americanbar.org/groups/judicial/publications/judges_journal/2020/winter/ (consulté le 7 septembre 2021).

[4] Cf. A. ZAVRŠNIK, « Algorithmic justice: Algorithms and big data in criminal justice settings », *European Journal of Criminology*, 18 septembre 2019, disponible sur https://doi.org/10.1177/1477370819876762 (consulté le 8 septembre 2021).

[5] Bureau exécutif du président des États-Unis, *memorandum for the heads of executive departments and agencies : guidance for Agency Use of Third-Party Websites and*

Selon ce texte, « la définition des données personnelles n'est pas liée à une seule catégorie d'information ou de technologie. Cela nécessite préférablement une évaluation au cas par cas du risque spécifique qu'une personne puisse être identifiée. Lors de la réalisation de cette évaluation, il est important pour une agence de reconnaître que les informations non personnelles peuvent devenir des informations personnelles chaque fois que des informations supplémentaires sont rendues publiques - sur tout support et de toute source - qui, combinées avec d'autres informations disponibles, pourraient être utilisées pour identifier un individu »[1]. Plus précisément, les données dites « personnelles » englobent celles fournissant la possibilité d'identifier « directement » (en anglais : *Linked informations)* ou « indirectement » (en anglais : *Linkable information*) un individu. En 2016, dans l'Union européenne, cette définition a été reprise par l'article 4§1 du règlement n° 2016/679 du Parlement européen et du Conseil.

La première utilisation des analyses algorithmiques pour la prédiction de la récidive criminelle a été effectuée en 1994 par le département de police de la ville de New York, pour identifier les quartiers à haut risque de la ville afin de recourir aux arrestations préventives. Cette méthode de prédiction était originalement basée sur les antécédents de récidive criminelle des différentes catégories de la population de New York (notamment sur la base d'une dimension géographique et aussi les caractéristiques personnelles des criminels). Cette méthode statistique a été inventée par Jack MAPLE, et nommé « méthode COMPSTAT »[2]. Elle est dédiée à l'évaluation séparée du « risque général de récidive » et du « risque de récidive avec la violence »[3] (les rapports et les résultats hebdomadaires réalisés par COMPSTAT sont en principe accessibles au public.

Cette accessibilité est notamment garantie par le principe de transparence qui dispose une valeur constitutionnelle au niveau fédéral). Grâce à cette technique, Monsieur GIULIANI (ancien Maire de New York) a réussi à réduire

---

Applications, 25 juin 2010, n° M-10-23, p. 8, disponible sur https://obamawhitehouse.archives.gov/sites/default/files/omb/assets/memoranda_2010/m10-23.pdf (consulté le 29 septembre 2019). ; Cf. Bureau exécutif du président des États-Unis, *memorandum for the heads of executive departments and agencies :* policies for Federal Agency Public Websites and Digital Services, 8 novembre 2016, n° M-17-06, disponible sur https://www.whitehouse.gov/sites/whitehouse.gov/files/omb/memoranda/2017/m-17-06.pdf (consulté le 29 septembre 2021).

[1] *Ibidem.*

[2] Cf. La Police Executive Research Forum, le Bureau de la statistique juridique, *Compstat: Its Origins, Evolution, and Future in Law Enforcement Agencies*, août 2013, 52 p., disponible sur https://bja.ojp.gov/sites/g/files/xyckuh186/files/Publications/PERF-Compstat.pdf (consulté le 29 septembre 2021).

[3] Northpointe, *practitioner's Guide to COMPAS Core*, 19 mars 2015, p. 3, disponible sur http://www.northpointeinc.com/downloads/compas/Practitioners-Guide-COMPAS-Core-_031915.pdf (consulté le 29 septembre 2021). ; C. FISCHER, « The subcultural theory of urbanism: A twentieth year assessment », *American Journal of Sociology*, vol. 101, 1995, p.12.

à 60% le taux de la criminalité de la ville de New-York[1]. Étant basée, à l'origine, sur les données géographiques, elle n'a pas été censée prendre en compte les caractéristiques personnelles.

L'évaluation personnalisée de risque de récidive pénale est une particularité qui distingue le logiciel COMPAS (un outil d'évaluation de risque de récidive et des crimes conçu par la société Northpointe) de son ancêtre, COMPSTAT. Contrairement à ce dernier, basé sur un aspect géographique, le fonctionnement du logiciel COMPAS s'appuie particulièrement sur la thèse « criminel né » de Cesare LOMBROSO[2] et sur la théorie de comportementalisme (ou béhaviorisme) juridique (développée par Hans VON SCHEEL[3], Otto KÖBNER[4], Georg VON MAYR[5] ainsi que les Professeurs Ronald Victor CLARKE[6], Patricia et Paul BRANTINGHAM[7]) selon laquelle les comportements de chaque personne sont basés sur « un modèle prédictible ». C'est la raison pour laquelle cela peut être re-modélisé par les algorithmes (il convient de noter que du point de vue lexical, le terme « la justice prédictive », dans le sens employé dans le contexte du logiciel COMPAS) n'est pas exclusivement lié à l'intelligence artificielle puisque cette technique peut être également manuellement appliquée par les hommes).

Il présente, plus précisément, une méthode intuitive avec des statistiques, en utilisant des guides cliniques structurés et des données collectées par les établissements publics[8]. Actuellement ce logiciel est massivement utilisé dans les départements de police de douze municipalités des États-Unis[9] et dans deux départements de police au Canada.

Le succès opérationnel de ce logiciel aux États-Unis a également déclenché au Royaume-Uni quelques initiatives similaires. Par exemple, en 2013, le

---

[1] G.F. VITO, J.C. REED, W.F. WALSH, « Police executives' and managers' perspectives on Compstat », *Police Practice and Research*, vol. 18, n. 1, pp. 15-25, disponible sur 10.1080/15614263.2016.1205986 (consulté le 29 septembre 2021).

[2] R. VILLA, « Faits divers et crimes célèbres : Cesare Lombroso et l'anthropologie criminelle entre crime et folie » In. L. Bossi (dir.), *Crime et folie,* Gallimard, 2011, pp. 93-126.

[3] H. VON SCHEEL, « Zur einfuhrung in die kriminalstatistik insbesondere diegenige des deutschen reichs » In *Allgemeines Statistisches Archiv*, 1890, pp. 183–194.

[4] O. KOBNER, *Die Methode einer wissenschaftlichen Rückfallstatistik als Grundlage einer Reform der Kriminalstatisti*, De Gruyter, 1893, 256 p.

[5] G. VON MAYR, « Statistics and gesellschaftslehre », *Moralstatistik mit Einschluss der Kriminalstatistik*, vol. 3, 1917, pp. 425–426.

[6] R.V. CLARKE, « Situational Crime Prevention: Its Theoretical Basis and Practical Scope », *Crime and Justice*, 1983, vol. 4, pp. 225–256.

[7] P. BRANTINGHAM, P. BRANTINGHAM, « Criminality of place », *European Journal on Criminal Policy and Research*, vol. 3, 1995, pp. 5–26.

[8] J. ENDRASS, A. ROSSEGGER, A. FRISCHKNECHT, T. NOLL, F. URBANIOK, « Using the Violence Risk Appraisal Guide (VRAG) to Predict In-Prison Aggressive Behavior in a Swiss Offender Population », *International Journal of Offender Therapy and Comparative Criminology*, vol. 52, n 1, 2007, p. 82.

[9] T. MCLAUGHLIN, « As shootings soar, Chicago police use technology to predict crime », *Reuters*, 5 août 2017, disponible sur https://www.reuters.com/article/us-chicago-police-technology-idUSKBN1AL08P (consulté le 8 septembre 2021).

département de la police du comté de Kent a commencé d'utiliser un logiciel similaire conçu par la société américaine PredPol (basée à la ville de Santa Cruz en Californie)[1]. Depuis 2017, le département de police de la ville de Durham utilise également un logiciel similaire appelé HART. Ce dernier est conçu en collaboration avec l'Université de Cambridge[2].

Contrairement à la majorité des États européens (comme la France, l'Allemagne, le Luxembourg, l'Espagne et l'Italie) où la police est rattachée au ministère de l'intérieur, la police fédérale des États-Unis dépend du département de justice et fonctionne sous la direction du procureur général adjoint des États-Unis. En outre, dans la plupart des États, les juridictions et les départements de police dépendant du gouvernement de l'État. Par conséquent, aux États-Unis, la proximité institutionnelle des juridictions et des départements de police a permis de pouvoir passer rapidement des logiciels de la justice prédictive des départements de police, aux juridictions, notamment pour la préparation et les recours aux rapports présentenciels. En 2007, la Conférence des juges en chef des États-Unis[3] et la section de la justice pénale de l'association du barreau américain ont respectivement adopté une résolution et un rapport[4] dans lesquels ils ont encouragé les juridictions américaines d'utiliser le logiciel COMPAS afin d'optimiser la réduction préventive de la criminalité.

Le premier usage officiel de ce logiciel en tant qu'« un outil d'aide à la décision judiciaire » a été mis en œuvre en 2013 par la Cour de circuit du comté de la Crosse lors d'un procès[5], dans lequel la durée d'emprisonnement du justiciable a été déterminée en fonction des résultats fournis par le logiciel COMPAS. Ce logiciel a été ensuite utilisé en 2014 comme un outil d'aide à la décision par la Cour d'appel d'État de Wisconsin, dans l'affaire *State c. Samsa*[6] et qu'aucun recours, au sujet d'atteinte au droit à *due process* n'a été introduit, suite à cette affaire.

Aujourd'hui, on constate que l'utilisation des systèmes de l'intelligence artificielle dans les juridictions américaines se limite particulièrement au logiciel COMPAS. Malgré son utilisation unique et très limitée dans ces juridictions et l'absence quasi-totale de cette technologie dans les juridictions

---

[1] BBC, « Kent Police stop using crime predicting software », *BBC News*, 26 novembre 2018, disponible sur https://www.bbc.com/news/uk-england-kent-46345717 (consulté le 22 décembre 2020).

[2] M. OSWALD, J. GRACE, Sh. URWIN, G.C. BARNES, « Algorithmic risk assessment policing models: lessons from the Durham HART model and 'Experimental' proportionality », *Information & Communications Technology Law,* avril 2018, vol. 27, n. 2, pp. pp. 227-231, disponible sur https://doi.org/10.1080/13600834.2018.1458455 (consulté le 28 décembre 2020).

[3] National Center for State Courts, *In Support of Sentencing Practices that Promote Public Safety and Reduce Recidivism, op. cit.*

[4] *State c. Loomis*, 881 N.W.2d 749 (Wis. 2016), ¶2.

[5] *State c. Loomis*, n° 2015AP157-CR (Wis. Ct. App. Sept. 17, 2015), 2015 WL 1724741, iii–2.

[6] *State c. Samsa,* 2015 WI App 6, 359 Wis. 2d 580, 859. N.W.2d 149.

européennes, celle-ci est susceptible, dans un avenir proche, d'avoir une utilité beaucoup plus vaste.

L'intelligence artificielle peut être employée au sein des juridictions lors de l'ensemble du cycle du procès judiciaire, notamment au cours de sa phase préliminaire. Cette technologie est notamment susceptible de révolutionner les fonctions du greffier et de l'administration des juridictions (sur le plan administratif, cette technologie peut être également utilisée pour la gestion des ressources humaines et budgétaires, les communications et aussi la gestion des patrimoines), par les techniques de l'apprentissage automatique et la technologie de la blockchain[1] (dans les universités, cette technologie peut être utilisée pour l'édition et la délivrance des diplômes afin de faciliter leur authentification. Ce système peut être mis en place, au même temps, d'une manière centralisée ou décentralisée au niveau de chaque établissement).

Ces technologies peuvent être utilisées pour effectuer le contrôle automatisé de la recevabilité des requêtes, pour les documents présentés aux juridictions par les justiciables ou leurs avocats et pour la communication automatisée entre les juridictions, les avocats et les justiciables. Le système de la communication automatisée peut considérablement optimiser la traçabilité des échanges des documents. À ce titre, il semble être beaucoup plus transparent que le système classique de communication.

Aux États-Unis d'Amérique, l'intelligence artificielle peut également servir pour l'évaluation et le contrôle automatisé de la recevabilité des pétitions de *writ of certiorari* ainsi que des requêtes adressées par les *amicus curiae* (en anglais : *Amicus brief*) au sein des juridictions de second degré et des juridictions suprêmes.

Dans les juridictions françaises, l'enregistrement et la communication des documents se réalisent par l'intermédiaire des systèmes centraux tels que la PLINE (plateforme d'échanges interne État) et la PLEX (Plateforme d'échanges externe). Ils sont respectivement dédiés à la transmission « intra et interministérielle des documents volumineux » et « des documents aux avocats ». De plus, le réseau privé virtuel des avocats (PVA) fournit la possibilité d'échange des documents entre les avocats. En 2017, ils ont été complétés, dans le cadre du programme de « la procédure pénale numérique », par le système LMP (logiciels métier du parquet). Ce dernier est à la fois un outil de la communication entre les parquets et un véritable outil d'aide à la décision. Ces systèmes ne sont pas automatisés. Pourtant, ils peuvent devenir

---

[1] Le Sénat (fr) définit les *blockchains* comme les « *technologies de stockage et de transmission d'informations, permettant la constitution de registres répliqués et distribués (distributed ledgers), sans organe central de contrôle, sécurisées grâce à la cryptographie, et structurées par des blocs liés les uns aux autres, à intervalles de temps réguliers* ». (Organe d'information commun à l'assemblée nationale et au Sénat (Fr), *Rapport au nom de l'office parlementaire d'évaluation des choix scientifiques et technologiques sur Les enjeux technologiques des blockchains (chaînes de blocs)*, rapports n° 1092 (AN) et n° 584 (Sénat), 12 juin 2018, présenté par Mme Valéria FAURE-MUNTIAN, M. Claude DE GANAY et M. Ronan LE GLEUT, P. 11.

augmentés et totalement automatisés par les techniques de l'intelligence artificielle[1].

En faisant recours aux techniques plus puissantes de l'apprentissage automatique, il serait ainsi possible d'utiliser l'intelligence artificielle pour l'évaluation de l'intérêt d'agir et la capacité d'agir. Il semble que les analyses algorithmiques auraient un degré différent de fiabilité pour l'évaluation d'intérêts publics et privés. Il semble qu'une telle évaluation serait plus fiable dans le cas de l'intérêt public puisqu'il concerne un champ plus limité des facteurs. L'intelligence artificielle est, par ailleurs, susceptible de posséder une grande fiabilité pour l'évaluation automatisée de la qualité d'agir (notamment dans le cas des affaires devant la Cour européenne des droits de l'homme).

Selon les observations personnelles de l'auteur de cet ouvrage, même s'il y avait une numérisation totale des fichiers judiciaires et des communications en ligne par les juridictions, et malgré la facilité de cette démarche, les membres des juridictions estiment que ce système ne pourrait jamais être mis en place, faisant valoir qu'un certain nombre de justiciables n'ont forcément pas un accès à l'internet ou ne savent pas utiliser les outils numériques.

Dans ce cas, même si on estime que la numérisation des démarches judiciaires ne peut pas présenter un grand avantage, l'intelligence artificielle est susceptible de présenter des solutions assez pertinentes, puisqu'elle offre la possibilité de mise en place de « la communication papier d'une façon automatisée ». Par exemple, à la suite de la réception des requêtes, un accusé de réception peut être automatiquement rédigé par l'intelligence artificielle suite à la détection des informations indiquées dans le texte des documents envoyés. Ensuite, elle peut être automatiquement imprimée ou envoyée, par internet, au bureau de poste pour l'impression et l'envoi aux adresses postales des justiciables et des avocats. Cette démarche peut ainsi aboutir à la réduction des délais de la réception des documents, puisqu'ils peuvent être directement envoyés au bureau de poste de la ville ou même du quartier de résidence des destinataires. Dans ce cas, les sceaux officiels et judiciaires peuvent être remplacés par la signature en ligne ou un autre moyen d'identification électronique[2] et, avant l'envoi des documents, les personnes ayant la compétence d'utiliser ces sceaux peuvent porter un contrôle systématique par une validation de signature en ligne.

---

[1] Décret n° 2017-1194 du 26 juillet 2017 *portant création d'un traitement de données à caractère personnel relatif à la mise en mouvement et à l'exercice de l'action publique, dénommé « Logiciels Métier du Parquet » (LMP)*. ; C. GLON, « Procédure pénaleet outils numériques, De noé à PLEX en passant par PLINE », *La Lettre, la Revue du syndicat des avocats de France*, avril 2021, p. 26.

[2] V. Art . 3 du règlement n°910/2014 (UE) du 23 juillet 2014 du Parlement européen et du Conseil sur *l'identification électronique et les services de confiance pour les transactions électroniques au sein du marché intérieur (*abrogeant la directive 1999/93/CE*).*

L'utilisation de la technologie de la blockchain pour la sécurisation des signatures est susceptible d'éviter définitivement tout risque de forgerie des sceaux officiels. Ce système peut être réalisé par la fonction du « hachage » consistant en transformation des textes en des codes identiques et la création d'une chaîne sécurisée de caractères alphanumériques. Cette fonction peut être à la fois utilisée pour la création des signatures électroniques et pour les cyberattaques visant à identifier les mots de passe.

L'intelligence artificielle peut être également utilisée au cours des audiences des plaidoiries pour la prise de notes automatisée lors des plaidoiries ou la lecture automatisée des plaidoiries des justiciables[1], sans leur présence. Il s'agit d'un grand avantage pour l'organisation des audiences à distance.

En ce qui concerne les exigences techniques de l'applicabilité de cette technologie à cette fin, il convient de faire une distinction entre le rôle qu'elle peut jouer dans « les audiences à distance (ou en ligne) » et « les audiences automatisées » qui sont susceptibles d'être mises en place dans l'avenir[2].

Lors de ces audiences, cette tâche peut être traitée systématiquement par le biais des plateformes dédiées au déroulement des audiences en ligne. Toutefois, avant de mettre en place ces techniques, un certain nombre de règles doit être absolument respecté, telle la permanence de la qualité de connexion à l'internet au cours de l'audience qui doit être également vérifiée et garantie. En outre, les parties des litiges, ainsi que les membres des juridictions doivent être systématiquement priés de parler le plus clairement que possible afin d'optimiser la détection et la reconnaissance automatique de la parole. De plus, il faut respecter un certain nombre de consignes rédactionnelles pour favoriser la qualité de la détection et de l'analyse sémantique des textes par l'intelligence artificielle. La première tâche peut être traitée par les techniques des « réseaux de neurones artificiels » (un système informatique s'inspirant du fonctionnement des neurones biologiques dans le cerveau humain.

Ce système est considéré comme une technique de l'apprentissage profond)[3], de « déformation temporelle dynamique » (un type d'analyse algorithmique visant à mesurer la similitude entre deux séquences temporelles au cours d'une période déterminée.) ainsi que des « modèles de Markov cachés » (cette technique, se reposant sur un processus stochastique, permet de créer des modèles probabilistes par le biais des éléments produits dans le

---

[1] Cf. P.M. COLLIN, Y.F. LIVIAN, E. THIVANT, « VIII. *Michel Callon et Bruno Latour*. La théorie de l'Acteur-Réseau » In. T. BURGER-HELMCHEN, C. HUSSLER, P. COHENDET (dir.), *Les Grands Auteurs en Management de l'innovation et de la créativité.* Caen, EMS Éditions, 2016, pp. 157-178.

[2] Cf. N. VERMEYS, M-F. ACEVEDO LANAS, « L'émergence et l'évolution des tribunaux virtuels au Canada –L'exemple de la Plateforme d'aide au règlement des litigesen ligne (PARLe) », *Revue juridique de la Sorbonne*, juin 2020, n° 1, pp. 22-51.

[3] Cf. O. HOUDÉ, *Comment raisonne notre cerveau*, Que sais-je ?, 2019, 460 p.

passé qui ne sont pas précisément définis au moment de programmation du système). La seconde tâche, par ailleurs peut être effectuée par la technique de « fouille de textes » (en anglais : *Text mining*). Toutes ces techniques sont les sous-domaines de l'apprentissage automatique et fonctionnent en parallèle de la technique du « traitement du langage naturel ».

Avant le début de l'audience, il est indispensable de demander aux justiciables et aux membres de la juridiction d'approuver leur consentement pour l'usage de cette technologie. Il serait également possible d'envisager une sorte de procuration en faveur de l'intelligence artificielle pour la lecture de la plaidoirie. En absence de la personnalité juridique des robots (et de l'intelligence artificielle)[1], ce document peut être délivré en faveur des prestataires de ce service ou de la juridiction ou du ministère de la justice (au cas où cette démarche est directement conduite par la juridiction)[2]. Dans cette hypothèse, en cas d'une erreur faite par l'intelligence artificielle, la coresponsabilité des concepteurs du système et de l'État pourrait être parfaitement possible même si la procuration est exclusivement accordée à l'un de ces acteurs (dans cette étude, il convient de bien distinguer « la co-responsabilité » de « la responsabilité conjointe »).

L'intelligence artificielle est également susceptible d'être considérablement utile lors de la phase de prise de la décision judiciaire où elle peut être utilisée comme « un outil d'aide à la décision » (il peut être notamment utilisé pour la détermination automatisée de la peine. Aux États-Unis, cette pratique est restreinte en matière pénale à la lumière du droit à une évaluation personnalisée de la peine), par le biais d'analyse des faits et des sources juridiques. Elle peut être ainsi employée pour « la prédiction des décisions des magistrats et des jurys » ou comme « un outil de la prise de décision », pour la modélisation automatisée du raisonnement judiciaire. Si le premier usage peut apporter des « évolutions » extraordinaires dans le secteur judiciaire et la fonction des magistrats, le second usage peut créer « une révolution fondamentale » dans les services judiciaires.

Au cours de la phase post-procédurale, l'intelligence artificielle peut être utilisée pour la rédaction automatisée des arrêts, après une prise de décision par les juges. Plus précisément, les raisonnements des juges ou des jurys peuvent être automatiquement collectées et synthétisées par l'intelligence artificielle. De plus, suite à la rédaction des arrêts, l'intelligence artificielle peut automatiquement, sans intervention humaine, mettre en forme le texte, rédiger une version finale de l'arrêt et le communiquer automatiquement aux

---

[1] Cf. P. KSIĘŻAK, S. WOJTCZAK, « AI versus robot : in search of a domain for the new European civil law, Law », *Innovation and Technology*, vol. 12, n° 2, 2020, pp. 297-317. ; Cf. M. BOURGEOIS, « Robot et personnalité juridique » In. A. BENSAMOUN (sous dir.), *Les robots, objets scientifiques, objets de droits*, Mare & Martin, coll. Des Presses Universitaires de Sceaux, 2016, pp. 123-127.

[2] Cf. S. CHESTERMAN, « Artificial intelligence and the limits of legal personality », *International and comparative law quarterly*, vol. 69, n° 4, octobre 2020, p. 819-844.

parties et à leurs avocats (dans le cas d'une prise de décision automatisée, cette démarche peut être effectuée au cours du processus de prise de décision). Une version de l'arrêt peut être ainsi automatiquement archivée sous un code identique grâce à la technologie de la blockchain[1].

Grâce à ces techniques, le stockage et l'archivage des documents judiciaires peuvent s'effectuer automatiquement sans intervention des archivistes et des agents des juridictions. Cela peut permettre aux États de créer une grande base des données judiciaires sur le plan national ou régional, en considérant que dans la majorité des pays de l'Union européenne et aux États-Unis, il n'existe, pour celles-ci, aucun mécanisme centralisé d'archivage.

La création d'une telle base des données peut favoriser la qualité de modélisation du raisonnement juridique par l'intelligence artificielle. Les mêmes technologies peuvent servir pour la décentralisation des communications internes et externes au sein des juridictions. En outre, après la fin de la phase post-procédurale, un communiqué de presse peut être automatiquement rédigé par l'intelligence artificielle[2].

Un autre point qui doit être pris en compte avant de recourir aux techniques de la justice algorithmique est que les techniques de l'intelligence artificielle n'auront pas le même niveau d'efficacité dans les différents degrés des juridictions. À ce propos, la Juge REILING affirme que « si la réduction de la complexité des procédures est une réelle préoccupation, les besoins en matière de technologie de l'information ne sont pas les mêmes pour toutes »[3].

Par exemple, nous constatons que les techniques algorithmiques de « la prédiction des décisions judiciaires » apparaissent de plus en plus efficaces et fiables dans le cas de la prédiction des décisions des juridictions du premier et du second degré où les analyses peuvent se baser facilement sur des faits suffisamment clairs (surtout par rapport aux requêtes présentées aux Cours suprêmes) et où le droit y est déjà parfaitement défini par les textes législatifs et les jurisprudences précédentes. Nous pouvons conclure que la précision de la loi applicable et la clarté de son applicabilité aux faits sont les deux facteurs favorisant la qualité de fonctionnement des techniques de l'apprentissage automatique dans l'analyse des textes.

Toutefois, l'applicabilité de ces techniques est susceptible d'être moins fiable dans les juridictions suprêmes où le raisonnement des magistrats ne se

---

[1] Cf. Commission nationale de l'informatique et des libertés (fr), *Premiers éléments d'analyse de la CNIL, Blockchain*, septembre 2018, disponible sur https://www.cnil.fr/sites/default/files/atoms/files/la_blockchain.pdf (consulté le 13 avril 2021).

[2] E. CHIEZE, A. FARZINDAR, G. LAPALME, « An Automatic System for Summarization and Information Extraction of Legal Information » In E. FRANCESCONI, S. MONTEMAGNI, W. PETERS, D. TISCORNIA (dir.), *Semantic Processing of Legal Texts*, vol 6036, Springer, pp 216-234.

[3] D. REILING, « Quelle place pour l'intelligence artificielle dans le processus de décision d'un juge ? », *op. cit.*, p. 221.

base pas uniquement sur le droit (les lois et les jurisprudences) existant et aussi dans le cas du contrôle de la constitutionnalité où l'analyse des magistrats peut même aboutir à la création du droit. C'est la raison pour laquelle les « méthodes de la modélisation automatisée du raisonnement des magistrats » (grâce aux technologies sous-jacentes de l'apprentissage profond) sont susceptibles de présenter plus d'utilité dans les juridictions suprêmes.

Cette méthode consiste en la modélisation du raisonnement d'un magistrat par le biais d'analyses algorithmiques de sa pensée. Cette analyse se fait à partir des opinions qu'il a auparavant exprimées dans les textes judiciaires ainsi que son profil personnel et professionnel. Le modèle réalisé par cette méthode est susceptible d'être de plus en plus stable dans le temps. Celle-ci se différencie des méthodes de « la prédiction des décisions judiciaires » qui se basent principalement sur la prédiction de la décision d'une juridiction en analysant celles qu'elle avait auparavant rendues sur les problématiques similaires. Contrairement à la première méthode, les techniques de « la prédiction des décisions » se reposent plutôt sur les faits, les lois et éventuellement le profil des justiciables (notamment, en matière pénale).

En ce qui concerne les litiges relevant du droit international privé, l'intelligence artificielle pourrait être également utilisée afin de déterminer « la loi applicable » et « la nationalité effective des justiciables » en prenant en compte l'ensemble de leurs données personnelles[1]. Ainsi, cette technologie est susceptible d'être efficace dans la détermination rapide, et une éventuelle reconnaissance de la compétence *ratione loci* des juridictions. L'intelligence artificielle sert aussi le monde du droit comme « outil d'assistance » en dehors des juridictions, notamment au sein des cabinets d'avocats, pour réaliser les tâches répétitives telles que la documentation et la recherche juridique[2]. Elle peut également servir dans le cadre de vérification de « l'obligation de diligence »[3].

L'intelligence artificielle peut être également utilisée pour l'évaluation de la chance de réussite d'un litige devant la justice (notamment par le biais du profilage des juges et l'analyse des jurisprudences similaires), et l'évaluation

---

[1] Cf. R. MARKOVICH, « On the Formal Structure of Rules in Conflict of Laws », *32nd International Conference on Legal Knowledge and Information Systems*, 11-12-13 décembre 2019, Madrid (Espagne), pp. 199 – 204.

[2] Cf. R.C. LAWLOR, « What computers can do : analysis and prediction of judicial decisions », *American Bar Association Journal*,1963, vol. 49, n° 4, pp. 337-344. ; S. ABITEBOUL, F. G'SELL, « Les algorithmes pourraient-ils remplacer les juges ? », *Le Big Data et le droit*, Dalloz, 2019, Thèmes et Commentaire, p.4., disponible sur https://hal.inria.fr/hal-02304016v2/document (consulté le 5 janvier 2020).

[3] K. BENYEKHLEF, J. ZHU, « Intelligence artificielle et justice : justice prédictive, conflits de basse intensité et données massives », *les cahiers de propriété intellectuelle*, éd. Yvon Blais, vol. 30, n° 3, p. 793.

du montant des honoraires des avocats ainsi que le montant des indemnités pouvant être réclamé pour les préjudices[1].

En droit de la famille (plus précisaient dans les affaires portant sur le divorce), l'intelligence artificielle peut avoir la même utilité pour la détermination automatisée du montant de prestation compensatoire[2].

Les outils ayant la capacité de réaliser ces tâches sont, aujourd'hui, omniprésents au sein des cabinets d'avocats[3]. Certains outils plus puissants peuvent surpasser leur capacité actuelle et prester les services de la consultation juridique. Aujourd'hui, un certain nombre de startups propose des services similaires, mais leur système ressemble plutôt au système classique d'un chatbot, seulement capable de répondre à un champ très limité et déterminé de questions. En effet, ces systèmes ne sont pas capables de répondre à des questions personnalisées.

À ce jour, aucun outil ayant la capacité d'analyser des faits complexes n'est encore présent ni dans le marché américain de legaltech, ni dans celui de l'Union européenne. Pourtant, quel que soit le degré de la puissance de ces logiciels, ces derniers peuvent être une grande aide pour garantir l'accès au droit et à la justice. Les techniques de l'apprentissage automatique peuvent avoir ainsi une vaste utilité pour la certification automatisée, la vérification d'authenticité des œuvres et la protection des brevets, des droits d'auteur et des marques. Cette technologie peut faciliter les processus d'étude des demandes de brevet. La délivrance et l'enregistrement des brevets peuvent s'effectuer grâce à la technologie de la blockchain[4].

En réalisant une analyse sur les faits et les circonstances des affaires et en les comparant avec des textes des jurisprudences similaires, les systèmes de l'intelligence artificielle seront capables de prédire les défenses des avocats des parties adverses. Il convient de noter qu'à ce jour, aucun outil présentant ce type de service n'est pas commercialisé dans les marchés européens américains de la legaltech. Cela leur permettrait de dessiner les stratégies pertinentes de la défense face aux arguments d'autres parties du litige.

Dans l'hypothèse où les avocats de deux parties utilisent les mêmes techniques algorithmiques (voire les mêmes logiciels) pour élaborer leurs

---

[1] Cf. P. JANUEL, « Datajust : un algorithme pour évaluer les préjudices corporels », 1 avril 2020, *dalloz actualité*, disponible sur https://www.dalloz-actualite.fr/flash/datajust-un-algorithme-pour-evaluer-prejudices-corporels#.Xsg8xW46-gQ (consulté le 20 avril 2020).

[2] B. JEANDIDIER, J-C. RAY, J. MANSUY, « 8 Analyses quantitatives de décisions de justice en matière de prestation compensatoire dans une perspective de justice prédictive » In. I. SAYN (coord.), *Justice et numérique. Quelles (r)évolutions? Actes du Séminaire e-juris*, La semaine juridique, éd. générale supplément au n° 44-45, 28 octobre 2019, pp. 41-46.

[3] Cf. C. FLEURIOT, « L'intelligence artificielle va provoquer une mutation profonde de la profession d'avocat », *Dalloz actualité*, 15 mars 2017, disponible sur https://www.dalloz-actualite.fr/flash/l-intelligence-artificielle-va-provoquer-une-mutation-profonde-de-profession-d-avocat#.Xo9AvW468dU (consulté le 8 septembre 2021).

[4] Cf. B. BARRAUD, « Les blockchains et le droit », *Revue Lamy droit de l'immatériel* (Wolters Kluwer), n° 147, avril 2018, pp. 48-62.

raisonnements, on pourrait considérer que les avocats auront l'accès aux modèles génériques de plaidoirie utilisés par leurs adversaires. C'est ainsi qu'ils seront obligés de renforcer le fondement de leur défense par les autres moyens. Par conséquent, à long terme, une telle approche pourrait aboutir à l'amélioration de la qualité des services des avocats.

Dans un cabinet d'avocats augmenté par les différentes technologies de l'intelligence artificielle, l'avocat peut être engagé dans les nouvelles responsabilités juridiques vis-à-vis de son client. Responsable de la finalité du procès, il est censé utiliser les outils les plus pertinents pour élaborer sa défense et ses conseils.

Dans l'hypothèse où les logiciels utilisés ont fonctionné correctement mais ont produit, à cause de la faiblesse des algorithmes ou de la qualité des données, des résultats de mauvaise qualité, alors que l'avocat concerné avait l'accès aux logiciels plus efficaces ou plus puissants, sa responsabilité peut être engagée au titre du manquement à l'obligation de diligence professionnelle. Par conséquent, on peut considérer que dans un tel environnement, les cabinets doivent être équipés de l'ensemble des logiciels existants sur le marché de legaltech. Il est ainsi préférable (en particulier dans les cas complexes) que les avocats comparent les résultats fournis par les logiciels différents afin d'identifier les résultats les plus pertinents[1].

Cette fonctionnalité de l'intelligence artificielle peut jouer un rôle important dans la formation des juristes, en particulier les élève avocats[2]. Ce type de l'intelligence artificielle, capable de modéliser et simuler les défenses des parties adverses, peut être utilisé au sein des écoles de formation des barreaux afin d'entraîner les élèves-avocats de façon autonome, même à distance et sans l'intervention humaine[3].

L'une des révolutions les plus marquantes de l'automatisation des fonctions juridiques se présente dans la fonction notariale. Malgré les intérêts que l'intelligence artificielle peut présenter aux notaires pour faciliter les tâches répétitives de la documentation, cette révolution est particulièrement marquée par la création des « contrats intelligents » (en anglais : *Smart contracts*), qui consistent en une série de protocoles informatiques, visés à la sécurisation et à la facilitation des négociations d'un contrat ou d'une clause contractuelle, grâce à un environnement des réseaux distribués, sous un modèle connu comme « pair-à-pair ». Le cycle d'élaboration et d'exécution

---

[1] Cf. les articles 1.3, 9.1, 11.2, 18.6 et 21.3.1.1 du Règlement intérieur national de la profession d'avocat.

[2] Cf. A. VAN DEN BRANDEN, « La robotisation de la justice » In. H. JACQUEMIN, A. DE STREEL, *L'intelligence artificielle et le droit*, coll. du Centre de Recherche Information, Droit et Société (CRIDS), Larcier, 3é tirage 2019, p. 316.

[3] Cf. K. SILVERMAN, Th.A. CAMPBELL, « The knotty problem of applying real-world laws to VR and AR », *World Economic Forum*, 24 août 2021, disponible sur https://www.weforum.org/agenda/2021/08/real-world-laws-ar-and-vr/ (consulté le 30 août 2021).

des contrats intelligents s'appuie sur la technologie de la blockchain[1]. Selon le Me Céline MOILLE, dans le contexte législatif français, « la blockchain est une technologie particulièrement dérégulée »[2].

L'utilisation de cette technique initialement créée dans le secteur de l'économie et de la finance, pour la sécurisation et la gestion des transactions des crypto-monnaies, s'est élargie progressivement aux autres secteurs d'activité comme celui de notarial[3]. Aujourd'hui, la possibilité d'élaboration automatisée des contrats ordinaires, en alliant les différentes techniques de l'intelligence artificielle et la blockchain, reste aussi parfaitement envisageable. À part les « contrats intelligents »[4] et « l'élaboration automatisée des contrats ordinaires », ces technologies peuvent évoluer les contrats informatiques et intelligents. Elles peuvent aussi être au service du développement des consultations notariales, de l'enregistrement et l'authentification automatisée des registres ainsi que de l'archivage des documents. Cette méthode offre également, pour les contractants, une possibilité d'intervention dans les conditions du contrat. Un tel contrat peut être qualifié comme « un contrat liquide ».

Même si l'intelligence artificielle est une source d'espérance et de prospérité pour la majorité des fonctions juridiques et judiciaires, elle peut aboutir à une disparition progressive d'un certain nombre des fonctions comme les conciliateurs de justice et les médiateurs (en matière civile et pénale)[5], en raison du développement considérable des nouveaux modes alternatifs de résolution des conflits en ligne. Le succès de « la transformation numérique » de l'arbitrage laisserait bientôt sa place à « l'automatisation » de cette procédure. La fonctionnalité de ces plateformes ne doit pas seulement se limiter à un simple outil de communication. Il est essentiel que les systèmes

---

[1] Cf. Assemblée nationale, *rapport d'information de la mission d'information commune sur les chaînes de blocs (blockchains)*, rapport n° 1501, présenté par Mme Laure DE LA RAUDIÈRE et M. Jean-Michel MIS, 12 décembre 2018, p. 34. ; Organe d'information commun à l'assemblée nationale et au Sénat, *Rapport au nom de l'office parlementaire d'évaluation des choix scientifiques et technologiques sur Les enjeux technologiques des blockchains (chaînes de blocs)*, le rapport n° 1092 (AN) et n° 584 (Sénat), 12 juin 2018, présenté par Mme Valéria FAURE-MUNTIAN, M. Claude DE GANAY et M. Ronan LE GLEUT, pp. 71, 131 et 149.

[2] L'intervention de Me Céline MOILLE, « Déontologie, obligations et activités de l'avocat à l'ère numérique », lors de la journée du numérique organisée par la Maison des avocats, 10 septembre 2021.

[3] Cf. Le règlement n°910/2014 du 23 juillet 2014 du Parlement européen et du Conseil sur *l'identification électronique et les services de confiance pour les transactions électroniques au sein du marché intérieur et abrogeant la directive 1999/93/CE.*

[4] Cf. R. MORADINEJAD, « Le contrat intelligent, nouveau vecteur de confiance dans les relations contractuelles : réalité ou rêve ? », *Les Cahiers de droit*, vol. 60, n° 3, Septembre 2019, pp. 623–651.

[5] Cf. Décret n° 2021-95 du 29 janvier 2021 *portant modification des décrets n° 2017-1457 du 9 octobre 2017 relatif à la liste des médiateurs auprès de la cour d'appel et n° 2019-1089 du 25 octobre 2019 relatif à la certification des services en ligne de conciliation, de médiation et d'arbitrage.*

algorithmiques utilisés dans ces plateformes soient capables, par la détection automatique des faits et des propositions similaires présentées auparavant pour des litiges semblables, de proposer des solutions les plus appropriées aux parties du litige.

L'intelligence artificielle pourrait être également utilisée en matière de médecine légale et pour l'analyse et l'authentification automatisée des preuves[1] par les juridictions ou dans le cadre d'investigations menées par les auxiliaires de justice[2], là où elle pourrait avoir une implication directe ou indirecte. Dans un avenir proche, il serait ainsi envisageable d'utiliser l'intelligence artificielle pour la préparation ou même la découverte et la réparation automatisée des preuves. En outre, cette technologie peut être utilisée par les commissaires-priseurs pour l'évaluation automatisée de valeur, la certification et d'authentification des biens ainsi que la conduite automatisée des ventes aux enchères.

L'intelligence artificielle est considérée comme le socle principal de la quatrième révolution industrielle. Cette révolution se caractérise non seulement par un changement fondamental dans la structure économique et sociale du monde, mais aussi par l'intégration très rapide et massive de cette technologie dans le quotidien des populations et dans les administrations publiques.

Comme toutes les autres technologies émergentes, l'intelligence artificielle est une « autopoïèse » qui s'adapte facilement et progressivement à chaque environnement.

L'autopoïèse (en anglais : *Autopoiesis*) est un concept scientifique créé par un article intitulé *Autopoietic Systems* présenté par Humberto MATURANA (ancien professeur de l'Université du Chili) et Francisco VARELA (chercheur au Centre national de la recherche scientifique) en 1972 lors d'un séminaire au sein de l'Université de Santiago. Le concept de l'autopoïèsie est l'un des socles du domaine interdisciplinaire de « la vie artificielle ». L'origine littéraire de ce mot se trouve dans la littérature du grec antique. Cette notion se compose de deux mots « auto » (qui signifie « pour » en grec liturgique) et « *poïèse* » (qui signifie « la création » en ancien grec). Il signifie dans son ensemble « auto soi-même ou autocréateur ».

---

[1] Cf. Commission européenne, *Impact assessment accompanying the document proposal for a Regulation of the European Parliament and of the Council on European Production and Preservation Orders for electronic evidence in criminal matters and Proposal for a Directive of the European Parliament and of the Council laying down harmonised rules on the appointment of legal representatives for the purpose of gathering evidence in criminal proceedings*, 17 avril 2018, SWD (2018) 118 final.

[2] Cf. Le Monde du Droit, « La LegalTech Huissiers Online veut faciliter le constat d'huissier », 12 octobre 2020, disponible sur https://www.lemondedudroit.fr/professions/337-legaltech/71818-legaltech-huissiersonline-veut-faciliter-constat-huissier.html (consulté le 25 juin 2021).

Cela se réfère à un système qui se détache de son environnement à cause de son incompatibilité avec ce dernier. Toutefois, il se produit lui-même, en permanence et en interaction avec les composants de son environnement, en maintenant sa structure principale. Plus précisément, il s'agit de la capacité d'adaptation progressive d'un élément externe sans produire un changement fondamental ni dans la structure de l'environnement ni dans sa propre structure. Cette théorie a fait l'objet de publication d'un article de revue en 1974[1].

Il faut, toutefois, garder à l'esprit qu'afin de garantir la cohérence d'un outil de l'intelligence artificielle avec l'environnement de son usage, celui-ci doit être conçu en alliant les diverses techniques sous-jacentes de l'intelligence artificielle. Pour réaliser chaque tâche, il convient de dessiner une technique différente de l'intelligence artificielle. C'est ainsi que les techniques de la prédiction des infractions pénales (à titre d'exemple) ne correspondent pas parfaitement aux exigences requises pour la prédiction du raisonnement des magistrats. C'est la raison pour laquelle, un logiciel fonctionnant d'une façon pertinente dans une juridiction pour traiter une tâche précise, ne peut forcément pas être utilisé dans une autre juridiction pour réaliser une tâche similaire.

Les précipitations radicales pour recourir aux systèmes de l'intelligence artificielle dans le secteur judiciaire, ont mené ses acteurs à utiliser des outils inappropriés, qui ont produit certaines tensions avec les droits des justiciables. Ces tensions sont clairement le résultat d'une intégration trop rapide et inadaptée de ces logiciels aux juridictions. Aux États-Unis, cette tension a été initialement produite par l'utilisation du logiciel COMPAS pour « la prédiction de la décision de justice ».

La méthode de la prédiction utilisée dans le logiciel COMPAS se repose sur la modélisation des « comportements des justiciables ». Cela pourrait être parfaitement efficace pour la prévention du risque de récidive dans les grandes villes. Pourtant, ce logiciel a été utilisé lors du procès de l'affaire *State v. Samsa*[2] et lors du premier procès de Monsieur LOOMIS en 2013 par la Cour de circuit du comté de la Crosse, pour déterminer la durée d'emprisonnement des justiciables. On considère que dans son analyse, ce logiciel n'a pas pris en compte certains éléments tels que le droit applicable et le raisonnement des magistrats d'une façon pertinente. C'est la raison pour laquelle son usage a été estimé, potentiellement non compatible avec le principe du *due Process.*

Autrement dit, si les logiciels prédictifs sont considérés comme compatibles aux exigences juridiques et éthiques de la gestion préventive des crimes par la police, ils ne sont pas forcément compatibles avec les exigences

---

[1] Cf. F. VARELA, H. MATURANA, R. URIBE, « Autopoiesis : the organization of living systems, its characterization and a model », *Currents in modern biology*, mai 1974, vol. 5, n° 4, pp.187-196.

[2] *State c. Samsa*, 2015 WI App 6, 359 Wis. 2d 580, 859. N.W.2d 149.

liées au traitement judiciaire des dossiers, c'est la raison pour laquelle, leur mise en œuvre au sein des juridictions peut générer de nouveaux problèmes et porter atteinte à certains droits fondamentaux et libertés fondamentales.

Les critiques portées à l'usage inadapté du logiciel COMPAS ont fait écho dans le monde juridique aux États-Unis[1] et en Europe[2], partageant la même préoccupation concernant les droits fondamentaux, notamment le droit à un procès équitable et le principe de non-discrimination[3,4]. Cette préoccupation commune se caractérise à la fois par « l'universalité d'une partie des droits fondamentaux », « le caractère international de certains droits et libertés fondamentales » (les droits et les libertés qui sont créés par les conventions et les traités internationaux et qui sont signés par la quasi-totalité des pays du monde) et aussi « la similitude de certains droits protégés dans ces deux dimensions géographiques ».

Le risque potentiel d'une mise en place inadaptée ou mal adaptée de l'intelligence artificielle, au sein de la justice, concerne nombreux droits fondamentaux. Il apparaît donc essentiel de mettre ces logiciels en conformité avec les exigences de ces droits. Par ailleurs, une reconfiguration législative de ces droits peut optimiser cette adaptation réciproque et garantir la protection maximale des individus. Dans ce contexte, deux solutions peuvent être envisageables pour les législateurs et les régulateurs : (1) l'adaptation des droits existants (la solution adoptée par les législateurs américains) et (2) la création d'une nouvelle génération des droits et des principes éthiques (une tentative menée par l'Union européenne)[5].

À ce jour, aucune violation des droits fondamentaux à cause d'utilisation des logiciels de la justice prédictive n'est officiellement déclarée par les juridictions américaines et européennes. Des préoccupations à ce sujet ont été particulièrement soulevées par les ONG et les défenseurs des droits de l'homme, à la suite de la décision controversée du 13 juillet 2016 de la Cour

---

[1] Cf. E. ISRANI, « Algorithmic Due Process: Mistaken Accountability and Attribution in State v. Loomis », *Harvard Law School, Jolt Digest*, 31 août 2017, disponible sur https://jolt.law.harvard.edu/digest/algorithmic-due-process-mistaken-accountability-and-attribution-in-state-v-loomis-1 (consulté le 6 avril 2021).

[2] Conseil de l'Europe, *La charte éthique européenne d'utilisation de l'intelligence artificielle dans les systèmes judiciaires et leur environnement*, étude de la Commission européenne pour l'efficacité de la justice (CEPEJ), 4 décembre 2018, p.65.

[3] Cf. D. MIJATOVIĆ, « Protéger les droits de l'homme à l'ère de l'intelligence artificielle », *Conseil de l'Europe (Commissaire aux droits de l'homme Commissaire aux droits de l'homme)*, carnet des droits de l'homme, 3 juillet 2018, disponible sur https://www.coe.int/fr/web/commissioner/-/safeguarding-human-rights-in-the-era-of-artificial-intelligence (consulté le 23 mai 2021).

[4] *McDonnell Douglas Corp. c. Green*, 411 U.S. 792 (1973).

[5] Commission européenne, *Déclaration sur les droits et principes numériques*, 26 janvier 2022, disponible sur https://ec.europa.eu/commission/presscorner/detail/en/ip_22_452 (consulté le 26 janvier 2022).

suprême du Wisconsin[1]. Celle-ci a ouvert un long débat sur la question des biais discriminatoires produits par les algorithmes. Ils ont mené l'Union européenne et ses États membres à adopter une position de plus en plus prudente envers la mise en place de la justice prédictive. Cependant, contrairement à la vision générale de l'Europe envers ce sujet, celle de l'Estonie semble être de plus en plus favorable. Depuis près de vingt ans, ce pays a manifesté une grande motivation pour la transformation numérique de son administration publique.

Dans ce contexte, il convient de faire une distinction entre « l'idée » et « la pratique » discriminatoire. D'un point de vue technique, aux États-Unis et dans l'Union européenne, la production des idées discriminatoire n'est pas systématiquement interdite, tant qu'elles ne sont pas exprimées ou pratiquées. Par conséquent, une éventuelle production ou une systématisation de ces idées par les systèmes d l'intelligence artificielle peut potentiellement s'exclure des cadres protégeant les droits fondamentaux.

En 2018, les juridictions estoniennes utilisent un système soi-disant « IA-Juge » dédié au traitement automatisé des litiges relatifs au paiement des créances ne dépassant pas le montant de 6400 euros[2]. La vision optimiste de ce pays vis-à-vis de la justice augmentée[3] a été notamment illustrée dans une allocution du 9 février 2018 de Monsieur Priit PIKAMÄE, lors de laquelle il avait précisé que « les robots pourraient remplacer les juges dans la prise de décision »[4].

Malgré l'approche très positive de l'État d'Estonie, l'efficacité de l'usage de ce système dans les juridictions estoniennes a été mise en question par la Professeure Piia KALAMEES. Elle estime que ce système empêcherait les

---

[1] *State c. Loomis*, 881 N.W.2d 749 (Wis. 2016). ; Cf. F. PASQUALE, « Secret Algorithms Threaten the Rule of Law », *MIT Technology Review*, Tech Policy, disponible sur https://www.technologyreview.com/2017/06/01/151447/secret-algorithms-threaten-the-rule-of-law/ (consulté le 6 avril 2021).

[2] E. NILLER, « Can AI Be a Fair Judge in Court? Estonia Thinks So », *Wired.com*, 25 mars 2019, disponible sur https://www.wired.com/story/can-ai-be-fair-judge-court-estonia-thinks-so/ (consulté le 10 avril 2021). ; H. GRAND, « En Estonie, une intelligence artificielle va rendre des décisions de justice », *Figaro*, 1 avril 2019, disponible sur https://www.lefigaro.fr/secteur/high-tech/en-estonie-une-intelligence-artificielle-va-rendre-des-decisions-de-justice-20190401 (consulté le 13 juin 2021). ; Afin de pouvoir participer à ce type du procès, les justiciables doivent être antérieurement membre de la plateforme d'*E-Residency* (disponible sur https://e-resident.gov.ee - consulté le 7 septembre 2021).

[3] Cf. T. KERIKMÄE, E. PÄRN-LEE, « Legal dilemmas of Estonian artificial intelligence strategy: in between of e-society and global race », *AI & Soc*, 2020, vol. 36, 2021, pp. 561–572, disponible sur https://doi.org/10.1007/s00146-020-01009-8 (consulté le 19 août 2021).

[4] Le texte du discours de Monsieur PIKAMÄE, « Développement du système juridique et judiciaire, lors de la session plénière des juges », 9 février 2018, disponible sur https://www.riigikohus.ee/sites/default/files/elfinder/analyysid/2017/RKE_ettekanne_t%C3%A4iskogu_2018.pdf (consulté le 6 avril 2021).

juridictions de réexaminer *ex officio* les conditions spécifiques et particulières des contrats[1].

Nous constatons qu'aux États-Unis, la décision du 13 juillet 2016 de la Cour suprême du Wisconsin (on considère que celle-ci est particulièrement démocratique puisqu'elle est rendue par deux magistrats directement élus par les résidents de l'État)[2] et le rejet de la requête pour le *writ of certiorari* (contre cette décision de cette juridiction) présenté à la Cour suprême des États-Unis[3] confirment qu'un bon usage du logiciel COMPAS et des logiciels similaires ne présente *a priori* aucun risque aux droits fondamentaux, notamment le droit à un procès équitable. Il convient de noter que le texte officiel du « rejet » n'a pas été publié par la Cour.

Avant ce rejet, la décision de la Cour suprême du Wisconsin avait une valeur contraignante (en tant qu'un *precedent*) au niveau des juridictions de cet État et celui de la Cour d'appel des États-Unis pour le septième circuit. À la suite du rejet de cette requête par la Cour suprême des États-Unis, son champ d'application territorial a été automatiquement élargi à toutes les juridictions du pays.

Le refus de la petition for *writ of certiorari* adressée par Monsieur LOMMIS a confirmé la décision de la Cour suprême du Wisconsin dans laquelle elle a estimé que « s'il [le logiciel COMPAS] est utilisé correctement, en respectant les limites et les mises en garde énoncées, l''usage du logiciel COMPAS, par une Cour de circuit, pour la détermination de la peine ne porte pas atteinte au droit du justiciable à un procès équitable »[4].

Ce propos concernant la légalité d'usage des outils de la justice prédictive n'est pas absolu mais conditionné au respect aux exigences techniques qui sont définies dans les paragraphes 87-101 de cette décision. Il convient également de considérer que le raisonnement présenté dans ces décisions ne serait pas forcément valable pour les autres outils qui peuvent être utilisés au sein de la justice dans l'avenir. En outre, dans cette décision de la Cour, il n'y a aucune référence au recours aux outils de l'intelligence artificielle dans les affaires « civiles ». Par conséquent, on peut conclure que cette autorisation se limite *a priori* aux affaires pénales. Pourtant, en absence d'une interdiction explicite, on pourrait élargir le champ de cette autorisation aux affaires civiles.

Cette attention particulière à la vigilance dans les procès pénaux (notamment, par rapport aux procès civils) est ainsi observée dans les jurisprudences de la Cour européenne des droits de l'Homme. Dans sa décision du 11 juillet 2017, la Cour a considéré que les droits de l'accusé et de l'inculpé

---

[1] P. KALAMEESN, « Protection of Consumer Rights in the Expedited Procedure of a Payment Order in the Light of European Court of Justice Case Law », *Juridica*, 2019, vol.8, pp. 613-624.

[2] *State c. Loomis*, 881 N.W.2d 749 (Wis. 2016).

[3] Le texte officiel de « rejet » n'a pas été publié par la Cour.

[4] *State c. Loomis*, 881 N.W.2d 749 (Wis. 2016), ¶ 8.

en matière pénale exigent une protection plus forte que les droits des accusées à un procès civil[1].

D'autre part, les textes législatifs européens relatifs à ce sujet exigent le respect des droits fondamentaux lors d'utilisation des systèmes automatisés du traitement des affaires judiciaires alors qu'en pratique, à ce jour, aucun recours, en raison d'une telle violation, n'est introduit ni devant la Cour européenne des droits de l'homme et ni devant la Cour de justice de l'Union européenne. Au niveau des États membres, Madame Nele PARREST, précise que, dans le contexte d'usage des nouvelles technologies (incluant celle de l'intelligence artificielle) au sein des administrations, la marge d'interprétation par les juges suprêmes est particulièrement limitée.
Ces circonstances nous amènent à conclure que la position extrêmement prudente des organes de l'Union et du Conseil de l'Europe[2] envers ce risque a été générée sous l'influence des controverses médiatiques et les fantasmes cinématiques plus qu'une position logique face à un risque réel et existant ou prouvé par les études empiriques. Cependant, malgré cette approche plutôt optimiste, il est toujours à considérer que « la justice augmentée », due à la variété des systèmes de l'intelligence artificielle, reste toujours une « épée de Damoclès » pour les droits fondamentaux.

En Europe, les principaux droits qui peuvent être menacés par un traitement automatisé des affaires judiciaires sont le droit à un procès équitable et le principe du contradictoire[3]. Aux États-Unis, ces deux droits sont reconnus et protégés par le principe du *due process*[4,5] qui est généralement garanti, lui-même, par le cinquième et le quatorzième amendements de la Constitution des États-Unis. Il est également reconnu comme « la clause de la protection ». En matière pénale, il est intimement lié au droit à témoin protégé par « la clause de confrontation » du sixième amendement à la Constitution des États-Unis.

---

[1] CEDH (gde. ch.), *Moreira Ferreira c. Portugal*, n°2, requête n° 19867/12. ; Cf. La Cour européenne des droits de l'Homme, *Guide sur l'article 6 de la Convention – Droit à un procès équitable (volet civil)*, mai 2013 (mise à jour au 30 avril 2019), P. 21.
[2] Cf. Une recommandation présentée par 22 membres de l'Assemblée parlementaire du Conseil de l'Europe, « Justice par algorithme – le rôle de l'intelligence artificielle dans les systèmes de police et de justice pénale », doc. n° 14628, 26 septembre 2018, disponible sur http://assembly.coe.int/nw/xml/XRef/Xref-XML2HTML-FR.asp?fileid=25062&lang=FR (consulté le 19 avril 2021). ; Conseil de l'Europe, *Déclaration du Comité des Ministres sur les risques de la prise de décision assistée par ordinateur ou reposant sur l'intelligence artificielle dans le domaine du filet de sécurité sociale*, 17 mars 2021, Decl(17/03/2021)2, disponible sur https://search.coe.int/cm/Pages/result_details.aspx?ObjectId=0900001680a1cb9a (consulté le 5 août 2021).
[3] Cf. G. GOODPASTER, « On the Theory of American Adversary Criminal Trial », *The Journal of Criminal Law and Criminology*, vol. 78, n° 1, 1987, pp. 118-154.
[4] Cf. *Hebert v. Louisiana*, 272 U.S. 312, (1926).
[5] En droit américain, il est intimement lié au principe du respect à la vie privée ; *Roe c. Wade*, 410 U.S. 113 (1973).

Le droit à un procès équitable a été reconnu comme l'un des droits protégés par *due process* par une décision du 16 mai 1955 de la Cour suprême des États-Unis[1]. Les caractéristiques de ce droit ont été plus précisément définies vingt ans plus tard par Henry FRIENDLY dans l'un de ses articles intitulé *Some Kind of Hearing*, dans lequel il établit une liste des droits protégés par ce principe, au sens défini par les jurisprudences de la Cour suprême des États-Unis[2,3]. L'impartialité du tribunal se trouve à la tête de cette liste[4].

En matière pénale, ce droit peut également relever des droits protégés par le sixième amendement de la Constitution des États-Unis qui garantit ainsi le droit du justiciable à l'information et à la connaissance du fonctionnement du procès. Le sixième amendement de la Constitution des États-Unis désigne « le déroulement rapide du procès » comme un droit fondamental lié au principe du *due process.* Nous pouvons même considérer que l'IA fournit la possibilité de garantir certains aspects de ce principe, notamment en favorisant la rapidité du déroulement du procès.

L'obscurité de certaines fonctionnalités de l'intelligence artificielle (notamment celles de la boîte noire des algorithmes) peut potentiellement poser une atteinte à ce droit. Dans l'affaire *State c. Tiepelman*, la Cour suprême de Wisconsin a reconnu ce droit comme un principe protégé par le principe du *due process*[5].

L'intelligence artificielle peut également menacer accessoirement le principe de l'habeas corpus, s'agissant d'un principe partagé entre le droit européen et le droit américain qui garantit la présomption d'innocence des justiciables. Sa formulation exacte est *Habeas corpus ad subjiciendum et recipiendum*. La racine de ce principe se trouve dans l'histoire du droit d'Angleterre. Il s'agit d'un principe fondamental de la *Common law* qui fait partie également du droit de l'Union européenne et dispose d'une valeur constitutionnelle aux États-Unis. Aux Royaume-Unis il est considéré comme un principe du droit anglais (pas le droit britannique). Autrement dit, ce principe ne s'applique qu'en Angleterre (donc ni en Irlande du Nord ni en Écosse ni au pays de Galles).

En Europe, il est reconnu comme un droit fondamental par l'article 48 de la charte des droits fondamentaux de l'Union européenne ainsi que le troisième et le quatrième paragraphes de l'article 5 et le second paragraphe de l'article 6§2 de la Convention européenne des droits de l'homme. Par ailleurs,

---

[1] *In re Murchinson*, 349 U.S. 133 (1955) ; Cf. *Bartkus c. Illinois*, 359 U.S. 121 (1959) et *Vitek c. Jones*, 445 U.S. 480 (1980).

[2] H.J. FRIENDLY, « Some Kind of Hearing », *University of Pennsylvania Law Review,* vol. 123, n° 6, juin 1975, pp. 1267-1317.

[3] Cf. *Williams v. New York*, 337 U.S. 241 (1949).

[4] H.J. FRIENDLY, « Some Kind of Hearing », *préc.*, pp. 1279-1280.

[5] Cf. *State c. Tiepelman* 2006 WI 66, ¶9, 291 Wis. 2d 179, 717 N.W.2d 1.

aux États-Unis, il est décrit comme « le droit le plus fondamental » par les premiers constitutionnalistes des États-Unis d'Amérique[1].

Le risque à ce droit semble être plus signifiant en matière pénale, notamment lorsque les justiciables sont objets d'un traitement automatisé sur la base de leurs profils personnels ou leurs casiers judiciaires (ceci peut être valable dans le cas d'un traitement qui soit limité aux arrestations ou aux condamnations préventives). Ce risque peut se manifester également dans le cas de l'analyse automatisée des requêtes par l'intelligence artificielle. En Europe, ces droits sont également liés au principe du respect de l'être humain et de la liberté individuelle. En Europe, ce droit est particulièrement protégé par les articles 10 et 11 de la Convention européenne des droits de l'Homme[2].

À part les droits susmentionnés, le traitement automatisé des profils des justiciables et des juges peut également porter, accessoirement, atteinte aux autres droits individuels comme le droit à l'honneur et à la réputation[3] ainsi que le droit à la vie privée[4]. En Europe, ce risque est notamment susceptible de se présenter dans le contexte de la protection des données, lorsque les données des personnes concernées sont utilisées à des fins autres que celles qui sont définies et autorisées par les règlements relatifs à la protection des données ou en cas d'une erreur faite par l'intelligence artificielle.

Les outils de legaltech créent une grande interaction « indirecte » entre des professionnels du droit connectés perpétuellement aux mêmes systèmes. Ainsi, les acteurs de la justice sont parmi les collecteurs des données personnelles des justiciables qui sont nécessaires pour exercer leurs activités. Dans un tel environnement où les avocats utilisent des logiciels et des plateformes très divers, ils partagent ces données avec plusieurs bases de données. Me Sylvain STAUB estime que l'émergence du marché de legaltech est porteuse d'un risque important de circulation et de divulgation des secrets professionnels. Même si les fournisseurs des outils s'engagent à ne pas conserver les données. Elles courent toujours le risque d'être piratées à l'aide des logiciels malveillants. Afin de lutter contre ce risque, il propose de créer

---

[1] O. HARI, « L'état des droits en faveur de la personne privée de liberté selon l'article 5 §§ III et IV, CEDH, et l'Habeas Corpus américain ou l'Habeas Corpus des deux côtés de l'Atlantique, Étude de droit comparé », *thèse de licence en - droit*, Septembre 2003, Faculté de Droit de l'Université de Neuchâte, P. 58 ; Le *writ d'habeas corpus* est un texte revêtant une importance considérable aux États-Unis.

[2] Cf. Conseil de l'Europe, « Vers une régulation des systèmes d'IA, perspectives internationales sur l'élaboration d'un cadre juridique fondé sur les normes du Conseil de l'Europe dans le domaine des droits de l'homme, de la démocratie et de l'État de droit », étude de Conseil de l'Europe, rapport du Comité *ad hoc* sur l'intelligence artificielle, DGI (2020) 16, pp. 24-31.

[3] V. CEDH, *Petrina c. Roumanie*, n° 78060/01, 14 octobre 2008. ; Con. 75 du RGPD.

[4] V. Art. 12 de la Déclaration universelle des droits de l'homme des Nations unies ; Art. 8 de la Convention européenne des droits de l'homme. ; Art. 7 de la Charte des droits fondamentaux de l'Union européenne.

CEDH, *Abeberry c. France* (déc.) n° 58729/00, 21 septembre 2004. ; CEDH, *Leempoel & S.A. ED Ciné Revue c. Belgique*, n° 64772/01, 9 novembre 2006.

des règles déontologiques spécifiques assurant la protection des données en utilisant les outils de legaltech[1].

Aux États-Unis, ce risque serait considérablement présent au cours des procès pénaux, où la Cour peut demander à ses agents de préparer un rapport présentenciel (en anglais : *Pre-sentence investigation report*), contenant les informations personnelles du justiciable (e.g. celles relatives à ses proches, aux témoins de ses anciens collègues et à ses activités personnelles).

Même s'il s'agit d'une partie des processus normaux du procès de la justice (pénale), l'élaboration automatisée de ce rapport par l'intelligence artificielle peut menacer la vie privée des autres personnes impliquées dans l'affaire. En conséquence, l'intelligence artificielle court le risque de collecter (par erreur) des informations ne relevant pas nécessairement des informations « strictement » essentielles pour trancher le litige[2].

La vague des préoccupations concernant la justice prédictive, s'articule plus particulièrement autour du risque de la production des biais par les algorithmes, pouvant potentiellement porter atteinte au principe de l'égalité et à celui de la non-discrimination[3]. Ces derniers, se trouvant au rang des droits fondamentaux en Europe[4], peuvent être menacés aux États-Unis en tant que droits constitutionnels accessoires du droit à un procès équitable ou en tant que droits distincts. Sur le plan technique, l'intelligence artificielle, peut directement ou indirectement (notamment par le biais des données sous-jacentes) renforcer les biais discriminatoires[5].

Ce risque a été suscité en 2014 dans un discours du Procureur Général des États-Unis lors duquel il a averti que l'usage massif des logiciels dotés de la technologie de l'intelligence artificielle peut aboutir à banalisation de la catégorisation des personnes à haut risque sur la base d'éléments raciaux,

---

[1] L'intervention de Me Sylvain STAUB, « Déontologie, obligations et activités de l'avocat à l'ère numérique », lors de la journée du numérique organisée par la Maison des avocats, 10 septembre 2021.

[2] D. KEHL, P. GUO, and S. KESSLER, *Algorithms in the Criminal Justice System: Assessing the Use of Risk Assessments in Sentencing*, Responsive Communities Initiative, Berkman Klein Center for Internet & Society, Harvard Law School, 2017, p. 15.

[3] Cf. S. WACHTER, B. MITTELSTADT, C. RUSSELL, « Bias Preservation in Machine Learning: The Legality of Fairness Metrics Under EU Non-Discrimination Law », *West Virginia Law Review*, disponible sur http://dx.doi.org/10.2139/ssrn.3792772 et https://ora.ox.ac.uk/objects/uuid:0c4cc51d-b2d3-4843-82ad-928e3b33e119 (consulté le 0 juin 2022).

[4] Cf. Commission européenne, *Algorithmic discrimination in Europe:Challenges and opportunities for gender equality and non-discrimination law*, rapport de la direction générale de la justice et des consommateurs, Rapporteurs : Professeure Janneke GERARDS et Madame Raphaële XENIDIS, 2020.

[5] Cf. D. ENNIS, T. COOK, « Bias from AI lending models raises questions of culpability, regulation », *Bankingdive*, 16 août 2019, disponible sur https://www.bankingdive.com/news/artificial-intelligence-lending-bias-model-regulation-liability/561085/ (consulté le 6 octobre 2021).

religieux et ethniques[1,2]. Ce discours a été suivi par la réalisation d'une étude empirique, menée par Pro Publica.

Ce dernier a fait l'objet d'un article controversé en 2016[3] dans lequel les membres de cette ONG ont affirmé que le logiciel COMPAS met systématiquement les afro-américains dans la catégorie des personnes à haut risque, en ajoutant le fait que contrairement aux résultats de ce logiciel, le risque de la récidive criminelle parmi les caucasiens libellés « moins risqués » est en réalité plus élevé que celui des afro-américains libellés « plus risqués » (ces analyses sont basées sur les données fournies par les autorités du comté de *Broward County* de l'État de Floride).

Selon le département des corrections de l'État du Wisconsin, « les recherches montrent que les délinquants à faible risque sont moins susceptibles de commettre de nouveaux crimes. Donc, ils devraient bénéficier de services minimaux et être exclus du traitement et de la surveillance intensive »[4].

Ils font valoir, sur la base des résultats de cette étude, que le fonctionnement de ce logiciel s'appuie sur des facteurs raciaux. Cette position nous amène à nous interroger sur le rôle réel que ce facteur a joué dans les analyses faites par ce logiciel. Celui-ci se repose (ou au moins il le fallait) sur les antécédents criminels des personnes, en identifiant ses caractéristiques personnelles. Pour effectuer ces analyses, il prend en compte des éléments très divers qui incluent également la race, ainsi il apparaît difficile d'affirmer que, dans ces analyses, la race constitue un élément fondamental et à part entière[5] ou qu'elles soient fondées sur des biais racistes.

Une étude plus concrète sur l'histoire de l'analyse prédictive des comportements humains démontre que la production de ces biais discriminatoires n'est ni le résultat d'un dysfonctionnement technique ou d'une erreur de l'intelligence artificielle, ni nécessairement le résultat d'obscurité de la boîte noire de l'intelligence artificielle, ni le résultat d'une programmation ou d'une manipulation humaine. Dans ces circonstances, il est impératif de distinguer les biais produits par le perfectionnement des algorithmes et ceux produits par leur erreur. Néanmoins, la production de ces

---

[1] Discours du Procureur Général des États-Unis d'Amérique, Monsieur Eric HOLDER lors de la 57ème assemblée annuelle et à la 13ème conférence du réseau de la justice pénale de l'Association nationale des avocats de la défense, Philadelphia, (PA), 1er aout 2014.

[2] Cf. S. CIMAMONTI, « Le profilage à l'épreuve du procès », *Revue pénitentiaire et de droit pénal*, ed. Cujas, n° 2, avril / juin 2015, p. 447.

[3] J. ANGWIN, J. LARSON, S. MATTU, L. KIRCHNER, « Machine Bias », *Pro Publica*, 23 mai 2016, disponible sur https://www.propublica.org/article/machine-bias-risk-assessments-in-criminal-sentencing (consulté le 5 septembre 2019).

[4] Site officiel du Département des corrections de l'État de Wisconsin, *COMPAS*, disponible sur https://doc.wi.gov/Pages/AboutDOC/COMPAS.aspx - consulté le 5 octobre 2019).

[5] J. MONAHAN, J.L. SKEEM, « Risk Assessment in Criminal Sentencing », *Annual Review of Clinical Psychology*, 2016, vol. 12, n°1, p. 499, disponible sur 10.1146/annurev-clinpsy-021815-092945 (consulté le 24 janvier 2021).

biais trouve ses origines dans l'ancienne culture populaire de la société new-yorkaise, qui a pris la forme des statistiques structurées, par les méthodes de COMPSTAT et a été aussi repris dans le fonctionnement de COMPAS.

Il semble que les biais discriminatoires issus de ces logiciels ne sont pas le résultat d'une erreur mais plutôt « d'un calcul trop mécanique » des biais humains existant depuis longtemps dans les données judiciaires et les fichiers de police utilisés lors de l'élaboration de ces statistiques. Ces fichiers sont les témoins d'existence des biais discriminatoires avant la création, au cours du XXe siècle, des logiciels de la justice prédictive.

Le début de ce siècle est marqué par une nouvelle refonte de la société américaine, confrontée à l'émergence de nouvelles classes sociales, à la suite de l'abolition de l'esclavage en 1856. Les afro-américains qui étaient majoritairement originaires des États du sud, se sont réfugiés dans les grandes villes du nord du pays, au cours d'une grande vague d'immigration, qui a duré de 1916 à 1970. À New York, la communauté des afro-américains s'est installée dans le quartier Harlem (notamment dans le cadre d'un projet immobilier lancé par Philip A. PAYTON JR.).

Confrontée par les crises économiques qui ont affecté l'ensemble de la société américaine durant les années 1930 et 1940 et sous la pression des discriminations menées par la société caucasienne, la communauté afro-américaine s'est regroupée et isolée dans certains quartiers « spécifiques » de la ville.

En 1950, la population afro-américaine constituait plus de 98% de la population de ces quartiers[1]. Cet isolement a abouti à une augmentation considérable des crimes dans le quartier Harlem. Cette délimitation géographique divisant les afro-américains du reste de la société new-yorkaise a permis à Jack MAPLE d'élaborer son projet de la prédiction de la criminalité (ce projet est connu sous le nom de « la charte du future ») qui a été développée, par la suite, dans le cadre des systèmes de COMPSTAT et COMPAS.

Ce contexte historique justifie l'existence des biais discriminatoires dans les bases des données utilisées dans ces logiciels. C'est ainsi que la race a fait partie des éléments repris pour les statistiques du logiciel COMPAS. Selon Madame Katy WEATHINGTON, dans ce cas « nous avons utilisé de mauvaises données en premier lieu, puis nous avons utilisé des outils [de l'intelligence artificielle] pour les rendre pires » [2].

---

[1] A. A. BEVERIDGE, « An Affluent, White Harlem ? », *Gotham Gazette*, 27 août 2008, disponible sur https://www.gothamgazette.com/demographics/4062-an-affluent-white-harlem (consulté le 10 mars 2020).

[2] W.D. Heaven, « Predictive policing algorithms are racist. They need to be dismantled. », *MIT Technology Review*, 17 juillet 2020, disponible sur https://www.technologyreview.com/2020/07/17/1005396/predictive-policing-algorithms-racist-dismantled-machine-learning-bias-criminal-justice/ (consulté le 5 novembre 2020).

Il semble que l'ombre des anciennes statistiques de la police de New York existe toujours dans les analyses actuelles de ces logiciels. Compte tenu de ce contexte, même si aucune étude empirique n'a jamais été réalisée sur ce sujet, l'hypothèse de la production des biais discriminatoires basés sur le quartier de résidence des personnes par ce logiciel peut être aussi potentiellement valable.

L'exemple du COMPAS est révélateur du fait que notre société est biaisée, car la pensée humaine l'est. C'est la raison pour laquelle les algorithmes peuvent difficilement échapper à ces biais. Certains usages de l'intelligence artificielle sont, par nature et légitimement, censés d'être biaisés, par exemple, l'admission dans une formation académique ou dans le recrutement professionnel. La première se base sur les notes que les étudiants ont auparavant obtenues et éventuellement le prestige des diplômes qu'ils possèdent et le second se base sur le profil professionnel des candidats. Donc, l'examen des dossiers de personnes est, en principe et légitimement, biaisé. Dans un tel cas, c'est le principe d'égalité des chances qui s'applique et non l'égalité des personnes.

Toute question du fonctionnement de l'intelligence artificielle se limite à la capacité d'imitation et à la modélisation de la pensée ainsi qu'aux comportements humains. Si nous considérons que les biais sont aussi une partie du fonctionnement du cerveau humain, un algorithme débiaisé est un calcul surpassant la capacité de la pensée humaine. En conséquence, il apparaît que le risque d'émergence d'une discrimination systématisée en utilisant l'intelligence artificielle est plutôt lié à une question de « la neutralité des données » et non à un problème du « calcul algorithmique » ni à « la boîte noire » de l'intelligence artificielle, puisque l'algorithme est une analyse mathématique qui est, par définition, « neutre ». C'est en affirmant ce propos lorsque Madame Margrethe VESTAGER précise que « l'intelligence artificielle n'est ni bonne ni mauvaise en soi : tout dépend du pourquoi et du comment elle est utilisée »[1].

La majorité des textes législatifs européens relatifs à l'intelligence artificielle parlent de « la création » ou de « la production » des biais discriminatoire par l'intelligence artificielle alors que l'expression de « renforcement » ou de « systématisation de la production des biais discriminatoires » ou même « la légitimation des biais discriminatoires » par les analyses algorithmiques semble être plus pertinente pour décrire ce risque (autrement dit, les algorithmes ne sont pas producteurs des biais discriminatoires, mais ils peuvent les porter[2]. Pourtant, contrairement aux

---

[1] Ouest-France (Avec AFP), « L'Union européenne veut une intelligence artificielle " responsable " et maîtrisée par l'humain », 19 février 2020, disponible sur https://www.ouest-france.fr/europe/ue/l-union-europeenne-veut-une-intelligence-artificielle-responsable-et-maitrisee-par-l-humain-6744041 (consulté le 19 mai 2021).

[2] Cf. Fair Trials, Automating Injustice: The use of artificial intelligence & automated decision-making systems in criminal justice in Europe, septembre 2021, pp. 27-33, disponible sur

biais humains, ceux des algorithmiques sont plus susceptibles d'être identifiés.

Les algorithmes peuvent même servir pour « la préservation de la transparence »[1] des systèmes, en identifiant les éventuels biais existants (restant souvent inconnus ou ignorés par les humaines puisqu'ils sont parfois produits involontairement) et aussi pour la neutralisation des données d'entrée et par conséquent pour débiaiser les analyses statistiques automatisées.

Il convient de noter qu'en matière civile, aucune étude ne confirme l'existence d'un tel biais ni aux États-Unis ni dans d'autres pays du monde. Nous pouvons donc conclure que les biais discriminatoires relèvent d'une particularité du logiciel COMPAS et non de la fonctionnalité des algorithmes. Ce processus vise les « formules des calculs algorithmiques » et les « informations » composées des données. Il est pratiquement impossible de débiaiser une donnée, puisque son caractère discriminatoire ne se forme que par le contexte de « l'information ».

L'obscurité et les complexités relatives à la boîte noire[2] des algorithmes, réduisant l'explicabilité du fonctionnement des systèmes de l'intelligence artificielle[3] peuvent également porter atteinte à un certain nombre des « droits individuels » qui ne sont pas précisément reconnus comme « un droit fondamental » aux États-Unis et dans l'Union européenne mais protégés par certains textes législatifs. Ils incluent notamment le droit à l'accès aux documents et aux informations ainsi que la transparence[4] et à l'obligation de rendre des comptes.

Le problème de l'obscurité de la boîte noire des algorithmes a mené les spécialistes de l'intelligence artificielle à travailler sur la création des nouvelles méthodes de l'apprentissage automatique dites « IA explicable ».

---

https://www.fairtrials.org/sites/default/files/publication_pdf/Automating_Injustice.pdf (consulté le 11 septembre 2021).

[1] Cf. J-P. Buyle, A. Van den Branden, « La robotisation de la justice » In. H. Jacquemin, A. De Streel (dir.), *L'intelligence artificielle et le droit*, *op. cit*., pp. 259-297. ; É. Mouriesse, « Quelle transparence pour les algorithmes de justice prédictive ? », *Archives de philosophie du droit*, 2018, vol. 1, T. 60, pp 125-145. ; Art. 53 de la proposition de règlement du Parlement européen et du Conseil établissant des règles harmonisées sur l'intelligence artificielle modifiant certains actes législatifs de l'union », 21 avril 2021COM (2021) 206 final, 2021/0106 (COD), p. 63.

[2] Cf. Y. Bathaee, « The Artificial Intelligence Black Box and the Failure of Intent and Causation », *Harvard Journal of Law & Technology*, vol. 31, n° 2, 2018, pp. 890-938.

[3] Cf. G. Sileno, A. Boer, T. van Engers, *The Role of Normware in Trustworthy and Explainable AI*, 6 décembre 2018, disponible sur https://arxiv.org/abs/1812.02471 (consulté le 17 février 2022).

[4] Cf. S. Wachter, B. Mittelstadt, L. Floridi, « Why a Right to Explanation of Automated Decision-Making Does Not Exist in the General Data Protection Regulation », *International Data Privacy Law*, vol.7, n°2, mai 2017, pp. 76–99. ; Cf. Con. 47 et art. 13 de la *Proposition de règlement du Parlement européen et du Conseil établissant des règles harmonisées sur l'intelligence artificielle (le règlement sur l'intelligence artificielle) modifiant certains actes législatifs de l'union*, 21 avril 2021COM (2021) 206 final, 2021/0106 (COD).

Ces chercheurs utilisent désormais le terme « la boîte blanche » des algorithmes pour faire référence aux techniques de l'intelligence artificielle qui sont conformes au principe de la transparence et au droit à l'explicabilité. Dans l'Union européenne, ce droit est protégé par l'article 22 et le considérant n° 71 du RGPD. Aux États-Unis, il n'existe aucun principe général ou constitutionnel de « l'explicabilité ».

Dans le contexte du Conseil de l'Europe, les technologies de l'intelligence artificielle et de la blockchain peuvent augmenter la traçabilité de la communication et le traitement des documents. À ce titre, elles peuvent être considérées comme un facteur favorisant « le principe d'égalité des armes »[1]. Dans certains États membres de l'Union européenne, la transparence administrative est ainsi reconnue comme un droit fondamental. À titre d'exemple, en tant qu'un principe défini par l'article 15 de la Déclaration des droits de l'homme et du citoyen de 1789, il peut être considéré comme un droit fondamental en France.

Dans l'Union européenne, le premier droit est globalement protégé par la directive PSI[2], la Convention de 2009 du Conseil de l'Europe sur l'accès aux documents publics et encore plus particulièrement par les articles 12, 13 et 14 du RGPD. Au niveau du Conseil de l'Europe, ce principe est garanti par la Convention 108+[3], le troisième aliéna de l'article 15 du traité sur le fonctionnement de l'Union européenne ainsi que par le règlement (CE) n° 1049/2001 du parlement européen et du Conseil du 30 mai 2001[4]. À ce titre, il s'inscrit au rang des principes généraux de l'Union Européenne et non comme un droit fondamental puisqu'il n'est pas directement reconnu par la Chart des droits fondamentaux de l'Union européenne. Il n'est pas non plus reconnu comme un « droit de l'homme » au sein du Conseil de l'Europe puisqu'il n'est pas garanti par la Convention européenne des droits de l'homme.

Aux États-Unis, le principe fédéral de la transparence est créé en 1788 par le Fédéraliste n° 51 et par le premier amendement de la Constitution des États-Unis puisqu'on considère que les droits garantis par le premier amendement ne se limitent pas exclusivement à la liberté d'expression et d'association[5],

---

[1] Information Commissioner's Office (ICO), The Alan Turing Institute, *Explaining decisions made with AI*, Project explAIn, 20 mai 2020, version 1.0.44., disponible sur https://ico.org.uk/media/for-organisations/guide-to-data-protection/key-dp-themes/explaining-decisions-made-with-artificial-intelligence-1-0.pdf (consulté le 17 novembre 2021).

[2] La directive 2003/98/CE du Parlement européen et du Conseil du 17 novembre 2003 *sur la réutilisation des informations du secteur public.*

[3] La Convention du 18 mai 2018 pour la protection des personnes à l'égard du traitement des données à caractère personnel.

[4] Règlement (CE) n° 1049/2001 du Parlement européen et du Conseil du 30 mai 2001 relatif à l'accès du public aux documents du Parlement européen, du Conseil et de la Commission.

[5] Cf. P. Fraga-Lamas, T.M. Fernández-Caramés, « Fake News, Disinformation, and Deepfakes : Leveraging Distributed Ledger Technologies and Blockchain to Combat Digital Deception and Counterfeit Reality », *IT Professional*, vol. 22, n° 2, mars-avril 2020, pp. 53-59.

mais aussi à la transparence judiciaire[1]. Le fédéraliste n° 49, le *Freedom of Information Act* (promulgué le 4 juillet 1966) et le *Government in the Sunshine Act* (entré en vigueur le 13 septembre 1976) le reconnaissent également comme un droit à part entière qui pourrait être aussi considéré comme un droit associé au principe du *due process.*

Malgré la probabilité d'émergence de ces atteintes et compte tenu de la position de la Cour suprême des États-Unis vis-à-vis de la conformité juridique des outils de la justice prédictive ainsi que les raisonnements introduits dans les textes législatifs de l'Union européenne et du Conseil de l'Europe relatifs à l'intelligence artificielle, il semble que le risque de violation des droits fondamentaux et des libertés fondamentales par la mise en place de la justice augmentée est particulièrement surestimé en Europe. Ce propos est même confirmé par un certain nombre des hauts fonctionnaires de l'Union européenne. C'est surtout lors d'une conférence intitulée *Doing AI the European way: Protecting fundamental rights in an era of AI* que S.E. Michael O'FLAHERTY, le Directeur de l'Agence des droits fondamentaux de l'Union européenne, a affirmé que « l'IA n'est pas, une sourcière, une technologie qui n'est pas maitrisable ou qui n'est pas transparente » en ajoutant que « les droits fondamentaux peuvent s'appliquer parfaitement dans ce domaine » .

Quel que soit le degré de ce risque, l'intégration de l'intelligence artificielle au sein de la justice engendre la nécessité d'une adaptation jurisprudentielle ou d'une reconfiguration législative, afin de mieux protéger les individus face à aux conséquences de la mise en place de cette technologie, au sein des juridictions.

La question des atteintes aux droits fondamentaux par la mise œuvre des systèmes algorithmiques dits « intelligents » nous amène à nous interroger non seulement sur la nécessité de la mise en conformité des logiciels aux exigences juridiques pour la protection des droits existants, mais aussi sur la pertinence de ces droits. En principe, le droit n'a aucun intérêt de l'innovation, puisqu'il est traditionnellement une solution pour une problématique existante, alors qu'en matière de la justice augmentée, les législateurs, les régulateurs et la justice elle-même doivent prédire de nouvelles problématiques qui sont susceptibles d'apparaître dans l'avenir, après la création des environnements judiciaires augmentés et trouver une solution par avance.

Dans ce contexte, l'adaptation des droits existants et la création d'une nouvelle génération des droits dits « numériques » ou « digitaux » sont les deux solutions envisageables. Vis-à-vis de cette nécessité émergente, les États-Unis et l'Union européenne s'engagent dans deux positions différentes. Plus précisément, les États-Unis privilégient une adaptation progressive des

[1] S.L. KATZ, « Transparency in the U.S. Towards Worldwide Access to Government », *The Journal Of Public Inquiry*, Autumn - hiver 2001, P.56.

droits existants aux exigences techniques de l'intelligence artificielle, notamment par le biais des jurisprudences alors que l'Union européenne s'engage dans une reconfiguration législative afin de créer un nouveau cadre réglementaire et des nouveaux droits.

La dynamique du système américain de la *Common law* fournit la possibilité d'adaptation progressive et réciproque des techniques de l'intelligence artificielle et des concepts juridiques. Aux États-Unis, les droits fondamentaux sont principalement considérés comme les concepts généraux du droit définis de manière très générale par la constitution. Les spécificités et les caractéristiques de ces droits se définissent par les jurisprudences, les lois et les doctrines. Ce système est le garant d'une dynamique d'adaptation efficace et rapide des droits fondamentaux aux enjeux émergents, notamment au moment des changements sociaux et économiques radicaux. Ce mécanisme est susceptible d'éviter des restrictions générales à certaines fonctions de cette technologie, spécialement lorsqu'elle se trouve au sein des juridictions.

De plus, compte tenu de la diversité des techniques de l'intelligence artificielle, ce mécanisme permettrait à ses concepteurs de mieux garantir la mise en conformité des logiciels dotés de cette technologie aux exigences juridiques. C'est la raison pour laquelle, en 2017, la Cour Suprême des États-Unis, en rejetant le recours relatif au risque du logiciel COMPAS au droit au procès équitable[1], a accordé aux juridictions inférieures une marge d'appréhension plus importante, afin d'étudier, séparément et cas par cas, la compliance du fonctionnement des différentes techniques de l'intelligence artificielle.

Ce rejet confirme le fait que du point de vue du droit américain, les potentiels risques présentés aux droits fondamentaux par les logiciels dotés de l'intelligence artificielle (comme le COMPAS) ne sont pas considérés en tant qu'un problème juridique fondamental et général. Il confirme également qu'ils sont le résultat d'une inadaptation technique de ces logiciels ainsi qu'un manque de la richesse des *precedents* en cette matière.

Actuellement, il apparaît que cette question peut parfaitement avoir une réponse au niveau des juridictions fédérées sans une intervention législative de la part du Congrès des États-Unis et des législateurs des États fédérés[2,3]

---

[1] L'évolution du traitement de la *petition for certiorari* présentée par M. LOOMIS à la Cour suprême, disponibles sur http://www.scotusblog.com/case-files/cases/loomis-v-wisconsin/ (consulté le 6 avril 2021).

[2] Cf. Electronic Privacy Information Center, *AI and Human Rights: Criminal Justice System*, disponible sur https://epic.org/ai/criminal-justice/index.html (consulté le 13 juin 2021).

[3] Cf. H.R.6580 - *Algorithmic Accountability Act of 2022.* ; Cf. Bureau exécutif de Monsieur le Sénateur Ron WYDEN, *Wyden, Booker and Clarke Introduce Algorithmic Accountability Act of 2022 To Require New Transparency And Accountability For Automated Decision Systems*, 3 février 2022, disponible sur https://www.wyden.senate.gov/news/press-releases/wyden-booker-and-clarke-introduce-algorithmic-accountability-act-of-2022-to-require-new-transparency-and-accountability-for-automated-decision-

puisque, par cette décision, la Cour suprême des États-Unis accorde une portée fédérale à celle de la Cour suprême du Wisconsin dans laquelle elle a affirmé que le recours aux analyses algorithmiques, au cours du procès, peut s'effectuer parfaitement en compliance avec les exigences juridiques (notamment le principe du *due process*) si l'intelligence artificielle « est utilisée correctement en tenant compte des limites et en prudence »[1].

Au sens du droit de l'Union européenne, les droits fondamentaux sont strictement définis par les textes législatifs, en particulier par la convention européenne des droits de l'homme (en tant que les principes généraux du droit) et la harte des droits fondamentaux de l'Union européenne. Certains droits numériques relatifs au traitement automatisé des données sont également protégés par la Convention européenne pour la protection des personnes à l'égard du traitement automatisé des données à caractère personnel (adoptée le 28 janvier 1981) et son protocole d'amendement (n°223 - adopté le 10 octobre 2018).

L'interprétation de ces droits par la Cour européenne des droits de l'homme et la Cour de justice de l'Union européenne n'est possible que dans des circonstances exceptionnelles et dans un champ limité. C'est dans ce contexte qu'au fil de l'histoire, face à l'émergence des nouvelles problématiques, l'Union et le Conseil ont souvent privilégié la création de nouveaux droits au lieu d'adaptation de ceux existants. L'exemple notable de cette approche se trouve dans le cas du RGPD qui a abouti à la création d'un certain nombre des nouveaux droits numériques au sein de l'Union européenne.

À l'époque, les législateurs européens ont considéré que même si une partie des droits relatifs à la protection des données personnelles est automatiquement protégée par les instruments européens de la protection des droits fondamentaux (dans le contexte du Conseil de l'Europe) et des droits de l'homme (dans le contexte de l'Union européenne), l'interopération et l'adaptation de ces droits ne peut pas garantir une protection suffisante.

Depuis l'année 2017, le Parlement européen, à plusieurs reprises, a appelé à la création d'un cadre réglementaire européen pour l'usage de l'intelligence artificielle dans différents secteurs. Ce nouveau cadre est censé créer de nouveaux droits fondamentaux européens relatifs à l'usage et au fonctionnement de l'intelligence artificielle, sur le même modèle du RGPD.

Il convient de noter que le premier appel à la création d'un cadre réglementaire européen a eu lieu au sein du Parlement européen, par un rapport du 27 janvier 2017 de Madame Mady DELVAUX, contenant des recommandations à la Commission concernant des règles de droit civil sur la robotique (doc. n° A8-0005/2017).

---

systems?peek=BH793HGzEX7gimi20t7HiHEg8n9b3vET476N7MsTy%2BcOuyHe (consulté le 6 février 2022).

[1] *State c. Loomis*, 881 N.W.2d 749 (Wis. 2016), ¶104.

Il a abouti à l'adoption de la résolution du Parlement européen du 16 février 2017 (2015/2103(INL). Cet appel a été ainsi relancé par les trois résolutions que le Parlement européen a adoptées en date du 20 octobre 2020 (les résolutions n° 2020/2012(INL)), n°2020/2014(INL) et n° 2020/2015(INI))[1].

L'essor de l'intelligence artificielle au cours du XXIe siècle est porteur d'une révolution structurelle et fondamentale. Elle a changé le visage du quotidien des populations ainsi que le fonctionnement des entreprises et des organisations publiques. Malgré les grands intérêts économiques que cette technologie émergente présente, celle-ci soulève d'importantes questions sur le plan juridique (l'utilisation abusive, frauduleuse ou négligente de l'intelligence artificielle est également susceptible d'engager la responsabilité des États, en cas d'atteintes aux droits fondamentaux). Par conséquent, l'émergence d'une reconfiguration législative, notamment au sein de l'Union européenne, n'est pas seulement nécessaire mais aussi inévitable. Il apparaît également nécessaire de créer des cadres juridiques dans des dimensions plus spécifiques. Par exemple, il convient de créer des règles spécifiques de déontologie pour l'usage de l'intelligence artificielle par les avocats, les juges et les autres acteurs de la justice, afin de fixer les dispositions applicables pour la détermination de la responsabilité ou la coresponsabilité des acteurs de la justice, notamment dans le cas d'une responsabilité partagée avec les concepteurs des logiciels, les autorités du contrôle et éventuellement de l'État, en cas d'une erreur produite par l'intelligence artificielle et afin d'encadrer les éventuels impacts de recourir à cette technologie sur la rémunération de ces professionnels. Pourtant, Selon le Me Mathieu DAVY, « la création d'un règlement déontologie spécifique pour les avocats augmentés n'est pas envisageable »[2].

La vitesse de l'évolution technologique de l'intelligence artificielle engendre la nécessité de construction d'un droit dit « *smart* ». Cette expression a été inventée par les Professeurs David RESTREPO AMARILES et GREGORY LEWKOWICZ[3] qui le définissent comme « un droit scientifique, mathématique, algorithmique guidé par le risque et les technologies »[4]. Le

---

[1] Cf. Décision du Parlement européen du 18 juin 2020 sur *la constitution, les compétences, la composition numérique et la durée de mandat d'une commission spéciale sur l'intelligence artificielle à l'ère du numérique* (2020/2684(RSO)).

[2] L'intervention de Monsieur Mathieu DAVY, « Déontologie, obligations et activités de l'avocat à l'ère numérique », lors de la journée du numérique organisée par la Maison des avocats, 10 septembre 2021. ; Cf. Rapport de la Commission au Parlement européen, au Conseil, au Comité économique et social européen et au Comité des régions sur rapport *sur les conséquences de l'intelligence artificielle, de l'internet des objets et de la robotique sur la sécurité et la responsabilité*, 19 février 2020.

[3] L'intervention des Professeurs Gregory LEWKOWICZ et David RESTREPO AMARILES, « Smart Law : le tournant mathématique du droit », 19 octobre 2017, Laboratoire de Cyberjustice (Université de Montréal), disponible sur https://www.chairelexum.ca/actualites/smart-law-le-tournant-mathematique-du-droit/ (consulté le 11 avril 2021).

[4] *Ibid.*

processus de cette configuration législative est toutefois un casse-tête pour les législateurs puisqu'en général « le droit a toujours un temps de retard par rapport aux avancées technologiques »[1] comme nous précise le Juge VON DANWITZ. Donc, la difficulté qui se pose dans l'élaboration de ce cadre juridique est que celui-ci est à la base destinée à la prévention des risques non (encore) identifiés de façon claire et qui sont majoritairement inexistants en ce moment.

A ce stade, il est extrêmement difficile d'identifier les vrais risques de cette technologie au sein de la justice, puisque la justice augmentée n'est véritablement pas encore mise en place et n'a pas encore réellement produit ses effets sur les droits fondamentaux des justiciables.

Compte tenu de la rapidité d'avancement de cette technologie (dépassant souvent la vitesse de réaction des législateurs), une multiplicité des cadres juridiques entourant les différents aspects de l'intelligence artificielle dans les différents niveaux est susceptible d'optimiser la dynamique de l'encadrement juridique de la justice augmentée. Plus précisément, celle-ci peut être généralement soumise à deux niveaux d'encadrement. Il s'agit d'un cadre réglementaire général sur les aspects généraux de cette technologie, au niveau fédéral (aux États-Unis)[2] et au niveau régional (en Europe) ou au niveau international (pouvant avoir un effet vertical sur la mise en place de la justice augmentée) et un cadre juridique et éthique sectoriel aux niveaux national ou transnational.

Ce dernier peut englober les chartes éthiques qui engagent les concepteurs des outils de l'intelligence artificielle qui sont susceptibles d'être utilisés au sein de la justice (notamment dans le cas où ces outils sont fournis par les entreprises multinationales) et les règlements spécifiques pour leur usage, au sein des juridictions (il aurait un effet horizontal sur la mise en place de la justice augmentée). Cette régulation s'élabore avec des rythmes différents, aux États-Unis d'Amérique et dans l'Union européenne.

Contrairement à l'Union européenne et au Conseil de l'Europe qui envisagent une régulation générale et complète pour tous les aspects de l'intelligence artificielle[3], l'encadrement juridique de l'intelligence artificielle et la justice augmentée aux États-Unis s'élabore progressivement et en permanence, puisqu'il se caractérise par l'évolution d'un cadre jurisprudentiel encadrant « la justice augmentée » ainsi qu'une configuration législative visant à encadrer « l'intelligence artificielle ».

---

[1] Précisé par le Juge VON DANWITZ lors du colloque biennal de l'Association des Conseils d'État et des juridictions administratives suprêmes de l'Union européenne, en date du 14 mai 2018 à La Haye.

[2] Cf. *Lochner v. New York*, 198 U.S. 45 (1905).

[3] Cf. J. KLEIJSSEN, *Comment encadrer le développement de l'intelligence artificielle ?*, site officiel du Conseil de l'Europe, Disponible sur https://www.coe.int/fr/web/artificial-intelligence/statement-jan-kleijssen (consultée le 12 mai 2019).

Malgré les tentatives des institutions fédérales concernant l'encadrement juridique de l'intelligence artificielle pendant les dernières années, il semble que son usage spécifique dans les juridictions est considérablement ignoré dans les textes législatifs américains. En suivant les objectifs économiques et commerciaux, ces initiatives des institutions fédérales ont visé plus particulièrement la promotion de l'industrie de l'intelligence artificielle. Ainsi, l'usage d'une partie des logiciels algorithmiques d'aide à la décision est au fur et à mesure encadré par les jurisprudences. Cet encadrement ne semble pas être suffisant puisqu'il n'englobe pas les techniques les plus avancées de la justice augmentée. L'impertinence de ce cadre jurisprudentiel pour ces techniques engendre la nécessité impérieuse de la création d'un cadre législatif ou jurisprudentiel propre à la justice augmentée.

Depuis 2015, le gouvernement fédéral et le Congrès des États-Unis ainsi qu'un certain nombre de gouvernements et de législatures fédérées ont adopté une trentaine de textes officiels, encadrant l'usage de l'intelligence artificielle[1]. Les premières tentatives pour la réglementation juridique de l'intelligence artificielle aux États-Unis ont pris effet en octobre et décembre 2016, sous l'administration de Monsieur Barack OBAMA, par publication de trois rapports par la Maison Blanche, intitulés *Preparing for the future of AI*[2], *The national AI R&D strategic plan*[3] et *Artificial Intelligence, Automation, and the Economy*[4]. Le premier rapport s'intéresse particulièrement aux différentes méthodes d'application de l'intelligence artificielle dans la société et notamment les intérêts qu'elle peut produire pour le bien commun.

De même, il désigne certains principes éthiques, et décrit l'état de conformité d'usage de l'intelligence artificielle avec l'encadrement juridique actuel aux États-Unis. Le deuxième et le troisième, étant plus techniques, s'attachent à l'importance de l'intelligence artificielle dans l'économie, la politique et l'industrie. Il se constitue également d'un plan provisoire général afin de promouvoir les investissements et les recherches scientifiques en matière de l'intelligence artificielle.

---

[1] National Conference of State Legislatures, *Legislation Related to Artificial Intelligence*, 16 avril 2021, disponible https://www.ncsl.org/research/telecommunications-and-information-technology/2020-legislation-related-to-artificial-intelligence.aspx (consulté le 19 mai 2021).

[2] Le Bureau exécutif du président des États-Unis, *Preparing for the future of AI*, octobre 2016, accessible à https://obamawhitehouse.archives.gov/sites/default/files/whitehouse_files/microsites/ostp/NSTC/preparing_for_the_future_of_ai.pdf (consulté le 25 février 2019).

[3] Le Bureau exécutif du président des États-Unis, *The national AI R&D strategic plan*, octobre 2016 (mis à jour en juin 2019), la dernière version du rapport est accessible à https://www.nitrd.gov/pubs/National-AI-RD-Strategy-2019.pdf (consulté le 10 octobre 2019).

[4] Le Bureau exécutif du président, *Artificial Intelligence, Automation, and the Economy*, décembre 2016, disponible sur https://www.whitehouse.gov/sites/whitehouse.gov/files/images/EMBARGOED%20AI%20Economy%20Report.pdf (consulté le 25 février 2019) et https://obamawhitehouse.archives.gov/blog/2016/12/20/artificial-intelligence-automation-and-economy (consulté le 7 avril 2021).

Même si ces derniers n'ont fait aucune référence à l'utilité des outils d'analyse automatisée au sein des juridictions, ils ont déclenché une série d'initiatives pour la régulation de l'intelligence artificielle dans les différents secteurs (y compris le secteur judiciaire).

Ces initiatives ont été poursuivies sous l'administration de Monsieur Donald TRUMP. Sous la présidence de Monsieur Joe BIDEN, l'intelligence artificielle a fait l'objet d'une attention particulière dans le célèbre ordre exécutif intitulé *America's Supply Chains* (l'ordre exécutif n° 14017, 24 février 2021). Elles ont abouti, en 2018, à l'adoption de *Cloud Act* et le premier ordre exécutif présidentiel de l'histoire des États-Unis sur l'intelligence artificielle[1] qui a été promulgué le 11 février 2019.

Ce dernier a été l'origine du lancement de l'Initiative américaine de l'IA (en anglais : *American AI Initiative*). Celle-ci se base sur les cinq principes fondamentaux visant la sauvegarde de la suprématie des États-Unis en matière de l'intelligence artificielle[2]. Concernant l'usage de l'intelligence artificielle au sein du gouvernement fédéral, ces principes ont été développés par un ordre exécutif présidentiel du 3 décembre 2020[3]. L'un de ces principes est « la protection des valeurs américaines » comprenant également les libertés civiles et la vie privée des individus (en théorie les citoyens des États-Unis)[4]. Un autre principe fondamental de cette initiative est celui de « favoriser la confiance du public envers la technologie de l'intelligence artificielle ».

Du point de vue juridique, l'utilisation du terme des « valeurs américaines » dans cet ordre pourrait être également considérée comme une sorte d'octroi de la compétence de régulation de l'intelligence artificielle aux juridictions (notamment la Cour suprême des États-Unis) puisque dans la tradition judiciaire américaine, elles sont les jurisprudences (notamment les

---

1 *The Executive Order on Maintaining American Leadership in Artificial.Intelligence* - no. 13,859), disponible sur https://www.govinfo.gov/content/pkg/FR-2019-02-14/pdf/2019-02544.pdf (consulté le 6 juillet 2021).

2 Une suprématie qui est aujourd'hui particulièrement menacée par les avancées technologiques de la République populaire de Chine. ; D. BARTON, J. WOETZEL, J. SEONG, Q. TIAN, « Artificial Intelligence: Implications for China », *Mckinsey Global Institute*, avril 2017, disponible sur https://www.mckinsey.com/~/media/mckinsey/featured%20insights/China/Artificial%20intelligence%20Implications%20for%20China/MGI-Artificial-intelligence-implications-for-China.ashx (consulté le 14 juin 2021).

3 Maison Blanche, ordre exécutif présidentiel sur *Promoting the Use of Trustworthy Artificial Intelligence in the Federal Government*, 3 décembre 2020, disponible sur https://trumpwhitehouse.archives.gov/presidential-actions/executive-order-promoting-use-trustworthy-artificial-intelligence-federal-government/ (consulté le 6 juillet 2021).

4 Cf. M. KRATSIOS, *AI That Reflects American Values*, bureau de la politique scientifique et technologique de la Maison Blanche, 8 janvier 2020, disponible sur https://trumpwhitehouse.archives.gov/articles/ai-that-reflects-american-values/ (consulté le 12 juillet 2021). ; Maison Blanche, *Promoting the Use of Trustworthy Artificial Intelligence in Government*, bureau de la politique scientifique et technologique, 3 décembre 2020, disponible sur https://trumpwhitehouse.archives.gov/articles/promoting-use-trustworthy-artificial-intelligence-government/ (consulté le 12 juillet 2021).

juridictions suprêmes) qui définissent les caractéristiques des valeurs populaires américaines. Cet ordre met également l'accent sur la nécessité d'une standardisation des normes internationales relatives à l'intelligence artificielle[1].

En ce qui concerne la justice augmentée, le centre d'intelligence artificielle et de la robotique de l'institut interrégional de recherche des Nations unies sur la criminalité et la justice peut jouer un rôle central et essentiel dans la détermination des normes techniques qui sont mondialement reconnues et acceptées.

Le 9 août 2019, en réponse à ce décret, le *National Institute of Standards and Technology* (NIST) a publié un rapport dans lequel il a présenté le *statu quo* des standards relatifs à l'intelligence artificielle et certaines propositions relatives à la création de nouvelles normes techniques garantissant la mise en conformité de l'intelligence artificielle[2].

Les premières tentatives du Congrès des États-Unis (116e Congrès des États-Unis) au sujet de l'encadrement juridique de l'intelligence artificielle ont eu lieu, juste après la publication de ce décret présidentiel, par la présentation d'une résolution intitulée *Supporting the development of guidelines for ethical development of artificial intelligence*[3] par l'Assemblée des représentants et un projet de loi[4] visant à encadrer les problématiques relatives aux biais discriminatoires des algorithmes. Le partage intentionnel de la compétence en matière de l'intelligence artificielle a été défini et proposé au Sénat par un autre projet de loi[5] en mai 2021.

Le 12 mars 2020, un projet de loi plus complet et plus général, sous le nom de *National Artificial Intelligence Initiative Act of 2020* a été présenté au Congrès. Ceci peut être considéré comme une première tentative du Congrès pour la réglementation générale et globale de l'intelligence artificielle au niveau fédéral. En complétant ses dispositions, le 27 mai 2021, Monsieur le Sénateur Edward J. MARKEY et Madame la Députée Doris MATSUI ont présenté un projet de loi intitulé *Algorithmic Justice and Online Platform*

---

[1] Le Décret présidentiel sur le maintien du leadership des États-Unis dans le domaine de l'intelligence artificielle, note 7, § 2. ; Cf. UNSECO, *projet de Recommandation sur l'éthique de l'intelligence artificielle*, 24 novembre 2021, disponible sur https://unesdoc.unesco.org/ark:/48223/pf0000379920_fre.page=15 (consulté le 29 novembre 2021).

[2] L'institut national des normes et de la technologie, *U.S. Leadership in AI : a plan for federal engagement in developing technical standards and related tools*, August 9 août 2019, 48 p., disponible sur https://www.nist.gov/system/files/documents/2019/08/10/ai_standards_fedengagement_plan_9aug2019.pdf (consulté le 3 janvier 2021).

[3] H.Res.153 - *Supporting the development of guidelines for ethical development of artificial intelligence*.

[4] En anglais : *H.R.2231 - Algorithmic Accountability Act of 2019.* ; Ce projet de loi a été mis en étude en date du 10 avril 2019, au Sénat.

[5] S.1558 - *AI–IA*.

Transparency Act[1] exigeant la mise en place des mécanismes renforcés de transparence des plateformes en ligne et des systèmes de l'intelligence artificielle ainsi que le respect du droit à « la portabilité des données ».

Il convient de noter que certaines lois fédérées protégeant les données personnelles encadrent certains types du traitement automatisé des données par l'intelligence artificielle au niveau de chaque État fédéré[2]. Par exemple, la loi new-yorkaise relative à la protection des données intitulée *SHIELD Security Act*[3] propose, pour cette technologie, un cadre global.

La loi fédérée *Stop Hacks and Improve Electronic Data Security Act* est souvent confondue avec le Project de loi fédérale intitulé *Stopping Harmful Interference in Elections for a Lasting Democracy Act* (HR 4617) puisqu'ils partagent la même abréviation (*SHIELD Act*). Ce jeu des mots n'est toutefois pas par hasard. La référence métaphorique qui se cache derrière cette abréviation vise l'inspiration des idées de deuxième loi (la loi new yorkaise) pour la proposition de la première (la loi fédérale).

La législature de l'État de Californie a d'ailleurs porté à ce sujet, une sensibilité particulière à ce sujet dans la première loi californienne de la protection des données (en anglais : *California Consumer Privacy Act*)[4] encadrant partiellement certains aspects de l'intelligence artificielle, particulièrement sur le plan économique et commercial.

Il n'est pas de question, compte tenu de sa nature, que l'usage de l'intelligence artificielle à des fins judiciaires soit exclu des dispositions de toutes ces lois et ces ordonnances. Le 7 septembre 2018, l'Assemblée des représentants de l'État de Californie a adopté une résolution plus générale dans laquelle la législature apporte son soutien à l'application des 23 principes d'Asilomar relatifs à l'intelligence artificielle.

Selon cette résolution, ces principes peuvent être considérés comme « un cadre éthique d'usage et du développement de l'intelligence artificielle »[5]. Ces

---

[1] Le texte du projet de loi présenté à la chambre des représentants (n° H.R.3611) est disponible sur https://www.congress.gov/bill/117th-congress/house-bill/3611 (consulté le11 juillet 2021). ; Le texte du projet de loi présenté au Sénat (n° S.1896) est disponible sur https://www.congress.gov/bill/117th-congress/senate-bill/1896 (consulté le 11 juillet 2021).

[2] Les actualités relatives aux négociations et à l'adoption des textes législatifs relatifs à la protection des données au niveau des États fédérés s'actualisent (en temps réel) et sont disponibles sur https://iapp.org/resources/article/us-state-privacy-legislation-tracker/ (consulté le 8 septembre 2021).

[3] *New York SHIELD Security Act (Senate Bill S5575B)* a été adopté en juillet 2020 et est entré en vigueur en mars 2020.

[4] Cette loi a été promulguée en date du 28 juin 2018. ; Cf. Le site officiel de Madame le Sénateur Kirsten GILLIBRAND, « Confronting A Data Privacy Crisis, Gillibrand Announces Landmark Legislation To Create A Data Protection Agency », 13 février 2020, disponible sur https://www.gillibrand.senate.gov/news/press/release/confronting-a-data-privacy-crisis-gillibrand-announces-landmark-legislation-to-create-a-data-protection-agency (consulté le 15 mars 2020).

[5] La liste de ces principes est précisée dans le texte de cette résolution (Bill - ACR-215 23 *Asilomar AI Principles*). Celle-ci est disponible sur

principes ont été présentés initialement en janvier 2017 à l'issue d'une grande conférence interdisciplinaire regroupant 100 leaders de l'intelligence artificielle au centre des conférences d'Asilomar en Californie [1].

Le Congrès des États-Unis et les législatures fédérées ont également adopté un certain nombre de lois et de résolutions encadrant des usages spécifiques de l'intelligence artificielle qui ne concernent pas les outils de l'intelligence artificielle utilisés dans le secteur judiciaire. La majorité de ces textes législatifs porte sur « la reconnaissance faciale », « les biais des algorithmes » et « les informations fallacieuses ». Au niveau fédéré, les législatures des États de Californie, de New-Jersey, d'Illinois et de New-York ont été les principales initiatrices de la proposition des lois relatives à l'intelligence artificielle. Ainsi, depuis février 2021, la Chambre des représentants de la législature de l'État de Maryland étudie un projet de loi relatif aux systèmes de l'intelligence artificielle intitulé *Algorithmic Decision Systems - Procurement and Discriminatory Acts*.

Tous ces textes législatifs relatifs à l'intelligence artificielle désignent de nombreuses prérogatives pour le traitement automatisé des données dans le cadre des procédures judiciaires et extrajudiciaires. En effet, la question de la justice augmentée est exclue de tous ces textes. Par conséquent, la justice augmentée reste encadrée par les sources classiques du droit comme les principes généraux définis par la constitution, les jurisprudences et les doctrines. Nous pouvons conclure que la justice augmentée aux États-Unis doit répondre à des finalités claires, dans le respect des principes généraux de droit, notamment les deux principes de *due process* et de *fairness*. L'applicabilité de ces principes dans ce cas doit être définie, au fur et à mesure, par les jurisprudences des juridictions fédérées et fédérales.

L'apparition progressive du terme « intelligence artificielle » dans les projets de loi présentés au Congrès des États-Unis au cours des dernières années est révélatrice d'une sensibilisation progressive envers l'importance des problématiques liées à cette technologie. Le 114e Congrès des États-Unis n'a pas reçu que deux projets de loi contenant ce terme alors qu'au cours des années 2017 et 2018, avec le 115e Congrès, ce nombre a augmenté à 42. C'est ainsi qu'il est passé à 51 pour le 116e Congrès (jusqu'au début du mois de novembre 2019)[2].

Certaines tendances similaires sont aussi observées au niveau des États fédérés. Par exemple, la législature de l'État de Californie n'avait reçu aucune

---

https://leginfo.legislature.ca.gov/faces/billTextClient.xhtml?bill_id=201720180ACR215 (consulté le 4 janvier 2021).

[1] Cf. « La déclaration de Montréal pour un développement responsable de l'intelligence artificielle », 4 décembre 2018, disponible sur https://www.declarationmontreal-iaresponsable.com/propositions-et-memoires (les propositions des leaders académiques canadiens de l'intelligence artificielle sont publiés dans le cadre de cette initiative).

[2] Y. CHAE, « U.S. AI Regulation Guide: Legislative Overview and Practical Considerations », *The Journal of Robotics, Artificial Intelligence & Law*, vol. 3, n° 1, p. 17.

proposition de loi avec ce terme, pendant les sessions législatives des années 2015 et 2016 alors qu'elle avait traité cinq projets de loi sur ce sujet au cours des années 2017 et 2018 et treize projets de loi au cours des années 2019 et 2020[1].

La quasi-totalité de ces textes est consacrée aux technologies utilisées dans les véhicules autonomes[2], les drones et les outils de la reconnaissance faciale[3] et à propos de la transparence, la responsabilisation des algorithmes et au rôle de l'intelligence artificielle en politique[4]. Aujourd'hui, l'intelligence artificielle est l'objet de droit. La responsabilité d'usage de cette technologie demeure donc entre les mains des sujets de droit. Il s'agit des individus et des entités qui sont déjà soit soumis au respect des droits fondamentaux soit ils bénéficient d'une dérogation de cette exigence. La question principale serait « la compliance technique » et « la responsabilité humaine » et non essentiellement « le respect des droits fondamentaux ».

En outre, en absence d'un cadre législatif général pour l'intelligence artificielle, les micro-cadres éthiques sont aussi perpétuellement en cours d'élaboration[5]. Il convient de noter que le secteur judiciaire s'exclut des ceux qui envisagent actuellement la création d'une telle charte. Aujourd'hui, aux États-Unis, la régulation éthique de l'intelligence artificielle s'articule principalement autour du secteur de la défense, en n'oubliant surtout pas que l'un des principaux objectifs de proposition de la création de la *National Security Commission on Artificial Intelligence* (NSCAI), en 2019, a été la régulation éthique de l'usage de l'intelligence artificielle dans l'armée[6,7].

---

[1] *Ibid.*, pp. 17-18.

[2] Ordonnance n° 2021-442 du 14 avril 2021 relative à l'accès aux données des véhicules, disponible sur https://www.legifrance.gouv.fr/jorf/id/JORFTEXT000043370884 (consulté le 21 avril 2021).

[3] Cf. United States Government Accountability Office, *Facial recognition technology, Federal Law Enforcement Agencies Should Better Assess Privacy and Other Risks*, Rapport aux demandeurs du Congrès, juin 2021, disponible sur https://www.gao.gov/assets/gao-21-518.pdf (consulté le 3 juillet 2021).

[4] Y. CHAE, « U.S. AI Regulation Guide: Legislative Overview and Practical Considerations », *The Journal of Robotics, Artificial Intelligence & Law*, vol. 3, n° 1, p. 18

[5] Cf. B. C. LARSEN, « Harmonizing Artificial Intelligence: The role of standards in the EU AI Regulation », *Montreal AI Ethics Institute*, 18 janvier 2022, disponible sur https://montrealethics.ai/harmonizing-artificial-intelligence-the-role-of-standards-in-the-eu-ai-regulation/ (consulté le 21 janvier 2022).

[6] Cf. H.R.5356 - *National Security Commission Artificial Intelligence Act of 2018.* ; Le rapport d'activités final de la commission est susceptible d'être publié le 1er mars 2021. Le brouillon de ce document est disponible sur https://www.nscai.gov/wp-content/uploads/2021/01/NSCAI-Draft-Final-Report-1.19.21.pdf (consulté le 5 février 2021).

[7] Cf. Rapport final de *National Security Commission on Artificial Intelligence*, disponible sur https://www.nscai.gov/wp-content/uploads/2021/03/Full-Report-Digital-1.pdf (consulté le 20 mai 2021). ; Cf. House armed services committee, *Subcommittee on Cyber, Innovative Technologies, and Information Systems and the House Committee on Oversight & Reform's Subcommittee on National Security Joint Hearing: "Final Recommendations of the National Security Commission on Artificial Intelligence*, 12 mars 2021, disponible sur

Le 10 juin 2021, l'*Office of Science and Technology Policy* (OSTP) de la Maison Blanche et la *National Science Foundation* (NSF) ont annoncé la création d'un nouveau groupe de travail sur les ressources de recherche en intelligence artificielle chargé d'élaboration d'une stratégie favorisant l'élargissement de l'accès aux ressources essentielles pour préserver la prospérité économique des États-Unis en matière de l'intelligence artificielle à l'échelle fédérale[1]. Celui-ci, composé de douze experts, élaborera également des recommandations techniques pour la mise en œuvre (notamment dans les administrations publiques) et la mise en conformité des outils et des systèmes de l'intelligence artificielle ainsi que les exigences spécifiques en matière de sécurité, de confidentialité, de droits civils et de libertés civiles[2].

Aux États-Unis, l'utilisation des outils de « la justice prédictive » est soumise au régime applicable dans le cas de recours aux « preuves scientifiques », en vue d'une prise de décision judiciaire[3]. Techniquement, dans les juridictions européennes, le même régime est aussi susceptible d'être applicable lorsque l'intelligence artificielle est utilisée comme un outil d'aide à la décision pour analyser des faits et des circonstances d'une affaire. La Cour européenne des droits de l'homme précise dans un arrêt du 10 juin 2021 que « la Convention [...] ne réglemente pas pour autant l'admissibilité des preuves en tant que telle, matière qui relève au premier chef du droit interne »[4]. Par conséquent, la possibilité d'application de ce régime relève d'appréciation des États, en respectant le principe du procès équitable (garanti par l'article 6 de la Convention)[5].

La question du recours aux technologies émergentes, au cours du procès, n'est pas un enjeu contemporain dans l'histoire jurisprudentielle des États-Unis. Ce sujet a été, pour la première fois, abordé par la Cour d'appel des États-Unis pour le circuit du D.C. en 1923 dans l'affaire *Frye c. United States*[6] dans laquelle la Cour a affirmé que l'utilisation des preuves scientifiques est bien admissible par la Cour, à condition qu'elles soient considérées comme

---

https://armedservices.house.gov/hearings?ID=32A667CD-578C-4F65-9F4F-1E26EE8F389A (consulté le 20 mai 2021).

[1] Maison Blanche, *The Biden Administration Launches the National Artificial Intelligence Research Resource Task Force*, 10 juin 2021, disponible sur https://www.whitehouse.gov/ostp/news-updates/2021/06/10/the-biden-administration-launches-the-national-artificial-intelligence-research-resource-task-force/ (consulté le 2 juillet 2021).

[2] *Ibidem.*

[3] Cf. G. Vial, O. Leclerc, E. Vergès, « Preuves scientifiques et technologiques », pp. 209-226 In. B. Boyer-Bévière, I. Moine-Dupuis (dir.), *l'humain en transformation entre trans-humanisme et humanité*, Presses universitaires d'Aix-Marseille, cahiers droit, coll. sciences & technologies, vol. 11, 2020, 242 p.

[4] CEDH, *El Kodwa Arafat c. France*, requête n° 82189/17, 10 juin 2021, §22.

[5] Cf. CEDH (gde. ch.), *García Ruiz c. Espagne*, n° 30544/96, 21 janvier 1999, § 28, CEDH (gde. ch.), *Perez c. France*, 12 février 2004, n° 47287/99, § 82, CEDH (gde. ch.), *Centro Europa 7 S.r.l. et Di Stefano c. Italie*, 7 juin 2012, no 38433/09, § 97.

[6] *Frye c. United States*, 293 F. 1013 (D.C. Cir. 1923).

fiables par la communauté scientifique du domaine auquel elles appartiennent[1]. Ce *precedent* a obtenu une valeur fédérale par une décision de la Cour suprême des États-Unis en date du 28 juin 1993[2].

Trois ans plus tard, le même argument a été repris par la Cour d'appel des États-Unis pour le huitième circuit, afin de confirmer la légalité d'usage des polygraphes (les détecteurs de mensonge) dans les juridictions[3]. Il apparaît que ce raisonnement est aussi valable dans le cas des outils de la justice prédictive lorsqu'ils se trouvent au rang des outils d'aide à la décision. Toutefois, cela ne crée pas *ipsto facto* une légalité d'utilisation pour les autres types de l'intelligence artificielle dans les juridictions. C'est la raison pour laquelle cette jurisprudence n'apparaît pas suffisante pour encadrer tous les aspects de la justice augmentée puisqu'elle n'englobe pas l'ensemble des techniques de l'intelligence artificielle. Le champ d'applicabilité de ce régime juridique se limite à la prédiction algorithmique de la récidive et des infractions pénales.

Les autres outils de l'intelligence artificielle dédiés au profilage des juges ou à la modélisation automatisée des décisions judiciaires, etc. s'excluent de ce régime juridique. C'est la raison pour laquelle l'auteur emploie le terme de « la justice prédictive » au lieu de « la justice automatisée » ou « la justice augmentée » afin de faire une distinction nette entre le régime juridique applicable dans le cas de ces différents types d'outils. Par exemple, cela ne pourrait pas être applicable dans le cas des techniques plus avancées de cette technologie telles que celles de la modélisation automatisée des décisions de justice (il s'agit d'élaboration automatisée d'un modèle général du raisonnement judiciaire par le biais d'analyses de ceux que les magistrats ont exprimés dans des jurisprudences similaires) et les méthodes basées sur le profilage des magistrats puisque dans ces usages, l'intelligence artificielle s'implique directement dans le processus de la prise de décision et, dès lors, ne se présente plus comme un outil d'« aide à la décision ».

Compte tenu de la diversité des techniques qui peuvent être utilisées dans un environnement judiciaire augmenté, la création d'un cadre juridique législatif ou jurisprudentiel, au niveau fédéral, englobant l'ensemble de ces techniques semble être bien nécessaire et opportune pour optimiser la protection des droits des individus.

Malgré l'adoption de plusieurs textes législatifs encadrant certains aspects de l'intelligence artificielle, à ce jour, aux États-Unis aucune source législative ou jurisprudentielle n'encadre spécifiquement l'utilisation des outils de legaltech, ni au niveau fédéral, ni au niveau fédéré. Même si la création d'un

---

[1] *Ibidem.*

[2] *Daubert c. Merrell Dow Pharmaceuticals*, 509 U.S. 579 (1993).

[3] *United States c. Williams,* 95 F.3d 723, 729-30 (8th Cir. 1996) ; C'est sur la base de ce *precedent* que la Cour Suprême de Wisconsin a reconnu la légalité d'usage de ces outils, sous condition de respect aux principes généraux de droit ainsi qu'aux droits fondamentaux, dans sa décision du 13 juillet 2016 (*State c. Loomis*, 881 N.W.2d 749).

tel cadre n'apparaît pas strictement indispensable, il peut présenter un grand avantage pour la promotion de la justice augmentée. Il pourrait ainsi servir à l'harmonisation des méthodes applicables de la prise de décision automatisée dans l'ensemble des juridictions des États fédérés et aboutir à la centralisation de ces systèmes et créer un environnement judiciaire interétatique ultra-interconnecté. Il serait un outil d'optimisation de la protection des droits et il encouragerait les juridictions à utiliser les systèmes divers de l'intelligence artificielle. Cela accorde également une légitimité sociale à la mise en œuvre de ces technologies dans les juridictions. À ce titre, cela pourrait être un arsenal efficace face aux hostilités des activistes anti-technologie envers la justice prédictive.

Même si nous considérons qu'un cadre général pour l'intelligence artificielle peut potentiellement présenter des intérêts pratiques pour la réalisation de la justice augmentée, la création d'un cadre spécifique pour la détermination de la responsabilité des acteurs de la justice et des concepteurs en cas d'erreur des outils de legaltech semble être une nécessité incontournable[1]. Cette dernière problématique pourrait être simplement résolue par la création d'un règlement fédéral d'assurance pour l'indemnisation des préjudices causés par ces outils. En absence de volonté ou de nécessité de la création d'un cadre global pour l'intelligence artificielle aux États-Unis, la justice augmentée se régularise par une reconfiguration juridique progressive due aux évolutions jurisprudentielles en cette matière.

En matière de la justice prédictive, la reconfiguration juridique pourrait être comparée à une opération chirurgicale préventive qui éviterait une maladie incertainement susceptible de se manifester dans l'avenir. La solution adoptée par les États-Unis envers cette maladie est l'usage de médicaments ou une opération chirurgicale mineure après son apparition. Cette approche permettrait à la médecine de déterminer très précisément l'origine de cette maladie et la traiter sans intervention sur les autres parties du corps. C'est la raison pour laquelle cette évolution est susceptible d'être très efficace puisqu'une grande opération chirurgicale préventive peut imposer des effets indésirables sur l'ensemble des organes du corps. Elle impose ainsi des efforts potentiellement inutiles pour prévenir une maladie inconnue. Il semblerait qu'en matière de la justice augmentée - et en général l'intelligence artificielle - l'Union européenne s'engage dans une telle opération.

La première étude américaine sur « la prédiction des décisions de justice par la machine » a été réalisée en 1957 par Fred KORT[2]. Celle-ci a été particulièrement inspirée par la théorie du réalisme juridique du célèbre professeur danois, Alf ROSS, étant présentée en 1953 dans un live en langue

---

[1] Cf. A. VAN DEN BRANDEN, « La robotisation de la justice » In. H. JACQUEMIN, A. DE STREEL, *L'intelligence artificielle et le droit*, 3é tirage, 2019, *op. cit.*, pp. 313-314.

[2] F. KORT, « Predicting Supreme Court Decisions Mathematically: A Quantitative Analysis of the "Right to Counsel" Cases », *American Political Science Review*, vol. 51, 1957, pp. 1-12.

danoise qui a été, à l'époque, peu accessible dans le monde. Ce dernier n'a pas été traduit en anglais qu'en 1958[1]. Cette théorie a été développée en 1961, à Oxford par Herbert Lionel Adolphus HART[2].

Près de deux siècles avant les premiers travaux sur la justice prédictive aux États-Unis[3], la théorie de la possibilité de recourir aux mathématiques à des fins judiciaires a été présentée en 1709, en Europe, par Nicolas II BERNOULLI dans une thèse intitulée « de l'usage des statistiques en droit »[4]. Originalement, elle a été rédigée en latin (*De usus artis conjectandi in jure*) et publiée en Suisse alémanique, dans le Titre III d'un livre intitulé *Die Werke von Jakob Bernoulli*. Elle a été traduite en français par Norbert MEUSNIER en 1992[5]

À l'époque contemporaine, les premières tentatives européennes pour promouvoir la mise en place des outils de l'intelligence artificielle dans le secteur public ont eu lieu à la suite de la conférence de Tallinn sur le gouvernement ouvert[6] et à la promulgation de la déclaration de Tallinn. Cette déclaration qui a été signée par les ministres des États membres de l'Union et de l'association européenne de libre-échange (AELE) en date du 6 octobre 2017 est considérée comme le premier pas vers la modernisation des administrations publiques des États membres de l'Union européenne et de l'AELE, après la Déclaration de Malmö (signée le 18 novembre 2009)[7]. Il s'agit de l'un des premiers textes officiels de l'Union européenne qui comprend le terme « l'intelligence artificielle »[8].

Depuis l'année 2017, l'Union européenne s'est précipitée pour lancer plusieurs initiatives visant le développement de cette technologie en Europe ainsi que son encadrement juridique et éthique. Dans l'Union européenne, la justice augmentée reste, soumise aux règles générales applicables à l'intelligence artificielle. Donc, afin de pouvoir identifier les caractéristiques de régulation juridique de la justice augmentée, il est impératif de s'interroger, tout d'abord, sur le cadre juridique et éthique global de l'intelligence artificielle au niveau de l'Union européenne et du Conseil de l'Europe.

---

[1] A. ROSS, *On law and Justice*, Stevens & Sons, 1958, 377 p.

[2] H. L. A. HART, *The Concept of law*, Clarendon press, 1 janvier 1961, 264 p.

[3] Cf. O.W. HOLMES, « The Path of the Law », *op cit.*, pp. 457-478.

[4] J. BERNOULLI, *Die Werke von Jakob Bernoulli*, Birkäuser Verlag AG, 1975, 594 p.

[5] N. BERNOULLI, N. MEUSNIER (trad.), *L'usage de l'art de conjecturer en droit*, Histoire du calcul des probabilités (EHESS), 1992, 171 p.

[6] Son programme détaillé est disponible sur https://2017.tallinnconference.ee/programme/ (consulté le 7 avril 2021).

[7] Les informations complémentaires sur la déclaration de Tallinn sont disponibles sur https://digital-strategy.ec.europa.eu/en/news/ministerial-declaration-egovernment-tallinn-declaration (consulté le 7 avril 2021).

Le texte de la déclaration de Malmö est disponible sur https://ec.europa.eu/digital-single-market/sites/digital-agenda/files/ministerial-declaration-on-egovernment-malmo.pdf (consulté le 7 avril 2021).

[8] La déclaration de Tallinn sur le gouvernement ouvert, p.7.

Techniquement, les législations européennes existantes relatives au traitement automatisé des données fournissent, au fur et à mesure, la possibilité de mise en place de la justice augmentée au sein des juridictions européennes. D'autre part, selon une communication du 7 octobre 2019 du Conseil de l'Union européenne[1], la plupart des États membres de l'Union (plus précisément treize États membres) n'impose pas des restrictions supplémentaires pour la reproduction et l'accès aux données judiciaires.

Cela démontre la forte capacité d'une grande partie d'entre eux à recourir aux technologies de la justice augmentée au niveau national. Pourtant, la régulation juridique et éthique de la justice augmentée dans l'Union européenne reste une démarche extrêmement compliquée. Cette complexité se caractérise à la fois par la multiplicité des acteurs impliqués dans ce processus et la complexité générale de création en parallèle des cadres juridiques au niveau de l'Union européenne et au niveau du Conseil de l'Europe.

La Commission européenne, le Conseil de l'Europe et le Conseil de l'Union européenne sont les principaux acteurs de la régulation juridique et éthique de la justice augmentée en Europe. Ces organes ont désigné trois groupes de travail actuellement en charge de définir un cadre réglementaire pour l'intelligence artificielle et la justice augmentée. Il s'agit du groupe d'experts de haut niveau sur l'intelligence artificielle, du Comité *ad hoc* sur l'intelligence artificielle et du groupe de travail sur le cyber justice et l'intelligence artificielle.

À la suite de la promulgation de la Déclaration européenne de coopération sur l'intelligence artificielle en date du 10 avril 2018[2], le groupe d'experts de haut niveau sur l'intelligence artificielle (GEHN-IA) a été désigné, en juin 2018, par la Commission européenne. Ce groupe, composé de 52 experts[3] a publié ses premières lignes directrices en avril 2019, déterminant les exigences éthiques pour la reconnaissance d'une l'intelligence artificielle dite « digne de confiance »[4]. Les travaux de ce groupe contribuent régulièrement au « plan coordonné d'usage de l'intelligence artificielle » dans les États membres. Ceci vise la promotion de la coopération entre les États membres

---

[1] Conseil de l'Union Européenne, la communication du Secrétariat général du Conseil au plan d'action sur e-justice, *projets liés aux données ouvertes dans le plan d'action e-Justice et développements possibles*, 7 octobre 2019, n° 12091/1/19REV, p.2.

[2] Commission européenne, *EU Member States sign up to cooperate on Artificial Intelligence*, 10 avril 2018, disponible sur https://ec.europa.eu/digital-single-market/en/news/eu-member-states-sign-cooperate-artificial-intelligence (consulté le 25 janvier 2021).

[3] La liste des membres du groupe d'experts de haut niveau sur l'intelligence artificielle est disponible sur https://ec.europa.eu/digital-single-market/en/high-level-expert-group-artificial-intelligence (consulté le 3 janvier 2021).

[4] Commission européenne, *Lignes directrices en matière d'éthique pour une IA digne de confiance*, rapport du groupe d'experts de haut niveau sur l'intelligence artificielle, 8 avril 2019. 53 p.

de l'Union européenne ainsi que la Norvège et la Suisse et la Commission européenne en matière de l'intelligence artificielle au niveau étatique.

En s'appuyant sur le soutien du « groupe européen d'éthique des sciences et des technologies » de la Commission[1], il joue également le rôle du coordinateur et le point de référence pour les comités d'éthique des États membres de l'Union européenne. Ce groupe réalise également ses travaux en interaction et collaboration avec la commission spéciale sur l'intelligence artificielle à l'ère du numérique (AIDA) du Parlement européen[2] et l'agence des droits fondamentaux de l'Union européenne (FRA)[3]. Il collabore aussi occasionnellement avec la Commission pour le marché unique numérique et le panel STOA (*Science and Technology Options Assessment*) du Parlement européen. L'ensemble de ces travaux a pour objectif d'élaborer un cadre réglementaire pour l'intelligence artificielle en parallèle avec celui qui est censé être créé par le Conseil de l'Europe.

Depuis le lancement des premiers travaux des organes du Conseil de l'Europe sur la protection des données personnelles, les impacts de l'intelligence artificielle sur les droits des personnes ont été également examinés sous des angles différents par le Comité des ministres, l'Assemblée parlementaire et le commissariat aux droits de l'homme du Conseil[4]. Le Conseil s'est surtout engagé à encadrer la portée et l'implication de cette technologie dans divers secteurs comme celui du judiciaire[5]. En février 2019, une conférence sur « les incidences de l'intelligence artificielle sur les droits fondamentaux » a été organisée par Monsieur Timo SOINI à Helsinki par le Conseil de l'Europe (au cours de la présidence finlandaise du Comité des ministres). Cette conférence a proposé la création d'un comité *ad hoc* chargé de la régulation juridique et éthique de l'intelligence artificielle. Ainsi, elle a délivré l'acte de naissance du comité *ad hoc* sur l'intelligence artificielle (CAHAI), officiellement créé le 11 septembre 2019, lors de la 1353e réunion du Comité des Ministres du Conseil de l'Europe.

---

1 Cf. Commission européenne, *Déclaration sur l'intelligence artificielle, la robotique et les systèmes autonomes*, 9 mars 2018, rapport du groupe européen d'éthique des sciences et des nouvelles technologies, 24 p.

2 Décision du Parlement européen du 18 juin 2020 sur *la constitution, les compétences, la composition numérique et la durée de mandat d'une commission spéciale sur l'intelligence artificielle à l'ère du numérique*, 2020/2684 (RSO).

3 V. Le projet de l'agence des droits fondamentaux de l'Union européenne (FRA) sur *l'intelligence artificielle, les mégadonnées et les droits fondamentaux*, disponible sur https://fra.europa.eu/en/project/2018/artificial-intelligence-big-data-and-fundamental-rights (consulté le 10 janvier 2021).

4 Conseil de l'Europe, *Vers une régulation des systèmes d'IA, perspectives internationales sur l'élaboration d'un cadre juridique fondé sur les normes du Conseil de l'Europe dans le domaine des droits de l'homme, de la démocratie et de l'État de droit*, Rapport du Comité *ad hoc* sur l'intelligence artificielle, DGI, 2020, 16, p. 9.

5 *Ibid.*

Le Comité *ad hoc* sur l'intelligence artificielle se compose de 48 membres désignés par chaque État membre (ou un État observateur) pour un mandat de deux ans et 81 jours. Le comité est composé de trois groupes spécialisés suivants : le groupe d'élaboration des politiques (CAHAI-PDG), le groupe de consultation et de sensibilisation (CAHAI-COG), le groupe sur les cadres juridiques (CAHAI-LFG)[1].

Plus précisément, ce comité examine « la faisabilité » de la création d'un cadre juridique et éthique pour l'intelligence artificielle, en prenant en compte les normes du Conseil de l'Europe, notamment les dispositions de la Cour européenne des droits de l'homme (par rapport à la Commission européenne, le Conseil a adopté une position moins ambitieuse, plus prudente et plus pédagogique).

Au cours de l'année 2020, ce comité a publié trois rapports dans lesquels il a principalement présenté un certain nombre de précisions sur les stratégies économiques du conseil en matière de l'intelligence artificielle. Le rapport final du comité, contenant les propositions concernant la régulation de l'intelligence artificielle, est censé être présenté à la fin de l'année 2021. Afin d'étudier certaines problématiques relatives à la justice augmentée telle la responsabilisation dans le cas d'erreur de l'intelligence artificielle, ce comité peut avoir des coopérations ponctuelles avec le comité d'experts sur la dimension droits de l'homme des traitements automatisés des données et différentes formes d'intelligence artificielle du Conseil de l'Europe (MSI-AUT). Ce comité a été créé en mars 2018[2].

En avril 2020, le groupe de travail sur la cyberjustice et l'intelligence artificielle (CEPEJ-GT-CYBERJUST) a été créé par la Commission européenne pour l'efficacité de la justice (CEPEJ) du Conseil de l'Europe afin d'identifier les problématiques liées à la cyberjustice et à l'intégration de l'intelligence artificielle au sein de la justice et définir les lignes directrices pour la justice augmentée. Ce groupe de travail est composé de six membres, deux membres suppléants, trois experts scientifiques et un observateur. En date du 24 septembre 2020, Madame la Juge Maria Giuliana CIVININI (la Présidente du tribunal judiciaire de la ville de Pise) a été nommée présidente du CEPEJ-GT-CYBERJUST. La première réunion de ce groupe de travail a

---

[1] Conseil de l'Europe, *le Conseil de l'Europe a créé un Comité ad hoc sur l'intelligence artificielle - CAHAI*, 11 septembre 2019, disponible sur https://www.coe.int/fr/web/artificial-intelligence/-/the-council-of-europe-established-an-ad-hoc-committee-on-artificial-intelligence-cahai (consulté le 12 septembre 2019).

[2] Cf. Conseil de l'Europe, *Recommandation CM/Rec(2020)1 du Comité des Ministres aux États membres sur les impacts des systèmes algorithmiques sur les droits de l'homme*, 8 avril 2020. ; Cf. Conseil de l'Europe, *Responsabilité et IA, Étude sur les incidences des technologies numériques avancées (dont l'intelligence artificielle) sur la notion de responsabilité, sous l'angle des droits humains*, DGI (2019) 05, Rapporteure : Madame Karen YEUNG, Préparée par le Comité d'experts sur les dimensions des droits de l'homme dans le traitement des données et les différentes formes d'intelligence artificielle (MSI-AUT).

eu lieu le 27 avril 2020, sous la présidence de Monsieur le Juge Amin GURBANOV, en pleine épidémie de la Covid-19[1].

Les objectifs de création de ce groupe ont été déterminés d'une façon plus précise lors de sa deuxième réunion, en coordination avec le Comité *ad hoc* du Conseil de l'Europe sur l'intelligence artificielle [2]. Ce groupe aborde les problématiques à deux niveaux. Le premier niveau concerne les enjeux juridiques, éthiques et techniques de la cyberjustice et la transformation numérique des juridictions tandis que le second niveau comprend les enjeux relatifs aux outils de la justice prédictive. Par conséquent, le champ des travaux de ce groupe englobe *lato sensu* l'ensemble des aspects de la transformation numérique des systèmes judiciaires qui se distinguant de la question de « la justice augmentée » qui consiste en une révolution plus fondamentale.

La plupart de ces travaux portent sur des sujets comme la création et le développement des plateformes ainsi que les logiciels de consultation juridique en ligne, les plateformes en ligne dédiées au règlement de différends, la numérisation des registres, la communication en ligne des dossiers électroniques et le déroulement des audiences à distance[3]. Ces sujets semblent être loin de l'ambition de la mise en œuvre de la justice augmentée en Europe.

Aujourd'hui, dans l'Union européenne, l'intelligence artificielle est particulièrement encadrée par des règlements éthiques ne disposant pas d'une force contraignante. En fait, la diversité des problématiques causées par l'intelligence artificielle faisait toujours un obstacle à la création d'un cadre juridique européen pour cette technologie. L'idée de la nécessité de création d'un cadre juridique contraignant pour l'intelligence artificielle a été initialement présentée par Madame Mady DELVAUX-STEHRES en janvier 2017. C'est dans un rapport et une proposition de résolution qu'elle propose un cadre éthique pour la responsabilisation de l'intelligence artificielle et une éventuelle création d'une personnalité juridique pour les robots.

Même si la question du traitement automatisé des données par l'intelligence artificielle s'exclut des problématiques relatives à la responsabilité des robots, selon Madame DELVAUX-STEHRES, ce cadre peut être également applicable dans le cas de l'intelligence artificielle. Il s'agit de

---

[1] Conseil de l'Europe, *rapport de 1ère réunion du groupe de travail sur le cyber justice et l'intelligence artificielle de la Commission européenne pour l'efficacité de la justice*, en visioconférence, 27 avril 2020, disponible sur https://rm.coe.int/cepej-gt-cberjust-2020-2-fr-rapport-reunion-14-sept-2020/16809f8f2a (consulté le 14 septembre 2020, la date de publication du rapport) ; Liste de composition du mandat 2020-2021 du groupe est disponible sur https://rm.coe.int/cyber-just/16809a519f (consulté le 25 septembre 2020).

[2] Conseil de l'Europe, *rapport de 2ème réunion du groupe de travail sur le cyber justice et l'intelligence artificielle de la Commission européenne pour l'efficacité de la justice*, en visioconférence, 24-25 septembre 2020, disponible sur https://rm.coe.int/cepej-gt-cyberjust-2020-5-fr-rapport-2eme-reunion-24-25-09-2020/16809fda16 (consulté le 15 octobre 2020).

[3] Conseil de l'Europe, *Feuille de route du Groupe de travail sur la cyberjustice pour 2021*, Rapport du CEPEJ-GT-CYBERJUST, 8 décembre 2020.

la première proposition des principes éthiques en matière de l'intelligence artificielle au niveau de l'Union Européenne.

Selon ce rapport « le cadre éthique de référence devrait se fonder sur les principes de bienfaisance, de non-malfaisance, d'autonomie et de justice, sur les principes et valeurs consacrés à l'article 2 du traité sur le fonctionnement de l'Union européenne (Traité FUE) et par la Charte des droits fondamentaux de l'Union européenne, tels que la dignité humaine, l'égalité, la justice et l'équité, la non-discrimination, le consentement éclairé, le respect de la vie privée et de la vie familiale et la protection des données, sur d'autres principes et valeurs fondateurs du droit de l'Union, tels que la non-stigmatisation, la transparence, l'autonomie, la responsabilité individuelle et la responsabilité sociale, ainsi que sur les pratiques et codes déontologiques existants »[1].

L'avis positif de l'ensemble des commissions du Parlement européen, impliquées dans cette proposition de résolution[2], a été publié le 30 janvier 2020 dans un rapport de Monsieur Ashley FOX[3]. Cette proposition avait une forte influence sur les différents organes de l'Union européenne.

L'influence de ces deux rapports a abouti à la promulgation de la première déclaration européenne sur la coopération en matière de l'intelligence artificielle qui a été signée le 10 avril 2018 par tous les membres de l'Union européenne, à l'exception de la république hellénique, Chypre, Roumanie et Croatie. Cette Déclaration a été signée ultérieurement par ces États au cours des mois de mai et juin 2018. Elle a abouti également à la publication de la première communication de la Commission européenne au sujet de l'intelligence artificielle en avril 2018[4]. Il apparaît d'ailleurs que ce texte n'apporte aucune nouveauté au rapport de Madame DELVAUX-STEHRES.

En suivant la même perspective, dans sa prochaine communication sur ce sujet en décembre 2018, la Commission a simplement affirmé que le recours aux technologies de l'intelligence artificielle doit correspondre aux « principes de la conception respectueuse de l'éthique »[5]. En 2019, par

---

[1] Parlement européen, *Rapport contenant des recommandations à la Commission concernant des règles de droit civil sur la robotique*, 2015/2103(INL), Rapport de commission des affaires juridiques, Rapporteure : Madame Mady DELVAUX, 27 janvier 2017, A8-0005/2017, p. 11.

[2] Les Commissions du « marché intérieur et de la protection des consommateurs », des « affaires juridiques » et des « libertés civiles, de la justice et des affaires intérieures » et de « l'environnement, de la santé publique et de la sécurité alimentaire ».

[3] Rapport de la commission de l'industrie, de la recherche et de l'énergie du parlement européen *sur une politique industrielle européenne globale sur l'intelligence artificielle et la robotique* (2018/2088(INI)), Rapporteur : M. Ashley FOX, 30 janvier 2019, 62 p. ; V. Résolution du Parlement européen du 12 février 2019 *sur une politique industrielle européenne globale sur l'intelligence artificielle et la robotique* (2018/2088(INI)), 12 février 2019.

[4] Communication de la Commission européenne au parlement européen, au conseil européen, au conseil de l'Europe, au comité économique et social européen et au comité des régions, *L'intelligence artificielle pour l'Europe*, Bruxelles, 25 avril 2018.

[5] Communication de la commission au parlement européen, au conseil, au comité économique et social européen et au comité des régions, *un plan coordonné dans le domaine de l'intelligence artificielle*, 7 décembre 2018, p. 9

publication de ses « lignes directrices en matière d'éthique pour une IA digne de confiance »[1], le groupe d'experts de haut niveau sur l'intelligence artificielle (GEHN-IA) a défini quatre (soi-disant nouveaux) principes éthiques suivants qui peuvent être applicables en matière de l'intelligence artificielle : (1) le respect de l'autonomie humaine, (2) la prévention de toute atteinte, (3) l'équité et (4) l'explicabilité (et l'interprétabilité)[2].

Ce groupe désigne également huit exigences et caractéristiques d'une « intelligence artificielle digne de confiance »[3] : (1) l'action et le respect de l'autonomie humaine, (2) la robustesse technique et la sécurité, (3) le respect de la vie privée et la gouvernance des données, (4) la transparence, (5) la diversité, la non-discrimination et l'équité, (6) le bien-être sociétal et environnemental et (7) la responsabilité.

En 2019, la société MarketsandMarkets Research Private Ltd. a publié un rapport sur l'avenir du marché de ces logiciels aux États-Unis dans lequel il précise que la taille de ce marché devrait passer de 134 millions de dollars en 2019 à 724 millions de dollars d'ici 2024[4].

Le groupe d'experts de haut niveau sur l'intelligence artificielle a repris ces principes dans tous ses rapports postérieurs, dans lesquels il a fait une distinction entre « les principes éthiques » et « les exigences » applicables en matière de l'intelligence artificielle. Toutefois, la différence de la valeur juridique de ces deux catégories n'était jamais expliquée d'une façon claire. Il semblerait que ces deux catégories sont soumises au même régime et, en tout cas, ne disposent d'aucune force contraignante. Pour l'auteur de cet ouvrage, l'intérêt d'une telle catégorisation des principes et des exigences n'est pas clair.

La première tentative de la régulation éthique de « la justice augmentée » en Europe, a eu lieu en décembre 2018, par la publication de la première « charte éthique européenne d'utilisation de l'intelligence artificielle dans les systèmes judiciaires et leur environnement ». Le 7 décembre 2016, la CEPEJ du Conseil de l'Europe a publié ses lignes directrices sur la conduite du changement vers la cyberjustice. Pourtant, elle s'est limitée aux exigences éthiques des environnements judiciaires numériques. Par conséquent, ce texte a été adopté en continuité de ses lignes directrices sur la cyberjustice. Comme

---

[1] Commission Européenne, *Lignes directrices en matière d'éthique pour une IA digne de confiance*, Rapport du groupe d'experts de haut niveau sur l'intelligence artificielle, 8 avril 2019, 53 p. ; L'objectif principal de ce texte, en fixant les principes largement généraux, est la création d'une sorte de droit normatif.

[2] *Ibid.*, p.14, point 48.

[3] *Ibid.*, pp. 17-25.

[4] Marketsandmarkets, *Automated Breach and Attack Simulation Market by Offerings (Platforms/Tools, Services), Application (Configuration Management, Patch Management, Threat Intelligence), End Users (Enterprise, Data Centers, Service Providers), Region - Global Forecast to 2024*, disponible sur https://www.marketsandmarkets.com/Market-Reports/automated-breach-attack-simulation-market-43164821.html (consulté le 28 mars 2020).

les rapports précédents des groupes de travail du Conseil et de la Commission, ce texte ne dispose non plus d'aucune valeur contraignante.

Le début de la présidence d'Ursula VON DER LEYEN, a été marqué par de nouvelles promesses pour la création d'un cadre réglementaire contraignant pour l'intelligence artificielle. Elle envisageait la présentation d'une proposition de résolution sur « les implications éthiques et humaines de l'intelligence artificielle » sur le modèle du RGPD au cours des 100 premiers jours de sa présidence[1]. Le texte du « livre blanc » de la Commission européenne sur l'intelligence artificielle est le témoin du progrès très lent d'élaboration de cette proposition[2]. En juin 2018, la Commission a lancé une initiative intitulée « l'Alliance européenne pour l'IA ». Il s'agit d'un forum multipartite où les spécialistes européens de l'intelligence artificielle peuvent librement participer aux discussions sur les différents aspects de cette technologie. Les contributions des participants à cette initiative jouent un rôle important dans l'enrichissement des idées pouvant être présentées dans le livre blanc de la commission sur l'intelligence artificielle[3].

Ce livre blanc qui paraît aussi redondant que les autres textes officiels de la Commission et du Conseil relatif à cette technologie suit particulièrement l'objectif de définir des solutions afin de réduire les préjudices de cette technologie. Dans cette intention, il distingue un certain nombre d'usages de l'intelligence artificielle (en fonction de sa finalité) et huit secteurs où elle pourrait être systématiquement considérée à haut risque[4]. La difficulté principale dans l'évaluation et la détermination du caractère « à haut risque » des usages de l'intelligence artificielle réside dans la distinction entre les risques « immédiats » et « potentiels ». Selon Monsieur Jonathan KELLER, elle est également présente dans le contexte de la protection des données et de la mise en conformité des systèmes aux dispositions du RGPD.

---

[1] J. BERGOUNHOUX, « Après le RGPD, la commission européenne préparerait une réglementation sur l'intelligence artificielle », Usine-Digitale, 23 août 2019, disponible sur https://www.usine-digitale.fr/article/apres-le-rgpd-la-commission-europeenne-preparerait-une-reglementation-sur-l-intelligence-artificielle.N876565 (consulté le 2 janvier 2021) ; Cf. A. VITARD, « La future réglementation européenne sur l'IA sera limitée par la politique de l'OMC, révèle une étude », *Usine-Digitale*, 28 janvier 2021, disponible sur https://www.usine-digitale.fr/article/la-future-reglementation-europeenne-sur-l-ia-sera-limitee-par-la-politique-de-l-omc-revele-une-etude.N1054499 (consulté le 9 avril 2021).

[2] Commission européenne, *Livre blanc sur l'intelligence artificielle, une approche européenne axée sur l'excellence et la confiance*, Bruxelles, 19 février 2020, dispon ible sur https://ec.europa.eu/info/sites/info/files/commission-white-paper-artificial-intelligence-feb2020_en.pdf. (consulté le 9 avril 2021).

[3] Les informations complémentaires sur ce forum sont disponibles sur le site de la DG CONNECT de la commission : https://ec.europa.eu/digital-single-market/en/european-ai-alliance (consulté le 22 janvier 2021).

[4] L'intervention de Madame la Professeure Camille ROSENTHAL-SABROUX lors du webinaire, « Vers un nouveau cadre de référence de l'Intelligence Artificielle - Principes éthique, juridique, conformité et audit », 21 janvier 2021, en ligne, organisé par le conseil supérieur de l'ordre des experts-comptables.

L'usage de cette technologie au sein des juridictions se trouve dans la catégorie des usages à haut risque de l'intelligence artificielle, tant dans son secteur d'usage que dans sa finalité. Pour déterminer le caractère « à haut risque » des systèmes de l'intelligence artificielle, Monsieur Arnaud LATIL suggère de s'inspirer du régime établi par le règlement n° 1907/2006 du Parlement européen et du Conseil du 18 décembre 2006 concernant l'enregistrement, l'évaluation et l'autorisation des substances chimiques, ainsi que les restrictions applicables à ces substances (REACH)[1].

Il semble que pour la Commission européenne, l'usage de l'intelligence artificielle à des fins de consultation ou de recherche juridique par les autres acteurs de la justice (hors des juridictions) ne relève pas des activités à haut risque, puisque la Commission ne reconnaît que les activités judiciaires (du secteur public) comme les applications à haut risque. En tout état de cause, cette distinction entre les secteurs à haut risque et les autres secteurs ne produit aucun effet juridique différent puisque les deux catégories restent soumises aux règlements en vigueur au sein de l'Union européenne au même titre que l'usage dans les secteurs non-classés comme « à haut risque ».

En octobre 2020, le parlement européen a franchi une nouvelle étape pour la régulation éthique et juridique de l'intelligence artificielle par l'adoption de trois résolutions proposant un cadre éthique [2], un régime de responsabilité pour l'exploitation des systèmes de l'intelligence artificielle[3,4] et un cadre juridique pour les droits de la propriété intellectuelle relatifs à l'intelligence artificielle[5]. Même si ces résolutions présentent des solutions plus pertinentes par rapport à celles qui ont été auparavant présentées par la commission et le Conseil, la répétition de « l'exigence du respect des droits fondamentaux

---

[1] L'intervention de Monsieur Arnaud LATIL lors de « l'atelier sur les annexes II et III du projet de règlement sur l'IA définissant ce qu'est un système d'IA à haut risque », 9 mars 2022, Université Sorbonne Nouvelle).

[2] Résolution du Parlement européen du 20 octobre 2020 contenant des *recommandations à la Commission concernant un cadre pour les aspects éthiques de l'intelligence artificielle, de la robotique et des technologies connexes*, 2020/2012(INL) ; Cette résolution a été adoptée à la suite de la publication du Rapport de Monsieur Ibán GARCÍA DEL BLANCO (eurodéputé espagnol).

[3] Résolution du Parlement européen du 20 octobre 2020 contenant des *recommandations à la Commission sur un régime de responsabilité civile pour l'intelligence artificielle*, 2020/2014(INL) ; Cette résolution a été adoptée à la suite de la publication du rapport de Monsieur Axel VOSS (eurodéputé allemand).

[4] Cf. Commission européenne, *rapport sur les conséquences de l'intelligence artificielle, de l'internet des objets et de la robotique sur la sécurité et la responsabilité*, 19 février 2020, COM(2020) 64 final, disponible sur https://eur-lex.europa.eu/legal-content/FR/TXT/PDF/?uri=CELEX:52020DC0064&from=FR (consulté le 25 mai 2021).

[5] Résolution du Parlement européen du 20 octobre 2020 sur *les droits de propriété intellectuelle pour le développement des technologies liées à l'intelligence artificielle*, 2020/2015(INI). Cette résolution a été adoptée à la suite de la publication du rapport de Monsieur Stéphane SÉJOURNÉ (eurodéputé français).

existants » est omniprésente dans la quasi-totalité des thématiques abordées dans ces textes. Elle constitue surtout le socle de la première résolution.

En effet, la répétition perpétuelle et excessive de ces propos semble être inutile puisque le respect des droits fondamentaux existants est déjà automatiquement exigé par les sources contraignantes.

La même approche est ainsi observée au niveau international. Un exemple illustratif de celle-ci se trouve dans la liste des recommandations du Conseil de l'Organisation de coopération et de développement économique (OCDE) sur l'intelligence artificielle (publiée le 22 mai 2019) précisant que « les acteurs de l'IA devraient respecter l'état de droit, les droits de l'homme et les valeurs démocratiques tout au long du cycle de vie des systèmes d'IA [...] » (art. 1.2.). Ces recommandations semblent être pertinentes puisque ces principes sont reconnus par divers instruments juridiques internationaux ayant une valeur contraignante.

Contrairement aux États membres de l'Union européenne et du Conseil de l'Europe, les États membres de l'OCDE ne sont nécessairement pas soumis aux mêmes obligations sur le plan international. Pourtant, malgré sa pertinence, une telle recommandation sans une valeur contraignante est toujours inutile, puisque tous les membres de l'OCDE ont signé la déclaration universelle des droits de l'homme garantissant (ou plus précisément, recommandant) les principes susmentionnés[1]. Cette forme de répétition est ainsi observée dans la proposition du règlement du 21 avril 2021 de la Commission européenne sur l'intelligence artificielle. Par exemple, l'aliéna (d) de paragraphe 3 de l'article 13 de ce texte exige le respect de l'article 14 de même texte.

À ce jour, l'Union européenne et le Conseil de l'Europe n'envisagent pas un cadre juridique distinct pour la justice augmentée. Ainsi, son encadrement juridique dépend hautement de l'approche législative de l'Union européenne et du Conseil envers l'intelligence artificielle. Pourtant, la régulation juridique de cette technologie est confrontée, elle-même, à deux difficultés principales qu'ils s'agissent de la dispersion des travaux législatifs des organes de l'Union européenne et du Conseil sur ce sujet et l'incertitude concernant les caractéristiques de l'objet de ce futur cadre. Cette dispersion est la cause principale de la production des propos répétitifs et une confusion fondamentale entre « les droits », « les principes juridiques » et les « principes éthiques » applicables en matière de l'intelligence artificielle.

---

[1] Le texte de la recommandation du Conseil de l'OCDE sur l'intelligence artificielle est disponible sur https://legalinstruments.oecd.org/fr/instruments/OECD-LEGAL-0449?_ga=2.15636278.1834331233.1621195825-228534305.1619625814 (consulté le 16 mai 2021). ; Cf. W. KNIGHT, « The World Economic Forum wants to develop global rules for AI », *MIT Technology Review*, 28 mai 2019, disponible sur https://www.technologyreview.com/2019/05/28/135198/the-world-economic-forum-wants-to-develop-global-rules-for-ai/ (consulté le 8 septembre 2021).

Au point de vue juridique, on constate que la hiérarchie des normes n'est pas parfaitement respectée dans la majorité des textes officiels de la Commission européenne et du Conseil de l'Europe relatifs à l'intelligence artificielle. De plus, ces textes ne présentent aucun cadre spécifique et nouveau pour cette technologie, puisque la grande majorité des « exigences » qu'ils définissent, est déjà protégée et reconnue comme « les droits fondamentaux » par les textes législatifs existants (ils se trouvent majoritairement au rang des droits fondamentaux protégés par la Convention européenne des droits de l'Homme et la Charte des droits fondamentaux de l'Union européenne).

La confusion observée entre les droits et les principes éthiques dans ces textes ne présente pas un avantage mais un obstacle pour l'encadrement juridique de l'intelligence artificielle. La question de l'impertinence des droits existants en matière de l'intelligence artificielle et la justice augmentée n'a pas été véritablement étudiée par les organes de l'Union européenne. Par conséquent, pour l'instant, la création d'un cadre éthique ne paraît pas, une nécessité absolue. À titre d'exemple, dans la quasi-totalité de ses rapports, la Commission européenne pour l'efficacité de la justice (CEPEJ) considère « le respect aux droits fondamentaux » parmi « les principes éthiques », alors qu'il est impossible de placer les droits fondamentaux à ce rang lorsqu'ils ont une valeur juridique supérieure à ces principes.

En matière de la justice augmentée, c'est surtout « la charte éthique européenne d'utilisation de l'intelligence artificielle dans les systèmes judiciaires et leur environnement » qui considère « le respect aux droits fondamentaux » parmi les principes éthiques. C'est ainsi que le groupe d'experts de haut niveau sur l'intelligence artificielle (GEHN-IA) qui situe les droits fondamentaux au rang des exigences éthiques sous-jacentes relatives « à l'action humaine et au contrôle humain »[1].

Il reconnaît également « la démocratie » et « l'état de droit » comme des principes « éthiques » alors qu'ils sont, en effet, parmi les principes généraux du droit de l'Union européenne[2]. Un grand nombre des textes législatifs de l'Union et du Conseil comme la charte éthique européenne d'utilisation de l'intelligence artificielle dans les systèmes judiciaires et leur environnement et les lignes directrices de la commission européenne pour une IA digne de confiance définissent « l'équité » comme un principe éthique applicable en matière de l'intelligence artificielle.

Par ailleurs, dans l'un de ses rapports les plus importants sur l'intelligence artificielle, le Comité *ad hoc* sur l'intelligence artificielle (CAHAI) compte ces deux principes parmi « les droits de l'homme » menacés par l'intelligence

---

[1] Commission européenne, *Lignes directrices en matière d'éthique pour une IA digne de confiance*, Rapport du groupe d'experts de haut niveau sur l'intelligence artificielle, 8 avril 2019, p. 19.

[2] V. l'article 2 du Traité sur l'Union européenne.

artificielle[1] alors qu'ils ces ne sont pas reconnus comme « les droits de l'homme » ni par la Convention européenne des droits de l'homme ni par la Charte européenne des droits fondamentaux. Également, on considère que même si dans la hiérarchie des normes, la valeur des principes éthiques est inférieure aux lois, ces principes doivent se définir de façon claire et concrète alors que beaucoup de conceptions présentées dans ces textes sont trop générales. Par exemple, au point de vue juridique et technique, les caractéristiques du principe de « la prévention de toute atteinte » proposé par le groupe d'experts de haut niveau sur l'intelligence artificielle[2] ne paraissent pas suffisamment claires.

Par ailleurs, le principe de « l'équité » proposé par ce groupe de travail[3] ne semble pas suffisamment précis puisque, contrairement aux États-Unis, la tradition judiciaire européenne ne permet pas aux magistrats de définir librement un tel terme aussi général et large, même si certains États membres de l'Union européenne autorisent les magistrats à prendre en compte ce principe au niveau national et dans certaines circonstances spécifiques. Par exemple, en France, cette possibilité est fournie par l'article 1135 du Code civil et l'article 12 du Code de procédure civile.

L'ensemble de ces exemples nous amène à estimer que ces textes législatifs ressemblent à « un sac de droits et de principes » sans une catégorisation pertinente. Cela démontre que la position de l'Union européenne et du Conseil de l'Europe, vis-à-vis de la régulation de l'intelligence artificielle n'est pas établie de façon claire et définie. Cette obscurité est encore plus marquante au niveau de la commission européenne qui envisage la coexistence d'un cadre juridique normatif et d'un cadre juridique contraignant pour l'intelligence artificielle qui « devrait atteindre ses objectifs avec efficacité sans être excessivement normatif »[4]. Afin d'assurer la pertinence de l'applicabilité de ces deux cadres, il convient, tout d'abord, de définir précisément leur champ et leur valeur en tant que cadre juridique ou éthique et de fixer une frontière nette entre eux.

Contrairement aux États-Unis où, en raison de la vaste compétence des magistrats dans l'interprétation des lois, un cadre législatif souple et général pour l'intelligence artificielle pourrait être plus opportun, le cadre réglementaire européen devrait être aussi précis, détaillé et concret que

---

[1] Conseil de l'Europe, « Vers une régulation des systèmes d'IA, perspectives internationales sur l'élaboration d'un cadre juridique fondé sur les normes du Conseil de l'Europe dans le domaine des droits de l'homme, de la démocratie et de l'État de droit », étude de Conseil de l'Europe, Rapport du Comité *ad hoc* sur l'intelligence artificielle, DGI (2020) 16, pp. 24-31.

[2] Commission européenne, *Lignes directrices en matière d'éthique pour une IA digne de confiance*, Rapport du groupe d'experts de haut niveau sur l'intelligence artificielle, 8 avril 2019, pp. 14-15.

[3] *Ibidem*, pp. 14-15 et 22.

[4] La Commission européenne, *Livre blanc sur Intelligence artificielle, une approche européenne axée sur l'excellence et la confiance*, 19 février 2020, COM (2020) 65 final, p. 20.

possible. À cette fin, il est, avant tout, impératif de distinguer clairement les « droits contraignants » et « les principes éthiques » applicables en matière de l'intelligence artificielle, en respectant la hiérarchie des normes. Cela nous permettra d'éviter toute articulation entre les droits et les principes éthiques. De plus, il convient de ne pas reprendre et répéter, dans plusieurs textes, les droits et les principes existants. Depuis l'année 2018, les organes de l'Union européenne et du Conseil de l'Europe ont publié plusieurs textes législatifs pour redire la nécessité du respect aux droits existants. Ces répétitions ne présentent aucun intérêt dans le cas des droits contraignants. Pourtant, dans le cas des principes éthiques, cela pourrait renforcer la valeur normative de ces derniers.

Dans l'Union européenne, le processus de réalisation du texte de la proposition du règlement général relatif à l'intelligence artificielle par la Commission européenne a été hautement inspiré par le celui du RGPD[1]. Toutefois, ce dernier n'est pas forcément la meilleure source d'inspiration pour la création du nouveau cadre réglementaire européen pour l'intelligence artificielle puisqu'il concerne un sujet complètement diffèrent avec des caractéristiques et des objectifs distincts. En fait, le premier a été créé pour répondre à une problématique existante et précisément définie, le futur cadre juridique de l'intelligence artificielle se base sur une prédiction « incertaine » des problématiques d'avenir.

Celle-ci produit par conséquent une incertitude dans l'intérêt qu'il pourrait présenter ainsi que dans sa pertinence (quelle que soit sa qualité). On peut donc conclure que la création d'un tel cadre réglementaire à la suite de la mise en place et la production des problématiques juridiques liées à cette technologie en Europe sera susceptible de présenter plus d'intérêt. Ce propos semble être de plus en plus valable dans le cas de la mise en œuvre de la justice augmentée.

Le 21 avril 2021, la Commission européenne a publié sa première proposition du règlement du Parlement sur l'intelligence artificielle[2]. Celle-ci

---

[1] J. BERGOUNHOUX, « Après le RGPD, la Commission européenne préparerait une réglementation sur l'intelligence artificielle », Usine-Digitale, 23 août 2019, disponible sur https://www.usine-digitale.fr/article/apres-le-rgpd-la-commission-europeenne-preparerait-une-reglementation-sur-l-intelligence-artificielle.N876565 (consulté le 2 janvier 2021).

[2] Commission européenne, *Proposition de règlement du Parlement européen et du Conseil établissant des règles harmonisées sur l'intelligence artificielle (le règlement sur l'intelligence artificielle) modifiant certains actes législatifs de l'union*, *op. cit.* ; Cf. Proposition de règlement du parlement européen et du conseil sur *les machines et produits connexes*, 21 avril 2021, COM(2021) 202 final. ; Commission européenne, *National strategies on Artificial Intelligence: A European perspective*, éd. 2021, Rapport du centre commun de recherche de la Commission européenne de l'OCDE, disponible sur https://publications.jrc.ec.europa.eu/repository/handle/JRC122684 (consulté le 25 mai 2021). ; Annexe de la communication de la Commission au Parlement européen, au conseil, au Comité économique et social européen et au comité des régions, Favoriser une approche européenne de l'intelligence artificielle, 21 avril 2021, COM(2021) 205 final, disponible sur https://digital-

définit, d'une façon de plus en plus concrète, les différentes catégories des systèmes intelligents. Sur le plan législatif, la Commission a fait le choix de ne pas réguler l'ensemble des systèmes de l'intelligence artificielle de même façon[1]. Ce texte laisse une marge importante d'appréciation aux États membres pour déterminer des modalités d'application de ces dispositions. Une éventuelle interdiction totale ou partielle du recours aux systèmes algorithmiques dans certains secteurs spécifiques peut être également envisagée.

Dans l'hypothèse d'adoption de ce texte, il produirait des effets indirects et directs sur la justice augmentée en Europe. Les impacts indirects de ce texte peuvent se présenter à travers les dispositions applicables sur l'ensemble des systèmes de l'intelligence artificielle à haut risque pouvant être utilisés dans les environnements judiciaires augmentés. Celles-ci peuvent également impacter le développement et l'épanouissement des marchés européens des outils de l'intelligence artificielle, notamment celui de la legaltech.

Ce texte reconnaît, généralement, trois catégories de systèmes intelligents « en fonction de leur nature ». Il s'agit des « systèmes auto-apprenants (a), des systèmes logiques (b) et des systèmes statistiques (c) »[2]. La première englobe l'ensemble des sous-techniques de « l'apprentissage automatique » et de « l'apprentissage profond »[3]. La deuxième et la troisième comprennent respectivement les « systèmes experts » (les systèmes dédiés à la reproduction automatisée d'un raisonnement par intermédiaire d'imitation de celui d'un expert humain)[4] et les « systèmes d'estimation bayésienne, l'approche statistique et les méthodes algorithmiques d'optimisation »[5].

Dans cette proposition, la Commission ne fait aucune distinction entre le régime juridique des systèmes intelligents physiques (comme les robots)[6] et immatériels (comme les logiciels) alors que, sur le plan de la responsabilisation (en cas d'un préjudice causé par le fonctionnement de l'intelligence artificielle), ces deux types de systèmes peuvent produire des problématiques particulièrement différentes[7]. Ainsi, le Conseil de l'Europe

---

strategy.ec.europa.eu/en/library/coordinated-plan-artificial-intelligence-2021-review (consulté le 26 juin 2021).

[1] C. Crichton, « Projet de règlement sur l'IA (I) : des concepts larges retenus par la Commission », *op. cit.*

[2] *Ibidem.*

[3] V. L'aliéna a de l'annexe I de la proposition du règlement.

[4] V. l'aliéna b de l'annexe I de la proposition du règlement.

[5] *Ibidem.*

[6] Cf. Commission européenne, *Unlocking the potential of industrial human–robot collaboration, a vision on industrial collaborative robots for economy and society*, Rapport de la Direction-générale de recherche et de l'innovation, Rapporteur : M. Bam Vanderborght, novembre 2019, disponible sur https://op.europa.eu/en/publication-detail/-/publication/407d1cee-5225-11ea-aece-01aa75ed71a1/language-en (consulté le 7 juillet 2021).

[7] Cf. J. B. Balkin, « The path of robotic law », *California Law Review Circuit*, vol. 6, juin 2015, pp. 45-60.

évoque, dans sa première charte éthique sur l'utilisation de l'intelligence artificielle dans les environnements judiciaires, qu'« aux États-Unis, des "robots avocats" sont déjà à l'œuvre »[1].

En reprenant le terme « robots avocats », initialement utilisé par la legaltech américaine DoNotPay[2], il s'éloigne d'une terminologie juridique suffisamment appropriée et précise pour décrire les systèmes de la justice prédictive. Ce terme, étant purement commercial, n'a aucun sens ni sur le plan juridique ni sur le plan technique.

Contrairement à l'intelligence artificielle, le robot est capable de procéder aux démarches mécaniques. C'est ainsi qu'on considère que les outils utilisés dans les environnements judiciaires relèvent principalement des systèmes de l'IA[3]. Par conséquent, il peut faire l'objet d'une grande confusion.

En effet, c'est le fonctionnement des robots qui repose sur un système de l'intelligence artificielle, comme affirme, le M^e^. Alain BENSOUSSAN en précisant qu'« aujourd'hui, les robots sont devenus de véritables concentrés d'algorithmes et d'intelligence artificielle »[4]. Ce texte envisage un régime juridique unique pour tous les systèmes dits intelligents quel que soient leur type et leur degré de puissance et d'autonomie. Par conséquent, on peut estimer que ce cadre englobe également l'internet et les ordinateurs. Ce fait démontre que le futur règlement européen sur l'intelligence artificielle serait extrêmement vaste. Cela souligne également la nécessité de création des micro-cadres complétant les dispositions de ce règlement, dans les dimensions plus spécifiques (comme la justice augmentée).

Ce texte divise les systèmes de l'intelligence artificielle en quatre catégories « en fonction de la finalité de ses résultats ». L'article 5 définit les pratiques interdites portant un risque évident aux droits individuels. Elle comprend, elle-même, deux sous-catégories. Son premier paragraphe liste les pratiques étant reconnues comme « totalement interdites » englobant tous les systèmes visant à réduire la capacité de libre arbitre des utilisateurs et ceux qui sont dédiés à la manipulation des comportements et du raisonnement des

---

[1] Le Conseil de l'Europe, *la charte éthique européenne d'utilisation de l'intelligence artificielle dans les systèmes judiciaires et leur environnement*, *op. cit.*, P.14.

[2] I. BOSILKOVSKI, « Stanford Grad Who Created The World's First 'Robot Lawyer' Raises $12 Million In Series A », *Forbes*, 23 juin 2020, disponible sur https://www.forbes.com/sites/igorbosilkovski/2020/06/23/stanford-grad-who-created-the-worlds-first-robot-lawyer-raises-12-million-in-series-a/?sh=3ad0c3e43309 (consulté le 17 juillet 2021).

[3] Cf. A. OWEN-HILL, « What's the Difference Between Robotics and Artificial Intelligence? », *blog.robotiq.com* , 11 mars 2020, disponible sur https://blog.robotiq.com/whats-the-difference-between-robotics-and-artificial-intelligence (consulté le 17 juillet 2021).

[4] E. BONNET, « Planète Robots : une nouvelle formule sous le signe de l'IA », *Lexing Alain Bensoussan Avocats*, 15 juin 2021 (mis à jour le 16 juillet 2020), disponible sur https://www.alain-bensoussan.com/avocats/planete-robots-une-nouvelle-formule-sous-le-signe-de-lia/2020/06/15/ (consulté le 17 juillet 2021).

individus ou vulnérabiliser un groupe de personnes en vue de causer des dommages.

Les systèmes de la notation sociale (par les acteurs du secteur privé ou par les autorités publiques) se trouvent également dans cette sous-catégorie. Le deuxième et le troisième paragraphes interdisant les systèmes dédiés à « l'identification biométrique à distance en temps réel »[1]. Les paragraphes 2 à 4 de l'article 5 de ce texte permettent les autorités compétentes des États membres d'autoriser l'usage de ces systèmes lorsqu'il est nécessaire pour réaliser les missions définies par le point (d) de premier paragraphe de l'article 5 englobant notamment (1) la recherche ciblée de victimes potentielles d'actes criminels, (2) la prévention d'une menace spécifique, substantielle et imminente pour la vie ou la sécurité physique des personnes physiques ou d'un attentat terroriste et (3) la détection, la localisation, l'identification ou la poursuite d'un auteur ou suspect d'une infraction pénale visée à l'article 2, paragraphe 2, de la décision-cadre 2002/584/JAI62 du Conseil.

Ce texte dispose que le recours à ces derniers peut être autorisé au fur et à mesure, par les États membres dans les cas spécifiques tel que le maintien de l'ordre et de la sécurité et la poursuite des criminels. En faisant une distinction entre l'identification biométrique à distance en temps réel et différé (respectivement dans les paragraphes 37 et 38 de l'article 3), la Commission exclut ce deuxième type d'application des dispositions de cet article.

Les articles 6 à 51 définissent les caractéristiques des mesures visant à appliquer dans le cas des techniques à haut risque de l'intelligence artificielle englobant notamment ceux qui peuvent être utilisés dans « les infrastructures critiques » (comme « le pilote automatique d'avion » et « la conduite automatique des véhicules »), « l'éducation ou la formation professionnelle » (cela comprend le système automatisé de notation et l'accès à l'éducation), « les composants de sécurité des produits », « l'emploi, de la gestion de la main-d'œuvre et de l'accès à l'emploi indépendant » (par exemple les systèmes de la sélection automatisée des candidats), « les services privés et publics essentiels » (par exemple, l'évaluation automatisée d'éligibilité aux aides publics et à un prêt ou de la faillite des entreprises)[2], « le domaine du maintien de l'ordre » (par exemple, la prédiction risque d'une infraction ou l'évaluation automatisée des éléments de preuve), « le domaine de la gestion de la migration, de l'asile et des contrôles aux frontières »[3] et notamment

---

[1] V. Art. 9§1 du règlement (UE) 2016/679 du Parlement européen et du Conseil du 27 avril 2016, *op. cit.*

[2] Cf. La Directive 2009/48/CE du Parlement européen et du Conseil du 18 juin 2009 *relative à la sécurité des jouets* et le règlement (UE) 2016/424 du Parlement européen et du Conseil du 9 mars 2016 *relatif aux installations à câbles et abrogeant la directive 2000/9/CE.*

[3] Cf. M. O'Toole, « Exclusive: Biden has quietly deployed an app for asylum seekers. Privacy experts are worried », *Los Angeles Times*, 4 juin 2021 (mis à jour le 6 juin 2021), disponible sur https://www.latimes.com/politics/story/2021-06-04/asylum-bidens-got-an-app-for-that-with-privacy-risks-and-surveillance-beyond-border (consulté le 11 juin 2021).

« l'administration de la justice » et « des processus démocratiques »[1]. La Commission envisage un régime général et systématique du contrôle de la conformité dans le cas d'usage de ces systèmes (il inclut notamment le contrôle humain).

À cet égard, elle prévoit 7 mécanismes à appliquer impérativement sur le cycle du fonctionnement de l'intelligence artificielle[2] : (1) la mise en place d'un système d'évaluation et d'atténuation des risques », (2) le contrôle sur la qualité des données alimentant le système, (3) enregistrement des activités afin de garantir la transparence du système des contrôles appliqués et la traçabilité des éventuelles erreurs ou des dysfonctionnements, (4) la documentation détaillée des informations concernant la nature les caractéristiques techniques du système et sa finalité (cette mesure est considérablement importante pour déterminer la catégorie du système et les modalités du contrôle applicable sur ce dernier), (5) la garantie de la clarté et de l'adéquation des informations alimentant le système, (6) un contrôle humain approprié et systématique, (7) la garantie de niveau élevé de la robustesse, de la sécurité du système[3].

L'article 52 définit les systèmes à faible-risque étant soumis à un simple mécanisme de transparence (garanti par les textes législatifs existants, notamment le RGPD). Cette catégorie englobe les systèmes plus simples ayant une capacité d'interaction limitée avec l'être humain comme les chatbots. Par ailleurs, ce texte exclut implicitement l'hypothèse d'existence d'un système intelligent sans risque. Pourtant, il autorise l'utilisation libre de certaines applications à risque minime « tels que les jeux vidéo ou les filtres anti-spam reposant sur l'IA »[4]. Les dérogations à l'application des dispositions de ce texte se limitent particulièrement aux systèmes intelligents dédiés à

[1] Commission européenne, *Une Europe adaptée à l'ère du numérique: La Commission propose de nouvelles règles et actions en faveur de l'excellence et de la confiance dans l'intelligence artificielle*, 21 avril 2021, disponible sur https://ec.europa.eu/commission/presscorner/detail/fr/ip_21_1682 (consulté le 25 mai 2021).

[2] Représentation de la commission européenne en France, « De nouvelles règles et actions en faveur de l'excellence et de la confiance dans l'intelligence artificielle », 21 avril 2021, disponible sur https://ec.europa.eu/france/news/20210421/nouvelles_regles_europeennes_intelligence_artificielle_fr (consulté le 25 mai 2021).

[3] Cf. Commission européenne, *Robustness and Explainability of Artificial Intelligence*, Rapport technique du Centre commun de recherche, Rapporteurs : Messieurs Ronan HAMON, Henrik JUNKLEWITZ, Ignacio SANCHEZ, 2020, Office des publications de l'Union européenne, disponible sur https://publications.jrc.ec.europa.eu/repository/handle/JRC119336 (consulté le 25 juillet 2021).

[4] Commission européenne, *Une Europe adaptée à l'ère du numérique : La Commission propose de nouvelles règles et actions en faveur de l'excellence et de la confiance dans l'intelligence artificielle*, 21 avril 2021, disponible sur https://ec.europa.eu/commission/presscorner/detail/fr/ip_21_1682 (consulté le 25 mai 2021).

l'usage militaire[1] et à l'usage de ces systèmes à des fins personnelles[2]. Dans l'article 3 de ce texte, la Commission définit les acteurs concernés englobant « les fournisseurs »[3], « les utilisateurs », « les mandataires » ainsi que « les importateurs » et « les distributeurs »[4].

Il convient de noter que les paragraphes n° 2 (dans la version initiale du texte, il est, par erreur, numéroté 1 alors qu'en effet, il s'agit de paragraphe n° 2), n°3 et n° 4 de l'article 3 de la proposition du règlement définissent respectivement « les fournisseurs » et « les utilisateurs » comme toutes les personnes physiques et morales, les autorités publiques et l'ensemble des agences et des organes « développant » ou « utilisant » des systèmes de l'intelligence artificielle.

Selon le paraphage 5 d'article 3, « le mandataire » se définit comme toute personne établie dans l'Union qui a reçu un mandat écrit d'un fournisseur d'un système d'intelligence artificielle pour, respectivement, exécuter en son nom les obligations et procédures établies par ce règlement. Le paragraphe 6 d''article 3 définit l'importateur comme une personne commercialisant un outil de l'intelligence artificielle (dans les territoires de l'Union) produit par une personne établie hors de l'Union européenne. Le paragraphe 7 de l'article 3 définit le distributeur comme « une personne qui rend à la disposition des utilisateurs outil de l'intelligence artificielle produit, fournit (ou importé) et commercialisé par une autre personne.

Même si l'ensemble des personnes et des organes définies par l'article 3 sont théoriquement concernées par l'obligation du contrôle de la conformité des systèmes (notamment, lorsque le système de l'intelligence artificielle concerné relève des systèmes à haut risque), ce texte ne définit pas un régime spécifique de répartition de la responsabilité.

Les articles 71 et 72 de cette proposition du règlement fixent des sanctions applicables en cas de violation des dispositions de ce texte. Celles-ci sont passibles d'amendes administratives, pouvant aller jusqu'à 30 000 000 euros, ou si l'auteur est une entreprise, jusqu'à 6 % de son chiffre d'affaires annuel total (le paragraphe 3 d'article 71 du texte). L'adoption de ce texte laisserait deux approches à adopter vis-à-vis de la régulation de la justice augmentée : la création d'un cadre réglementaire spécifique sur la justice augmentée complétant ce règlement au niveau national ou l'application des dispositions juridiques existantes. En théorie, ceux-ci ne semblent pas être inappropriés.

Cette proposition du règlement, ne crée pas un droit nouveau. Elle vise une protection plus efficace des droits existants. Pourtant, en déterminant des

---

[1] Le troisième paragraphe de l'article 2 de la proposition du règlement européenne sur l'intelligence artificielle.

[2] Paragraphe 4 de l'article 3. ; Dans ce paragraphe, on constate les traces de paragraphe 2 (c) de l'article 2 du RGPD.

[3] Cf. Le point 3.4 et l'art. 27 de la proposition de règlement concernant l'intelligence artificielle (*op. cit.*).

[4] Cf. Art. 27§4 de proposition de règlement (*op. cit.*).

obligations et des responsabilités extrêmement lourdes pour les créateurs, les fournisseurs et les utilisateurs des outils de l'intelligence artificielle (contre ces responsabilités, une assistance mineure de la mise en conformité aux entreprises est prévue par les articles 53 et 54 de cette proposition du règlement)[1], il pourrait poser, dès son entrée en vigueur, une grande barrière pour le développement et le commerce de l'intelligence artificielle en Europe.

Dans le *statu quo* législatif de l'Union européenne (avant l'adoption de ce règlement), les systèmes de l'intelligence artificielle sont soumis aux mesures excitantes de mise en conformité. Pourtant, l'impertinence de ces dernières n'a jamais été prouvée par aucun texte législatif ou scientifique. Par conséquent, dans le contexte extrêmement compétitif du développement de l'intelligence artificielle, notamment face aux géants mondiaux de cette technologie, les dispositions de ce règlement pourraient potentiellement poser des impacts lourds et contre-productifs sur le progrès technologique et commercial de l'intelligence artificielle[2] alors que la nécessité de mise en place de ces mesures pour garantir la protection des droits est incertaine.

Contrairement au RGPD qui a permis les juridictions de recourir au traitement des données personnelles sous certaines conditions spécifiques[3], cette proposition de règlement ne prévoit une telle dérogation à l'usage des systèmes de l'intelligence artificielle au sein des juridictions. Ce texte précise que « certains systèmes d'IA destinés à l'administration de la justice et aux processus démocratiques devraient être classés comme à haut risque »[4].

À ce titre, il peut être considéré comme le premier texte législatif de l'Union européenne reconnaissant explicitement (et d'une façon très générale) la possibilité de recours aux systèmes de l'intelligence artificielle (même lorsque le degré de risque qu'ils peuvent présenter est élevé) dans les juridictions. Alors que le risque des outils basiques de consultation juridique

---

[1] A. VITARD, « [Etude] La future réglementation européenne sur l'IA va coûter 31 milliards d'euros aux entreprises », *usine-digitale.fr*, 27 juillet 2021, disponible sur https://www.usine-digitale.fr/article/etude-la-future-reglementation-europeenne-sur-l-ia-va-couter-31-milliards-d-euros-aux-entreprises.N1128799 (consulté le 28 juillet 2021). ; L. NICOLAY, « L'encadrement de l'IA en Europe pourrait coûter cher aux entreprises », *Siècle Digital*, 27 juillet 2021, disponible sur https://siecledigital.fr/2021/07/27/lencadrement-de-lia-en-europe-pourrait-couter-cher-aux-entreprises/?fbclid=IwAR2yfUJ60dccogFjZjNdPJvlUjPK1HFcM5YplF0QIfUNMcrRA4GJtFiYK2Y (consulté le 28 juillet 2021).

[2] Cf. C. DALMONT, « Souveraineté numérique : " L'Europe est étouffée par les normes " », *Figaro*, 6 juillet 2021, disponible sur https://www.lefigaro.fr/vox/economie/souverainete-numerique-l-europe-est-etouffee-par-les-normes-20210706 (consulté le 6 juillet 2021).

[3] Con. n° 20 et l'art. 9§2 (f) du règlement (UE) 2016/679, *op. cit.*

[4] Con. n° 40 de la *Proposition du règlement du Parlement européen et du conseil établissant des règles harmonisées sur l'intelligence artificielle (règlement sur l'intelligence artificielle) modifiant certains actes législatifs de l'union », 21 avril 2021, COM (2021) 206 final, 2021/0106 (COD)*, *op. cit.* (p. 33) ainsi que les alinéas a, d, e, f et g, de paragraphe 6 et le paragraphe 8 de l'annexe III de ce règlement.

automatisé (legalbots) est considéré comme minime[1], les outils dédiés à « l'analyse et à la production automatisée des documents juridiques et judiciaires » se trouvent, *a priori*, dans la catégorie des systèmes à « haut risque ». Pourtant, certains systèmes d'élaboration automatisée des décisions judiciaires peuvent potentiellement relever des « techniques interdites » par l'article 5 de ce texte (dans ce texte, il y a près de 90 mentions du terme « contrôle humain »), notamment lorsque le contrôle humain sur le cycle du système est considérablement diminué ou s'il aboutit à la manipulation et la diminution du raisonnement des magistrats. L'ensemble de ces éléments nous conduit à conclure que ce texte jouera un rôle important et central dans la détermination du régime applicable à la justice augmentée dans les États membres de l'Union européenne.

Malgré la publication, par l'Union européenne et le Conseil de l'Europe, de certains textes normatifs sur la justice augmentée, cet usage spécifique de l'intelligence artificielle est, en Europe, un vide juridique. Compte tenu des insuffisances dénotées dans l'élaboration d'un cadre juridique général pour l'intelligence artificielle. Un cadre, dans une dimension plus spécifique, pour la justice augmentée, peut présenter des intérêts plus certains. Une telle législation fournirait ainsi la possibilité d'une mise en place harmonisée d'un environnement judiciaire augmentée dans l'ensemble des États membres de l'Union européenne. Ces derniers peuvent être également encouragés à créer des « codes de la procédure augmentée » afin de définir des règles spécifiques applicables à cette matière en fonction de leurs propres traditions judiciaires. Néanmoins, avant de recourir à ces mesures, il convient de réfléchir à nouveau sur la nécessité d'élaboration d'un cadre juridique nouveau pour la justice augmentée.

Même si la création d'un cadre juridique pour certains aspects de l'intelligence artificielle (par exemple, en matière de la responsabilité civile des robots) semble être opportune et même nécessaire, après plusieurs années de travail sur ce sujet, les organes de l'Union européenne et du Conseil de l'Europe ne présentent aucune raison convaincante pour créer d'un cadre juridique général pour l'intelligence artificielle. Ce propos semble être aussi valable dans le cas de la justice augmentée. On peut donc conclure qu'une légère configuration ou adaptation du cadre existant est susceptible d'être suffisante pour autoriser la mise en place des « juridictions augmentées » au niveau européen. Compte tenu de l'ensemble de ces considérations, il nous apparaît que la difficulté principale pour la mise en œuvre de la justice augmentée n'est pas due à un blocage législatif mais à l'immaturité technologique des juridictions.

[1] Commission européenne, « Proposition du règlement du Parlement européen et du conseil établissant des règles harmonisées sur l'intelligence artificielle (règlement sur l'intelligence artificielle) modifiant certains actes législatifs de l'union », *préc.*, p. 3.

Section 2. La justice augmentée à l'épreuve de l'immaturité technologique des juridictions

La réalisation des environnements judiciaires augmentés n'est possible qu'avec une maturité technologique élevée dans les juridictions. Il s'agit d'un facteur déterminant dans l'achèvement successif de l'automatisation des services judiciaires.

Théoriquement, la maturité technologique d'un système se définit par le degré de la capacité d'adaptation aux nouvelles technologies. Celle-ci ne doit pas être confondue avec la notion de « la maturité d'une technologie » qui consiste en le degré de fiabilité du fonctionnement et d'achèvement d'un outil numérique afin de vérifier sa compliance technique avant de le présenter au marché. Elle peut être également définie comme la combinaison de « la capacité technologique » (il s'agit d'une maturité « matérielle ») et « la culture numérique et la capacité d'usage des technologies » (il s'agit d'une maturité « intellectuelle »). La Commission européenne pour l'efficacité de la justice du Conseil de l'Europe la définit comme « *la capacité des pays à investir de manière efficace dans leurs systèmes d'information* » [1].

La mise en œuvre de la justice augmentée aux États-Unis et dans l'Union européenne est particulièrement confrontée à une faiblesse de la capacité matérielle des juridictions. Celle-ci a produit une position défensive envers cette technologie[2] et un manque de volonté pour recourir aux technologies de l'intelligence artificielle dans les milieux judiciaires. Par exemple, en France, Monsieur Jacques TOUBON, ancien Garde des Sceaux, s'est opposé, à « la dématérialisation des processus administratifs et judiciaires » ainsi qu'au « recours aux algorithmes dans les juridictions »[3]. Ainsi, en janvier 2017,

---

[1] Conseil de l'Europe, *Systèmes judiciaires européens Efficacité et qualité de la justice*, étude de la CEPEJ n°24, p. 7 et p. 56.

[2] T. COUSTET, « La réalité derrière le fantasme de la justice robot », *Dalloz actualité*, 15 avril 2019, disponible sur https://www.dalloz-actualite.fr/flash/realite-derriere-fantasme-de-justice-robot#.YG3AW-Y69-U (consulté le 7 avril 2021).

[3] C. TRAN, « Jacques Toubon : La numérisation peut créer une inégalité d'accès au service public », *Les Échos*, 22 août 2019 (modifiée le 22 août 2019), disponible sur https://www.lesechos.fr/politique-societe/societe/jacques-toubon-la-numerisation-cree-une-inegalite-dacces-au-service-public-1125684 (consulté le 1 juin 2020) ; M. ENAULT, S. JOAHNY, « Jacques Toubon : "Les algorithmes ne sont pas neutres" », *Le Journal du Dimanche*, 30 mai

Madame Chantal ARENS, ancienne première Présidente de la Cour d'appel de Paris a précisé, qu'en appliquant les techniques algorithmiques « l'acte de juger devient instable »[1], en ajoutant que la justice augmentée présente un « risque pour la liberté, risque de pression sur les magistrats, risque de décontextualisation des décisions, risque d'uniformisation des pratiques… »[2].

Ces deux faiblesses coexistent et s'aggravent perpétuellement. Selon une enquête, réalisée le 17 juillet 2019, par le secrétariat général du Conseil de l'Union européenne, intitulé *Survey on the use of IT tools by courts in Member States*[3], la capacité matérielle et intellectuelle d'usage des outils numériques (y compris les outils dotés de l'IA) dans les juridictions européennes est particulièrement faible. En outre, aux États-Unis, le recours aux technologies de l'IA se limite actuellement au logiciel COMPAS, les moteurs de recherches classiques (comme LexisNexis et Westlaw) et les outils dédiés à E-discovery (comme les logiciels Catalyst, Everlaw et OpenText)[4].

L'efficacité de la justice augmentée dépend hautement de la capacité technologique du système judiciaire. Celle-ci se caractérise par « l'ouverture générale des systèmes judiciaires aux nouveaux changements » et « la capacité d'adaptation et d'usage de cette technologie » ainsi que « l'accès des juridictions aux outils de l'intelligence artificielle ». C'est particulièrement la première caractéristique qui constitue la base des deuxième et troisième caractéristiques. Nous constatons que la suprématie des États-Unis en matière de l'intelligence artificielle n'est pas seulement le fruit de l'épanouissement intellectuel et technologique de Silicon Valley[5] ou des investissements massifs dans le développement de cette technologie dans le secteur de la défense mais la maturité technologique de la société américaine. Il ne faut pas sous-estimer l'importance de la puissance d'équipement matériel.

En raison de la compétition qu'elle a créée sur le plan international, la quatrième révolution industrielle ressemble à une véritable bataille. Donc une entité qui entre dans cette compétition mais qui ne possède pas un matériel suffisamment développé ressemble à un soldat entrant dans un champ de

---

2020 (modifié le 31 mai 2020), disponible sur https://www.lejdd.fr/Societe/jacques-toubon-les-algorithmes-ne-sont-pas-neutres-3971817 (consulté le 31 mai 2020).

[1] J. BRAFMAN, « Justice prédictive, l'augure des procédures », *Libération*, 23 février 2017, disponible sur https://www.liberation.fr/france/2017/02/23/justice-predictive-l-augure-des-procedures_1550628/ - consulté le 9 septembre 2021).

[2] *Ibidem.*

[3] Secrétariat général du Conseil de l'Union européenne, *Survey on the use of IT tools by courts in Member States*, 17 juillet 2019, disponible sur https://data.consilium.europa.eu/doc/document/ST-10836-2019-REV-1/en/pdf (consulté le 14 avril 2021).

[4] *Ibidem.*

[5] Cf. Assemblée nationale (Fr), *Donner un sens à l'intelligence artificielle : pour une stratégie nationale et européenne*, mission parlementaire, Rapport de Cédric VILLANI, 28 mars 2018, p.10.

bataille sans arme. Dans cette comparaison, une maturité technologique élevée peut être comparée à l'art et à la maîtrise d'usage de l'arme.

C'est en effet une maturité socio-économique élevée qui peut faire d'une baie un Silicon valley et c'est une immaturité qui peut faire de Silicon valley un désert. La maturité technologique se définit, tout d'abord, comme la capacité de profiter des risques pour créer des nouveaux avantages au lieu d'échapper désespérément à toute forme de risque. Afin de pouvoir comprendre le rôle de la maturité technologique des juridictions dans la mise en œuvre de la justice augmentée (la maturité technologique d'un système judiciaire dépend de celle de ses composants qu'ils s'agissent des institutions et des acteurs de la justice), il convient de s'interroger à nouveau sur la différence entre la notion de « justice prédictive » (ou « la justice automatisée » lorsqu'il s'agit des systèmes plus avancés de l'intelligence artificielle) et de « justice augmentée ».

Un simple usage des outils de la prise de décision automatisée au sein des juridictions relève de « la justice automatisée » alors que la seconde notion consiste en l'usage massif des divers outils de l'intelligence artificielle, par l'ensemble ou une grande partie des acteurs de la justice.

La coexistence des diverses techniques de l'intelligence artificielle permet la mise en place d'un système judiciaire dit « augmenté ». C'est donc l'implication de l'ensemble des acteurs des systèmes judiciaires qui peut réaliser « une maturité technologique collective » dans les environnements judiciaires. La réalisation d'une telle maturité semble être de plus en plus réalisable dans une matière spécifique du droit (e.g. la justice pénale) ou dans une dimension géographique spécifique (e.g. au niveau national). L'élaboration de cette maturité dans des échelles plus larges comme au niveau de l'Union européenne et du Conseil de l'Europe[1] ou au niveau fédéral aux États-Unis, semble être particulièrement difficile, notamment à cause du décalage de la maturité technologique de ses composants.

La mise en place de la justice augmentée aboutit nécessairement à une mutation institutionnelle des systèmes judiciaires et des fonctions juridiques. Cette mutation ne se fait pas par un simple recours à l'automatisation de réalisation des tâches juridiques ou à une simple installation des systèmes intelligents dans les juridictions. Cela peut se réaliser par la mise en place des diverses techniques dans les différents composants du système judiciaire. Par conséquent, la justice augmentée ne peut pas être établie par une « révolution » mais par une « mutation progressive » de ce système. Il faut donc garder à l'esprit qu'il n'existe aucune technique algorithmique générique, applicable pour réaliser l'ensemble des tâches juridiques (par

---

[1] Les informations relatives à l'implémentation des outils de l'intelligence artificielle dans les organes judiciaires des États membres du Conseil de l'Europe s'actualisent et restent disponibles sur https://www.coe.int/en/web/cepej/practical-examples-of-ai-implemented-in-other-countries (consulté le 19 avril 2021).

exemple, une méthode algorithmique générique ne peut pas être utilisée pour l'analyse des affaires en matière pénale et en matière civile). Par conséquent, la difficulté principale pour la mise en place de la justice augmentée se caractérise par la pluralité des techniques sous-jacentes de l'intelligence artificielle et la multiplicité d'implication de ces techniques dans les juridictions et dans les cabinets d'avocats[1]. La coexistence de ces techniques peut également créer une complexité extrême et, de ce fait, un handicap dans la compréhension et le fonctionnement de la justice augmentée.

Sur le plan pratique, chaque sous-technique de l'intelligence artificielle a une utilité spécifique avec ses propres spécificités et produit des effets différents. C'est en les alliant qu'on peut concevoir un système algorithmique, compatible avec les caractéristiques de chaque tâche. La création de l'intelligence artificielle et la compréhension de sa fonctionnalité sont donc extrêmement difficiles et délicates, en considérant que, même dans l'univers de la science de l'informatique, chaque spécialiste de l'intelligence artificielle est plus particulièrement expert dans le développement d'un sous-domaine spécifique de cette technologie.

Sur le plan juridique, la pluralité de ces techniques pose principalement deux difficultés. La première difficulté se présente dans « la régulation juridique de l'intelligence artificielle » puisqu'il serait extrêmement compliqué de créer des cadres juridiques spécifiques pour l'usage de chaque sous-technique de l'intelligence artificielle. Par ailleurs, en raison des effets différents qu'elles produisent, et compte tenu de l'avancée rapide et de l'évolution perpétuelle de cette technologie et parfois de la création de nouvelles méthodes algorithmiques, un cadre juridique général ne présenterait pas un grand intérêt.

La seconde difficulté se manifeste dans les processus de mise en œuvre de la justice augmentée. Même si la fonctionnalité des outils d'assistance (tels les logiciels de la documentation et de la recherche juridique) semble être déjà connue par la majorité des acteurs de la justice et le marché de legaltech, la création et la compréhension de la fonctionnalité des outils d'aide à la décision (tels ceux qui sont utilisés pour la production des textes, l'analyse des jurisprudences et l'exploitation de *ratio*) sont extrêmement difficiles, puisqu'ils se constituent de nombreuses techniques algorithmiques différentes. Ainsi, nous pouvons considérer qu'il est facile de créer un algorithme[2] mais il est difficile d'allier et de comprendre la fonctionnalité de plusieurs techniques algorithmiques pour concevoir une méthode algorithmique unique, fiable et adaptée.

---

[1] Cf. N.A. SMUHA, « From a 'race to AI' to a 'race to AI regulation': regulatory competition for artificial intelligence », *Law, Innovation and Technology*, vol. 13, n° 1, 2021, p.9, disponible sur https://doi.org/10.1080/17579961.2021.1898300 (consulté le 27 juin 2021).

[2] S. ABITEBOUL, F. G'SELL, *Les algorithmes pourraient-ils remplacer les juges ?* In : *Le Big Data et le droit*, Dalloz, 2019, Thèmes et Commentaire, p.13.

Cette difficulté peut être plus problématique en cas d'émergence d'un nouveau besoin, car dans ce cas, un nouveau logiciel pertinent devrait être rapidement créé afin d'y répondre. En conclusion, la maturité technologique se caractérise principalement par la capacité d'évolution rapide des composants du système.

Compte tenu de la grande diversité d'application de l'intelligence artificielle dans un système judiciaire augmenté, ceci implique une vaste gamme des sous-techniques de cette technologie[1]. Elles peuvent être de toute sorte, allant des techniques très simples de l'apprentissage automatique comme les méthodes de « régression et de classification » servant à la recherche juridique, à des techniques plus avancées comme « les architectures de réseaux neuronaux » pouvant être utilisées dans l'analyse des arguments et des techniques encore plus avancées de l'apprentissage profond pouvant servir au déroulement automatisé des audiences, à la vérification automatisée des éléments de preuves et à la modélisation du raisonnement des magistrats. Parmi toutes ces sous-techniques de l'intelligence artificielle, trois sont plus susceptibles d'être utilisées dans les procès relevant de la justice augmentée. La première est le traitement automatique du langage naturel qui peut être utilisé pour l'apprentissage algorithmique et l'analyse des jurisprudences[2].

L'efficacité de cette technique dans l'analyse des jurisprudences des juridictions nationales de certains États européens (tels que la France et l'Allemagne) a été prouvée en 2018 par une étude réalisée par les chercheurs chinois[3]. Cette technique s'effectue via les méthodes du « sac des mots » et de « l'étiquetage des mots » qui consistent en la détection et le recensement des n-grammes similaires qui ont été employés fréquemment dans les jurisprudences précédentes qui portaient sur les faits similaires.

Celle-ci pourrait être complétée par les techniques du réseau de neurones récurrents pour procéder à la lecture automatisée des textes et la technique des réseaux de neurones convolutifs pour effectuer la prise de note automatisée.

---

[1] B. Dupont, Y. Stevens, H. Westermann, M. Joyce, *Artificial Intelligence in the Context of Crime and Criminal Justice*, *op. cit.*

[2] N. Aletras, D. Tsarapatsanis, D. Preotjuc-Pietro, V. Lampos, « Predicting judicial decisions of the European Court of Human Rights: a Natural Language Processing perspective », *PeerJ Computer Science,* 2:e93, 2016, disponible sur https://doi.org/10.7717/peerj-cs.93. ; B. Strickson, B. De La Iglesia, « Legal Judgement Prediction for UK Courts », *ICISS 2020. Proceedings of the 2020 The 3rd International Conference on Information Science and System*, mars 2020, p. 204, disponible sur https://doi.org/10.1145/3388176.3388183 (consulté le 23 juin 2021). ; M.B. Virtucio, J.A. Aborot, J.K. Abonita, R.S. Aviñante, R.J. Copino, M.P. Neverida, V.O. Osiana, E.C. Peramo, J.G. Syjuco, G.B. Tan, « Predicting Decisions of the Philippine Supreme Court Using Natural Language Processing and Machine Learning », *2018 IEEE 42nd Annual Computer Software and Applications Conference (COMPSAC)*, Tokyo, juillet 2018, pp. 130-135, p. 130.

[3] H. Zhong, A. Guo, C. Tu, Ch. Xiao, Zh. Liu, M. Sun, « Legal Judgment Prediction via Topological Learning », *Journal de la Conférence sur les méthodes empiriques dans le traitement du langage naturel*, Bruxelles, 31 octobre - 4 novembre 2018, pp. 3540–3549, disponible sur https://www.aclweb.org/anthology/D18-1390.pdf (consulté le 23 juin 2021).

La deuxième est la génération automatique de texte (en anglais : *Natural language generation*) qui sert à la production automatisée des nouvelles décisions judiciaires. Contrairement aux techniques du traitement automatique du langage naturel qui sont censées d'exploiter le sens de phrase à partir d'analyses des mots. Celle-ci est censée de transformer un sens, qui a été déjà exploité par les autres techniques algorithmiques, en les mots et les phrases.

Elle pourrait être notamment appliquée pour la rédaction automatisée des textes des plaidoiries et la prise de notes automatisées lors des audiences[1]. Les autres techniques de l'apprentissage profond peuvent être également utilisées pour modéliser les opinions des acteurs de la justice. Par exemple, les techniques qui se basent sur l'imitation des neurones du cerveau humain, comme les réseaux de neurones profonds et les réseaux neuronaux convolutifs peuvent être également utilisées dans l'analyse des arguments juridiques et la modélisation automatisée du raisonnement judiciaire[2]. Par ailleurs, la technique de machine à vecteurs de support (en anglais : *Support vector machines*)[3] peut être utilisée au cours du cycle du fonctionnement de chacune d'entre elles, afin de vérifier le respect au principe de non-discrimination[4].

Cette thétique pourrait être particulièrement appliquée après chaque analyse algorithmique afin de détecter et d'éliminer des éventuels biais discriminatoires. Celle-ci est susceptible d'être efficace dans le cas des analyses automatisées des profils des justiciables et des magistrats. De plus, les réseaux adverses génératifs (en anglais : *Generative adversarial networks*) permettant de générer automatiquement des images et des espaces virtuels, peuvent servir pour créer l'environnement « virtuel » du procès. Cette technique de l'intelligence artificielle, initialement présentée en 2014 par la société Goodfellow et al. a été utilisée dans la réalisation de la première œuvre d'art créée par la machine, à savoir le portrait d'Edmond de Belamy[5].

---

[1] Cf. L. DANLOS, « Génération automatique de textes en langue naturelle », *Annales Des Télécommunications*, vol. 44, 1989, pp. 94-100. ; Cf. W-W. COHEN, Y. SINGE, « Context-sensitive learning methods for text categorization », *ACM Transactions on Information Systems*, vol. 17, n° 2, avril 1999, pp. 141–173.

[2] E. KAYACAN, M. AHMADIEH KHANESAR, *Fuzzy Neural Networks for Real Time Control Applications: Concepts, Modeling and Algorithms for Fast Learning*,Butterworth-Heinemann, 1re éd., 2015, 263 p.

[3] D.M. KATZ, M.J. BOMMARITO II, J. BLACKMAN. « A general approach for predicting the behavior of the Supreme Court of the United States ». *PLoS One*. 2017;12(4):e0174698, 12 avril 2017, disponible sur https://doi.org/10.1371/journal.pone.0174698 (consulté le 13 février 2022).

[4] Cf. M. LIPPI, P. TORRONI, « Argumentation Mining : State of the Art and Emerging Trends », *TOIT, vol. 16, n° 2,* 2016, article n° 10, p. 10, disponible sur https://doi.org/10.1145/2850417 (consulté le 13 février 2022).

[5] Cf. Christie's, « Is artificial intelligence set to become art's next medium? », 12 décembre 2018, disponible sur https://www.christies.com/features/A-collaboration-between-two-artists-one-human-one-a-machine-9332-1.aspx (consulté le 7 septembre 2021).

Lorsque le processus de la prise de décision automatisée est conduit sous la supervision des magistrats identifiés, il serait possible, grâce à cette technique, d'auto-générer le visage des juges[1] (ou même les membres du greffe impliqués dans le procès). Cela semble être particulièrement utile dans l'hypothèse où ce processus se base sur la technique de modélisation automatisée des opinions « individuelles ». Cela peut permettre de créer un espace virtuel avec un grand degré de précision. Les casques de réalité virtuelle fournissent également la possibilité de donner aux justiciables (et même aux juges et aux membres du greffe) l'impression d'une présence réelle dans un procès[2].

La complexité de la coexistence des systèmes dits « intelligents » dans un environnement juridique et judiciaire augmenté se caractérise par l'hyper-interconnexion entre ces systèmes. Celle-ci produit plusieurs chaines du traitement et de la production automatisée en parallèle. Par exemple, dans les cabinets d'avocats, le cycle d'élaboration automatisée de requête s'effectuerait via plusieurs techniques de nature différente, à travers plusieurs phases pour réaliser des tâches comme « la recherche juridique » et « l'analyse automatisée des faits et des circonstances » (cette tâche peut être réalisée par les techniques du traitement automatique du langage) ainsi que « la consultation automatisée » (au cours de ce cycle, une consultation juridique peut être également présentée grâce aux chatbots connectés aux systèmes de l'IA génératrice).

Ces outils pourraient être également utilisés pour demander les justiciables de fournir les éléments complémentaires qui soient nécessaires pour le traitement automatisé de l'affaire) et « la production automatisée des plaidoiries ». À la suite de l'analyse des faits et des circonstances, des lois applicables et des jurisprudences par la technique du TALN, la requête pourrait être réalisée par la technique de la génération automatique de texte). Il s'agit donc d'un cycle à part entière qui serait suivi par un autre cycle du traitement automatisé au sein des juridictions où l'intelligence artificielle

---

[1] Oracle, *Qu'est-ce qu'un deepfake et quels en sont les risques ?*, disponible sur https://www.oracle.com/fr/security/definition-deepfake-risques.html (consulté le 13 février 2022). ; M. FEENEY, « Deepfake Laws Risk Creating More Problems Than They Solve », *Regularity Transparency Project*, 1 mars 2021, disponible sur https://regproject.org/paper/deepfake-laws-risk-creating-more-problems-than-they-solve/ (consulté le 13 février 2022). ; Service de recherche du Parlement européen (EPRS), *deepfakes in European policy, juillet 2021*, disponible sur https://www.europarl.europa.eu/RegData/etudes/STUD/2021/690039/EPRS_STU(2021)690039_EN.pdf (consulté le 13 février 2022).

[2] Cf. S. CARION, « Métavers, casques CR, contenus immersifs : la France en embuscade », *BFMTV*, 23 décembre 2021, disponible sur https://www.bfmtv.com/economie/entreprises/industries/metaverses-casques-vr-contenus-immersifs-la-france-en-embuscade_AN-202112230019.html (consulté le 13 février 2022).

vérifierait automatiquement la recevabilité des requêtes[1]. Il peut, lui-même, être poursuivi par un cycle de prise de décision automatisée et ensuite par celui de l'archivage.

Dans un système judiciaire augmenté, l'ensemble de ces cycles est perpétuellement en lien avec plusieurs cycles de la communication automatisée entre la juridiction et les parties du litige. Par exemple, par la transmission automatisée des documents, l'envoi automatique des avis de réception et les messages automatiques (notamment dans le cas le dossier envoyé à juridiction manque un document ou une information) et la communication automatisée de la décision judiciaire. Nous constatons que ces cycles seront à la fois « en parallèle » et « croisés ». En effet, ils se suivent et peuvent parfois aussi se confronter. Ainsi, la réussite dans la réalisation d'un tel environnement dépend d'une bonne harmonie dans leur fonctionnement et leur coexistence.

La gestion de la mise en conformité et de la pertinence de ces interactions pourrait être effectuée avec un contrôle algorithmique permanent, de façon centrale, par l'intelligence artificielle sous le contrôle d'un expert (humain). Ceci pourrait être également réalisé d'une façon pyramidale basée sur plusieurs systèmes séparés du contrôle afin de veiller à la réalisation automatisée de chaque tâche ainsi qu'au contrôle général du cycle du fonctionnement des systèmes. Ensuite, une vérification finale (automatisée ou manuelle) pourrait être réalisée sur la base des résultats des contrôles faits à chaque niveau.

Dans ces circonstances, la difficulté qui peut être rencontrée est que la mise en place d'un système général « semi-manuel-automatisé » est susceptible de perturber les chaines du traitement automatisé et, par conséquent, éliminer l'efficacité du système de la justice, car l'intervention humaine au milieu de ces processus peut déstabiliser le cycle de fonctionnalité de ces chaines. Par ailleurs, en raison de cette interconnexion, la faiblesse technologique dans un cycle peut impacter l'ensemble des chaines et des processus de la justice augmentée. Cette question serait particulièrement délicate s'il y avait à déterminer la responsabilité des acteurs de la justice en cas d'une erreur faite par l'un des microsystèmes intelligents du système judiciaire augmenté. La complexité de la coexistence de ces techniques peut faire également un obstacle au traçage de la source de la production d'erreur.

La maturité technologique de chaque pays dépend hautement de ses caractéristiques économiques, sociales et culturels ainsi que sa structure

---

[1] Cf. Conseil de l'Europe, *la Charte éthique européenne d'utilisation de l'intelligence artificielle dans les systèmes judiciaires et leur environnement*, *op. cit.*, p. 41. ; Au Mexique, ce système est appliqué dans le cadre des procédures simplifiées devant les juridictions administratives.

politique, judiciaire et administrative[1]. Il apparaît donc possible de favoriser et d'augmenter le niveau de la maturité technologique d'un seul pays ou d'un ensemble des pays. Toutefois, la réalisation harmonisée d'une maturité technologique élevée dans un grand groupe d'États semble être très ambitieuse et difficilement réalisable, voire inimaginable. C'est la raison pour laquelle aux États-Unis et dans l'Union qui regroupent plusieurs États avec des niveaux différents de maturité technologique, il serait extrêmement difficile de dessiner une stratégie globale pour mettre en place la justice augmentée alors que la réalisation d'une telle stratégie est une étape essentielle pour la mise en place et la régulation juridique de la justice augmentée dans ces dimensions géographiques.

Au sein de l'Union européenne, le décalage de la maturité technologique entre les États membres est de plus en plus marquant. Pourtant, une coopération interétatique[2] (sous la coordination des organes européens) est susceptible de l'éliminer. Aux États-Unis, ce décalage, en étant radical et net, est surtout observé entre les deux grandes catégories géographiques des États fédérés.

La première catégorie englobe des États côtiers (notamment la Californie, l'État de New-York, la Pennsylvanie, la Floride, l'État du Washington, le Massachusettes et le district de Columbia) qui actuellement hébergent une partie considérable des activités liées à la production et le commerce des outils de l'intelligence artificielle.

La seconde catégorie englobe principalement des États du centre du pays où les activités professionnelles sont plutôt basées sur les industries traditionnelles. Ceci peut être éliminé par une décentralisation géographique des activités industrielles du numérique dans les différents États fédérés des États-Unis. Il s'agit d'un mouvement qui est déjà en cours depuis l'année 2019.

La maturité technologique n'est pas seulement l'accès à la technologie mais aussi à l'habitude et la culture de son usage. Afin de pouvoir mettre en place un environnement judiciaire augmenté, l'Union européenne devrait renforcer la maturité technologique de ses 27 États membres. Cet objectif peut être atteint par l'établissement de projets communs au niveau de l'Union.

Les premières tentatives pour arriver à cet objectif ont eu lieu en 2009, par le lancement de premier plan d'action du Conseil de l'Union européenne (le Conseil de l'Union européenne étant le principal acteur de coordination des

[1] Cf. R. WANG, « Legal technology in contemporary USA and China », *Computer Law & Security Review*, vol. 39, novembre 2020, art. n° 105459, disponible sur https://doi.org/10.1016/j.clsr.2020.105459 (consulté le 13 février 2022).

[2] Cf. La déclaration commune franco-finlandaise pour la coopération en matière d'IA, 30 août 2018, disponible sur https://www.diplomatie.gouv.fr/IMG/pdf/ai_statement_29082018_version_fr_cle0125cd.pdf (consulté le 15 avril 2021). ; Commission européenne, *Livre blanc, Intelligence artificielle, une approche européenne axée sur l'excellence et la confiance*, *op. cit.*, p. 3.

échanges interétatiques sur la cyberjustice et l'automatisation des systèmes judiciaires) sur la justice en ligne, qui a eu pour but de faciliter et de renforcer les échanges des données judiciaires entre les États membres (et les citoyens) ainsi que le transfert des informations concernant les technologies de legaltech (il s'agit en quelque sorte d'un transfert de la connaissance et de la technologie). Même si ce projet ne vise directement pas l'installation des outils de l'intelligence artificielle dans les juridictions des États membres, il a, pour certains d'entre eux, des effets considérables sur l'augmentation de la maturité technologique. Par ailleurs, l'enrichissement des bases des données judiciaires grâce à ces échanges peut être aussi un élément favorisant la qualité de fonctionnement de l'intelligence artificielle.

Le premier point sur l'usage des moyens numériques de la communication dans ces juridictions a été fait par le Conseil de l'Union européenne en juin 2019. Les deux rapports issus de cette enquête (publiés le 17 juillet 2019[1] et le 10 septembre 2019[2]) sont révélateurs d'un immense décalage de la maturité technologique des États membres. Par exemple, en 2019, Chypre n'avait jamais utilisé les outils numériques de la communication dans ses juridictions alors qu'à la même période, l'Estonie[3] était le premier pays européen à assurer 100% des services publics à l'aide d'outils numériques et des logiciels dotés de l'intelligence artificielle.

À ce titre, il est devenu non seulement un modèle pour les autres États membres de l'Union européenne, mais aussi un exemple pour le monde entier. Ce décalage constitue un obstacle pour la mise en œuvre d'une justice augmentée « européenne » au niveau des États membres ainsi qu'au niveau de la Cour de justice de l'Union européenne.

Avec des milliers de startups enregistrées dans des répertoires importants[4], l'Europe et les États-Unis sont parmi les principaux géants de l'intelligence artificielle et surtout deux centres de legaltech du monde. Aux États-Unis, beaucoup des activités de ces startups sont focalisées dans certains États spécifiques qui hébergent les principaux centres de recherche spécialisés en justice algorithmique. Il s'agit, plus précisément, de l'État de Californie où de nombreux acteurs de legaltech sont soutenus par le centre Codex (le nom complet du centre en anglais : *Stanford Center for Legal Informatics*) ainsi

---

[1] Conseil de l'Union européenne, la communication du Secrétariat général du Conseil au plan d'action sur e-justice, *enquête sur l'utilisation des outils informatiques par les juridictions des États membres - résultats*, 17 juillet 2019, n° 10836/1/19.

[2] Conseil de l'Union européenne, la communication du Secrétariat général du Conseil au plan d'action sur e-justice, *enquête sur l'utilisation des outils informatiques par les juridictions des États membres - analyses*, 10 septembre 2019, n° 10836/1/19.

[3] Cf. V. LEMBER, R. KATTEL, P. TÕNURIST, « La capacité technologique dans le secteur public : le cas de l'Estonie », *Revue Internationale des Sciences Administratives*, 2018, vol. 84, n° 2, pp. 221-239.

[4] G. MIRANDA, « How Legaltech Startups are Revolutionizing the Legal Services Industry », Lawahead.ie.edu, disponible sur https://lawahead.ie.edu/how-legaltech-is-revolutionizing-the-legal-services-industry/ (consulté le 7 avril 2019).

que l'État du Massachusetts qui regroupe une partie des startapeurs de legaltech dans le centre Berkman Klein de l'Université d'Harvard. Ainsi, les principales activités de recherche et des investissements de fondation nationale pour la science (en anglais : *National Science Foundation*) en matière de l'intelligence artificielle sont plus sceptiquement focalisées dans sept États fédérés (plus précisément les États de la Californie, du Massachusetts, de Washington, du Texas, du Colorado, d'Illinois, du Maryland)[1].

Même si, à plusieurs reprises, l'association des barreaux des États-Unis, encourageait toutes les juridictions à utiliser les outils de l'intelligence artificielle (notamment en matière pénale)[2] et que le recours à ces techniques est légalement autorisé au niveau fédéral, il apparaît que ce sont les acteurs de legaltech qui jouent le rôle principal dans la généralisation de l'usage de l'intelligence artificielle dans les environnements judiciaires et dans l'augmentation de la maturité technologique des sociétés et des administrations.

La focalisation de la richesse de l'industrie du numérique dans certains États fédérés (comme la Californie, Washington, New York et Massachusetts) a abouti à un renforcement considérable de leur maturité technologique[3]. En 2020, l'une des plateformes américaines les plus célèbres de recrutements, ZipRecruiter, a affirmé, que 90% des offres d'emploi liées à l'intelligence artificielle (aux États-Unis) sont oubliées dans ces quatre États[4].

Les enquêtes annuelles du centre national pour le gouvernement numérique (en anglais : *National Center for Digital Government*) sur les évolutions numériques dans les États fédérés sont le témoin d'un immense décalage de cette maturité entre les différents États fédérés des États-Unis[5].

La mise en place des techniques classiques de la justice augmentée dans les juridictions fédérales (notamment les cours d'appel fédérales des États-Unis) pourrait être plus facilement réalisable puisqu'elles sont soumises à un

---

1 National Science Foundation, *Artificial Intelligence at NSF*, disponible sur https://www.nsf.gov/cise/ai.jsp (consulté le 3 juillet 2021).

2 D. KEHL, P. GUO, S. KESSLER, *Algorithms in the Criminal Justice System: Assessing the Use of Risk Assessments in Sentencing*, Responsive Communities Initiative, Berkman Klein Center for Internet & Society, Harvard Law School, 2017, p. 14.

3 M. ORLANDO, M. VERBA, « Do Only Big Cities Innovate? Technological Maturity and the Location of Innovation », *Econometric Reviews*, vol. 90, 2005, pp. 31-57 (notamment, v. pp. 37-39). ; Cf. R. GURUMURTHY, D. SCHATSKY, J. CAMHI, « Uncovering the connection between digital maturity and financial performance », Deloitte Insights, 26 mai 2020, disponible sur https://www2.deloitte.com/us/en/insights/topics/digital-transformation/digital-transformation-survey.html (consulté le 8 avril 2021).

4 J. KAHN, « Where A.I. jobs are exploding in number (it's not in Silicon Valley) », fortune.com, 10 mars 2020, disponible sur https://fortune.com/2020/03/10/where-a-i-jobs-are-exploding-in-number-its-not-in-silicon-valley/ (consulté le 8 avril 2021).

5 Les résultats de l'enquête de l'année 2020 sont disponibles sur https://www.govtech.com/cdg/digital-states/Digital-States-Survey-2020-Results-Announced.html (consulté le 8 avril 2021)

même système de fonctionnement et à des règles procédurales très similaires. Cependant, il serait particulièrement difficile de pratiquer les mêmes méthodes dans les juridictions locales (municipales), notamment en matière pénale, puisqu'elles bénéficient d'une certaine autonomie dans le déroulement des procès[1,2], et se basent sur les structures différentes puisqu'elles sont « créées, financées et contrôlées par les municipalités locales »[3].

Les cours municipales sont installées dans 30 États fédérés des États-Unis. Étant considérée comme les juridictions ayant une compétence « limitée »[4], elles sont sous l'autorité des mairies, et parfois des départements des polices municipales (et non les départements de justice des États). Les exigences de l'exercice de la fonction de magistrat de ces juridictions peuvent être différentes dans chaque municipalité puisque ces dernières sont définies par les mairies et les conseils municipaux. À titre d'exemple, il n'est pas toujours nécessaire d'être juriste pour exercer cette fonction dans certains États comme Ohio[5].

Ces juridictions ne sont pas directement créées par la Constitution des États-Unis mais par les législateurs des États fédérés. Par exemple, la compétence des juridictions municipales de l'État du Kansas est attribuée par la section 12-4104 des Codes (en anglais : *Statutes*) de la législature de cet État. En outre, dans les États d'Arizona et de la Dakota du Sud, cette compétence est respectivement reconnue par la section 22-402 et 22-421 (Arizona) ainsi que le chapitre 12A de titre 16 (Dakota du Sud) des Codes de ces États. Sur le plan théorique, leur statut dans la hiérarchie administrative des municipalités ressemble à celui des polices municipales.

C'est la raison pour laquelle leur fonctionnement n'est pas soumis aux règles procédurales applicables dans les autres juridictions fédérées et les juridictions fédérales[6]. Autrement dit, dans certains comtés, les règles procédurales, l'élection (et non la nomination) ainsi que le raisonnement des magistrats sont soumis à un système de la démocratie locale.

L'application d'une telle démocratie directe dans les comtés ne possédant pas une maturité technologique élevée est susceptible de bloquer, légitimement, la mise en place de la justice augmentée. Il pourrait y avoir

---

1 A. NATAPOFF, « Criminal Municipal Courts », *Harvard Law Review*, 11 janvier 2021, disponible sur https://harvardlawreview.org/2021/01/criminal-municipal-courts/ (consulté le 8 avril 2021).

2 Cf. A. NATAPOFF, *Punishment Without Crime: How Our Massive Misdemeanor System Traps the Innocent and Makes America More Unequal*, Basic Books, 352 p.

3 A. NATAPOFF, « Criminal Municipal Courts », *Harvard Law Review*, 11 janvier 2021, disponible sur https://harvardlawreview.org/2021/01/criminal-municipal-courts/ (consulté le 14 avril 2021).

4 Cornell University Law School, *limited jurisdiction*, disponible sur https://www.law.cornell.edu/wex/limited_jurisdiction - consulté le 11 juillet 2021).

5 V. le chapitre 12A de titre 16 et chapitre 1905 des Codes de l'État d'Ohio.

6 Les informations complémentaires sur les cours municipales pénales sont disponibles sur https://municipalcourts.org/data/ (consulté le 8 avril 2021).

également, au niveau fédéral, des conséquences négatives sur la justice augmentée puisque ces juridictions ne participeront plus aux réseaux interétatiques des environnements judiciaires augmentés, en considérant que la participation de chacune d'entre elles serait une sorte de contribution à la richesse de la base des données judiciaires des autres États et le renforcement de la qualité des analyses algorithmiques dans les autres juridictions.

Depuis 2018, à la suite de l'adoption des nouvelles lois fédérées protégeant les données personnelles en Californie[1], à New York[2] et dans d'autres États fédérés[3], un certain nombre des grandes entreprises américains du numérique ont décidé de transférer leurs sièges et une grande partie de leurs activités dans les États du centre, où les lois de la protection des données personnelles ne sont pas encore adoptées.

Ce déplacement a un objectif purement stratégique et économique[4] qui peut aboutir à un renforcement de la maturité technologique de ces États[5] et, par conséquent, y faciliter la mise en place des environnements judiciaires augmentés. Ces mouvements se déroulent en parallèle de certaines initiatives gouvernementales des États fédérés, notamment le Texas qui a une bonne préférence en matière de l'intelligence artificielle[6]. En novembre 2019, le gouvernement de cet État a publié son plan pour la gestion des ressources informatiques pour la période de 2020-2024[7]. L'intelligence artificielle constitue l'un des principaux piliers de ce dernier. C'est en suivant ce plan

---

[1] Notamment le *California Consumer Privacy Act.* ; Cf. J. KANG, « A New California Bill Would Require Better Passwords for Internet of Things Devices », SLATE, 21 septembre 2018, disponible sur https://slate.com/technology/2018/09/californias-internet-of-things-security-bill.html (consulté le 30 mars 2020).

[2] Notamment le *New York Privacy Act*, le *Stop Hacks and Improve Electronic Data Security Act* et le *Senate Bill S567 (SB 567).*

[3] Les informations complémentaires sur l'ensemble des lois fédérées sur la protection des données personnelles sont disponibles sur https://www.ncsl.org/research/telecommunications-and-information-technology/state-laws-related-to-internet-privacy.aspx (consulté le 8 avril 2021). ; Cf. *Act To Protect the Privacy of Online Customer Information* de l'État de Maine (2020) et *Act Relating to Internet Privacy* de l'État de Nevada (2021).

[4] Cf. N. SMITH, « Texas Is the Future - If Only It Doesn't Become California », Bloomberg Opinion, 10 mars 2021, disponible sur https://www.bloomberg.com/opinion/articles/2021-03-10/texas-is-the-future-if-only-it-doesn-t-become-california (consulté le 9 avril 2021).

[5] M. ORLANDO, M. VERBA, « Do Only Big Cities Innovate? Technological Maturity and the Location of Innovation », *op. cit.*, pp. 31-57.

[6] Cf. K. CANALES, « Austin has attracted the likes of Oracle, Palantir, and SpaceX, among others. Here's what it's like inside Texas's growing tech hub. », Insider, 23 janvier 2021, disponible sur https://www.businessinsider.com/austin-texas-silicon-hills-tech-capital-city-photos-2019-2?IR=T (consulté le 9 avril 2021).

[7] Gouvernement de l'État du Texas, *State Strategic Plan for Information Resources Management 2020-2024*, Texas Department of Information Resources, novembre 2019, p.3 et p.14, disponible sur https://pubext.dir.texas.gov/portal/internal/resources/DocumentLibrary/2020-2024%20State%20Strategic%20Plan%20for%20Information%20Resources%20Management.pdf (consulté le 8 avril 2021).

qu'en 2020, le gouvernement fédéré a lancé un grand centre d'excellence sur l'intelligence artificielle[1].

La volonté d'évolution et du progrès constitue la base d'élaboration de la maturité technologique des États. La volonté de la mise en place de la justice augmentée est à la fois motivée par les intérêts économiques et, affaiblie par un manque de confiance envers l'intelligence artificielle, particulièrement aggravé par la méconnaissance de cette technologie.

La méfiance générale envers la justice augmentée se caractérise par une méfiance populaire vis-à-vis de « la fiabilité de la fonctionnalité des techniques de l'intelligence artificielle », et des « concepteurs des outils de l'intelligence artificielle » ainsi qu'une méfiance institutionnelle motivée par les préoccupations politiques et économiques.

L'image de l'intelligence artificielle dans la culture populaire[2] est plus élaborée par la science-fiction[3] que la science pure. Depuis des siècles, de nombreux films et livres l'introduisent comme un instrument « déshumanisant » qui se détache de la volonté humaine et qui est parfois antagoniste à l'intérêt humain.

Par le biais d'une influence populaire (et démocratique) cette image est passée des livres de science-fiction aux livres juridiques et à un certain nombre de sources législatives européennes. C'est ainsi que dans sa première résolution sur la responsabilité civile des robots[4], le Parlement européen a employé les termes comme « Frankenstein » (cette comparaison n'est pas loin d'une situation où les outils de l'IA sont mis en place dans un environnement judiciaire qui ne dispose pas une maturité technologique suffisante), « le golem de Prague » et « le robot de Karel »[5] pour décrire les « machines intelligentes ». En France, ces termes étaient ainsi repris par le Sénat et l'Assemblée nationale dans leur premier rapport sur cette technologie[6].

D'autres comme le Professeur Christophe CARON la compare aux « Dr. Jekyll & Mr. Hyde » pour décrire les deux facettes extrêmement avantageuse

---

[1] Government technology, « New Center of Excellence to Infuse AI into Texas Government », govtech.com, 4 décembre 2020, disponible sur https://www.govtech.com/computing/New-Center-of-Excellence-to-Infuse-AI-into-Texas-Government.html (consulté le 9 avril 2021).

[2] Cf. C. O'NEIL, *Weapons of Math Destruction: How Big Data Increases Inequality and Threatens Democracy*, *op. cit.*

[3] Cf. BBC, « Robotic age poses ethical dilemma », *op. cit.*

[4] Résolution du Parlement européen du 16 février 2017 *contenant des recommandations à la Commission concernant des règles de droit civil sur la robotique*, 2015/2103 (INL), p.1, §A.

[5] Cf. Conseil des barreaux européens, *Considérations du CCBE sur les aspects juridiques de l'intelligence artificielle*, *op. cit.*, P.7.

[6] Office parlementaire d'évaluation des choix scientifiques et technologiques du Sénat (fr) et de l'Assemblée nationale (fr), *pour une intelligence artificielle maîtrisée, utile et démystifiée,* rapports 4594 (AN) et n°464 (Sénat), 15 mars 2017, Tome I, présenté par M. Claude DE CANAY et Mme Dominique GILLOT, pp. 30-32 et p. 192.

et dangereuse de l'intelligence artificielle[1]. L'obscurité de cette image a été également aggravée par certains usages controversés des robots tueurs dans le secteur de la défense.

Le 27 aout 2018, l'ONU a lancé une série de débats sur l'usage des armes autonomes et notamment « les robots tueurs » lors de laquelle plusieurs ONG et les organisations internationales et régionales ont tenté à déterminer les caractéristiques juridiques et scientifiques des robots tueurs et les probables conflits d'usage de cette technologie avec les dispositions de « la convention sur certaines armes classiques ».

Sur le plan psychologique, la crainte globale de la mise en place des systèmes purement automatisés de prise de décision peut relever de théorie de « l'inquiétante étrangeté »[2] de Sigmund FREUD[3] et de ce que Madame Martine MENÈS qualifie comme un « phénomène angoissant, mais distinct de l'angoisse » face à un « doute qu'un être en apparence animé ne soit vivant et, inversement, qu'un objet sans vie ne soit en quelque sorte animé (figures de cire, automates) »[4]. Dans le domaine de robotique cela a fait l'objet d'une étude par le Professeur Masahiro MORI, expliquant dans sa théorie « la vallée de l'étrange », que plus les imitations comportementales des robots et des systèmes de l'intelligence artificielle sont précises, plus ils paraissent monstrueux et effrayants[5].

Cette crainte est le résultat d'une sensation d'une étrangeté (ou une artificialité) dans les comportements que les gens connaissent et considèrent comme familiers. Afin d'examiner les caractéristiques de cette crainte, on peut réaliser un test similaire à celui de TRUING où un homme a été censé de deviner, en posant de questions, si son interlocuteur est un homme ou une machine. Il est possible de préparer un avis juridique (sans intervention humaine) grâce à l'intelligence artificielle et le montrer à deux groupes distincts des magistrats en précisant à seulement chacun entre eux qu'il est conçu par une machine. Ensuite on peut évaluer leurs réactions face au même texte. Ce test peut montrer si la crainte des juristes est fondée sur « la qualité » du texte ou « un sentiment d'inquiétude » liée à l'image « étrange » de l'intelligence artificielle.

---

[1] Ch. CARON, « L'IA ou le retour de HAL », *Comm. com. Electr*, 2018, n°5, repère 1, p.1. ; The Economist, « The sunny and the dark side of AI », *economist.com*, *op. cit.* ; E. PISANELLI, « Artificial intelligence and inequality : a solution or a weapon? », *op. cit.*

[2] C'est une traduction faite en 1933 par la Princesse Marie Bonaparte depuis le terme allemand *das Unheimliche.*

[3] S. FREUD, *L'inquiétante étrangeté et autres essais*, *op. cit.* ; A. JACQUES, « De l'inquiétante étrangeté chez Freud et chez Lacan », *op. cit.*, pp. 195-210.

[4] M. MENÈS, « L'inquiétante étrangeté », *op. cit.*, p. 23.

[5] M. MORI, K. F. MACDORMAN (trad.), T. MINATO (trad.), « The uncanny valley », *Proceedings, Android science*, 2005, pp. 33-35. ; M. MORI, K. F. MACDORMAN (trad.), N. KAGEKI (trad.), « The uncanny valley », *IEEE Robotics and Automation*, vol. 19, n° 2, juin 2012, p. 98–100.

En ce qui concerne la justice augmentée, cette méfiance populaire se nourrit plus particulièrement du risque de l'intervention de nouveaux acteurs du secteur privé dans le processus de la justice qui doit, en principe, être aussi indépendant du gouvernement que les acteurs non-étatiques. Ainsi, on constate que la méfiance populaire envers la justice augmentée se caractérise à la fois par la peur d'un éventuel risque de « l'indépendance de ces systèmes de la volonté humaine » (il est notamment le cas de « singularité »)[1] ou leur « dépendance aux personnes qui n'ont pas la légitimité d'intervenir dans le procès de justice »[2].

Cette catégorie de personnes pourrait inclure les personnes physiques (e.g. les ingénieurs en charge de l'installation et du contrôle de ces logiciels) et les personnes morales (e.g. les startups de legaltech et les autres prestataires des outils de l'intelligence artificielle). Les créateurs de l'IA jouent un rôle essentiel dans le contrôle de cette crise de confiance car la confiance du public et des acteurs de la justice à la fiabilité de l'IA est le seul garant d'épanouissement de leur marché.

Dans les sociétés démocratiques comme celles des États-Unis et des États membres de l'Union européenne, l'administration publique est censée de mettre en œuvre « la volonté générale ». Les concepts classiques de « la volonté populaire » et de « l'intérêt général » ont été initialement présentés par le livre Du contrat social (1762) de Jean-Jacques ROUSSEAU, dans lequel il a évoqué que « toute loi que le peuple en personne n'a pas ratifiée est nulle » [3]. La volonté générale constitue le socle primaire des lois et du droit normatif[4]. Au cours de l'histoire, ce concept est devenu progressivement distingué de celui de « l'intérêt général ». Cette notion a été notamment développée par Raymond CARRÉ DE MALBERG qui l'a introduit comme un instrument de limitation de « la volonté populaire ».

---

[1] Cf. K. GRACE, J. SALVATIER, A. DAFOE, B. ZHANG, O. EVANS, « When Will AI Exceed Human Performance ? Evidence from AI Experts », *Journal of Artificial Intelligence Research*, vol.62, 2018, pp. 729-754. ; L. NEUER, « Justice : faut-il faire confiance au verdict des algorithmes ? », *Le Point*, 30 janvier 2019 (17 mars 2019), disponible sur https://www.lepoint.fr/editos-du-point/laurence-neuer/justice-faut-il-faire-confiance-au-verdict-des-algorithmes-30-01-2019-2290118_56.php (consulté le 16 juillet 2021).

[2] L'intervention de Professeure Anne CAMMILLERI, « L'Intelligence artificielle ou la démocratie numérique », lors du colloque *Quel avenir pour la démocratie participative européenne ?*, Université Paris 1 Panthéon Sorbonne, 24 mai 2019.

[3] J-J. ROUSSEAU, *Du Contrat social*, L. III, ch. XV, Marc Michel Rey, 1762, p. 214. ; Cf. G. BACOT, « Jean-Jacques Rousseau et la procédure législative », *Revue Française d'Histoire des Idées Politiques*, vol.15, n°1, 2002, pp. 46-47.

[4] Cf. A. VAN WAEYENBERGE, « La normalisation technique en Europe. L'Empire (du droit) contre-attaque », *Revue internationale de droit économique*, 2018, vol. 3, t. XXXII, pp. 305-317. Cf. P. VAN CLEYNENBREUGEL, I. DEMOULIN, « La normalisation européenne après l'arrêt James Elliott Construction du 27 octobre 2016 : la Cour de justice de l'Union européenne a-t-elle élargi ses compétences d'interprétation ? », *Revue de la Faculté de droit de l'Université de Liège*, vol. 2, 2017, pp. 307-326.

C'est en appuyant sur cette idée qu'il distingue « la souveraineté populaire » (basée sur la volonté populaire) de « la souveraineté nationale » (fondée sur l'intérêt public)[1]. En France, le sens contemporain de ce dernier est défini, par Gérard CORNU, comme « ce qui est pour le bien public »[2]. Dans l'Union européenne, le motif de « l'intérêt général » peut justifier des « prérogatives exorbitantes du droit commun »[3]. Aux États-Unis, il y a un concept voisin « *Public Interest Litigation* » qui consiste en la saisine des juridictions par les avocats en faveur du bien commun.

Il a été apparu progressivement au début du XXe siècle. Contrairement à l'Europe, aux États-Unis, les ONG et les avocats sont les principaux lanceurs des initiatives liées à « l'intérêt général ». C'est la raison pour laquelle, aux États-Unis, l'invocation de l'intérêt général dans ce contexte ne produira pas les mêmes effets qu'en Europe[4].

Un manque de la confiance populaire envers la technologie de l'intelligence artificielle peut apparaître, théoriquement, comme un obstacle pour la mise en place de la justice augmentée. Pourtant, en Europe même dans cette hypothèse, celle-ci pourrait être installée au nom de « l'intérêt général »[5] en faisant valoir que même si la puissance publique se fond sur la volonté du peuple, celle-ci peut être sacrifiée afin d'optimiser la qualité des services publics. Comme le précise René CHAPUS, « l'administration ne dispose de prérogatives de puissance publique que pour assurer au mieux le service de l'intérêt général, c'est à dire les services publics »[6].

Ce sujet serait délicat dans le cas d'invocation d'intérêt général « européen » pour la mise en place harmonisée des environnements judiciaires augmentés en Europe, puisque la définition de ce concept peut être variable dans les différents États membres de l'Union européenne et du Conseil de l'Europe. Dans ces circonstances, même dans l'hypothèse d'une objection démocratique de la part d'une partie des populations, la mise en place des machines intelligentes au sein des juridictions de certains pays européens,

---

[1] R. CARRÉ DE MALBERG, *La loi, expression de la volonté générale*, Economica, col. Classique, 1984, 288 p.

[2] G. CORNU (dir.) et Association Henri CAPITANT, *Vocabulaire juridique*, Presses universitaires de France, coll. Quadridge, 7e éd., 2005, p. 496.

[3] Conseil d'État (fr), *Réflexions sur l'intérêt général*, rapport public 1999, 3° novembre 1998, disponible sur https://www.conseil-etat.fr/ressources/etudes-publications/rapports-etudes/etudes-annuelles/reflexions-sur-l-interet-general-rapport-public-1999 (consulté le 10 avril 2021).

[4] Cf. J. KUMAR KRISHNAN, « Public Interest Litigation in a Comparative Context », *Buffalo Public Interest Law Journal*, vol. 20, n°1, 2001, pp. 19-99. ; Cf. J. FEYDY, « La production de l'intérêt général aux Etats-Unis », *Politiques et Management Public*, 1987, vol. 5 n°1, pp. 169-178. ; G-A. SCHUBERT Jr., « The Theory of "The Public Interest" in Judicial Decision-Making », *Midwest Journal of Political Science*, vol. 2, n° 1, février 1958, pp. 1-25.

[5] Cf. L. TICHY, M. POTACS, *Public interest in law*, Intersentia, éd.1, janvier 2021, 380 p.

[6] R. CHAPUS, *droit administratif général*, T. 1, éd. 14, 2000, col. Domat Droit Public, Montchrestien, p 563.

comme la France[1], peut être justifiée au nom de l'intérêt général. Dans ce cas, il est impératif de porter une vigilance toute particulière au risque de survalorisation excessive de l'intérêt général.

En conséquence, il apparaît qu'enfin ce n'est pas un manque de volonté populaire mais un manque de volonté institutionnelle qui bloque la réalisation des juridictions augmentées en Europe.

Toute question relative à l'intelligence artificielle (y compris la justice augmentée) relève des inquiétudes sur la souveraineté numérique. Il s'agit notamment d'une préoccupation essentielle de l'Union européenne[2] pour garantir une protection efficace des droits individuels de ses citoyens ainsi que des États-Unis pour maintenir sa suprématie, en matière de l'intelligence artificielle, sur le plan mondial[3].

L'intelligence artificielle ne consiste pas seulement en un ensemble de techniques destinées à l'amélioration de la capacité humaine. Elle est surtout l'un des principaux instruments de la puissance sur le plan international. Son importance est d'autant plus considérable que Monsieur Vladimir POUTINE déclare que « celui qui deviendra le leader dans ce domaine sera le maître du monde »[4].

Afin de maintenir leur suprématie politique et économique, l'Europe et les États-Unis doivent éviter toute dépendance aux technologies d'origine étrangère. On peut considérer que la justice augmentée, comme beaucoup d'autres domaines de l'intelligence artificielle, est, par défaut, la victime des enjeux politiques et économiques sur cette technologie. Néanmoins, il semble, actuellement, qu'aux États-Unis, les préoccupations concernant la perte de la souveraineté numérique, due à la mise en place de la justice augmentée, soient

---

[1] Cf. Conseil d'État (fr), *Réflexions sur l'intérêt général*, rapport public 1999, 3° novembre 1998, disponible sur https://www.conseil-etat.fr/ressources/etudes-publications/rapports-etudes/etudes-annuelles/reflexions-sur-l-interet-general-rapport-public-1999 (consulté le 10 avril 2021).

[2] Présidence allemande du Conseil de l'Union européenne, *Sortir ensemble de la crise plus forts Pour une économie européenne compétitive, innovante et résiliente*, juin 2020, pp. 22-26, disponible sur https://www.bmwi.de/Redaktion/FR/Publikationen/sortir-ensemble-de-la-crise-plus-forts.pdf?__blob=publicationFile&v=5 (consulté le 10 avril 2021). ; Parlement européen, *Digital sovereignty for Europe*, compte rendu du think tank du Parlement européen, 2 juillet 2020, disponible sur https://www.europarl.europa.eu/RegData/etudes/BRIE/2020/651992/EPRS_BRI(2020)651992_EN.pdf (consulté le 10 avril 2021).

[3] Bureau exécutif du président des États-Unis, *The Executive Order on Maintaining American Leadership in Artificial.Intelligence* – n° 13,859, février 2019. ; Cf. A. ALPER, A. BELL (éd.), « U.S. government limits exports of artificial intelligence software », *Reuters*, 3 janvier 2020, disponible sur https://www.reuters.com/article/us-usa-artificial-intelligence/u-s-government-limits-exports-of-artificial-intelligence-software-idUSKBN1Z21PT?feedType=RSS&feedName=technologyNews (consulté le 22 janvier 2022).

[4] C. VILLANI, *Donner un sens à l'intelligence artificielle : pour une stratégie nationale et européenne*, Paris, Assemblée nationale (fr), mission parlementaire, 28 mars 2018, p. 10.

excessives puisque qu'à ce jour, les outils utilisés dans les juridictions américaines sont totalement conçus par les sociétés américaines. Par conséquent, ils restent soumis et aussi protégés par les lois américaines. Cela pourrait être aussi valable dans le cas des juridictions européennes.

L'expérience de l'Estonie dans la mise en place des outils dotés de l'intelligence artificielle dans son administration publique nous a prouvé que la mise en place des environnements judiciaires intelligents par les outils dits « européens »[1] est parfaitement possible et envisageable. Les technologies de la justice prédictive (la prédiction des comportements des justiciables et le profilage des magistrats) s'excluent de cette catégorie.

Cependant, la grande capacité technologique de l'Europe et des États-Unis pour initier cette démarche reste fragile, en considérant qu'à ce jour, les techniques utilisées dans les juridictions américaines et européennes sont assez basiques et se limitent à de simples outils d'assistance aux acteurs de la justice. Pourtant, les juridictions sont susceptibles d'utiliser, dans un avenir proche, des techniques beaucoup plus avancées qui pourront soulever de nouveaux problèmes pour accéder aux technologies.

Contrairement aux secteurs de la sécurité, de la défense et de la médecine, l'usage de l'intelligence artificielle dans les juridictions de la plupart des pays du monde est assez faible. En outre, il semble que le décalage de la puissance technologique de l'Europe et des États-Unis dans ce domaine spécifique n'est pas vraiment important. C'est la raison pour laquelle la concurrence entre les États dans ce domaine reste encore peu inquiétante[2]. Mais la peur des enjeux potentiels dans l'avenir amène les institutions européennes à adopter une position extrêmement prudente envers l'intelligence artificielle[3].

Une telle approche aboutirait à un isolement et à la perte de la puissance économique si elle n'était pas complétée par un développement technologique interne. Il semble que cette méfiance institutionnelle en Europe, envers la justice automatisée, se caractérise principalement par un manque de confiance en sa propre capacité technologique[4].

---

[1] E. NIILER, « Can AI Be a Fair Judge in Court ? Estonia Thinks So », *op. cit.* ; J. PARK, « Your Honor AI », *Harvard International Review*, 3 avril 2020, disponible sur https://hir.harvard.edu/your-honor-ai/ (consulté le 10 avril 2021). ; Centre des registres et des systèmes d'information du gouvernement estonien, *Esimene kratijupp jõudis koodivaramusse*, 18 octobre 2019, disponible sur https://www.rik.ee/et/news/esimene-kratijupp-joudis-koodivaramusse (cet article est uniquement disponible en langue estonienne).

[2] Cf. Forum économique mondial, *Empowering AI Leadership: AI C-Suite Toolkit*, janvier 2022, disponible sur https://www3.weforum.org/docs/WEF_Empowering_AI_Leadership_2022.pdf (consulté le 21 janvier 2022).

[3] Résolution du Parlement européen du 16 février 2017 *contenant des recommandations à la Commission concernant des règles de droit civil sur la robotique*, 2015/2103(INL), point X.

[4] Cf. Communication de la Commission européenne au parlement européen, au conseil, au Comité économique et social européen et au comité des régions, *L'intelligence artificielle pour l'Europe*, 25 avril 2018, p.5.

Les puissances mondiales recourant aux technologies plus avancées de l'intelligence artificielle dans leurs juridictions s'affronteront à une baisse considérable des dépenses publiques ainsi qu'une augmentation de la force de travail prête à l'emploi[1]. Ces travailleurs peuvent désormais s'investir dans de nouveaux projets et jouer un rôle plus productif sur le plan économique.

Selon Monsieur Daniel SUSSKIND, « les données du travail aux Etats-Unis montrent qu'un seul métier aurait totalement disparu de ce fait au cours du siècle dernier : l'opérateur d'ascenseurs » [2].

Aux États-Unis, cet enjeu semble être encore plus primordial puisque son concurrent dans le commerce mondial, la Chine, a déjà lancé, en 2019, son premier tribunal automatisé[3], nommée « la Cour internet de Hangzhou »[4]. En 2003, un système similaire, sous la forme d'un outil d'aide à la décision a été mis en place dans les juridictions de la région Shandong pour condamner environ 100 infractions différentes telles que le vol, le viol, le meurtre[5].

Dans ce tribunal, le processus d'enregistrement des documents, le codage des informations, l'analyse des textes et des preuves ainsi que le processus la prise de décision s'effectuent automatiquement par l'intelligence artificielle et la technologie de la blockchain[6].

Selon, Monsieur Ni DEFENG, le bilan de l'efficacité du fonctionnement de cette Cour est considérablement positif, en précisant que, grâce au renforcement de la rapidité du processus d'enregistrement des dossiers et de

---

1 Cf. Conseil de l'Europe, *Intelligence artificielle et marchés du travail: amis ou ennemis ?*, résolution n° 2345, Rapporteur : M. Stefan SCHENNACH, 22 octobre 2020, disponible sur https://pace.coe.int/fr/files/28814#trace-4 (consulté le 23 mai 2021).

2 J. LEMARCHAND, « Un futur sans travail : ce scénario, nous devons le prendre très au sérieux », *Les Echos*, 28 juin 2021, disponible sur https://start-lesechos-fr.cdn.ampproject.org/c/s/start.lesechos.fr/amp/1327362 (consulté le 7 septembre 2021).

3 Cf. Xinhuanet, « China reforms judicial courts using internet technologies: white paper », 5 décembre 2019, disponible sur www.xinhuanet.com/english/2019-12/05/c_138605955.htm (consulté le 11 avril 2021).

4 B. LYNN, « Robot Justice: The Rise of China's 'Internet Courts », *VOA News*, 11 décembre 2019, disponible sur https://learningenglish.voanews.com/a/robot-justice-the-rise-of-china-s-internet-courts-/5201677.html (consulté le 5 janvier 2020). ; Les règles générales du tribunal d'Internet à Hangzhou sont disponibles sur https://www.netcourt.gov.cn/portal/indexRpc/viewProcedure.json?fileIdStr=EyGmDRYbBzklQqHCx7oAHQ (consulté le 14 avril 2021). ; Les informations complémentaires sur le fonctionnement du tribunal sont disponibles sur https://evidence.netcourt.gov.cn/#/page (consulté le 14 avril 2021).

5 Reuters, « Justice at the click of a mouse in China », *CNET*, 13 octobre 2006, disponible sur https://www.cnet.com/tech/services-and-software/justice-at-the-click-of-a-mouse-in-china/ (consulté le 25 octobre 2021).

6 M-A. DE MONTLIVAULT-JACQUOT, P. GUYNOT DE BOISMENU, « Admission en Chine de la valeur probante d'une blockchain », *Lexing Alain Bensoussan Avocats*, 2 novembre 2018, disponible sur https://www.alain-bensoussan.com/avocats/admission-chine-valeur-probante-blockchain/2018/11/02/ (consulté le 14 avril 2021).

la prise de décision, la qualité du fonctionnement de la justice est ainsi augmentée en précisant qu'« une justice retardée est une justice ratée »[1].

Ce mode d'application de justice n'est pas une injonction et reste conditionné à l'acceptation explicite des justiciables. Après le succès du tribunal de l'internet de Hangzhou, plusieurs juridictions ont été créées sur le même modèle dans les autres grandes villes de la République populaire de Chine comme Guangzhou, Pékin[2] et Shanghai[3]. En 2019, Monsieur Zhou QIANG, Président de la Cour suprême du peuple, a évoqué que 90% des tribunaux chionis utilisent des outils du numérique (en décembre 2019).

Chaque révolution est porteuse de configuration du partage du pouvoir sur le plan international. L'histoire de la troisième révolution industrielle nous a prouvé que les révolutions technologiques peuvent présenter des conséquences diverses dans différents pays et régions, en fonction de leurs stratégies, leur culture et leurs caractéristiques socio-économiques[4]. Ainsi, les pays qui n'ont pas la volonté et la détermination de la mise en place correcte des outils de l'intelligence artificielle dans leurs administrations seront condamnés à la chute de leur pouvoir.

La méfiance institutionnelle envers la justice augmentée ne se limite pas aux préoccupations relatives aux concurrences étatiques et à la fiabilité de la fonctionnalité technique de l'intelligence artificielle mais aussi à la puissance des géants multinationaux du numérique se trouvant comme les concourants supranationaux des pouvoirs étatiques. C'est l'ensemble de ces préoccupations et ces doutes qui crée une méfiance institutionnelle globale envers l'intelligence artificielle. Celle-ci peut impacter la volonté des États et des institutions pour la mise en place de la justice augmentée.

Sur le plan institutionnel, cette « méfiance »[5] se caractérise également par une complexité et « une méconnaissance » de cette technologie par des administrateurs et des fonctionnaires ainsi que les autres acteurs de la justice. Ces deux concepts sont intimement liés et indissolubles. Ainsi, avec un regard plus approfondi, on constate que le manque de confiance envers l'intelligence artificielle se développe par une crise d'illectronisme qui se trouve à la fois dans la société et aussi dans les institutions.

---

[1] B. LYNN, « Robot Justice: The Rise of China's 'Internet Courts », *préc.*

[2] *Ibidem.*

[3] Ph. BARRET, « Le premier tribunal financier chinois à Shanghai », *Le nouvel Economiste*, 31 août 2018, disponible sur https://www.lenouveleconomiste.fr/le-premier-tribunal-financier-chinois-a-shanghai-64433/ (consulté le 14 avril 2021).

[4] Une perspective globale des stratégies des 23 États du monde en matière de l'intelligence artificielle pendant les années 2017 et 2018 est disponible sur https://medium.com/politics-ai/an-overview-of-national-ai-strategies-2a70ec6edfd (consulté le 7 septembre 2021).

[5] Cf. Sénat (fr), *Cinq ans pour sauver la justice !*, rapport d'information, rapporteurs : M. Philippe BAS, Mme Esther BENBASSA, M. Jacques BIGOT, M. François-Noël BUFFE, Mme Cécile CUKIERMAN, M. Jacques MÉZARD, M. François ZOCCHETTO, doc. n° 495 (2016-2017), 4 avril 2017.

Même si le développement technologique en matière de l'intelligence artificielle est l'un des principaux facteurs de la sauvegarde de la souveraineté numérique et la réussite matérielle de la quatrième révolution industrielle, c'est « la culture numérique » et « l'éducation technique » qui jouent un rôle essentiel dans la mise en place de la justice augmentée. La possession d'une technologie sans la culture de son usage ne présente aucun intérêt.

Au XXIe siècle, l'intelligence artificielle ne doit pas être considérée comme un objet de luxe mais comme un objet qui est nécessairement intégré aux activités professionnelles. Il apparaît comme l'intégration progressive de l'électricité et les ordinateurs dans le quotidien des populations et des activités professionnelles respectivement au début et à la fin du XXe siècle.

Afin de pouvoir atteindre cet objectif, il est impératif que le mode de fonctionnement des logiciels dotés de l'intelligence artificielle soit convivial (*user friendly*) et compréhensible non seulement pour les professionnels qui utilisent directement ces logiciels, mais pour toute personne. Néanmoins, il convient de considérer que même le bon usage d'un logiciel parfaitement convivial ne serait pas réalisable que par une éducation pertinente. En 1996, la Cour d'appel des États-Unis pour le huitième circuit a estimé que l'utilisation d'une technologie difficile à comprendre pour les membres du jury peut les conduire à commettre une erreur. Par conséquent, cela peut porter atteinte au droit des justiciables à un procès équitable[1]. Ce propos semble être de plus en plus valable dans le cas des systèmes de l'intelligence artificielle.

À part l'illectronisme institutionnel qui existe dans la plupart des administrations des pays membres de l'Union européenne et des États fédérés des États-Unis, le manque de connaissance technologique est ainsi présent dans le secteur privé, même si la transformation numérique est globalement davantage réalisée dans ce secteur[2].

En fait, beaucoup des acteurs de ce secteur, à l'exception considérable des grands groupes, restent encore peu familiers à la fonctionnalité des différentes techniques de l'intelligence artificielle et aussi aux vrais intérêts qu'elles peuvent réellement produire. Selon un sondage de la société KPMG en 2019, seulement 17% (parmi les 600 participants à ce sondage) des directeurs des systèmes d'information des entreprises ont affirmé que leurs entreprises possédaient une maturité technologique suffisante[3]. Par ailleurs, 30% des directeurs des systèmes d'information ont précisé qu'ils ne savent pas

---

[1] *United States v. William* 95 F.3d 723, 729- 30 (8th Cir. 1996).

[2] W. GILLES, « Droits fondamentaux et urgence à l'ère du numérique et des gouvernements ouverts » dans E. JEULAND et S. PRETOT (dir.), *Droit de l'urgence et crise sanitaire*, *la Revue Juridique de la Sorbonne*, n. 2, décembre 2020, p.150 et p.152.

[3] A. LOTEN, « Companies Take a Piecemeal Approach to Automation Tech », *Wall Street Journal*, 4 avril 2019, disponible sur https://www.wsj.com/articles/companies-take-a-piecemeal-approach-to-automation-tech-11554396270 (consulté le 9 octobre 2019).

comment ils peuvent employer les systèmes intelligents dans leurs entreprises[1].

Ainsi, selon une étude réalisée par l'institut français d'opinion publique (IFOP) en 2021, seulement 16% des Français disent avoir recours aux systèmes de l'intelligence artificielle dans leur vie professionnelle[2]. En ce qui concerne la justice augmentée, il semble que les inquiétudes concernant l'utilisation de l'intelligence artificielle sont bien légitimes puisque même dans l'hypothèse de la perfection technique et celle de la compliance du fonctionnement de l'intelligence artificielle, une utilisation non maîtrisée ou mal maitrisée de cette technologie peut produire des résultats inexacts et biaisés, par conséquent, créer des risques réels. C'est la raison pour laquelle la mise en place d'une formation technique obligatoire pour les acteurs de la justice semble être absolument primordiale pour procéder à un recours à l'intelligence artificielle dans les juridictions.

La mise en conformité des logiciels de la justice augmentée doit avoir pour objectif d'optimiser l'explicabilité et l'interprétabilité de l'intelligence artificielle et la facilité d'usage de cette technologie. L'exigence de l'explicabilité et de l'interprétabilité de l'intelligence artificielle fait partie des exigences éthiques, désignées par la Commission européenne et le Conseil de l'Europe. Elles sont principalement reconnues comme des exigences du principe de la transparence. Une telle mise en conformité ne serait toutefois pas suffisante pour garantir la fiabilité de ces technologies.

Il convient de considérer que l'utilisation massive des outils de l'intelligence artificielle dans les juridictions n'entraîne pas nécessairement la création d'un environnement judiciaire « augmenté ». Pourtant, c'est la maîtrise et la culture d'usage de cette technologie qui sont garantes de la sécurité et de la sûreté de ces systèmes et de la reconnaissance d'un système dit « augmenté ».

En principe, la plupart des erreurs produites lors des analyses algorithmiques trouvent leur origine dans les erreurs humaines faites par les utilisateurs ou les créateurs de ces logiciels. Elles sont souvent liées soit aux biais des données d'entrée soit à leur programmation ou leur utilisation ou à l'inefficacité du système du contrôle et de surveillance.

Afin de pouvoir garantir l'efficacité de la justice augmentée, l'ensemble des acteurs de la justice (les juristes et les ingénieurs) doit, tout d'abord, savoir quelle technique de l'intelligence artificielle devrait être appliquée pour réaliser spécifiquement quelle tâche lors du procès. Ils doivent être capables de manipuler et d'utiliser plusieurs techniques pour réaliser une analyse bien

---

[1] *Ibidem.*

[2] L'institut français d'opinion publique, « Notoriété et image de l'intelligence artificielle auprès des Français et des salariés – Vague 3 », sondage, 28 janvier 2021, disponible sur https://www.ifop.com/publication/notoriete-et-image-de-lintelligence-artificielle-aupres-des-francais-et-des-salaries-vague-3/ (consulté le 29 juin 2021).

adaptée à la nature de chaque litige, en considérant que l'intelligence artificielle a des utilités différentes dans en matières pénale et civile.

Ainsi, la maîtrise de « la justice augmentée » ne se limite pas à celle des « logiciels existants de legaltech » mais aussi à la capacité d'impliquer et allier des techniques différentes (un logiciel est habituellement programmé par une équipe composée de « codeurs » qui sont chacun spécialiste dans une catégorie spécifique du langage et du codage informatique et une technique sous-jacente de l'intelligence artificielle).

La maîtrise de la justice augmentée peut être également considérée comme la première exigence pour l'exercice de l'obligation de diligence des acteurs impliqués dans le procès dit « augmenté » (les acteurs privés[1] comme ceux de la justice). Cette dernière peut être relativement engagée par les avocats et les magistrats, grâce aux codes déontologiques. Par exemple, en France, l'obligation de diligence est considérée comme un principe essentiel de la profession d'avocat par l'art. 1.3 du Règlement intérieur national de la profession d'avocat. Il est également reconnu comme une obligation essentielle dans les articles 9.1, 11.2, 18.6 et 21.3.1.1 de ce Règlement.

Cette obligation est reconnue comme une exigence fondamentale pour l'exercice de la profession du magistrat par le chapitre V du Recueil des obligations déontologiques des magistrats. Dans le contexte de la justice augmentée, l'obligation de diligence pourrait être, au fur et à mesure, appliquée au titre du « droit des individus à un procès équitable » dans l'Union européenne comme les États-Unis.

La révolution de l'intelligence artificielle donne naissance à une reconfiguration générale de l'ensemble des activités professionnelles. Celle-ci s'articule autour d'une interdisciplinarité qui est susceptible de changer la définition de la notion de « professionnalisation » et de « professionnalisme ». Dans un monde juridique augmenté, le recours aux outils de l'intelligence artificielle ne doit pas être considéré comme une innovation mais une normalité du fonctionnement de la justice. Aussi, dans un environnement judiciaire augmenté, un juriste « normal » ne serait pas simplement une personne ayant des connaissances juridiques et la capacité de pratiquer des règles du droit. Dans un tel environnement, il maîtriserait l'ensemble des outils de legaltech. Il s'agit donc de l'une des premières nécessités de l'exercice de sa fonction.

Depuis 2018, la nécessité de formation des spécialistes dans le domaine de l'intelligence artificielle[2] s'est trouvée au cœur des stratégies de l'Union

---

[1] Cf. Résolution du Parlement européen du 10 mars 2021 *contenant des recommandations à la Commission sur le devoir de vigilance et la responsabilité des entreprises*, 2020/2129(INL).

[2] Cf. Communication de la commission européenne au parlement européen, *au* conseil, *au* comité économique *et* social européen *et au* comité *des* régions, *L'intelligence artificielle pour l'Europe*, Bruxelles, 25 avril 2018 COM (2018), 237 final, p. 13. ; Cf. Maison Blanche, *Executive Order on Maintaining American Leadership in Artificial Intelligence*, 11 février 2019, sec. 1§c et sec. 2, §e.

européenne et des États-Unis[1] en matière de cette technologie. Il est toutefois impératif d'élargir le champ de cette formation à l'ensemble des usagers de cette technologie et de mettre en place des formations spécialisées pour l'usage de l'intelligence artificielle dans des secteurs différents, notamment le secteur juridique et judiciaire. Ainsi, en 2017, la Commission européenne pour l'efficacité de la justice du Conseil de l'Europe a souligné la nécessité de formation des utilisateurs des logiciels de l'aide à décision juridique ainsi que la formation ou l'accompagnement des justiciables utilisant ces outils[2]. La Commission encourage ainsi les barreaux à dispenser des formations spécialisées pour les avocats et les élèves-avocats[3].

Il est impossible de mettre en œuvre des outils de l'intelligence artificielle au sein des juridictions tant que les juristes ne disposent pas une connaissance technique suffisante du fonctionnement des algorithmes. Le 14 mai 2018, lors du colloque biennal de l'Association des Conseils d'État et des juridictions administratives suprêmes de l'Union européenne, Monsieur Timothée PARIS, Maître des requêtes au Conseil d'État français, a expliqué le fonctionnement technique du « source code ».

Il a ensuite demandé combien de personnes l'ont compris. Personne, parmi les participants, ne l'a pas complètement compris[4]. Par conséquent, dans ces environnements, un mécanisme spécifique et pertinent d'enseignement doit être envisagé.

Le progrès rapide de cette technologie et la nécessité permanente de la création et de l'insertion de nouvelles techniques au système, ces formations doivent être perpétuellement assurées par des experts compétents au cours de l'exercice des fonctions judiciaires. Celles-ci doivent posséder un caractère obligatoire pour l'ensemble des membres des juridictions (y compris les personnels administratifs).

Une justice augmentée efficace nécessite la mise en place de trois types d'enseignement. Le premier, consiste en un enseignement technique, spécifique et perpétuel sur les différentes fonctionnalités des outils de l'intelligence artificielle destinés aux acteurs de la justice. Ces formations doivent comprendre deux catégories de connaissances : la première consiste en l'usage des logiciels dotés de l'intelligence artificielle. Par ailleurs, la seconde, consiste dans l'apprentissage du langage informatique.

---

[1] S.1705 - *Artificial Intelligence Capabilities and Transparency Act of 2021*, pp. 5-9.

[2] Le Conseil de l'Europe, *Lignes directrices sur la conduite du changement vers la cyberjustice - Bilan des dispositifs déployés et synthèse de bonnes pratiques*, la commission européenne pour l'efficacité de la justice (Conseil de l'Europe), Strasbourg, adopté le 7 décembre 2016, p. 85.

[3] *Ibidem*, p. 76

[4] L'intervention de Monsieur Timothée PARIS lors du *Colloque 'Une exploration de la technologie et du droit*, 14 mai 2018, La Haye, disponible sur http://www.aca-europe.eu/index.php/fr/evenements/638-la-haye-14-mai-2018-colloque-une-exploration-de-la-technologie-et-du-droit (consulté le 2 septembre 2019).

Un enseignement pertinent est également susceptible de faire croître la volonté des acteurs de la justice à utiliser l'intelligence artificielle. Ceci peut débuter, dès la première année des études juridiques, au sein des écoles de droit comme un enseignement obligatoire. Cela souligne la nécessité d'un changement du paradigme dans les universités. Aujourd'hui, dans la majorité des facultés de droit, les cours d'histoire du droit sont parmi les matières obligatoires alors qu'il n'y a aucun enseignement de l'informatique.

Un changement du paradigme universitaire en faveur de l'automatisation du système de la justice nous permettrait de s'investir davantage dans la création de nouveaux héritages (non seulement par l'amélioration de techniques pédagogiques et pratiques du droit mais aussi par les révolutionner et les changer) pour les générations futures au lieu d'être héritiers des ancêtres des sciences juridiques. Par conséquent, cette révolution doit nous amener à nous tourner davantage vers l'avenir au lieu de rester sur le passé.

La configuration des activités professionnelles par le numérique a conduit beaucoup de pays à créer des universités de cinquième génération, afin d'optimiser l'utilité des études supérieures en les profitant pour promouvoir des activités industrielles et commerciales et production de la richesse matérielle.

La première génération d'universités était basée sur l'enseignement théorique. La deuxième s'appuie sur la recherche et l'enseignement des théories. La troisième s'appuie sur des recherches académiques en vue d'obtention des finalités pratiques. La quatrième s'appuie sur des recherches académiques en collaboration directe avec les acteurs de l'industrie et la cinquième s'appuie sur des recherches académiques dans le cadre de projets entrepreneuriaux ou au sein des entreprises.

La mise en place d'une double formation dans le cadre des études supérieures du droit et dans le cadre de l'exercice des travaux juridiques et judiciaires serait un grand pas pour assurer l'efficacité de la justice augmentée en considérant que les volontés personnelles dans ce système peuvent entrainer une volonté générale pour le recours à l'intelligence artificielle dans les environnements judiciaires. Les Professeurs Florence G'SELL et Serge ABITEBOUL abondent dans le même sens, en soulignant qu'il est, dans les environnements judiciaires, primordial de « combattre les sentiments de perte de contrôle et de frustration par la pédagogie »[1].

Dans la même perspective, en France, depuis 2018, la transformation numérique du métier d'avocat, en mettant un accent particulier sur l'intelligence artificielle et la blockchain, fait partie des formations assurées par l'École de formation professionnelle des barreaux[2]. Il convient de

---

[1] S. ABITEBOUL, F. G'SELL, « Les algorithmes pourraient-ils remplacer les juges ? », *op. cit.*, p.17.

[2] A. DUMOURIER, « Le Lab EFB, c'est une formidable opportunité pour l'avocat de demain », *Le Monde du Droit*, 17 juillet 2018, disponible sur

considérer que sur le plan pédagogique, les sujets de l'automatisation des tâches et leur transformation numérique doivent être étudiés d'une manière complètent séparée.

Le deuxième type, par ailleurs, consiste en un enseignement systématique et ponctuel destiné aux justiciables afin de leur expliquer le mode du fonctionnement des outils de l'intelligence artificielle qui seront utilisés au cours du procès. À part son utilité pratique, cet enseignement peut être considéré comme une exigence éthique et même juridique qui garantit le principe de la transparence et le droit des justiciables à un procès équitable. Par ailleurs, cette formation doit être personnalisée puisque les techniques de l'intelligence artificielle utilisées dans chaque procès peuvent être différent d'un autre. Il est donc impératif de former les nouveaux enseignants pour assurer ces formations.

Le troisième type consiste en un enseignement général public sur les caractéristiques, les bénéfices et les vrais risques de l'intelligence artificielle, afin d'optimiser la culture numérique dans la société, qui entrainerait, indirectement à la promotion de la maturité technologique des États. Selon une étude de 2021 de l'Institut français d'opinion publique « plus des deux tiers des Français se disent mal informés sur les possibilités offertes par l'intelligence artificielle » [1]. Il serait également nécessaire de s'assurer que le public, notamment les justiciables, soit bien conscient de leurs droits et obligations dans un environnement judicaire augmenté (voire un futur monde augmenté par l'intelligence artificielle).

Dans l'Union européenne, la proposition du parlement européen sur l'intelligence artificielle prévoit une série des obligations non seulement pour les concepteurs et les fournisseurs mais aussi pour les utilisateurs des systèmes intelligents[2]. C'est ainsi que, dans l'hypothèse d'adoption de ce texte législatif, la mise en œuvre d'un système général de formation des systèmes destinés au public serait absolument indispensable.

---

https://www.lemondedudroit.fr/interviews/58960-lab-efb-formidable-opportunite-avocat-demain.html (consulté le 13 juillet 2021).

[1] Notoriété et image de l'intelligence artificielle auprès des Français et des salariés – Vague 3, sondage, 28 janvier 2021, disponible sur https://www.ifop.com/publication/notoriete-et-image-de-lintelligence-artificielle-aupres-des-francais-et-des-salaries-vague-3/ (consulté le 29 juin 2021).

[2] Les articles 28, 29 et 52 de la *Proposition de règlement du Parlement européen et du Conseil établissant des règles harmonisées sur l'intelligence artificielle (le règlement sur l'intelligence artificielle) modifiant certains actes législatifs de l'union, op. cit.*

Chapitre 2. La justice augmentée confrontée aux enjeux économiques et commerciaux

Le commerce est la caractéristique principale de l'intelligence artificielle. C'est ainsi que Monsieur Cédric VILLANI lui attribue le titre de « cheval de bataille du commerce de demain »[1]. La mise en place de ces outils dans les environnements judiciaires produit des intérêts économiques, non seulement pour les administrations publiques mais aussi et surtout pour les acteurs du secteur privé[2]. Cela explique le rôle central des enjeux économiques dans la mise en œuvre de la justice augmentée. L'émergence des nouveaux facteurs économiques influents dans le système de la justice augmentée présenterait à la fois des impacts positifs et négatifs[3]. Elle peut notamment renforcer le progrès des outils de la legaltech et, par conséquent, augmenter la qualité du fonctionnement de la justice[4].

Cela peut avoir des effets sur la régulation juridique de l'intelligence artificielle. C'est ainsi que Madame la Professeure Joanna J. BRYSON et Madame Helena MALIKOVA estiment que les enjeux liés au commerce transnational de l'intelligence artificielle peuvent potentiellement conduire les

---

[1] Assemblée nationale (Fr), *Donner un sens à l'intelligence artificielle : pour une stratégie nationale et européenne*, mission parlementaire, rapport de Cédric VILLANI, 28 mars 2018, p. 68.

[2] Les discours de Monsieur le Sénateur Gary Ch. PETERS et Monsieur Greg BROCKMAN devant le sous-comité du commerce du Sénat sur l'espace, la science et la compétitivité, 30 novembre 2016, HRG. 114–562, p. 3 et pp. 27-28, disponible sur https://www.govinfo.gov/content/pkg/CHRG-114shrg24175/pdf/CHRG-114shrg24175.pdf (consulté le 14 juin 2021).

[3] Cf. A. AGRAWAL, J. GANS, A. GOLDFARB, *Prediction Machines, the simple economics of artificial intelligence*, Harvard Business Review Press, 2018, 256 p.

[4] Cf. Conseil des barreaux européens (CCBE), *Garantir la qualité au sein de la profession d'avocat*, les recommandations du CCBE, 25 juin 2021, disponible sur https://www.ccbe.eu/fileadmin/speciality_distribution/public/documents/QUALITY/QLT_Position_papers/FR_QLT_20210625_Ensuring-Quality-in-the-Legal-Profession.pdf (consulté le 2 octobre 2021).

États et les entreprises de l'intelligence artificielle de réglementer et réguler l'usage de cette technologie de manière plus pertinente[1].

Sur le plan technique, la justice augmentée ne pourra pas être réalisée sans le soutien des concepteurs et des prestataires des logiciels de la legaltech. À ce titre, elle est révélatrice de l'émergence des nouveaux « collaborateurs de la justice » (à savoir, les acteurs du marché de la legaltech) qui peuvent être également « les concurrents des professionnels libéraux du droit ». Par ailleurs, l'implication de ces outils et ces nouveaux acteurs dans le processus de « mise en place » et du « fonctionnement » des environnements judiciaires augmentés pourrait porter atteinte à l'indépendance des acteurs de la justice à cause d'une éventuelle dépendance matérielle aux outils de l'intelligence artificielle. En effet, en créant des « juristes augmentées », cette technologie peut indirectement conduire à la diminution de certaines de leurs capacités professionnelles. En outre, celle-ci peut, directement et indirectement, présenter un risque pour « la liberté décisionnelle des magistrats ».

[1] J-J. Bryson, H. Malikova, « Is There an AI Cold War? », *Global Perspectives*, Vol. 2, n° 1, 2021, p.7, disponible sur https://doi.org/10.1525/gp.2021.24803 (consulté le 11 juillet 2021).

Section 1. L'économie comme acteur principal de la mise en œuvre de la justice augmentée

L'intelligence artificielle est à la fois l'objet du commerce[1] et le sujet de la justice augmentée. Elle est porteuse de « deux aspects économiques ». Le premier consiste en « la prestation directe des services juridiques par le biais des plateformes en ligne » alors que le second consiste en « la vente des technologies de l'intelligence artificielle » aux juridictions et aux acteurs de la justice. En utilisant ces technologies, les juridictions seront en mesure de créer leurs propres outils et les utiliser indépendamment de leurs créateurs et leurs fournisseurs.

Il convient de noter que (même si ces outils fournissent une indépendance et une responsabilité plus importante pour les utilisateurs) les utilisateurs ou les acheteurs de ces outils restent moyennement dépendants des concepteurs des systèmes, particulièrement pour le stockage des données, la programmation et la mise à jour des logiciels ainsi que l'assistance technique. Plus précisément, cette technologie peut être à la fois commercialisée comme un objet et aussi être utilisée comme un moyen d'exercice des activités économiques. L'ensemble de ces aspects constitue sa caractéristique « commerciale » et « économique »[2].

Pour maintenir l'épanouissement de leur marché[3], les fournisseurs de l'intelligence artificielle imposent aux acteurs de la justice une pression économique afin de les encourager à utiliser ses services et ses produits. Cette pression imposerait des changements fondamentaux dans la relation entre les prestataires et les consommateurs des outils de legaltech. Elle conduirait

---

[1] N. PRAT, « The Artificial Intelligence Revolution in Analytics, and What It Means for Businesses », *ESSEC Knowledge Review*, janvier 2021, pp. 6-9, disponible sur https://knowledge.essec.edu/media/uploads/artificial_intelligence_and_the_technological_transformation.pdf (consulté le 17 février 2022).

[2] Cf. Stanford Institute for Human-Centered Artificial Intelligence, *The AI index repot, Measuring trends in Artificial Intelligence - 2021*, janvier 2022, pp. 80-106, disponible sur https://aiindex.stanford.edu/wp-content/uploads/2021/11/2021-AI-Index-Report_Master.pdf (consulté le 21 janvier 2022).

[3] Les données relatives aux revenus (prévisionnels) du marché mondial de la *legaltech* sont disponibles sur la plateforme suivante : Statista, *Legal tech market revenue worldwide from 2019 to 2025*, disponible sur https://www.statista.com/statistics/1168096/legal-tech-market-revenue-by-business-type-worldwide/ (consulté le 18 mars 2021).

également à des conséquences sur les modes de rémunération des acteurs de la justice.

Victime de sa nature commerciale, l'intelligence artificielle soulève un fantasme sur la création des « juridictions automatisées ». Contrairement aux États-Unis, au Canada et au Royaume-Uni où l'intelligence artificielle sert les acteurs de la justice comme « un outil d'aide à l'action », l'intelligence artificielle, au sein de l'Union européenne, n'est qu'un outil de « l'aide à la décision ».

Aux États-Unis, le premier paragraphe de section II d'*Algorithmic Accountability Act* de 2019 définit le terme « système de prise de décision automatisé » comme « un processus de calcul, y compris un processus dérivé de l'apprentissage automatique, des statistiques ou d'autres techniques de traitement de données ou d'intelligence artificielle, qui prend une décision ou facilite la prise de décision humaine, qui a un impact sur les consommateurs »[1]. En effet, en fixant la condition de l'existence d'un impact sur les « consommateurs » pour qualifier ce concept, les législateurs américains mettent accent sur la caractéristique économique et commerciale de technologie l'intelligence artificielle.

Cette technologie émergente peut réaliser le rêve d'un système judiciaire augmenté, plus rapide, plus efficace et plus facile[2]. Dès lors, la première question qui se pose est de savoir quel serait le prix de réalisation de ce rêve. Les enjeux de l'intelligence artificielle sont souvent marqués par « une illusion de la gratuité ». Notamment lorsque vous utilisez un outil payant, les conditions d'utilisation peuvent être déterminées par vous. Dans ces circonstances, le service fourni par celui-ci est un objet commercial alors qu'en utilisant un outil gratuitement, vous avez le risque de devenir, vous-même, son objet commercial). Celle-ci a été créée, au XXe siècle (cette illusion constitue l'un des principaux socles des stratégies des prestataires des outils de l'intelligence artificielle), dès le début de la commercialisation de l'internet. Elle a été particulièrement aggravée par la mise à la disposition gratuite d'un certain nombre de logiciels dotés de l'intelligence artificielle (notamment les réseaux sociaux) pour le public.

Le commerce des données constitue l'un des principaux piliers de l'internet et de l'intelligence artificielle. La question de la protection des données est d'autant indissociable du « commerce » que certains États fédérés des États-Unis, comme la Californie, ont élaboré des lois seulement dans un contexte commercial. D'une manière plus simple, on peut dire que les prestataires de ces outils proposent des services « contre les données ». Plus

---

1 H.R.2231 - *Algorithmic Accountability Act of 2019*, disponible sur https://www.congress.gov/bill/116th-congress/house-bill/2231/text (consulté le 21 janvier 2022).

2 Cf. K. Haeri, *l'avenir de la profession d'avocat*, rapport confié par Monsieur Jean-Jacques Urvoas, le Garde des Sceaux, février 2017, p. 16.

précisément, pour bénéficier de chaque service, les utilisateurs permettent aux entreprises d'utiliser leurs données personnelles. Toutefois, dans le secteur judiciaire, le RGPD et le quatrième amendement de la Constitution des États-Unis protégeant les données personnelles des citoyens ne permettent pas la mise en place d'un système qui pourrait être qualifié comme « la justice augmentée contre les données ».

En tenant compte du fait que « dans le monde, rien n'est gratuit »[1] (comme précise Me Jean-Claude BEAUJOUR) et de la nécessité impérieuse de la protection des données personnelles, le prix des outils et des services liés à la justice prédictive pourrait être un facteur très déterminant dans l'évaluation de la rentabilité de la mise en place de la justice augmentée. Celui-ci pourrait être extrêmement variable en fonction de l'aspect innovant des outils, de la puissance des algorithmes, de la capacité de stockage des données ainsi que de la concurrence dans le marché et les politiques fiscales des États. C'est l'ensemble de ces éléments et la multiplicité des producteurs de ces outils qui souligne l'importance des enjeux économiques dans cette matière. Ainsi, c'est en affirmant ce propos lorsque Monsieur Louis LARRET-CHAHINE précise que « quand on parle de justice prédictive, c'est purement marketing »[2]. Ces enjeux sont principalement produits à la fois par « les ambitions économiques » des acteurs de la legaltech et « les besoins budgétaires et économiques des acteurs de la justice ».

La déséquilibration de l'économie du marché est la première conséquence de chaque révolution industrielle[3]. Celle-ci est spécialement justifiée par une production de masse des services et des outils qui ne s'ajuste pas aux besoins du jour du marché[4]. Il s'agit d'un choc économique qui doit être géré par les acteurs de ce marché et devenir équilibré. Selon Messieurs les Professeurs DEFFAINS et BALLER, « c'est donc bien l'ensemble du marché, tant du côté de l'offre que de celui de la demande qui est impacté par l'émergence de la legaltech notamment lorsqu'elle s'appuie sur l'essor de l'intelligence artificielle qui pourrait certes concurrencer l'intelligence réelle des acteurs traditionnels du marché, mais aussi révéler de nouveaux segments de marché »[5].

---

[1] L'intervention de Me Jean-Claude BEAUJOUR lors du colloque « Les médias face à la crise de confiance de la démocratie en Amérique et en Europe », 27 janvier 2020, organisé par le Cercle France-Amérique.
[2] T. COUSTET, « La réalité derrière le fantasme de la justice robot », *op. cit.*
[3] Cf. A. POTTAGE, B. SHERMAN, *Figures of Invention: A History of Modern Patent Law*, Oxford University Press, 2010, 232 p.
[4] Cf. Cf. M. RAJ, R. SEAMANS, « Artificial Intelligence, Labor, Productivity, and the Need for Firm-Level Data » In. A. AGRAWAL, J. GANS, A. GOLDFARB (dir.), *The Economics of Artificial Intelligence: An Agenda*, University of Chicago Press, 2019, pp. 553-566.
[5] B. DEFFAINS, S. BALLER, « Intelligence artificielle et devenir de la profession juridique : l'avenir et présent ! », *Revue Pratique de la Prospective et de l'Innovation*, Lexis Nexis, mars 2017, n°1. Cité dans : Ministère de la justice (fr), « rapport à Madame la garde des Sceaux :

Les technologies existantes des outils algorithmiques d'aide à la décision juridique sont accessibles dans le monde entier. Par conséquent l'épanouissement du marché de legaltech ne nécessite pas une initiative technologique particulière. Pourtant, les statistiques démontrent que le revenu annuel du marché de legaltech européen est considérablement inférieur par rapport de celui des États-Unis (celle-ci a été 4.03 milliards dollars face à celle de 17.32 milliards dollars aux États-Unis [1)] alors que selon le Conseil de l'Europe, « les legaltechs sont des leaders dans le développement de solutions basées sur l'intelligence artificielle »[2]. Par conséquent, les acteurs européens impliqués dans ce marché doivent recourir aux moyens innovants du marketing pour préserver la stabilité de la balance entre leur capacité technologique et le nombre de la demande dans le marché[3].

À cette fin, ils s'appuient spécialement sur la création (ou l'aggravation maîtrisée) d'un sentiment de faiblesse et vis-à-vis des États-Unis, en matière des nouvelles technologies et de l'innovation. Contrairement à l'Europe, le marché américain de legaltech s'épanouit en harmonie avec les besoins actuels et les demandes des professionnels du droit. C'est la raison pour laquelle les relations entre les acteurs du marché de legaltech et ceux de la justice semblent être plus équilibrées aux États-Unis.

Le travail des juristes consiste, traditionnellement, à trouver une solution pour une problématique juridique en étudiant des faits et les lois existants (il s'agit de faits qui ont été générés ainsi que des lois adoptées dans le passé). Pourtant, ceux qui se spécialisent en justice augmentée et s'impliquent dans le marché de la legaltech ont toujours un regard vers l'avenir et un intérêt pour la création des « nouvelles mesures » favorisant la performance de la justice. À ce titre, les acteurs de la legaltech peuvent être considérés comme « les cendrillons du monde du droit ». Ils ont beaucoup de caractéristiques en commun avec le personnage central du conte de Cendrillon.

Tout d'abord, ils sont « conscients » des faiblesses de l'état actuel des systèmes. De plus, ils ont « inconsciemment » l'espoir et le désir de l'arrivée d'un « prince charmant » (à savoir, la technologie de l'intelligence artificielle), qui transformerait les professions juridiques en les rendant plus

---

l'open data des décisions de justice, mission d'étude et de préfiguration sur l'ouverture au public des décisions de justice », novembre 2017, p. 28.

[1] Les statistiques liées aux marchés de *legaltech* européen et américain sont respectivement disponibles sur https://www.statista.com/statistics/1155911/europe-legal-tech-revenue-by-market/ et https://www.statista.com/statistics/1155852/legal-tech-market-revenue-worldwide/ (consulté le 12 juin 2021).

[2] Conseil de l'Europe, *Actions possibles pour assurer une diffusion et une mise en œuvre plus larges de la Charte éthique européenne sur l'utilisation de l'intelligence artificielle (IA) dans les systèmes judiciaires et leur environnement*, rapport de la Commission européenne pour l'efficacité de la justice, 5 mars 2019, p. 3

[3] Cf. F. Pellegrini, S. Canevet, *Droit des logiciels*, Presses universitaires de France, éd. 1, novembre 2013, pp. 493-517.

efficaces, plus rapides et moins chères (en fait, ils rêvent d'une vie professionnelle meilleure grâce à l'arrivée soudaine d'un élément extérieur).

. L'ensemble de ces caractéristiques peut former un désir inconscient pour recourir aux technologies de l'intelligence artificielle, afin d'améliorer une situation qu'ils estiment « faible ». Par conséquent, ce désir peut se qualifier comme « un complexe de cendrillon ». Depuis 1982, ce complexe a fait l'objet d'un certain nombre d'études de phycologie[1]. Évidemment, dans cette illustration, le terme « prince charmant » représente l'image « parfait », que les acteurs de legaltech essayent de réaliser de l'intelligence artificielle.

Dans les milieux juridiques européens, ce dernier semble être aggravé par un sentiment d'infériorité face à l'image de la suprématie technologique des États-Unis[2]. Il nous apparaît que la pression économique du marché européen de la legaltech s'appuie également sur ce complexe. Elle s'impose notamment par l'intermédiaire des controverses publicitaires et médiatiques[3]. Un exemple très illustratif de cette pression a été observé en France, en 2019, lorsque l'adoption de l'article 33 de la loi française n° 2019-222 du 23 mars 2019[4] , interdisant la pratique du profilage des magistrats devenait la cible d'un certain nombre de contestations de la part des acteurs de la legaltech[5].

En France, le profilage nominatif des magistrats et des greffiers est interdit par l'article L111-13 §3 du Code de l'organisation judiciaire qui dispose que « les données d'identité des magistrats et des membres du greffe ne peuvent faire l'objet d'une réutilisation ayant pour objet ou pour effet d'évaluer, d'analyser, de comparer ou de prédire leurs pratiques professionnelles réelles ou supposées. La violation de cette interdiction est punie des peines prévues aux articles 226-18,226-24 et 226-31 du code pénal, sans préjudice des mesures et sanctions prévues par la loi n° 78-17 du 6 janvier 1978 relative à l'informatique, aux fichiers et aux libertés ».

---

[1] Cf. C. DOWLING, *Le complexe de cendrillon*, Grasset, 1982, 88 p. ; S. TOMASELLA, *Se libérer du complexe de cendrillon : Trouver l'audace de vivre*, Eyrolles, 2020, 1er éd., 147 p.

[2] Cf. G. GAUTHEY, B. GRANDJEAN, « Le boom de la legaltech », *Les Echos*, 9 octobre 2017, disponible sur https://www.lesechos.fr/2017/10/le-boom-de-la-legaltech-177940 (consulté le 12 juin 2021). ; Cf. Village de la justice, « Regards croisés sur la Legaltech en France et aux USA... », 24 janvier 2018, disponible sur https://www.village-justice.com/articles/regard-croise-sur-legaltech-france-aux-usa,26775.html (consulté le 12 juin 2021).

[3] B. CASSAR, « La transformation numérique du monde du droit », *Thèse de doctorat en droit privé*, soutenu le 4 décembre 2020, Université de Strasbourg, p. 179.

[4] La Loi française n° 2019-222 du 23 mars 2019 protégeant les données personnelles des justiciables, des magistrats et des membres du greffe.

[5] Cf. L. NEUER, Profilage des magistrats : « Nous sommes en train de créer une "exception française" », *Le Point*, 31 janvier 2019, disponible sur https://www.lepoint.fr/editos-du-point/laurence-neuer/profilage-des-magistrats-nous-sommes-en-train-de-creer-une-exception-francaise-31-01-2019-2290472_56.php (consulté le 10 juin 2021). ; L. BROTO, Th. HENRY, « L'interdiction du profilage des juges, une limite légitime à la publicité des décisions de justice ? », *affiches-parisiennes.com*, 8 janvier 2020, disponible sur https://www.affiches-parisiennes.com/l-interdiction-du-profilage-des-juges-une-limite-legitime-a-la-publicite-des-decisions-de-justice-9614.html (consulté le 13 juin 2021).

À ce jour, il n'existe aucun classement officiel des outils de legaltech en Europe. En outre, aucune étude spécifique sur ces derniers n'est réalisée par aucun organe européen (celles qui sont réalisées par les institutions de l'Union européenne et du Conseil de l'Europe concernent l'usage de « l'ensemble des outils des NTIC » par « les juridictions » [1]). Par conséquent, il serait extrêmement difficile d'avoir une vision globale et fiable sur les politiques commerciales et économiques de l'ensemble des marchés européens de la legaltech. Toutefois, une étude sur le marché français de la legaltech nous amène à conclure que la réalisation d'un nombre considérable des outils de documentation et de recherche existant dans ce marché semblent être inspirés par les outils anglais et américains suivants : LexisNexis[2], Westlaw et Casetext (ils sont majoritairement les logiciels dédiés à la recherche, la documentation et la mise en conformité) existant depuis des années 90s[3].

En octobre 2017, au sujet de la startup française, Monsieur Xavier RONSIN a évoqué que ce logiciel « n'apportait aucune plus-value par rapport à d'autres moteurs de recherche »[4] même s'il permettrait « déjà une analyse très satisfaisante de la jurisprudence des cours d'appel et de la Cour de cassation »[5].

En 2018, ce fait a été également affirmé par la Commission européenne pour l'efficacité de la justice du Conseil de l'Europe[6]. En prenant une position plus stricte, le Professeur Bruno DONDERO met l'efficacité générale de ces outils en question, en soutenant que « les outils de justice " prédictive " ne restituent pas, en l'état, le raisonnement juridique. Or, les affaires jugées peuvent être complexes et il n'est pas certain que les solutions développées

---

[1] Cf. Conseil de l'Europe, *Systèmes judiciaires européens Efficacité et qualité de la justice,* étude de la Commission européenne pour l'efficacité de la justice, n° 24, rapport thématique : l'utilisation des technologies de l'information dans les tribunaux en Europe. ; Conseil de l'Union européenne, la communication du 17 juillet 2019 du secrétariat général du Conseil aux délégations, *enquête sur l'utilisation des outils informatiques par les juridictions des États membres - résultats*, n° 10836/1/19. ; Conseil de l'Union européenne, communication du 10 septembre 2019 du secrétariat général du Conseil au plan d'action sur e-justice, *enquête sur l'utilisation des outils informatiques par les juridictions des États membres - analyses*, n° 10836/1/19.

[2] Cf. V. SICOT, « 7 Les traitements de la Jurisprudence par LexisNexis », In. I. SAYN (coord.), *Justice et numérique. Quelles (r)évolutions? Actes du Séminaire e-juris*, La semaine juridique, éd. générale supplément au n° 44-45, 28 octobre 2019, pp. 37-40.

[3] M. MEDVEDEVA, M. VOLS, M. WIELING, « Using machine learning to predict decisions of the European Court of Human Rights », *Artif Intell Law,* n° 28, 2020, pp. 238.

[4] T. COUSTET, « L'utilisation de l'outil Predictice déçoit la cour d'appel de Rennes », *Dalloz Actualité*, interview de X. Ronsin, 16 octobre 2017, disponible sur https://www.dalloz-actualite.fr/interview/l-utilisation-de-l-outil-predictice-decoit-cour-d-appel-de-rennes#.X4BhkVdLiihv (consulté le 25 septembre 2020).

[5] *Ibidem*.

[6] Conseil de l'Europe, *la Charte éthique européenne d'utilisation de l'intelligence artificielle dans les systèmes judiciaires et leur environnement*, *op. cit.*, p. 42.

offrent, dans ces conditions, une fiabilité satisfaisante »[1]. Ces inspirations excessives des outils américains et anglais nous amènent à conclure que les regards des spécialistes européens de legaltech, en tant que bâtisseurs de la justice augmentée en Europe sont plutôt tournés vers l'autre côté de l'Atlantique. Cette vision semble être un effet direct du « complexe de cendrillon ».

Une autre caractéristique principale de cendrillon est que son centre d'attention se trouvait dans un pays lointain dans lequel le prince charmant vivait, alors qu'elle pourrait se concentrer davantage sur ses propres problèmes qu'elle pourrait et devrait résoudre. L'inspiration excessive des outils américains et anglais peut être parfaitement comparé à cette caractéristique de ce conte. Dans ces circonstances, ce complexe peut présenter le risque d'un recours précipité aux systèmes utilisés dans les autres pays, sans la prise en compte des besoins plus spécifiques des juristes européens. Par conséquent, afin de se libérer de ce complexe, les concepteurs européens peuvent s'investir davantage dans l'identification des besoins des juristes européens.

Selon une étude réalisée en 2020, pendant les dernières années, les services fournis par les outils de legaltech deviennent progressivement de plus en plus spécifiques[2]. Par exemple, aujourd'hui, ceux dédiés à l'élaboration automatisée du résumé d'un texte juridique, à l'extraction d'informations et la catégorisation des sources juridiques ainsi que la réalisation automatisée des statistiques ont plus d'utilité que les outils généraux de documentation de recherche juridique[3]. Par exemple, la legaltech nantaise, Case Law Analytics, présentant la possibilité d'élaboration des statistiques sur la chance de réussite dans un procès[4] semble avoir une utilité de plus en plus importante par rapport aux moteurs de recherches classiques.

En Europe, le complexe de Cendrillon pourrait être avantageux pour le développement du marché de legaltech, à condition qu'il soit au service de celui de l'innovation des concepteurs européens des logiciels de legaltech. En outre, une adaptation plus appropriée aux besoins spécifiques des juristes européens peut conduire au renforcement de la confiance des acteurs de la justice envers ces outils. C'est l'ensemble de ces efforts qui fournit la possibilité de mise en place des environnements judiciaires augmentés en Europe.

---

[1] B. DONDERO, « Justice prédictive : la fin de l'aléa judiciaire ? », *Recueil Dalloz*, Dalloz, 2017, p.532. ; Cf. L. CADIET, *L'open data des décisions de justice*, rapport à la Garde des sceaux, novembre 2017, p. 24.

[2] M. MEDVEDEVA, M. VOLS, M. WIELING, « Using machine learning to predict decisions of the European Court of Human Rights », *Artif Intell Law*, n° 28, 2020, pp. 238.

[3] *Ibidem.*

[4] Q. CLAUZON, « Case Law Analytics : Vers la maitrise de l'aléa judiciaire », *affiches-parisiennes.com*, 21 février 2017, https://www.affiches-parisiennes.com/case-law-analytics-vers-la-maitrise-de-l-alea-judiciaire-6999.html (consulté le 12 juillet 2021).

Le marché américain de la legaltech est apparu en août 2008 à San Francisco par le lancement de startup Rocket Lawyer. Le lancement de cette startup a été le fruit des expériences de l'avocat californien Charley MOORE au sein de la société Yahoo et la société WebTV Networks, Inc qui ont été, au début du XXe siècle, parmi les principaux géants du web. Depuis l'année 2009, à la suite du succès considérable de ce logiciel, Me MOORE a lancé un certain nombre de collaborations avec d'autres grandes sociétés telles que Linkedin et les réseaux de LexisNexis ainsi que Google Ventures. [1].

Aujourd'hui, selon Madame Dory REILING « les outils de l'IA [intelligence artificielle] sont en libre commerce »[2] aux États-Unis qui « ont investi ces outils de manière assez décomplexée, tant en matière civile que pénale »[3]. Selon une étude réalisée par Forbes, en 2018, le marché américain de legaltech a connu une hausse de 713% d'investissement[4].

Contrairement à la France où les principaux concepteurs de la legaltech sont les startups autonomes[5], les logiciels américains de la justice prédictive sont souvent conçus par les startups soutenues par les grandes entreprises du numérique. Par exemple, les deux célèbres logiciels, étant aujourd'hui massivement utilisés dans les cabinets d'avocats américains, Ross[6] et DoNotPay, se basent principalement sur le system expert Watson (un système cognitif doté de l'intelligence artificielle supervisée) de la société IBM[7].

---

[1] A. DUMOURIER, Rocket Lawyer veut rendre les services juridiques plus abordables, *Le monde du Droit*, 18 avril 2017, disponible sur https://www.lemondedudroit.fr/professions/337-legaltech/416-rocket-lawyer-veut-rendre-les-services-juridiques-plus-abordables.html (consulté le 22 juin 2021).

[2] D. REILING, « Quelle place pour l'intelligence artificielle dans le processus de décision d'un juge ? », *op. cit.*, pp. 224.

[3] Le Conseil de l'Europe, *la Charte éthique européenne d'utilisation de l'intelligence artificielle dans les systèmes judiciaires et leur environnement*, adoptée lors de la 31e réunion plénière de la CEPEJ, Strasbourg, 3-4 décembre 2018, p. 17.

[4] V. PIVOVAROV, N. DOLM, « 713% Growth: Legal Tech Set An Investment Record In 2018 », *Forbes*, 15 janvier 2019, disponible sur https://www.forbes.com/sites/valentinpivovarov/2019/01/15/legaltechinvestment2018/?sh=5fb56f607c2b (consulté le 25 juin 2021). ; Les statistiques relatives à l'usage des outils de *legaltech* dans les cabinets d'avocats en 2020 (sur le plan mondial) sont disponibles sur https://www.statista.com/statistics/1175851/top-legal-tech-tools-law-firms/ (consulté le 25 février 2021).

[5] Cf. Maddyness, « Des levées de fonds en berne mais un développement dopé, le double impact de la crise sur la legaltech française », étude réalisée par Wolters Kluwer/Maddyness, 9 février 2021, disponible sur https://www.maddyness.com/2021/02/09/la-legaltech-francaise-patit-de-la-crise/ (consulté le 13 juillet 2021).

[6] Forbes, *ROSS Intelligence*, 2017, disponible sur https://www.forbes.com/profile/ross-intelligence/?sh=54dc49bd1e85 (consulté le 22 juin 2021).

[7] Ch. SCHNEIDER, « Bots for the greater good: 6 chatbots making the world a better place », *IBM*, 19 juin 2017, disponible sur https://www.ibm.com/blogs/watson/2017/06/bots-for-good-6-helpful-chatbots/ (consulté le 22 juin 2021). ; H. LAM, « Cognitive for the greater good at the Watson Developer Conference », *IBM*, 28 novembre 2016, disponible sur https://www.ibm.com/blogs/cloud-computing/2016/11/28/cognitive-watson-developer-conference/ (consulté le 22 juin 2021).

Le logiciel Ross est, à la base, un chatbot, plus particulièrement dédié à la documentation juridique et la consultation automatisée. Plus précisément, il a une utilité assez limitée. Pourtant, le logiciel DoNotPay, initialement conçu par Monsieur Joshua BROWDER au Royaume-Uni qui est commercialisé depuis 2015 est doté d'une technologie plus développée ayant la capacité de la détection des principaux éléments de litige et de la production des arguments. Malgré sa puissance plus élevée, ce dernier pourrait être exclusivement utilisé pour le traitement de quinze catégories de litiges, alors que le champ d'application du logiciel Ross est beaucoup plus vaste.

Il convient de considérer que le taux de fiabilité du fonctionnement de ces logiciels n'est pas la même dans le cas des différentes catégories de litiges. Depuis 2017, il a été utilisé dans les secteurs différents, notamment pour payer les frais du stationnement, la soumission rapide des plaintes, l'évaluation préliminaire des dossiers de demande d'asile ou des demandes d'aides sociales ainsi que le traitement des demandes de visa, et la consultation aux étudiants pour les frais d'activités et enfin pour la gestion de circulation du virus pendant la pandémie de la Covid-19 (2020-2021).

En 2017, le logiciel américain Alexsei Inc. a été développé sur le même modèle. Celui-ci est capable d'élaborer, sous 24 heures, des consultations autodéterminées par une analyse sur les jurisprudences similaires[1]. En 2020, la startup DoNotPay a fait une lavée de fonds de douze millions de dollars grâce aux financements massifs des deux grands investisseurs, géants du numérique (en particulier les sociétés Founders Fund et Andreessen Horowitz)[2].

Les autres logiciels célèbres aux États-Unis comme HighQ, Bloomberg Law et Lex Machina sont également conçus par les géants de l'informatique et de la communication (le premier appartient à la société Thomson Reuters. Le second a été créé par la société Bloomberg LP. Le troisième appartient à la société Lexis-Nexis)[3]. L'implication de ces grandes entreprises et ces investissements massifs démontrent que le taux de demande dans le marché américain de la legaltech est considérablement élevé. Celui-ci peut justifier l'émergence d'une pression économique en faveur de mise en place de la justice augmentée. Cette pression peut s'imposer à travers le lobbying entre les grandes entreprises et le pouvoir public[4].

---

[1] *Ibidem.*

[2] M. HERNBROTH, « DoNotPay, the surging startup that helps you fight parking tickets and break up with your gym, just raised $12 million at a valuation over $80 million », Business Insider, 24 juin 2020, disponible sur https://www.businessinsider.com/donotpay-series-a-funding-coatue-andreessen-horowitz-founders-fund-2020-6?IR=T (consulté le 22 février 2021).

[3] Cf. Thomson Reuters, *HighQ*, disponible sur https://legal.thomsonreuters.com/en/products/highq (conusltć le 22 juin 2021). ; *Bloomberg Law*, disponible sur https://pro.bloomberglaw.com/ (consulté le 22 juin 2021). ; *Lex Machina*, disponible sur https://lexmachina.com/about/ (consulté le 22 juin 2021).

[4] Cf. *Lobbying Disclosure Act de 1995.*

Selon Monsieur Vincent LEMAIRE « le numérique est trop fréquemment associé à sa composante économique »[1]. Cette formule est de plus en plus valable dans le cas spécifique de l'intelligence artificielle. Selon la thèse de l'analyse économique du droit, le droit se forme sous l'influence des enjeux économiques. La justice augmentée pourrait être considérée comme vecteur et même un outil direct d'imposition de cette influence sur la création et l'évolution du droit[2].

Le succès de la justice augmentée dans le monde du droit est particulièrement justifié par une logique économique motivée par l'espoir d'une baisse des dépenses du fonctionnement des juridictions (cela serait réalisable à condition que les outils de l'intelligence artificielle soient utilisés dans toutes les phases des processus judiciaires)[3]. Pourtant, les intérêts économiques générés par la mise en place de la justice augmentée ne se limitent pas au budget des États. Ils peuvent s'élargir facilement à d'autres catégories de personnes impliquées dans les contentieux, notamment celui des avocats.

L'usage des outils dotés de l'intelligence artificielle par les professionnels libéraux du droit (notamment les avocats) est susceptible de leur présenter des intérêts économiques « immédiats ». De plus, la mise en place des environnements judiciaires augmentés pourrait avoir, « à long terme », des bénéfices « directs » pour ce groupe d'acteurs de la justice. Par ailleurs, la baisse des dépenses des avocats, pourrait, par conséquent, présenter des intérêts économiques « indirects » pour les justiciables.

À ce titre, la mise en place de la justice augmentée peut être comparée à celle des véhicules autonomes. En fait, contrairement à certains usages de l'intelligence artificielle qui sont directement liés à l'amélioration du bien-être humain (comme ceux dans le secteur de la santé), la motivation d'usage des véhicules autonomes semble être très particulièrement économique. Par conséquent, elle semble être plus similaire à celle de la justice augmentée.

Dans ce second exemple, en parallèle de génération des intérêts économiques directs et immédiats pour leurs créateurs, fournisseurs et utilisateurs (plus précisément, les intérêts liés à la vente et à l'utilisation de ces systèmes), à long terme, en renforçant la sécurité de transport et la réduction des pertes liées aux accidents[4], il peut également générer des intérêts

[1] V. LEMAIRE, « Le droit public numérique à travers ses concepts : émergence et transformation d'une terminologie juridique », *op. cit.*, p. 347

[2] R-A. POSNER, *Economic Analysis of Law, Little*, *op. cit.* ; W-M. LADES, R-A. POSNER, *The Influence of Economics on Law: A Quantitative Study*, *op. cit.*

[3] Cf. A. GOOLSBEE, « Public Policy in an AI Economy » In. A. AGRAWAL, J. GANS, A. GOLDFARB (dir.), *The Economics of Artificial Intelligence: An Agenda*, University of Chicago Press, 2019, pp. 309-316.

[4] Département des Transports des États-Unis, *History of intelligent transportation systems*, mai 2016, rapport n° FHWA-JPO-16-329, p.2, disponible sur https://outrightolds.com/docs/History-Of-IVHS.pdf (consulté le 19 juin 2021). ; L. ELIOT, « Essential Stats For Justifying And Comparing Self-Driving Cars To Humans At The Wheel »,

indirects pour les conducteurs des véhicules et leurs familles ainsi que les acteurs d'assurance et des administrations.

L'émergence de ces deux types et niveaux d'intérêt dans le contexte de la justice augmenté semble être également envisageable. Par exemple, en réduisant les tâches répétitives et les dépenses liées à ces dernières, elle peut présenter des intérêts économiques directs et immédiats. De plus, en réduisant le taux d'erreur dans les décisions judiciaires et renforçant la qualité des systèmes automatisés du règlement des litiges, elle pourrait, indirectement, aboutir à la réduction du nombre des recours aux juridictions (en particulier celles du second degré). C'est ainsi qu'elle peut présenter ces intérêts économiques indirects dans le contexte judiciaire.

C'est la multiplicité de ces avantages économiques directs et indirects qui justifie la pluralité des pressions institutionnelles et économiques pour la mise en place de la justice augmentée. Ces pressions pourraient généralement se diviser en deux catégories : les pressions « internes » (il 's'agit d'une pression institutionnelle) et les pressions « externes » (globalement générées par les acteurs non-étatiques, comme les professionnels libéraux du droit ainsi que les sujets du droit).

La justice, à la fois un droit et un service gratuit, coûte chère pour les États. La legaltech étant porteuse de la promesse d'un système judiciaire moins coûteux et plus rapide se présente comme un miracle pour les juridictions. Au début de la seconde décennie du XXIe siècle, dans une période lors de laquelle les États se sont trouvés confrontés à de grandes crises économiques causées par la pandémie de la Covid-19[1], la nécessité de mise en place de la justice augmentée a été ressentie plus que jamais[2]. Cette période a été marquée par la

---

Forbes, 30 mai 2019, disponible sur https://www.forbes.com/sites/lanceeliot/2019/05/30/essential-stats-for-justifying-and-comparing-self-driving-cars-to-humans-at-the-wheel/?sh=34ebd02846ed (consulté le 19 juin 2021). ; Ministère de la transition écologique (fr), *Les véhicules autonomes*, 16 décembre 2020, disponible sur https://www.ecologie.gouv.fr/vehicules-autonomes (consulté le 19 juin 2021).

[1] Cf. Vie-publique.fr, « Dette publique : un endettement soutenable mais une augmentation continue "préoccupante" », 26 mars 2021, disponible sur https://www.vie-publique.fr/en-bref/279110-un-endettement-soutenable-mais-une-augmentation-continue-preoccupante (consulté le 23 juin 2021).

[2] Cf. Cour des comptes (fr), *Le plan de continuité d'activité des juridictions judiciaires pendant la crise sanitaire liée à l'épidémie de Covid 19*, Communication à la commission des finances, de l'économie générale et du contrôle budgétaire de l'Assemblée nationale, pp. 58-80 et pp. 96-103, disponible sur https://www.vie-publique.fr/sites/default/files/rapport/pdf/279946.pdf (consulté le 23 juin 202).

hausse radicale des dépenses des juridictions[1] et la multiplication des litiges qui entraînait à une surcharge considérable des tribunaux[2].

De plus, ces crises ont été suivies par une augmentation d'absence des membres du greffe dans certaines juridictions[3]. L'ensemble de ces crises s'impose tandis que la lourde responsabilité d'assurer les procès efficaces, rapides et gratuits pèse sur les épaules des juridictions européennes et américaines. Ces circonstances révèlent le besoin de trouver une solution innovante face à ces crises. À cet égard, la juste augmentée peut être présentée comme une solution considérablement pertinente. Même avant sa réalisation généralisée, un simple recours limité aux systèmes de l'intelligence artificielle pourrait réduire les dépenses des juridictions. Cela garantirait l'efficacité du greffe même dans le cas de l'absence d'une partie de ses agents.

Dans les systèmes judiciaires permettant le recrutement de stagiaires non-rémunérés, ces derniers pourraient être recrutés afin de réaliser une partie des travaux du greffe (notamment les tâches répétitives et la documentation ainsi que la recherche juridique). Cette stratégie pourrait réduire les dépenses liées à une partie de travaux judiciaires.

La même pratique peut être également appliquée dans les cabinets d'avocats. En effet, cette stratégie coûterait même moins cher que l'achat ou l'abonnement d'utilisation des outils de legaltech. Par conséquent, celle-ci pourrait être considérée par certaines juridictions comme un option privilégiée. Toutefois, en réalité, il semble être moins avantageux puisque le recours aux outils de legaltech réduirait considérablement la durée de réalisation de ces tâches. En outre, cette stratégie imposerait l'investissement d'une énergie complémentaire pour la formation et la supervision des stagiaires. L'ensemble de ces considérations nous mène à conclure que même si cette stratégie pourrait coûter moins cher, elle est moins susceptible de renforcer l'efficacité du système. À long terme, celle-ci peut amener à renforcer la rapidité des processus judiciaires, et par conséquent, réduire automatiquement des dépenses liées à ces démarches.

En réduisant les frais des actions en justice et les processus judiciaires, la justice augmentée, présentera incontestablement un grand intérêt pour économique le monde du droit. Dès lors, le vrai problème qui se pose est qu'il serait difficile d'évaluer le vrai coût de mise en place de « la justice

---

[1] R. LEGENDRE, « La Cour des comptes alerte sur le dérapage des dépenses hors Covid », *L'Opinion*, 13 avril 2021, disponible sur https://www.lopinion.fr/edition/economie/cour-comptes-tire-sonnette-d-alarme-derapage-depenses-hors-covid-241598 (consulté le 23 juin 2021).

[2] J. COSSARDEAUX, « Engorgement des tribunaux : le « pari » d'Eric Dupond-Moretti », Les Echos, 3 avril 2021, disponible sur https://www.lesechos.fr/politique-societe/societe/engorgement-des-tribunaux-le-pari-deric-dupond-moretti-1287172 (consulté le 23 juin 2021).

[3] Sénat (fr), *Covid-19 : deuxième rapport d'étape*, rapport d'information, disponible sur www.senat.fr/rap/r19-608/r19-6089.html (consulté le 23 juin 2021).

augmentée ». En revanche, une telle évaluation serait plus facilement réalisable dans une dimension très limitée et spécifique. Par exemple, on peut facilement affirmer que l'utilisation d'un chatbot pour effectuer une consultation juridique pourrait être potentiellement moins chère qu'une consultation chez un avocat. Toutefois, dans une dimension plus large et plus générale (e.g. l'automatisation totale du fonctionnement du greffe), il serait extrêmement difficile d'évaluer le nombre d'outils qui doivent être utilisés et les tâches que ces derniers seraient censés réaliser. Cette difficulté serait même plus importante puisque les mêmes outils ne pourraient être mis en œuvre de même manière dans toutes les juridictions. Par exemple, aux États-Unis, le logiciel COMPAS ne peut être utilisé que dans les procès pénaux [1].

Un certain nombre d'outils basiques comme les moteurs de recherche, les chatbots et ceux dédiés à la traduction automatisée et à la production, l'identification et la sécurisation des signatures électroniques peuvent être facilement utilisés dans l'ensemble des juridictions et des cabinets d'avocats. Pourtant, il serait impossible d'utiliser de même manière les mêmes systèmes pour réaliser des tâches plus complexes comme la modélisation automatisée du raisonnement juridique ou les outils de la justice prédictive dédiés au profilage des justiciables. Par conséquent, la justice augmentée exige la mise en place d'un grand nombre de ces divers outils dans les différentes juridictions (en fonction de leur compétence) et dans les cabinets d'avocats (selon leur spécialité). Ainsi, il ne faut pas oublier que le stockage des données nécessaires pour réaliser ces processus est aussi susceptible d'être particulièrement coûteux. Le montant de celui-ci serait difficilement évaluable lorsque les données sont stockées dans les serveurs externes puisque, dans cette hypothèse, le frais du stockage peut être déterminé et changé par les prestataires de ce service.

De même, il serait extrêmement difficile de dessiner une stratégie commune et générale pour la mise en place de la justice augmentée aux niveaux nationaux, régionaux et fédéraux. Par conséquent, on peut conclure que le taux de l'intérêt économique de la justice augmentée dépend du « nombre des outils » qui seraient utilisés par les acteurs de la justice et des « frais réels » qu'ils devraient être payés pour bénéficier de ces services ainsi que du « nombre des acteurs commerciaux (notamment les fournisseurs des logiciels) qui seraient impliqués dans ce processus ». La fiabilité et la qualité des coopérations entre les acteurs de la justice et ceux du marché de legaltech ainsi que la concurrence entre ces derniers peuvent être également considérées comme un élément déterminant dans l'évaluation des vrais intérêts économiques de la justice augmentée.

La solution la plus pertinente pour l'évaluation réaliste du coût et des intérêts de la justice augmentée est de réaliser les bilans exacts des besoins spécifiques de chaque juridiction et établir une liste des outils algorithmiques

[1] Cf. *State c. Loomis*, 881 N.W.2d 749 (Wis. 2016).

pouvant être potentiellement utilisés dans chaque juridiction. Ces bilans doivent être séparément réalisés au niveau de chaque juridiction, en considérant que les besoins de chacune de ces dernières aux outils de l'intelligence artificielle peuvent être différents. La même méthode pourrait être également appliquée dans les différentes catégories des cabinets d'avocats, sous la coordination des barreaux[1].

La comparaison de l'ensemble de ces études pourrait nous amener à établir une stratégie réaliste pour la mise en œuvre massive des outils de l'intelligence artificielle, dans les environnements judiciaires. Une pression hâtive pour la mise en place de la justice augmentée ne doit pas empêcher les juridictions de réaliser des études approfondies sur son aspect financier avant recourir aux outils de l'intelligence artificielle.

Il convient de garder à l'esprit que les résultats de ces derniers (en étant purement indicatifs) ne peuvent pas être exacts et fiables à 100% puisqu'au fil du temps, les besoins des juridictions changent et les outils de legaltech évoluent perpétuellement. Par conséquent, ces études, ayant une valeur indicative, doivent être régulièrement et perpétuellement réévaluées. Cette considération génère une incertitude globale envers le vrai intérêt budgétaire de la justice augmentée.

Le coût élevé des procès de la justice est une préoccupation partagée non seulement pour les États mais aussi pour les justiciables et ses avocats. Un changement de structure du fonctionnement de la justice imposerait certains impacts sur les dépenses de l'ensemble des acteurs et des sujets de la justice. L'espoir de réduction des frais de justice grâce à l'intelligence artificielle explique la génération d'une demande à l'extérieur des juridictions. Celle-ci peut être considérée comme « une pression externe » pour mise en place des environnements judiciaires augmentés. Cette passion se justifie également par la confiance que la société manifeste envers « les méthodes scientifiques du traitement de droit ». Un célèbre magistrat australien affirme, en s'appuyant sur la même idée, que « le public est plus intéressé qu'on peut imaginer à maintenir les normes scientifiques en matière d'administration de la justice »[2] (ce propos a été exprimé dans le contexte des environnements judiciaires des États-Unis).

Sir Frederick POLLOCK évoque, également à ce sujet, qu'« Il n'y a pas de moyen par lequel le droit moderne peut échapper au caractère scientifique et artificiel que lui impose la demande des sociétés modernes pour une justice

---

[1] Cf. P. HENRY, P. HOFSTRÖSSLER, *Rapport sur l'avenir de la profession d'avocat*, rapport au Ministre de la Justice, 25 février 2018,, pp. 277-278, disponible sur https://legalnews.be/wp-content/uploads/2018/02/rapporttoekomstadvocatuurrapportavenirprofessiond_avocatfinal.pdf (consulté le 12 juillet 2021).

[2] N. ROSCOE POUND, « Mechanical Jurisprudence », *Columbia Law Review*, vol. 8, no° 8 décembre 1908, p. 605.

pleine, égale et exacte »[1]. Cette pression populaire est alimentée non seulement par la tendance naturelle des hommes à la facilité mais aussi par leur méfiance générale envers la qualité de la prestation des services judiciaires des professionnels du droit[2].

La legaltech est une révolution, fournissant la possibilité d'une autonomie partielle pour les justiciables dans un certain nombre de ses actions devant la justice. Par exemple, depuis longtemps, les justiciables utilisaient les annuaires classiques pour trouver manuellement les meilleurs avocats (ayant les compétences adaptées à leurs besoins). Aujourd'hui cette démarche peut s'effectuer par deux clics, par le biais d'une recherche rapide sur les moteurs de recherche[3].

On peut diviser les moteurs de recherche des profils des avocats en deux catégories (selon leur nature et leur degré de puissance). La première se trouve au rang des techniques de l'intelligence artificielle faible et ressemble plutôt au mode du fonctionnement des annuaires classiques. Ces systèmes reposent sur une recherche simple par le biais des techniques de l'apprentissage automatique (comme celles utilisées pour les moteurs de recherche classiques comme google.com et yahoo.com). Ces derniers sont capables de proposer un avocat ou une avocate par la recherche des éléments identiques tels que le nom, le prénom, la situation géographique, les compétences, les diplômes et même les avis d'autres clients. Par exemple, l'annuaire du conseil national des barreaux de France (CNB) se trouve dans cette catégorie[4].

En réalité, ces moteurs de recherche ne présentent une valeur ajoutée considérable par rapport aux annuaires classiques, telles que les pages jaunes et blanches (selon les recherches de l'auteur, la totalité des moteurs de recherche présents dans le marché français de legaltech en juin 2021 se trouvaient dans cette première catégorie). La seconde catégorie englobe les systèmes plus complexes qui s'allient les différentes techniques de l'apprentissage automatique et de l'apprentissage profond. Ils fournissent une possibilité de détection, d'analyse automatisée d'éléments clés des faits et des circonstances des litiges.

À la suite de la détection de ces éléments, la machine peut créer, grâce aux algorithmiques, « un modèle de l'ensemble des caractéristiques de la requête ». Ensuite, il peut être comparé d'une façon pointilleuse avec des

---

[1] F. POLLOCK, *A First Book of Jurisprudence for Students of the Common Law*, Macmillan, éd. 2, 1896, p. 56. cité dans N. ROSCOE POUND, « Mechanical Jurisprudence », p. 605.

[2] La Croix, « Les raisons d'une méfiance persistante », *www.la-croix.com*, 16 novembre 2021, disponible sur https://www.la-croix.com/Actualite/France/Les-raisons-d-une-mefiance-persistante-_NG_-2009-11-16-600895 (consulté le 24 juin 2021).

[3] Cf. Village de la justice, « Avocats, sur quels annuaires vous référencer ? », 18 juin 2021, disponible sur https://www.village-justice.com/articles/Annuaires-pour-Avocats,21074.html (consulté le 24 juin 2021).

[4] Cf. CNB, *Annuaire des avocats de France*, disponible sur https://www.cnb.avocat.fr/fr/annuaire-des-avocats-de-france (consulté le 25 juin 2021).

jurisprudences similaires rendues dans le passé. À la suite de sélection d'affaires qui avaient plus de réussite et de succès, les avocats qui ont participé et plus considérablement brillé dans ces litiges pourraient être recommandés aux clients. Autrement dit, contrairement à la première catégorie dans laquelle la recherche est basée sur « le profil personnel des avocats », dans la seconde catégorie, la recherche serait plutôt basée sur des faits et des circonstances des contentieux.

Il convient de noter qu'à ce jour, les outils relevant de cette seconde catégorie ne sont encore présentés par aucune entreprise de legaltech. Il s'agit d'une innovation sans précédent pouvant notamment servir au renforcement de la spécialisation de la profession d'avocat[1]. Par conséquent, ces moteurs de recherche pourraient aboutir à disparition progressive de la profession d'« avocat généraliste ».

Par ailleurs, ces systèmes sont susceptibles de poser des problèmes liés au droit de la concurrence[2]. La commercialisation de ces systèmes et la manipulation du fonctionnement de ces derniers pourraient conduire à l'augmentation (ou la création) artificielle de la crédibilité de certains avocats. Dans le cas de la mise en place de ces moteurs de recherche, un contrôle renforcé doit être porté sur le fonctionnement de ces outils afin d'accentuer la vérification de l'authenticité des informations apparues sur ces plateformes (dans l'Union européenne, les contrôles envisagés par le règlement de parlement européen sur l'intelligence artificielle peuvent réduire ce risque de façon systématique).

Ces outils effacent ainsi les barrières géographiques entre les avocats et les clients[3]. Dans cette hypothèse, en élargissant le champ géographique de la compétition[4] entre les avocats, désormais les entreprises de legaltech et les cabinets d'avocats qui s'intègrent davantage à ces outils pourraient éventuellement monopoliser ce marché dans toutes les dimensions géographiques. Imaginons, par exemple, qu'il n'y ait qu'un seul avocat (généraliste) dans un village. Dans un système traditionnel, les habitants de ce village seraient obligés de le solliciter pour l'ensemble des travaux spécialisés. Même s'il est évident que cet avocat n'est pas suffisamment compétent pour traiter ces tâches, les considérations géographiques ne laissent pas d'autres choix. La révolution de legaltech, en fournissant une accessibilité directe et rapide aux conseils spécialisés, fait un environnement sans distance, et par conséquent extrêmement compétitif.

---

[1] A. VAN DEN BRANDEN, « La robotisation de la justice » In. H. JACQUEMIN, A. DE STREEL, *L'intelligence artificielle et le droit*, 3é tirage, 2019, *op. cit.*, pp. 309-310.

[2] Cf. F.H. STEPHEN, *Lawyers, Markets and Regulation*, Edward Elgar, 2013, pp. 7-20 et pp. 44-62.

[3] Cf. G. AUGUST, « L'internationalisation de la profession d'avocat », *Pouvoirs*, 2012, vol. 1, n°140, pp. 49-57.

[4] M. IANSITI, K. R. LAKHANI, *Competing in the Age of AI: Strategy and Leadership When Algorithms and Networks Run the World*, Harvard Business School Press, 2020, 267 p.

L'élargissement de ce champ est susceptible d'être de plus en plus considérable dans certaines affaires relevant (strictement) du droit international ou des droits régionaux (ce propos peut être également valable au niveau des fédérations, par exemple, aux États-Unis, dans le cas des procès devant les juridictions fédérales). D'autre part, depuis l'année 2015[1], aux États-Unis et en Europe, une partie des consultations juridiques peut se réaliser de façon automatisée par les chatbots (ces outils sont également connus sous le nom de « legalbot » dans le marché de legaltech). Dans l'hypothèse d'un manque de confiance envers les travaux et les avis des avocats ou la qualité des algorithmes utilisés dans ces logiciels, ils peuvent être combinés afin de renforcer la confiance envers le résultat final. Par conséquent, on peut évoquer que l'opinion d'un avocat confirmée ou complétée par un avis généré par les outils de legaltech - ou vice versa - pourrait obtenir plus de fiabilité (au moins sur le plan psychologique).

Les pressions économiques pour la mise en place de la justice augmentée pourraient également s'imposer de façon indirecte. Dans ce contexte, les entreprises de la legaltech sont les nouvelles collaboratrices des avocats puisque les outils de l'intelligence artificielle présenteraient des « intérêts économiques partagés » par les deux. Par conséquent, il serait possible que ces pressions menées, originalement, par le marché de legaltech soient réalisées par l'intermédiaire des avocats[2] en vue d'acquérir une crédibilité générale pour les travaux effectués par l'intelligence artificielle.

Dans le contexte d'un système judiciaire augmenté, la présentation des arguments générés par l'intelligence artificielle serait automatiquement considérée *a priori* légitime, correcte et acceptée (sous condition d'existence d'un contrôle efficace sur le fonctionnement du système). Une telle appréciation officielle rassurerait davantage les avocats et les justiciables et les encouragerait encore plus à utiliser ces outils. L'attribution d'une telle légitimité aux dossiers qui sont générés d'une façon automatisée semble être essentielle pour la mise en œuvre de la justice augmentée puisqu'aujourd'hui, une grande partie de juristes estime qu'« un dossier qui n'est pas papier ne pourrait pas être considéré comme un dossier » comme le Professeur Pablo Oscar GALLEGOS FEDRIANI affirme, le 14 novembre 2018 lors de la troisième édition des « journées universitaires sur les enjeux des gouvernements ouverts et du numérique ».

La création des outils de la legaltech avait pour objectif de renforcer l'efficacité des travaux des professionnels du droit. Toutefois, ils peuvent être également utilisés, par leurs prestataires, comme outils de « prise de pouvoir »

[1] La date de présentation de premiers *chatbots* juridiques par la société *DoNotPay.* ; Les informations complémentaires sur ce service sont disponibles sur https://donotpay.com/ (consulté le 25 juin 2021).

[2] Cf. Thomson Reuters, « A revolution in legal services », *Thomson Reuters*, 7 juillet 2015, disponible sur https://blogs.thomsonreuters.com/answerson/revolution-legal-services (consulté le 4 février 2021).

et d'« emprise ». Celle-ci se réaliserait par des reconfigurations de forme de certains travaux des professionnels du droit (telles que la consultation ou la réalisation des rapports présentenciels). Par conséquent, une précipitation trop hâtive de leur part, pour acquérir des avantages économiques par le biais des outils de la legaltech pourrait les conduire à un changement qui ne serait finalement pas en leur faveur.

La legaltech pourrait notamment imposer des impacts directs sur « la valorisation des travaux juridiques et judiciaires » ainsi que sur « la détermination et la reconnaissance automatisée de la réputation » et « l'accessibilité aux professionnels libéraux du droit ». Elle imposerait également, de façon indirecte, une reconfiguration potentielle du mode de rémunération des professionnels du droit, en particulier les avocats.

La transformation du secteur public se caractérise, particulièrement, par l'intégration des outils du numérique dans les administrations publiques[1]. Elle est susceptible d'être accélérée par celle des outils de l'intelligence artificielle. Cette transformation matérielle du secteur public[2] (notamment dans les juridictions) aboutirait à un changement structurel et relationnel entre les secteurs public et privé.

En suivant cette perspective, l'émergence des impacts similaires sur les autres professionnels libéraux du droit serait également envisageable. Ces circonstances, influencées par les enjeux commerciaux et économiques, sont susceptibles de mettre l'ensemble des acteurs de la justice, dans un rapport différent avec ceux de la legaltech. Ainsi, ils seraient les prestataires des plateformes, des moteurs de recherche et des outils de la justice prédictive qui joueraient un rôle dans la détermination de la valeur des travaux juridiques. Ce changement aboutirait à l'émergence d'un phénomène pouvant être qualifié comme « l'ubérisation des services juridiques »[3]. Cela pourrait potentiellement créer une position dominante des entreprises de legaltech dans le marché des services juridiques.

Il convient de noter que les outils dédiés à « la modélisation automatisée des décisions judiciaires » reposant sur les systèmes non-supervisés de l'intelligence artificielle (notamment les techniques de l'apprentissage profond) s'excluent de ces enjeux, car leur fonctionnement n'est pas conduit par un programme directement définit par humain.

---

[1] Cf. D. LESLIE, « Understanding artificial intelligence ethics and safety, a guide for the responsible design and implementation of AI systems in the public sector », *The Alan Turing Institute*, 2019, disponible sur https://doi.org/10.5281/zenodo.3240529 (consulté le 7 octobre 2021).

[2] Cf. L. CLUZEL-MÉTAYER, C. PREBISSY-SCHNALL, A. SÉE (dir.), *La transformation numérique du service public : une nouvelle crise ?*, Mare & Martin, coll. droit & gestions publiques, 2022, 352 p.

[3] Cf. N. TARNAUD, C. BOURGEOIS, L. BABIN, « Les professions règlementées à l'épreuve de l'ubérisation du droit : vers un monde sans avocat ? », *Management & Sciences Sociales*, la responsabilité sociétale des écoles de management en France, n° 25, juillet - décembre 2018, pp.103-117.

Chaque révolution industrielle impose une nouvelle reconfiguration des relations entre les professionnels du droit et les entreprises[1]. Au cours du XXe siècle, cela a été considérablement renforcé par la dépendance de ces professionnels avec les fournisseurs de l'électricité et ensuite les concepteurs du web et les ordinateurs ainsi que les autres outils numériques. Par conséquent, compte tenu de cette perspective, il apparaît que l'émergence d'une nouvelle « reconfiguration de ce rapport » par la mise en place de la justice augmentée serait probable. Sa particularité principale se caractérise par « la réciprocité » de la dépendance entre les professionnels du droit et ceux de la legaltech.

Selon un rapport du ministre français de la Justice « les possibilités offertes par l'intelligence artificielle contribueront à faire évoluer l'activité des professionnels du droit vers davantage de complémentarité entre le praticien et la machine. L'exercice des professions juridiques sera marqué par l'assistance croissante des nouveaux outils numériques »[2]. Cet énoncé annonce l'émergence d'une nouvelle forme de dépendance des praticiens du droit avec les outils numériques. Pourtant, celle-ci s'est limitée plus particulièrement à « l'accès des professionnels du droit aux outils ». Par exemple, pour l'usage de l'internet et des ordinateurs dans les environnements judiciaires, il suffirait d'acheter ces outils et les mettre en place dans l'ensemble des juridictions et des cabinets d'avocats.

On constate que dans ce type du rapport, l'interaction entre les utilisateurs, les créateurs et les fournisseurs des outils n'est nécessairement pas perpétuelle puisqu'elle se limite à une seule action commerciale (ou un nombre limité des actions) se réalisant en relation avec un nombre très limité des entreprises. Dans le contexte de la justice augmentée, cette relation se définit comme une collaboration en continue et permanente. Le nombre de ces collaboratrices peut être considérablement et perpétuellement augmenté par la multiplication de l'invention des nouvelles techniques algorithmiques et des nouveaux logiciels de la legaltech. Il serait également envisageable qu'il soit réduit si la production de ces logiciels était monopolisée par un nombre très limité d'entreprises. Dans cette hypothèse, le monde du droit serait confronté à un nouveau défi, à savoir, l'émergence des « nouveaux géants de la legaltech ». C'est un fait qui pourrait augmenter le risque de manipulation des entreprises dans les processus judiciaires.

Compte tenu du degré d'autonomie plus avancée des technologies de l'intelligence artificielle relevant de la justice augmentée, l'adaptation de la programmation des outils par leur créateurs joue un rôle de plus en plus

---

[1] Cf. J. VINCENT, « Industrialisation et libéralisme au XIXe siècle : nouvelles approches de l'histoire économique britannique », *Revue d'histoire du XIXe siècle*, vol. 37, coll. L'ère victorienne revisitée, 2008, p. 102.

[2] Ministère de la justice (fr), *rapport à Madame la garde des Sceaux : m'open data des décisions de justice, mission d'étude et de préfiguration sur l'ouverture au public des décisions de justice*, novembre 2017, p. 30.

important. C'est ainsi qu'en raison de leurs interactions plus régulières avec les utilisateurs, le rôle de ces entreprises pourrait montrer au niveau de celui des collaboratrices de justice, tout en préservant leur rôle de commerçant. Par conséquent, tant que les outils de l'intelligence artificielle sont produits par les entreprises privées, celles-ci resteraient dans une relation intime et permanente avec les acteurs de la justice.

Dans ce contexte, les interactions entre les prestataires de l'intelligence artificielle et les acteurs de la justice pourraient être mêmes plus importantes que celles avec leurs collègues. Ce nouveau rapport entre ces entités publiques et privées ne se forme ni par une volonté ni par une stratégie. En fait, il trouve son origine dans la nature de cette technologie, en considérant qu'elle pénétrait tant profondément au cœur des systèmes qu'elle pourrait devenir inséparable de ces derniers. C'est ainsi que l'intelligence artificielle deviendrait « un nouvel opium » du monde de droit[1].

L'efficacité du fonctionnement des environnements judiciaires augmentés dépend considérablement de la qualité de celui des outils de la legaltech. Par ailleurs, le renforcement de celle-ci dépend de la pertinence de la collaboration et de l'implication des acteurs de la justice, dans le progrès de la legaltech. Par conséquent, ce marché et la justice augmentée évoluent et progressent toujours au même rythme.

Dans l'Union européenne, la réflexion de cette reconfiguration de relation entre les secteurs privé et public est manifestement présente dans « le livre blanc de la Commission européenne sur l'intelligence artificielle »[2] et le programme « Alliance européenne pour l'intelligence artificielle » (lancé par la Commission européenne en 2019) visant un renforcement des coopérations économiques, commerciales et technologiques en matière de l'intelligence artificielle entre les administrations publiques et les entreprises privées. Dans ces circonstances, le renforcement du « gouvernement ouvert » et l'accès aux bases des données judiciaires et législatives serait une étape très déterminante pour l'épanouissement de ce marché et la réalisation de la justice augmentée[3]. Au cas échéant, il serait impératif de créer ces bases des données, puisque dans beaucoup des pays, comme une partie des États membres de l'Union européenne, ces bases des données n'existent pas encore.

---

[1] Cf. E. Bastié, « L'intelligence artificielle, l'opium du XXIe siècle », *Le Figaro*, 19 octobre 2018, disponible sur https://www.lefigaro.fr/vox/societe/2018/10/19/31003-20181019ARTFIG00076-l-intelligence-artificielle-l-opium-du-xxiesiecle.php (consulté le 27 juin 2021). ; Cf. E. Sadin, *L'Intelligence artificielle ou l'enjeu du siècle : Anatomie d'un antihumanisme radical*, L'Échappée, éd. 1, 2018, 298 p.

[2] Commission européenne, *Livre blanc sur l'intelligence artificielle, une approche européenne axée sur l'excellence et la confiance*, *op. cit.*, pp. 9 et 30.

[3] M. Jerabek, « Décisions de justice : en attendant l'open data, l'opacité », *siecledigital.fr*, 26 mai 2021, disponible sur https://siecledigital.fr/2021/05/26/decisions-justice-open-data-opacite/ (consulté le 27 juin 2021).

La réciprocité de la dépendance est également présente dans les relations entre les acteurs de la legaltech et les avocats. Celle-ci se caractérise notamment par le rôle que les avocats peuvent jouer, dans l'enrichissement des bases des données des entreprises de legaltech. En fait, dans les pays où l'ouverture des données judiciaires par l'État n'est pas suffisamment renforcée (comme une partie des États membres de l'Union européenne), la contribution directe des données permettant l'élaboration automatisée d'un raisonnement juridique (comme les textes des plaidoiries et les comptes rendus établis lors des consultations et des audiences) par les avocats pourrait être une solution pertinente pour la structuration et l'enrichissement des algorithmes, dédiés à la modélisation automatisée du raisonnement judiciaire.

Une forme similaire de contribution peut être également envisageable par les chercheurs e les établissements universitaires afin de réaliser automatiquement les modèles doctrinaux du raisonnement juridique. Ces données sont susceptibles d'être au moins suffisantes pour assurer le fonctionnement des outils de « la consultation juridique automatisée ». Certains spécialistes de la legaltech préfèrent utiliser le terme legalbot pour décrire ces systèmes. En outre, une partie des juristes utilise le terme de « téléconsultation » pour faire référence à ces outils. Pourtant, ce terme semble être inapproprié puisqu'une téléconsultation juridique consiste à une consultation « à distance » par un professionnel du droit alors que les chatbots s'autonomisent entièrement de ces professionnels. Cette solution serait applicable même dans l'hypothèse d'une coopération insuffisante des juridictions avec les entreprises de legaltech.

Cela permettrait aux entreprises de la legaltech d'assurer la vente de ces produits. En retour, les modèles qui ont été utilisés, grâce aux contributions de ces professionnels, pourraient leur servir dans l'avenir par ces mêmes logiciels. Une telle relation pourrait être ainsi considérée comme « le service (de la part des entreprises de la legaltech) contre les données (qui seront fournies par les avocats ou les autres professionnels libéraux du droit) ».

Les outils de recherche et de documentation ainsi que ceux dédiés à la consultation automatisée utilisent principalement les textes des arrêts précisant plus particulièrement les faits, les lois applicables et l'analyse des magistrats. Par conséquent, on peut considérer que l'enrichissement des bases de données et structuration de celles-ci par les avocats, pourraient permettre aux machines (en particulier, les legalbots) de réaliser automatiquement des réponses plus appropriées dans le cadre des consultations juridiques. Ce type d'analyse est susceptible de présenter exclusivement un intérêt pour cet usage spécifique des outils de la legaltech.

Le terme « ubérisation »[1] est souvent employé dans un contexte « économique » pour décrire les processus par lesquels une entreprise propose

[1] Il s'agit d'une référence à la célèbre entreprise de transport, « *Uber* ». ; Ce terme est reconnu par le dictionnaire de *Cambridge* (disponible sur

un service similaire à celui présenté par ses concurrents, à des prix moindres, grâce aux technologies innovantes du numérique, notamment des plateformes enlignes. En sciences commerciales et économiques, cette stratégie du marketing est reconnue sous l'expression *business to consumer* (celle-ci est souvent abrégée en B2C). En outre, l'expression de *software as a service* (abrégé en SaaS) est utilisée pour faire référence aux logiciels fondés sur ce modèle économique. Ce modèle économique est également connu sous le terme *peer-to-peer* (P2P).

Cette transformation remet en cause le modèle économique classique en promouvant les professionnels indépendants au détriment des salariés et permet aux intermédiaires (à savoir, des fournisseurs des plateformes) de prendre une position dominante. Ce terme peut tout à fait être également utilisé, pour décrire un certain nombre de plateformes et de logiciels de legaltech présentant des services d'une façon purement automatisée, en particulier, les outils dédiés à la consultation et à la rédaction automatisée des actes facilitant, l'accès aux conseils juridiques.

Selon Antoine GARAPON, les legaltechs « nourrissent une ambition [...] de devenir eux-mêmes une nouvelle forme de justice »[1]. En effet, l'ubérisation des services juridiques et judiciaires leur offre la possibilité de réaliser cette ambition. D'autre part, ce phénomène pourrait faciliter l'accès des justiciables aux professionnels du droit, et par extension à la justice[2]. L'ubérisation extrême du marché de services juridiques peut également avoir des impacts sur la détermination de la réputation des professionnels du droit[3].

Les outils de la legaltech peuvent être considérés comme les moyens de garantir « l'accès à la justice »[4]. Cette accessibilité ne serait pas suffisamment garantie que par la facilité de l'accès direct aux « professionnels du droit » (notamment les avocats) puisqu'un certain nombre de responsabilités de ces derniers, comme la saisine des juridictions, ne pourrait pas être réalisé par ces outils d'une manière autonome. C'est ainsi que les moteurs de recherche dédiés à la mise en contact renforcée des justiciables et des professionnels du

---

https://dictionary.cambridge.org/dictionary/english/uberization - consulté le 28 juin 2021) et celui de *Larousse* (disponible sur https://www.larousse.fr/dictionnaires/francais/ub%C3%A9risation/188213 - consulté le 28 juin 2021).

[1] A. GARAPON, « Les enjeux de la justice prédictive », *La Semaine juridique*, éd. générale LexisNexis, 9 janv. 2017, n° 1-2, p. 50.

[2] Cf. J-M. ENGELHARD, « Les Legaltech, ces start-up qui révolutionnent l'accès au droit », *leparisien.fr*, 30 janvier 2018, disponible sur https://www.leparisien.fr/economie/les-legaltech-ces-start-up-qui-revolutionnent-l-acces-au-droit-29-01-2018-7528107.php (consulté le 28 juin 2021).

[3] G. LEWKOWICZ, « La notation des avocats : instrument de marketing ou cheval de Troie de la dérégulation de la profession ? », *Juriste International*, n°1, 2019, pp.31-33.

[4] Laboratoire de Cyberjustice, « La démocratisation de l'accès à la justice par l'emploi des Legal Tech », 24 juillet 2018, disponible sur https://www.cyberjustice.ca/2018/07/24/la-democratisation-de-lacces-a-la-justice-par-lemploi-des-legal-tech/#sdfootnote1sym (consulté le 28 juin 2021).

droit font partie des principaux maillons de la chaine des outils élaborant la justice augmentée[1]. Compte tenu des particularités de ces responsabilités, on peut considérer que dans le contexte législatif et jurisprudentiel actuel de l'Union européenne, du Conseil de l'Europe et des États-Unis, une ubérisation totale du marché du droit ne peut pas être envisageable.

L'accessibilité directe des « services juridiques » par le biais des plateformes en ligne pourrait être qualifiée comme « l'ubérisation des services juridiques ». Ce terme pourrait être légitimement utilisé pour décrire le modèle économique des outils de legaltech dédiés à « la consultation automatisée » et à « la rédaction automatisée des actes et des textes juridiques et judiciaires ». Néanmoins, les moteurs de recherche évolués, permettant de chercher des « professionnels du droit » en fonction de leurs compétences à traiter tel ou tel sujet, semblent être soumis à un autre modèle économique pouvant être considéré comme « tinderisation des professions du droit ».

Cette expression fait référence à une célèbre application de rencontres, « Tinder ». À la suite d'une analyse algorithmique basée sur les caractéristiques des profils des utilisateurs (principalement les données relatives à la position géographique et aux caractéristiques et des intérêts personnels), cette application sélectionne et propose automatiquement des profils qui sont plus susceptibles de correspondre aux attentes des utilisateurs.

Plus précisément, les algorithmes identifient les caractéristiques des profils des utilisateurs et les trient par ordre de pertinence par rapport aux critères partiellement définis, de façon directe par les utilisateurs, et partiellement identifiés automatiquement, par les algorithmes. Le fonctionnement de ce type de moteurs de recherche peut être particulièrement comparé à celui utilisé dans cette application. Dans ce cas, il convient de faire une distinction entre les moteurs classiques de recherche se basant sur les techniques de l'apprentissage automatique et la seconde génération des moteurs recherche qui se basent, en disposant d'une certaine autonomie sur l'ensemble des techniques de l'apprentissage automatique et de l'apprentissage profond.

Dans ce système, contrairement aux autres outils susmentionnés, dans ce système, aucun service juridique ne serait directement rendu par ces plateformes. En effet, celles-ci, en produisant des intérêts économiques par les intermédiaires, peuvent limiter le champ de la concurrence aux mêmes professionnels. Ainsi, on peut conclure que le renforcement de l'accès à la justice par les outils de la legaltech est susceptible de produire intrinsèquement des effets « ubérisateurs » (par le biais des outils de la rédaction automatisée des textes et la consultation automatisée) et « tinderisateurs » (par le biais des moteurs de recherche des professionnels du droit) sur les professions du droit.

---

[1] Cf. American Bar Association, *Issues Paper on the Future of Legal Services*, rapport de la commission sur l'avenir des services juridiques, 3 novembre 2014, disponible sur disponible sur https://www.legalethicsforum.com/files/issues-paper-final-nov-3-2014-1.pdf (consulté le 1er juillet 2021).

Comme évoqué auparavant, la démarche de « spécialisation des professions du droit », se réalisant sous les effets de ces nouveaux modèles économiques, pourrait aboutir à l'émergence d'une nouvelle forme de la concurrence parmi les professionnels libéraux du droit. Les effets que les « moteurs de recherche des professions du droit » produiraient pourraient être bénéfiques à condition que la neutralité des données d'entrée et celle du programme d'analyses algorithmiques de ces derniers soient garanties. Ces plateformes conduisent les utilisateurs (clients) vers des professionnels ayant « une expérience plus forte et réussie » et « une connaissance approfondie et très pointilleuse » spécifiquement relatives aux litiges « très similaires » à ce qu'ils sont censés étudier (quelle que soit sa compétence dans les autres spécialités du droit ou même dans les autres types des contentieux appartenant à la même spécialité du droit). Par conséquent, ce modèle réduirait automatiquement « le champ de la concurrence » dans ce marché professionnel.

Dans cette hypothèse, la détermination de la réputation des avocats serait limitée à « une spécialité spécifique ». Professeur Ryan CALO croit que, dans le marché des services juridiques, l'intelligence artificielle et les bases des données peuvent devenir les moyens d'exercice d'une domination de la part des « grands cabinets » d'avocats puisqu'ils ont une capacité plus importante de possession et de saisine des données judiciaires[1]. Compte tenu du contexte économique des outils de la legaltech, on peut considérer que le problème pouvant se poser, dès lors, est celui de la préservation de la neutralité du fonctionnement de ces systèmes qui peut être fragilisée par les tendances et des pratiques publicitaires[2].

En ce qui concerne la qualité des données, un contrôle renforcé doit être appliqué afin d'authentifier les documents justifiant l'exactitude des données, directement fournies par les professionnels concernés. Conformément à l'obligation du contrôle humain déterminée par l'article 14 de la proposition du règlement européen sur l'intelligence artificielle. En absence d'une obligation législative ou jurisprudentielle spécifique aux États-Unis, ce contrôle pourrait être appliqué sur le plan fédéral soit par les algorithmiques soit par humain. Pourtant, certaines obligations complémentaires peuvent être déterminées par les textes législatifs fédérés relatifs à la protection des données.

---

[1] R. CALO, « Artificial Intelligence Policy: A Primer and Roadmap », *U.C. Davis Law Review*, vol. 51, 2017, p. 424.

[2] Cf. Cons. 3 de la directive 2005/29/CE du Parlement européen et du Conseil du 11 mai 2005 *relative aux pratiques commerciales déloyales des entreprises vis-à-vis des consommateurs dans le marché intérieur*.

Selon Monsieur Enes HOŞGÖR, la publicité est un élément essentiel de la culture de l'innovation[1]. Par conséquent, les activités publicitaires de ces plateformes doivent faire l'objet d'un contrôle régulier de mise en conformité. À cet égard, afin de réduire le risque d'émergence des pratiques anticoncurrentielles, les publicités en faveur des professionnels participant à ces plateformes doivent être distinguées des autres profils de façon apparente. Par exemple, si le profil d'un professionnel apparaît à la tête des résultats de recherche grâce à son caractère publicitaire[2], cela doit être marqué par une étiquette indiquant le fait que la recommandation de ce profil est de nature publicitaire. Ce mécanisme pourrait aider à déterminer la réputation des acteurs libéraux du droit sur l'internet et les autres réseaux en ligne d'une façon plus juste.

Dans ce modèle, même dans l'hypothèse d'un fonctionnement purement neutre et correct des plateformes, la compétence élevée d'un professionnel dans un contentieux très spécifique pourrait aboutir à affirmer sa réputation générale. Plus précisément, on peut imaginer que la mise en place d'un certain nombre de logiciels de la legaltech (en particulier, les moteurs de recherche des professionnels du droit) présenteraient, par l'intermédiaire de ces plateformes, le risque d'une manipulation due à l'abaissement ou de l'augmentation artificielle de la crédibilité des professionnels du droit. Dans ce cas, toute manipulation non-légitime pourrait engager la coresponsabilité des fournisseurs des données et des responsables des plateformes (dans le contexte du RGPD).

Aujourd'hui, certains moteurs de recherche proposent des classements des services et des produits basés sur les avis individuels des clients sur la qualité des services des professionnels libéraux[3]. Ce type de démocratisation des méthodes d'évaluation de qualité des services, jouant un rôle important dans la détermination de la réputation en ligne, peut faire l'objet des pratiques commerciales déloyales[4],. Une manipulation pourrait être spécialement

---

[1] L'intervention de Monsieur Enes HOŞGÖR lors du colloque « Innovation et Santé », 21 juin 2021, disponible sur https://www.youtube.com/watch?v=MumWQhOHDwU (consulté le 26 juin 2021).

[2] En particulier sous la forme d'un « lien sponsorisé ». ; Cf. BpiFrance, *L'achat de liens sponsorisés*, disponible sur https://bpifrance-creation.fr/encyclopedie/creer-developper-fideliser-sa-clientele/prospecter-web/lachat-liens-sponsorises (consulté le 12 juillet 2021). ; Cf. plus d'informations sur les aspects généraux des publicités payantes sur les moteurs de recherche sont disponibles sur https://www.autoritedelaconcurrence.fr/fr/communiques-de-presse/lautorite-rend-son-avis-sur-la-publicite-en-ligne (consulté le 26 avril 2021).

[3] Ministère de l'économie et des finances et de la relance, « Avis en ligne : quelles sont les règles », Bercy Infos, 22 janvier 2021, disponible sur https://www.economie.gouv.fr/particuliers/faux-avis-consommateurs-sur-internet (consulté le 30 juin 2021). ; Cf. D. FOREST, *E-réputation : le droit applicable à la réputation en ligne*, Gualino, 1er éd., 2014, 60 p.

[4] Cons. n°47 de la directive (UE) 2019/2161 du Parlement européen et du Conseil du 27 novembre 2019 modifiant la directive 93/13/CEE du Conseil et les directives 98/6/CE, 2005/29/CE et 2011/83/UE du Parlement européen et du Conseil *en ce qui concerne une*

appliquée par le biais des publicités grâce à des influences personnalisées produites par les algorithmes.

En effet, le risque de génération des classements basés sur les « avis personnels des clients » est un enjeu principal des moteurs de recherche classiques. Cependant, ceux qui ont la capacité d'une évaluation automatisée de qualité des travaux sont censés de réaliser ces classements exclusivement sur la base des données professionnelles fournies par les sources confirmées et authentifiées par les responsables des plateformes. En effet, la prise en compte de certains éléments externes (tels que les opinions individuelles et les informations directement fournies par les professionnels concernés) dans l'analyse algorithmique pourrait apporter une valeur et une légitimité aux données issues des sources peu fiables.

Le fait que la détermination de cette crédibilité soit effectuée de façon automatisée apporterait une reconnaissance plus officielle et plus légitime à la réputation professionnelle. Toutefois, même dans cette hypothèse, le risque de la manipulation directe ou indirecte de la part des responsables des moteurs de recherche dans le processus de structuration des données ou de programmation du traitement de ces derniers ne serait pas totalement exclu[1]. Ces considérations nous amènent à conclure que la mise en place de ces outils pourrait créer « une révolution publicitaire dans le monde du droit ».

La mise en place de la justice augmentée n'entraîne automatiquement pas la disparition des métiers juridiques, mais pourrait changer profondément leur visage. Plus précisément, ce changement se réalise par la destruction de certains métiers et par la création des nouveaux métiers qui vont remplacer les premiers. Au titre d'exemple, un secrétaire des services judiciaires devient le contrôleur de système de l'intelligence artificielle. Ce changement pourrait produire directement et indirectement de nouveaux impacts sur la rémunération des professionnels du droit.

Les impacts « directs », touchant plus particulièrement les professionnels libéraux du droit, sont la conséquence de l'émergence et de l'essor des entreprises de legaltech présentant directement certains services juridiques (notamment la consultation et la rédaction des actes) grâce aux outils dotés de l'intelligence artificielle. Ces activités concurrentielles pourraient potentiellement réduire le nombre des clients d'une partie des professionnels libéraux du droit. Par ailleurs, les impacts « indirects » se caractérisent par la reconfiguration de la nature d'une partie des tâches que les professionnels réalisent par l'intelligence artificielle.

---

meilleure application et une modernisation des règles de l'Union en matière de protection des consommateurs.

[1] Cf. Délibération de la CNIL n° 2021-116 du 7 octobre 2021 *portant avis sur un projet de décret portant création d'un traitement automatisé de données à caractère personnel visant à détecter et caractériser les opérations d'ingérence numérique étrangères aux fins de manipulation de l'information sur les plateformes en ligne (demande d'avis n° 21013837).*

Les nouvelles tâches ne sont pas forcément les mêmes. Par conséquent, la stratégie actuelle de la rémunération pour ces travaux ne pourrait pas être applicable dans le cas de ces nouvelles tâches qui sont transformées par l'intelligence artificielle. Ces impacts semblent être de plus en plus importants sur la rémunération des avocats alors qu'ils pourraient également se manifester avec les autres acteurs de la justice.

Au début de l'essor du marché de legaltech aux États-Unis et en Europe, les avocats ont été parmi les premiers professionnels du droit à se réjouir [1] de l'arrivée des outils algorithmiques d'aide à la décision juridique. Pourtant, cet enthousiasme peut être rationalisé ou même a disparu à cause de l'émergence de nouveaux impacts sur leur rémunération. Ils peuvent conduire à la création d'un « nouveau mécanisme » de rémunération de ces professionnels.

Dans l'Union européenne et aux États-Unis, la détermination du montant des honoraires des avocats est particulièrement soumise aux enjeux concurrentiels[2]. Il faut garder à l'esprit que certaines limites concernant la détermination du montant des honoraires des avocats pourraient être imposées par les chartes déontologies des barreaux ou des lois étatiques. ; En France, « les honoraires de l'avocat ne sont pas réglementés. L'avocat fixe lui-même le coût des prestations qu'il facture à son client » [3]. Pourtant, celui-ci est encadré par la convention obligatoire signée entre l'avocat et le client (en particulier, lorsqu'il s'agit des honoraires complémentaires)[4].

Ainsi, l'article 10 de la loi n° 71-1130 du 31 décembre 1971 portant réforme de certaines professions judiciaires et juridiques dispose que « les honoraires de consultation, d'assistance, de conseil, de rédaction d'actes juridiques sous seing privé et de plaidoirie sont fixés en accord avec le client [...] ». La forme « classique » de ce mécanisme ressemble à la vente des « heures consacrées pour réaliser les travaux juridiques ». Le montant exact se détermine également en fonction des caractéristiques de leur profil professionnel. Par conséquent, on peut évoquer, dans une formule plus simple, que l'avocat vend « sa connaissance », « ses compétences » et « son temps ». En France, dans le cas des procédures « standards », un montant forfaitaire d'honoraire est peut-être déterminé pour la présentation de services juridiques.

---

[1] B. DEFFAINS, S. BALLER, « Intelligence artificielle et devenir de la profession d'avocat : l'avenir est présent ! », cité dans A.A. HYDE, *Avocat et intelligence artificielle : quelles obligations, quelles responsabilités?*, Dalloz, Recueil Dalloz, 7 novembre 2019, n°38, P. 2107.

[2] Cf. A. Van den BRANDEN, « La robotisation de la justice » In. H. JACQUEMIN, A. DE STREEL, *L'intelligence artificielle et le droit*, 3é tirage, 2019, *op. cit.*, p. 312.

[3] Service-public.fr, *Comment sont fixés les honoraires d'un avocat ?*, disponible sur https://www.service-public.fr/particuliers/vosdroits/F15018 (consulté le 4 septembre 2021)). Cf. Conseil national des barreaux, *Fiches pratiques sur les conventions d'honoraires*, disponible sur https://www.cnb.avocat.fr/fr/fiches-pratiques-sur-les-conventions-dhonoraires (consulté le 4 septembre 2021).

[4] Cf. Conseil national des barreaux, *Fiches pratiques sur les conventions d'honoraires*, disponible sur https://www.cnb.avocat.fr/fr/fiches-pratiques-sur-les-conventions-dhonoraires (consulté le 4 septembre 2021).

Ces éléments sont également susceptibles d'être déterminants dans la détermination de celui-ci[1].

Il convient de noter que dans certains pays, la situation financière des clients pourrait être également prise en compte pour déterminer le montant des honoraires des avocats. Par exemple, en France, l'article 10 de la loi du 31 décembre 1971 compte « la situation de fortune du client », parmi les facteurs d'évaluation du montant des honoraires des avocats. Pourtant, actuellement, ce facteur n'est pas censé d'être obligatoirement pris en compte par des entreprises de legaltech (pour déterminer le montant des services et ou de l'abonnement d'accès aux services fournis par ces entreprises). Par conséquent, nous pouvons considérer que dans les pays où la prise en compte de cet élément est exigée pour déterminer le montant d'honoraire des avocats, la même politique doit être appliquée aux entreprises de legaltech dans les mêmes conditions puisque ces derniers présentent les mêmes services que les avocats. Cela doit faire partie des règles de droit de la concurrence en matière de la prestation des services juridiques. Il s'agit d'un élément très important pour garantir l'accès à la justice. Dans ce cas, l'attribution d'une sorte de l'aide juridictionnelle aux justiciables pour couvrir les dépenses pour l'utilisation des outils de la legaltech semble être une solution pertinente.

La révolution de la justice augmentée renverse la valeur de l'ensemble de ces trois éléments. En fait, dans ce nouveau système, « la connaissance et la compétence »[2] perdent leur importance puisque « la recherche et l'analyse juridique » se font automatiquement par les outils de l'intelligence artificielle. L'importance du « temps » serait ainsi diminuée puisque certaines tâches ils se réaliseront « dans l'immédiat ». Dans un environnement où les avocats se déchargent de certaines tâches répétitives classiques et s'engagent dans des nouvelles responsabilités (telles que le contrôle de la mise en conformité des outils et la structuration des données), le montant de leurs honoraires doit être fixé sur la base des « nouveaux facteurs ».

Ce nouveau système, en réduisant certaines dépenses (notamment les frais liés à la documentation et l'achat d'ouvrages juridiques qui peuvent coûter onéreux) en imposerait d'autres aux avocats. C'est la raison pour laquelle, la création d'un nouveau modèle économique[3] pour la détermination du montant des honoraires de services juridiques (ou au moins une partie des services) de cette profession semble être absolument nécessaire (les modèles économiques envisageables pour les entreprises de la leglatech et les cabinets d'avocats dits

---

[1] Cf. Conseil national des barreaux, *Un avocat, combien ça coûte ?*, disponible sur https://www.avocat.fr/mon-avocat-et-moi/un-avocat-combien-ca-coute (consulté le 4 septembre 2021).

[2] Cf. Institut des hautes études de la justice, « Les quatre défis de l'avocat français du XXIe siècle », rapport du centre de recherche et d'étude des avocats, octobre 2017, p.29.

[3] J. Croft, « Artificial intelligence disrupting the business of law », *Financial Times*, 6 octobre 2016, disponible sur https://www.ft.com/content/5d96dd72-83eb-11e6-8897-2359a58ac7a5 (consulté le 5 mars 2021).

« augmentés » ne pourraient pas être les mêmes puisque les services fournis par ces deux groupes de professionnels sont de natures différentes). Dans cette hypothèse, en raison de la prévisibilité du montant des dépenses imposées par le recours aux outils de l'intelligence artificielle, le système de la rémunération au forfait est susceptible de présenter une dynamique considérablement importante.

La question de l'incompatibilité d'application des méthodes existants de détermination du montant des honoraires des avocats en présence des caractéristiques émergeant de la profession de « l'avocat augmenté » a été traitée, pour la première fois, au Canada, en 2018 par deux décisions de la Cour supérieure de l'Ontario (une juridiction de première instance à la province de l'Ontario au Canada) en dates du 13 septembre[1] et du 22 novembre 2018[2]. Par ces décisions, la Cour supérieure a ordonné la réduction du montant des honoraires des avocats utilisant les outils de legaltech. Selon le paragraphe 8 de la décision du 13 septembre 2018 de la Cour, cette réduction ne devrait pas être appliquée de façon systématique et générale. ; Cette juridiction a calculé le taux de réduction qui doit être appliqué dans ce cas en fonction du pourcentage des heures réduites en raison d'utilisation des outils de l'intelligence artificielle.

Elle a fait valoir que désormais, grâce aux logiciels de documentation juridique, les avocats investissent moins du temps et de l'énergie qu'avant dans la recherche juridique et la préparation des dossiers[3]. Malgré cette réduction du montant des honoraires, cette juridiction encourage l'ensemble des avocats à recourir aux logiciels dotés de l'intelligence artificielle[4]. Le montant des honoraires des avocats qui utilisent ces outils et appliquent ce nouveau système de rémunération pour le traitement de chaque contentieux est susceptible de d'être réduit. Toutefois, ce système pourrait entraîner une augmentation de leur l'intérêt total. Il se justifie notamment par l'augmentation du nombre de clients (due à la diminution du montant des honoraires) et l'accélération du rythme de réalisation des tâches. L'émergence d'un risque similaire pour les avocats américains et européens semblait être aussi envisageable (d'autant plus qu'il n'y a aucune barrière législative, ni aux États-Unis di dans l'Union européenne, pour la mise en place d'une telle limite).

---

[1] *Drummond c. The Cadillac Fairview Corp. Ltd.*, 2018 ONSC 5350 (CanLII), disponible sur http://canlii.ca/t/hv321 (consulté le 31 janvier 2021).

[2] *Cass c. 1410088 Ontario Inc.*, 2018 ONSC 6959 (CanLII), disponible sur http://canlii.ca/t/hw728 (consultée le 31 janvier 2020).

[3] Le paragraphe 34 de la décision du 11 novembre 2018 de la Cour (*Cass v. 1410088 Ontario Inc.*) a limité le champ d'application de cette décision aux cas dans où le recours à l'intelligence artificielle par les avocats est approuvé.

[4] *Drummond c. The Cadillac Fairview Corp. Ltd.*, 2018 ONSC 5350 (CanLII), §10, disponible sur http://canlii.ca/t/hv321 (consulté le 2 février 2021).

En principe, en respectant le principe de la liberté contractuelle, garanti, en Europe, sous le nom de « la liberté d'entreprise »[1], il n'existe, dans l'Union européenne, aucune harmonisation relative aux limites applicables aux honoraires des avocats des États membres. Cependant, certaines limites peuvent être déterminées par les règles nationales de déontologie des avocats. D'autre part, certaines limites peuvent être également envisagées par les juridictions et les législatures étatiques. Par exemple, en France, les règles relatives à la déontologie de la profession d'avocat sont définies par le règlement intérieur national de la profession d'avocat (RIN) ainsi que la Loi n° 71-1130 du 31 décembre 1971 portant réforme de certaines professions judiciaires et juridiques et le Décret n°2005-790 du 12 juillet 2005 (modifié par la décision à caractère normatif du Conseil national des barreaux n° 2007-001 des 27 et 28 avril 2007). Alors que l'article 10 de la Loi n° 71-1130 du 31 décembre 1971 accorde une liberté conventionnelle assez importante aux avocats français et aux clients pour déterminer le montant de leurs honoraires, celle si ne reste pas totalement illimitée.

La seule exigence qui pourrait aboutir à la diminution de ce montant a été déterminée par l'arrêt Crédino rendu par la première chambre civile de la Cour de cassation. Dans cet arrêt, la cour a affirmé, en faisant référence à l'article 1134 du Code civil et l'article 10 de la Loi n° 71-1130 que « le second de ces textes ne saurait faire obstacle au pouvoir des tribunaux de réduire les honoraires convenus initialement entre l'avocat et son client lorsque ceux-ci apparaissent exagérés au regard du service rendu »[2]. Par conséquent, on peut considérer qu'en France, le recours des avocats aux logiciels dotés de l'intelligence artificielle ne constitue pas automatiquement une raison pour la réduction de charge de travail de l'avocat et par conséquent la réduction de leurs honoraires. Néanmoins, l'application d'une telle réduction pourrait être faite dans le cas où cet usage justifie « une exagération considérable des honoraires », même si elle est conventionnellement déterminée par l'avocat et le client.

Au niveau européen, certaines règles générales, applicables en matière de rémunération des avocats des États membres de l'Union européenne, sont définies par trois textes législatifs : les Directives n° 77-249/CEE du Conseil du 22 mars 1977[3] et n° 98/5/CE du 16 février 1998[4] ainsi que la Charte des

---

[1] Reconnue comme « une liberté fondamentale » par l'article 16 de la Charte des droits fondamentaux de l'Union européenne. ; Cf. les articles 26, 49 à 55 et 56 à 62 du traité sur le fonctionnement de l'Union européenne.

[2] Cass. civ. I., 3 mars 1998, 95-15.799.

[3] La Directive 77/249/CEE du Conseil, du 22 mars 1977, *tendant à faciliter l'exercice effectif de la libre prestation de services par les avocats.*

[4] La Directive 98/5/CE du Parlement européen et du Conseil du 16 février 1998 *visant à faciliter l'exercice permanent de la profession d'avocat dans un État membre autre que celui où la qualification a été acquise.*

principes essentiels de l'avocat européen (ce texte a été adopté le 25 novembre 2006 par le Conseil des barreaux européens).

Ces textes, en fixant un cadre général d'exercice de cette profession, confient une grande liberté aux législations et aux barreaux nationaux pour fixer les dispositions relatives à l'exercice de fonction d'avocat[1]. Par conséquent, Il serait techniquement possible d'envisager la mise en place d'un nouveau modèle de rémunération des avocats dans l'ensemble des États membres de l'Union. Ces règles pourraient être définies en coopération avec les barreaux nationaux des États membres de l'Union européenne, sous la coordination du conseil des barreaux européens. Dans cette hypothèse, elles doivent être appliquées sur l'ensemble des territoires afin d'éviter l'émergence de situations trop favorables ou trop défavorables pour les avocats exerçant dans un ou plusieurs pays européens. C'est la raison pour laquelle la participation de l'ensemble des barreaux nationaux serait indispensable. Dans l'hypothèse de reconfiguration du modèle économique de la profession d'avocat en Europe, cette coopération serait indispensable et inévitable. Par conséquent, la coopération insuffisante d'un barreau pourrait paralyser l'exercice de cette profession dans les autres pays européens.

Sur le plan « européen », une telle limite ne pourrait pas être imposée aux avocats puisqu'elle s'opposerait à leur « liberté d'entreprendre ». Pourtant, ce modèle peut être élaboré et recommandé afin de mieux garantir le respect de l'article 3.4.1. du Code de déontologie des avocats européens[2] affirmant le fait que le montant des honoraires fixé par l'avocat doit être « équitable et justifié »[3]. En absence totale d'un règlement relatif à la rémunération des avocats aux États-Unis, le même argument, présenté par la Cour supérieure de l'Ontario pourrait être également repris par les juridictions américaines pour la réduction des honoraires des avocats américains, dans des cas spécifiques, au nom du « principe de l'équité » (en anglais : *Fairness*). En fait, la tradition judiciaire américaine permettrait aux juridictions des États-Unis de faire référence aux deux décisions susmentionnées de la Cour supérieure de l'Ontario en les considérant comme une règle de *precedent*[4].

Ainsi, le tribunal de district des États-Unis pour le district oriental de l'Oklahoma ainsi que les Cours suprêmes des États d'Ohio et du Vermont, d'Indiana et d'Illinois ont respectivement affirmé dans les décisions,

---

[1] L'article 6 de la Directive n° 98/5/CE étend cette liberté aux activités salariales des avocats de l'Union européenne.

[2] Le Code de déontologie des avocats européens a été initialement adopté par le Conseil des barreaux européens le 28 octobre 1988. Ce texte a été modifié trois fois en 1998, en 2002 et en 2006. ; Ce texte est également reconnu sous le nom du « code de déontologie des avocats de l'Union européenne ».

[3] Conseil des Barreaux de l'Union européenne, « Le Code de déontologie des avocats européens », art. 3.4.1.

[4] Cf. C.L. OSTBERG, M.E. WESTSTEIN, C.R. DUCAT, « Attitudes, Precedents and Cultural Change: Explaining the Citation of Foreign Precedents by the Supreme Court of Canada », *Revue Canadienne de science politique*, vol. 34, n° 2, 2001, pp. 377-399.

Heavener c. Meyers, 158 F. Supp. 2d 1278 (2001), *Cincinnati Bar Association c. Alsfelder*, 816 N.E.2d 218 (2004) et *In re Sinnott*, 845 A.2d 373 (2004), *Re Comstock*, 664 N.E.2d 1165 (1996) et *Lustig c. Horn*, 732 N.E.2d 613 (2000) que le montant des honoraires des avocats doit être « raisonnable ». Celles-ci peuvent être également reprise pour justifier une telle prétention de la part des clients. Cependant, le recours aux outils de legaltech n'aboutirait jamais à la réduction « automatique » du montant des honoraires des avocats[1].

Il pourrait être invoqué devant les juridictions pour prétendre, dans des cas spécifiques, à une réduction personnalisée. L'application générale d'une telle réduction ne serait pas possible puisque le taux de réduction des heures du travail des avocats (à cause d'utilisation des outils de la legaltech) doit être évalué cas par cas, en sachant que celui-ci pourrait être différent même dans l'hypothèse où il s'agit du traitement de deux affaires totalement semblables par deux avocats différents. D'autre part, les avocats peuvent réclamer la prise en charge, par leurs clients, des dépenses imposées en raison en raison de l'usage de ces logiciels.

L'articulation de ces deux types de prétentions engendre la nécessité de la création du « principe de la rationalité d'évaluation des honoraires des avocats » (ce principe pourrait être applicable pour l'ensemble des professionnels libéraux du droit), qui utilisent ces outils. Il peut être défini comme un principe éthique garantissant la prise en compte équilibrée du taux de la réduction des travaux répétitifs des avocats, grâce aux systèmes de l'intelligence artificielle, ainsi que le montant d'éventuelles dépenses imposées à ces derniers pour utiliser les logiciels de legaltech.

On peut conclure que, contrairement à l'environnement classique de cette profession où le montant de leurs honoraires est plutôt justifié par « les moyens d'exercice » (principalement l'énergie ou le temps) de leur fonction, dans un environnement judiciaire augmenté, « la finalité » ou « le type de services » rendus par les avocats qui détermineraient la valeur des tâches qu'ils réalisent. Ce nouveau modèle économique permettrait d'établir plus facilement d'un montant prévisionnel et général pour le traitement de chaque type spécifique de contentieux, en comparant les caractéristiques de ces derniers avec les services similaires rendus par les autres avocats dans le passé.

Dès lors, une autre difficulté qui peut se poser est que « la facturation des services juridiques rendus à l'aide des outils de l'intelligence artificielle », par « les méthodes classiques » de détermination des honoraires, serait une tache extrêmement prenante et même difficile. En effet, pour arriver à un montant juste, plusieurs facteurs tels que la diminution des heures de travail de l'avocat et les frais exacts d'usage des logiciels de l'intelligence artificielle devront

[1] Cf. *Heavener v. Meyers*, 158 F. Supp. 2d 1278 (2001) et *Cincinnati Bar Association v. Alsfelder*, 816 N.E.2d 218 (2004).

être pris en compte[1]. Cette tâche pourrait être parfaitement réalisée de façon automatique par les techniques de l'apprentissage automatique.

La mise en place d'un tel système est susceptible d'être de plus en plus efficace, en considérant que selon une étude réalisée par l'Université de Georgetown en 2014, le système actuel (manuel) de facturation entraîne une perte d'environ 16% de chiffre d'affaires des cabinets d'avocats[2]. Cette étude démontre qu'en effet, le montant d'honoraires payé par les clients ne couvre qu'entre 85.32% et 83.49% de valeur réelle des services juridiques rendus par les avocats.

Par ailleurs, selon une autre étude réalisée par la société Capgemini, un traitement automatisé par la machine permet les entreprises d'économiser 60% du temps de réalisation de devis[3]. Ce propos semble être également valable dans le cas des cabinets d'avocats augmentés. Celle-ci pourrait se réaliser par l'évaluation et la détermination automatisée d'un taux indicatif de diminution des heures de travail et d'un montant indicatif des frais d'usage de chaque outil (ou chaque type d'outils) de legaltech.

Ce taux pourrait être évalué en fonction des expériences précédentes, que les avocats ont eues dans des cas similaires. Par exemple, si nous imaginons que dans la plupart des cas similaires, les moteurs de recherche juridique réduisent 20 % du temps global de travail d'avocat et nécessitent le paiement de 50 euros pour bénéficier des services des plateformes et des logiciels de la legaltech, ce taux et ce montant pourraient être automatiquement appliqués pour l'utilisation des logiciels similaires dans ses cas similaires. L'avantage de recourir à ces logiciels est l'évaluation en temps réel du montant dépenses concernées. Par conséquent, celui-ci peut être évalué ou conduit d'une manière plus précise.

Un sondage réalisé en 2016 par la société OpinionWay (sur la demande de startup Legalstart.fr) montre que 85% des Français et 59 % des entrepreneurs (en France) estiment que le coût d'intervention des professionnels (libéraux) du droit est trop élevé[4]. Le recours aux outils algorithmiques de détermination

---

[1] Cf. N. RAI, « Why ethical audit matters in artificial intelligence? », *AI Ethics*, 2021, disponible sur https://doi.org/10.1007/s43681-021-00100-0 (consulté le 6 octobre 2021).

[2] École de droit de l'Université de Georgetown, « 2014, Report on the State of the Legal Market », *rapport du centre d'études sur les professions juridiques et Thomson Reuters Peer Monitor*, p.5, disponible sur https://peermonitor.thomsonreuters.com/wp-content/uploads/2014/01/2014_PM_GT_Report5.pdf (consulté le 12 juillet 2021).

[3] L'intervention de Monsieur Fabrice PERRIER lors du Colloque *Le rôle de l'IA dans la révolution des processus documentaires / OCR Machine Learning, RPA*,3 juin 2021, organisé par AI for Finance, disponible sur https://aiforfinance.startupinside.com/session/4618c958-76c3-eb11-94b3-000d3a219024 (consulté le 3 juin 2021).

[4] S. TANTIN, « Faut-il adhérer aux legaltech pour développer sa stratégie digitale ? », *La lettre des juristes d'affaires*, disponible sur https://www.lja.fr/fiches-pratiques/gestion-et-organisation/ntic/faut-il-adherer-aux-legaltech-525474.php (consulté le 25 octobre 2021). ; A. VAN DEN BRANDEN, « La robotisation de la justice » In. H. JACQUEMIN, A. DE STREEL, *L'intelligence artificielle et le droit, op. cit.*, p. 311.

des honoraires permet à ces derniers de mieux justifier la pertinence du montant de leurs honoraires.

En catégorisant les différentes tâches par « leur nature » et « leurs frais du traitement », cette méthode pourrait aboutir à « une standardisation du système de facturation des services juridiques ». Au début de la dernière décennie du XXe siècle, aux États-Unis, cette idée a mené l'association des juristes d'entreprises (en anglais : *Association of Corporate Counsel*) et l'American Bar Association (ABA) à lancer le projet du « système de gestion uniforme basé sur les tâches » (en anglais : *Uniform Task-Based Management System*). Par conséquent, nous considérons que l'intelligence artificielle permettrait les barreaux et aux associations des juristes d'entreprises américaines et européennes de mettre en place un système de gestion uniforme pouvant faire une évaluation automatisée et perpétuelle en temps réel.

Cela serait un pas vers la centralisation du système d'évaluation du montant des honoraires des professionnels libéraux du droit. Cela permettrait aux juridictions d'évaluer, au fur et à mesure, « la rationalité » du montant des honoraires. Pourtant, en l'état actuel des choses, dans l'hypothèse d'une évolution automatisée du montant des honoraires, celui-ci ne pourrait pas être imposé aux avocats et leurs clients sans l'ordonnance d'une juridiction ou l'adoption d'un règlement contraignant.

En comparaison avec les professions libérales du droit, la méthode actuelle de rémunération des magistrats et des membres des greffes est moins susceptible d'être impactée par la révolution de la justice augmentée puisque les enjeux concurrentiels sont considérablement moins présents dans cette catégorie de professions. Chaque année, le montant du salaire mensuel des membres des juridictions américaines et européennes se détermine par des facteurs différents incluant le montant des « frais d'exploitation » (notamment les frais des matériels utilisés pour la documentation, la rémunération des membres des juridictions qui comprennent aussi les interprètes et les expertes et les frais d'assistance judiciaire et de la représentation) et « le traitement des dossiers » par les membres des juridictions. Pourtant, il faut considérer que la révolution de la justice augmentée impacterait ces deux facteurs par la reconfiguration du système du fonctionnement des juridictions. Il s'agit d'un changement des méthodes opérationnelles et matérielles du traitement des dossiers par les greffes et des éventuels changements des méthodes de la prise des décisions judiciaires. Dans cette hypothèse, les régimes actuels de rémunération des magistrats et du personnel des greffes ne seront plus pertinents. C'est ce qui engendre la nécessité d'une revalorisation du budget global des juridictions après la mise en place massive des outils de legaltech.

L'article III de la Constitution des États-Unis confie le pouvoir de déterminer le montant du salaire des magistrats fédéraux au Congrès des États-Unis. Au niveau fédéré, le montant de salaire des magistrats de chaque État serait déterminé par les législatures de chacun des États fédérés[1]. Ainsi, conformément à l'article 50 de la convention européenne des droits de l'homme, « les frais de fonctionnement de la Cour [EDH] sont à la charge du Conseil de l'Europe ».

Le Comité des ministres du conseil examine le budget global de la Cour en prenant en compte le montant de la rémunération mensuelle des magistrats et celle du personnel du greffe de la Cour européenne des droits de l'homme. Celui-ci est, en principe, déterminé par la Cour, elle-même. En vertu de l'article 314 du Traité sur le fonctionnement de l'Union européenne, le montant prévisionnel du budget annuel de la Cour de justice de l'Union européenne se fixe dans le cadre d'une procédure législative spéciale d'établissement du budget annuel de l'Union par le Parlement européen et le Conseil de l'Union européenne. Ce montant serait déterminé, plus précisément, sur la base des rapports budgétaires établis par la Cour durant l'année précédente ainsi que l'avis de la Cour des comptes de l'Union européenne. La mise en place massive des outils de la legaltech aboutirait automatiquement à un changement de politique budgétaire dans l'Union.

Dans un environnement judiciaire augmenté, l'utilisation des divers outils de l'intelligence artificielle imposerait certainement, aux juridictions, des frais considérablement élevés. Le fait de les ajouter à ceux de la rémunération de ses membres pourrait déséquilibrer leur budget global. Par conséquent, celles-ci doivent s'engager dans une nouvelle logique budgétaire qui pourrait potentiellement impacter le montant des salaires de leurs membres. Cette logique suit l'objectif de maximiser l'efficacité du système et de minimiser les dépenses. Il s'agit de l'un des principaux objectifs de mise en place de la justice augmentée. Par conséquent, la détermination du budget des juridictions dites « augmentées » dépendrait beaucoup de frais de prestation des services proposés par les créateurs et les commerçants des outils de legaltech. Dans ces circonstances, l'augmentation de la concurrence dans le marché de la legaltech peut présenter des nouveaux moyens alternatifs et les prix plus concurrentiels. Par conséquent, ils présenteraient des avantages budgétaires pour les juridictions.

Au niveau des greffes, l'intelligence artificielle changerait « les moyens » et « la finalité » des travaux juridiques. La nature de leurs travaux et leur composition seront susceptibles d'être modifiées. Par exemple si nous imaginons que, dans le système classique, les tâches administratives d'une chambre d'une juridiction se réalisent par dix greffiers, dans un environnement judiciaire augmenté où une grande partie des travaux se

[1] Les informations complémentaires sur le montant les modalités de rémunération des magistrats fédéraux sont disponibles sur https://www.uscourts.gov/judges-judgeships/judicial-compensation (consulté le 3 juillet 2021). ; Cf. Bureau de Madame Denise W. MERRILL, Secrétaire d'État du Connecticut, *Judicial Department - State Courts*, disponible sur https://portal.ct.gov/SOTS/Register-Manual/Section-V/Judicial-Department---State-Courts (consulté le 3 juillet 2021).

réalisent directement par les (ou à travers des) outils de l'intelligence artificielle, ils peuvent réaliser différemment par deux greffiers (au titre d'exemple), qui jouent principalement le rôle de contrôleur de la mise en conformité des systèmes de l'intelligence artificielle et éventuellement la manipulation des programmes de ces derniers ainsi que la structuration et l'enrichissement des données.

Dans ce contexte, une réévaluation du salaire des membres de cette catégorie de professionnels semble être légitime et même indispensable. Dans cette analyse, les éventuelles caractéristiques sociales des méthodes de rémunération dans la fonction publique ne sont pas prises en compte. Ainsi, il conviendrait de déterminer le montant du salaire de chacun d'entre eux, de façon individuelle. Pourtant, l'harmonisation de l'utilisation des techniques de l'intelligence artificielle dans les différentes catégories des juridictions (en fonction de leur compétence et leur degré) fournirait la possibilité de déterminer un montant indicatif pour les salaires du personnel des greffes de chaque catégorie de juridiction. Compte tenu du progrès rapide des techniques de la justice algorithmique, ce montant doit être réévalué, chaque année, en fonction des caractéristiques des nouvelles caractéristiques des technologies émergentes de l'intelligence artificielle qui seraient employées dans les juridictions.

Les impacts de la mise en œuvre de la justice augmentée sur le salaire des magistrats dépendent clairement des types de techniques et des outils qu'ils utiliseraient au cours du procès. Les « outils classiques » de la legaltech se reposant sur la technologie de l'apprentissage automatique, ne sont pas capables de produire, de façon autonome, « un raisonnement juridique ». Par conséquent, ils ne pourraient être utilisés au cours du processus de la prise de décision judiciaire. Ces outils peuvent avoir une grande utilité au niveau des greffes pour la réalisation des tâches répétitives.

En supposant mettre en place ces outils au sein des juridictions, la tâche de la prise de décision ne deviendrait nécessairement pas plus facile ni moins prenante. En effet, aujourd'hui, les éventuels systèmes pouvant être utilisés par les magistrats sont les mêmes que ceux utilisés par le personnel des greffes.

Toutefois, dans l'hypothèse de recourir aux technologies plus avancées de l'apprentissage profond ayant la capacité de la modélisation et de reproduction automatisée du raisonnement judiciaire (ce type d'outils n'est commercialisé ni aux États-Unis ni en Europe. Ils sont donc exclus de notre analyse puisque leur commercialisation est incertaine), le salaire des magistrats pourrait être ainsi déterminé sur le même modèle proposé par l'auteur du présent ouvrage pour les membres des greffes. Dans ce cas, le magistrat, en préservant son rôle de maître de la raison, deviendrait le responsable du pilotage de ces outils et celui du contrôle de leur conformité. Il s'agit d'un rôle très diffèrent de celui qu'il possède dans un environnement judiciaire classique.

L'émergence des impacts sur le salaire de l'ensemble des membres des juridictions, englobant les magistrats, à la suite de la mise en place de la justice augmentée pourrait être inévitable. Pourtant, une mise en place progressive et bien maîtrisée de la justice augmentée permettrait de mieux gérer les impacts de cette reconfiguration sur la politique budgétaire des juridictions et, par conséquent, les salaires des magistrats et des membres des greffes.

Par exemple, il pourrait être envisageable de mettre en place, dans chaque catégorie des juridictions, maximum dix nouvelles techniques de l'intelligence artificielle (à titre d'exemple) par an, quel que soit le niveau du développement des systèmes durant l'année. Cela permettrait aux juridictions d'éviter une vague de reconfiguration trop radicale du système judiciaire. Autrement dit, la mise en place progressive de la justice augmentée éviterait « un choc budgétaire » dû à « une reconfiguration matérielle radicale ».

Section 2. L'aspect économique de la justice augmentée, une potentielle atteinte à l'indépendance des acteurs de la justice

La justice augmentée a pour objectif d'augmenter la capacité des acteurs de la justice (en théorie, les premiers juristes augmentés étaient ceux qui travaillaient avec les calculatrices et même les stylos). Elle pourrait conduire à l'émergence d'une sorte de dépendance (matérielle et rationnelle) produisant un risque de la perte d'autonomie pour les acteurs de la justice. Il ne s'agit pas d'un enjeu particulier exclusivement lié à l'intelligence artificielle mais un risque global de plus en plus présent depuis l'essor du marché d'internet à la fin du XXe siècle.

On peut considérer qu'aujourd'hui, la capacité générale des juristes est en quelque sorte accrue par l'ordinateur et l'internet[1]. Cela relève du « désir [humain] de s'unir à l'objet » comme Jean-Paul SARTRE le décrit dans son livre intitulé *L'Être et le Néant*[2]. Par exemple, dans un environnement où une partie des ressources juridiques est exclusivement disponible sur les réseaux en ligne, un blocage d'accès à l'internet peut complètement paralyser le travail des professionnels du droit. Si on privait les juristes de ces technologies, on diminuerait leurs capacités reconnues, aujourd'hui, comme « les capacités normales ». Par conséquent, on peut considérer que l'augmentation de celle des acteurs de la justice provoquerait accessoirement et automatiquement le risque d'une diminution de leur propre capacité. Ce risque et cet avantage augmentent souvent sur le même rythme.

Leur dépendance aux outils de l'intelligence artificielle semble être inévitable comme Monsieur Antoine GARAPON le précise lors d'une interview

---

1 Cf. S. JUNEAU, J. MARTEL, « La " cyberdépendance " : un phénomène en construction », *Déviance et Société*, vol. 38, n° 3, 2014, pp. 285-310). ; Cf. A. ROUVROY, « La robotisation de la vie ou la tentation de l'inséparation » In. H. JACQUEMIN, A. DE STREEL, *L'intelligence artificielle et le droit*, Larcier, 3é tirage 2019, coll. du Centre de Recherche Information, Droit et Société (CRIDS), pp. 13-46.

2 M.Ch. PIATTI, « Vers le transhumanisme, mythe (la lune) et réalité (le doight) ! », In. A. BENSAMOUN (sous dir.), *Les robots, objets scientifiques, objets de droits*, Mare & Martin, coll. des Presses Universitaires de Sceaux, 2016, p. 21. ; J-P. SARTRE, *L'être et le néant*, Gallimard, 1976, 975 p.

du 4 mai 2018[1], en affirmant que celle-ci transformerait le juriste en « auxiliaire de la stratégie économique »[2]. Cette perte d'indépendance se manifeste comme une conséquence de la colonisation technologique provoquée par la révolution de l'intelligence artificielle. Elle suscite également, de la part des créateurs et des utilisateurs des outils, le risque perpétuel et direct de l'émergence d'une manipulation dans le processus de la prise des décisions judiciaires. Le premier risque a des effets globaux et « verticaux » sur la justice alors que le second type a des effets « horizontaux ». Le second risque peut être le résultat indirect d'une colonisation technologique.

L'émergence d'une sorte de colonisation et d'impérialisme est une conséquence naturelle de chaque révolution industrielle. Celle-ci est la conséquence directe de l'augmentation radicale du taux de la production, qui dépasse la capacité actuelle du marché, notamment par l'accélération et la facilitation de la production et de la prestation des services.

La révolution de l'intelligence artificielle, porteuse d'un big bang économique et commercial, ne s'exclut pas de cette formule. Au fil de l'histoire, « la modernisation » a été souvent utilisée, par les colonisateurs, comme une excuse pour recourir à l'exploitation des ressources des colonies[3]. Ce rapport colonial conduirait finalement à l'émergence d'une sorte de « dépendance matérielle » aux colonisateurs. Dans le contexte de la colonisation étatique, Kenneth COUTTS-SMITH affirme que cette dépendance produirait, dans les pays colonisés, une « confusion » sociale, intellectuelle et morale[4]. Ce propos semble être également valable, dans le cas de la colonisation technologique (conduite principalement par les entreprises), tant sur le plan matériel que paradigmatique.

Contrairement aux colonisations étatiques, celle-ci est déterritorialisée et conduite par les entreprises du numérique. Par conséquent, elle peut se présenter au niveau national ou transnational. L'émergence de cette forme de la suprématie déterritorialisée n'est pas un enjeu contemporain. Cela existe depuis le moyen Âge. Le Saint-Siège, l'ordre souverain de Malte, les compagnies des Indes et plus récemment, les grandes entreprises pétrolières et les géants du numérique sont les plus célèbres exemples historiques. Plus précisément, concernant la justice augmentée, la dépendance matérielle des juridictions aux outils de l'intelligence artificielle pourrait ainsi impacter « le fond de son fonctionnement » et « le raisonnement des magistrats ».

---

[1] T. COUSTET, A. GARAPON : « le numérique est un remède à la lenteur de la justice », 4 mai 2018, Dalloz Actualité, interview de A. GARAPON, disponible sur https://www.dalloz-actualite.fr/interview/antoine-garapon-numerique-est-un-remede-lenteur-de-justice#.YF-RUObjIdW (consulté le 24 septembre 2020).

[2] *Ibidem.*

[3] Cf. B. ASHCROFT, G. GRIFFITHS, H. TIFFIN, *Post-colonial studies, The Key Concepts*, éd. 2, Routledge, Taylor & Francis Group, 2007, p. 131.

[4] K. COUTTS-SMITH, « Cultural Colonialism », *Thirs text*, vol. 16, n°1, 2002, pp. 1-14.

Dans le contexte de la justice augmentée, cette colonisation se caractérise à la fois par la dépendance matérielle des acteurs de la justice aux concepteurs de l'intelligence artificielle et leur dépendance aux mégadonnées qui sont principalement en possession des géants du numérique, on peut donc conclure que cette colonisation est susceptible d'être appliquée conjointement par les entreprises de la legaltech et les géants du numérique. Extrêmement vigilants face à ce risque, l'Europe et les États-Unis ont dessiné un certain nombre de stratégies afin de préserver l'indépendance matérielle et intellectuelle[1] des acteurs de la justice.

Dans les environnements judiciaires, une mise en place massive des outils de l'intelligence artificielle pourrait créer une sorte de dépendance matérielle aux créateurs de legaltech. Celle-ci se caractérise notamment par la continuité et la perpétuité du processus d'automatisation des travaux judiciaires (un processus piloté principalement par les prestataires de ces outils). Toute question de la richesse du marché de legaltech se résume dans la perpétuité de la dépendance aux prestataires des logiciels. C'est ce qui le distingue des autres marchés de l'intelligence artificielle qui se basent principalement sur la vente des outils et des services numériques. C'est la raison pour laquelle les entreprises de la legaltech n'ont aucun intérêt à donner une indépendance à leurs clients. Pour atteindre cet objectif, ils peuvent bloquer tout moyen d'arriver à cette indépendance.

Cette dépendance matérielle peut se manifester en deux formes. La première consiste en « le besoin d'accès aux technologies avancées des technologies de l'intelligence artificielle ». Elle est ainsi le fruit de l'émergence d'une « hiérarchisation des savoirs » et « la suprématie technologique des entreprises ». Par ailleurs, la seconde consiste en « un besoin d'accès aux outils de la legaltech », en considérant que la seule « possession de la technologie ne serait pas suffisante pour créer des outils appropriés ».

Contrairement au premier type de la dépendance, purement matérielle et technique, le second type est porteur d'un élément intellectuel qui est « l'esprit de l'innovation ». C'est la pierre angulaire de la création des outils de legaltech. Afin de pouvoir les concevoir, il est impératif d'adapter de très nombreuses technologies sous-jacentes de l'intelligence artificielle aux besoins divers du système judiciaire ainsi que ceux des acteurs et des sujets de la justice[2]. En effet, dans le contexte commercial de l'intelligence artificielle, la technologie n'est pas être considérée, elle-même, comme une

---

[1] L. PÉCAUT-RIVOLIER, S. ROBIN, « Justice et intelligence artificielle, préparer demain - épisode I », *Dalloz actualité,* 14 avril 2020, disponible sur https://www.dalloz-actualite.fr/flash/justice-et-intelligence-artificielle-preparer-demain-episode-i#.YUiboKA68dU (consulté le 7 octobre 2021).

[2] Cf. L'intervention de Monsieur Enguerrand HABRAN lors du colloque du cercle France-Amérique intitulé « Innovation et Santé », 21 JUIN 2021, disponible sur https://www.youtube.com/watch?v=MumWQhOHDwU (consulté le 26 juin 2021).

innovation mais un outil fournissant la possibilité d'innover. Autrement dit, la possession d'une technologie avancée sans le sens d'innovation ressemble à la possession d'un gant sans avoir la main.

Actuellement, cette capacité se trouve principalement en possession des entreprises. À ce titre, les entreprises de legaltech sont au rang des principaux acteurs de « la mise en place » et les principaux garants du « bon fonctionnement » de la justice augmentée. Si nous considérons les entreprises du numérique et de l'intelligence artificielle comme des empires déterritorialisés et dématérialisés de notre époque, elles pourront créer de nouvelles colonies par la mise en place de chaque système augmenté par l'intelligence artificielle. Dans un système judiciaire augmenté, où les travaux se réalisent par une chaine des différents outils de l'intelligence artificielle[1], le manque d'accès à un seul d'entre eux pourrait potentiellement paralyser le fonctionnement du système général de la justice. Dans cette hypothèse, les juridictions et les juristes courent le risque de se trouver dans une dépendance totale avec de nombreuses entreprises (cela pourrait également être utilisé comme un outil de chantage par les prestataires de ces outils pour impacter l'approche de la justice). Par exemple, la modélisation du raisonnement des magistrats et la prédiction de chance de succès dans le procès ne seront pas possible que par l'analyse algorithmique d'une masse de données.

Auparavant, il était évoqué que la justice augmentée reconfigurerait la nature de l'ensemble des processus de la justice. Autrement dit, en mettant en œuvre ce système, « la forme » de réalisation des tâches judiciaires sera redessinée par les programmateurs et les concepteurs des systèmes de l'intelligence artificielle. Par conséquent, ces derniers seraient en mesure d'établir et de préserver cette dépendance.

Compte tenu de la supranationalité de la nature de l'informatique, ses impacts sur les juridictions européennes et américaines sont susceptibles d'être de plus en plus similaires. En général, la justice augmentée imposerait deux formes d'impacts sur les travaux judiciaires. Chacun pourrait produire, à deux niveaux, une forme différente de la dépendance technologique. D'un part, l'intelligence artificielle augmenterait la capacité de réalisation des travaux judiciaires « existants ». D'autre part, celle-ci créerait de « nouvelles » capacités qui ne seraient pas réalisables que grâce aux technologies de l'intelligence artificielle[2]. La mise en place de ces dernières pourrait aboutir à l'émergence d'une « dépendance matérielle absolue » à l'intelligence artificielle pour réaliser « certaines tâches » dans les juridictions et dans les cabinets d'avocats.

---

[1] Cf. H.Y. LIU, M. MAAS, J. DANAHER, L. SCARCELLA, M. LEXER, L. VAN ROMPAEY, « Artificial intelligence and legal disruption: a new model for analysis », *Law, Innovation and Technology*, 2020, vol.12, n°2, pp. 205-258.

[2] Commission européenne, « Intelligence artificielle : une perspective européenne », rapport du centre commun de recherche, 2018, p.72.

Dans un environnement judiciaire augmenté, les entreprises de la legaltech sont une partie intégrale et inamovible du fonctionnement de la justice. En établissant un « marché biface »[1], elles deviennent perpétuellement connectées à la fois aux acteurs et aux sujets de droit. C'est ainsi qu'elles seraient parmi les seuls acteurs de la justice présents au cours de l'ensemble des processus judiciaires (dès les premières recherches pour trouver un avocat, jusqu'à la fin de l'exécution de la décision de justice). Cela peut être considéré comme un facteur favorisant et renforçant la dépendance de système judiciaire aux acteurs de l'intelligence artificielle.

La dépendance aux prestataires de l'intelligence artificielle au cours du fonctionnement des systèmes judiciaires augmentés peut se manifester sous trois formes. La première forme consiste en le besoin d'accès aux logiciels et aux plateformes. Ce risque est de plus en plus important lorsque les services sont fournis par les entreprises de legaltech en mode « logiciel en tant que service » (en anglais : *Software as a service*). Il s'agit des systèmes installés sur les plateformes ou les serveurs distants (principalement le *cloud*) et mis à disposition des utilisateurs par un accès exceptionnel. Dans ce dernier cas, ces derniers n'ont pas un accès totalement indépendant à ces services. En fait, techniquement ils ne possèdent pas le logiciel mais peuvent l'utiliser.

Dans ce cas, il faut également ajouter le risque d'éventuelles insécurités des réseaux d'internet. Il serait possible que les juridictions et les juristes n'achètent pas les technologies mais utilisent les services directement fournis par les entreprises (notamment en ce qui concerne les outils dotés de la technologie de l'apprentissage automatique, comme les moteurs de recherche). Dans ce cas, les entreprises peuvent rester au cœur de la conduite de ces logiciels. Ils pourraient, à chaque moment, bloquer l'accès des utilisateurs (dans le cadre défini par la loi) à certains services et changer leurs tarifs. Par conséquent, les juridictions et les juristes seront soumises, dans le cadre du déroulement de ses missions, aux conditions définis par ces entreprises.

La deuxième forme de la dépendance est liée aux outils mis à la disposition des juristes en vue d'être utilisés « de façon autonome » (comme les outils dédiés à l'élaboration automatisée des textes). Le bon fonctionnement de ces derniers pourrait nécessiter « un soutien technique » permanent ou ponctuel de la part des entreprises. Comme évoqué auparavant, cette dépendance pourrait être considérablement réduite par la mise en place d'un programme général des formations techniques, destiné aux acteurs de la justice. Un tel projet ne semble pas être réalisable dans l'immédiat, d'autant plus que les formations initiales d'utilisation de chaque nouvel outil doivent être assurées par les concepteurs de ces derniers. Pourtant, même dans hypothèse de la mise

---

[1] B. DEFFAINS, « L'impact économique des legaltechs sur le marché du droit » In. F. TRASSOUDAINE, J-P. DARDAYROL (coord.), *Enjeux numériques, Les métiers du droit au défi du numérique*, Annales des Mines, n°3, septembre 2018, p. 21.

en place d'une formation efficace et globale, le besoin de recourir à l'assistance technique des entreprises (au moins dans le cadre d'une formation) ne pourrait jamais être exclu.

La troisième forme de la dépendance aux prestataires de l'intelligence artificielle est beaucoup plus importante que les deux premières. Elle serait surtout moins susceptible d'être réduite ou contrôlée. Il s'agit du « besoin à l'innovation technologique ». Dans le contexte européen de l'intelligence artificielle, Madame Denise SILBER, estime que le renforcement de la créativité et le sens d'innovation nécessite spécialement une ouverture générale aux « idées nouvelles » au sein des établissements scolaires et universitaires. Elle souligne également la nécessité du renforcement de confiance des étudiants européens pour « rêver »[1]. D'après elle, contrairement à l'Europe, aux États-Unis, cette capacité fournissant la base de la créativité et de l'innovation est particulièrement renforcée[2]. Cette idée a été également exprimée, en janvier 1881, par Pierre CURIE dans l'un de ses journaux intimes dans lequel il précise qu'« il faut faire de la vie un rêve, et faire d'un rêve, une réalité »[3]. Les technologies de l'intelligence artificielle sont en évolution permanente. Les spécialistes de l'intelligence artificielle et de la legaltech présentent régulièrement de nouveaux logiciels avec des capacités différentes ou d'une efficacité supérieure au marché. D'autre part, « les tâches exécutées par les humains se complexifient avec le temps »[4] comme précise le Professeur Jean LASSÈGUE. Par conséquent, les logiciels utilisés dans les environnements judiciaires doivent être ainsi mis à jour en permanence.

Cela pourrait créer une sorte de la dépendance éternelle puisque l'augmentation de l'efficacité du fonctionnement de la justice ne connaît aucune limite et continuerait toujours. Ce type de dépendance peut se définir comme « le besoin à la mise à jour de la fonctionnalité des outils » employés au sein des juridictions et des cabinets d'avocats. Cela se caractérise non seulement par le progrès technologique des outils de la legaltech mais aussi par l'évolution de la pensée des magistrats et des doctrines juridiques. On peut donc conclure que, dans un environnement judiciaire augmenté, tant que les logiciels de legaltech ne sont pas conçus par l'État, les entreprises restent parmi les principaux acteurs de la justice.

La question des bases des données est un élément central et un enjeu naturel pour toute question relative à l'intelligence artificielle. Même une

---

[1] L'intervention de Madame Denise SILBER lors du colloque du cercle France-Amérique intitulé « Innovation et Santé », 21 juin 2021, disponible sur https://www.youtube.com/watch?v=MumWQhOHDwU (consulté le 26 juin 2021).

[2] *Ibidem.*

[3] Gallica (Bibliothèque nationale de France), *Pierre et Marie Curie. Papiers. II - papiers et correspondance*, LXX Papiers Pierre Curie, 4 janvier 1881, disponible sur https://gallica.bnf.fr/ark:/12148/btv1b9080307f/f6.item (consulté le 30 juin 2021).

[4] J. LASSÈGUE, « L'Intelligence artificielle, technologie de la vision numérique du monde », *Les cahiers de la justice*, 2019, n° 2, p. 207.

super-IA ne pourrait pas fonctionner sans l'accès à des mégadonnées fiables et bien structurées. Si nous considérons que la révolution de la justice augmentée est conduite par une locomotive (les logiciels), il faut garder à l'esprit que ce dernier ne peut fonctionner qu'avec une quantité suffisante de carburant (les données). Cette technologie s'en alimentent. À ce titre, on peut dire qu'à l'ère de l'intelligence artificielle, les données sont « le nouveau pétrole »[1].

Un simple accès aux données judiciaires et législatives n'est pas suffisant pour réaliser certaines analyses algorithmiques des outils de la legaltech. Par exemple, aux États-Unis, en matière pénale, une analyse et une modélisation correcte des comportements des justiciables dans le cadre de préparation automatisée des rapports présentenciels ne peuvent être réalisées que par la prise en compte d'un grand nombre d'éléments sociaux et économiques liés au contexte des faits et à la personnalité de justiciable. À ce jour, les mégadonnées sont principalement en possession des géants du numérique. Par conséquent, les prestataires et les utilisateurs des outils de l'intelligence artificielle peuvent devenir tous les deux dépendants aux géants du numérique (c'est ce qui peut mettre ces derniers également au rang des acteurs de la legaltech).

En étudiant les caractéristiques de cette dépendance, nous devons faire une distinction entre les deux types d'outils de la legaltech. L'accès aux mégadonnées n'est pas susceptible d'être utilisé comme un outil de la colonisation technologique dans le cas de ceux se basant « exclusivement » sur « les données judiciaires ». Cette catégorie englobe principalement « les moteurs de recherche documentaire » et « les moteurs de recherche des professionnels du droit » ainsi qu'une grande partie des « outils de la justice prédictive ». Il s'agit plus précisément des outils dédiés à la prédiction du montant d'indemnisation et du préjudice et d'indemnisation et l'évaluation automatisée de la chance de réussite dans le procès.

En fait, « le principe de la transparence et de l'ouverture des données publiques », étant garanti aux États-Unis et dans l'Union européenne[2] ainsi qu'au niveau du Conseil de l'Europe[3], peut assurer la bonne fonctionnalité de ces outils puisque pour ce type d'analyse algorithmique, il n'y a pas besoin des données non-judiciaires.

---

[1] M. MIDENA, « Talend : "La Data Est Le Nouveau Pétrole" », *Forbes France*, 21 février 2020, disponible sur https://www.forbes.fr/femmes-at-forbes/talend-la-data-est-le-nouveau-petrole/ (consulté le 13 mars 2021)

[2] A.J. MEIJER, D. CURTIN, M. HILLEBRANDT, « La gouvernance ouverte : relier visibilité et moyens d'expression », *Revue Internationale des sciences administratives*, vol. 78, n° 1, 2012, p. 14.

[3] Cf. Conseil de l'Europe, *Un gouvernement ouvert*, rapport de la Commission de la gouvernance, Rapporteur : M. Andreas GALSTER, 4 avril 2017, disponible sur https://rm.coe.int/168070b137 (consulté le 6 juillet 2021).

L'importance d'accès à ces données est également mineure dans le cas des outils dédiés à l'évaluation automatisée du montant des honoraires des avocats et des notaires et la préparation automatisée des facteurs. En effet, ce propos est valable tant que ces données sont mises à la disposition des prestataires des outils par les barreaux et les chambres nationales des notaires, puisqu'ils peuvent collecter les données nécessaires (pour garantir le bon fonctionnement de ces outils) auprès des avocats et des notaires et procéder à leur préparation et structuration (à cet égard, ces données doivent être complétées et adaptées aux données judiciaires qui sont fournies par les États).

Ces dernières sont susceptibles d'être suffisantes pour garantir un fonctionnement correct de cette catégorie d'outils, sauf dans le cas de la prise en compte des caractéristiques personnelles et la situation financière des justiciables. Même dans ce cas, les barreaux, les syndicats et les associations des avocats ou les autorités et les organes étatiques compétents peuvent établir des catégories indicatives pour leurs salaires. Il s'agit d'un mécanisme similaire à celui qui s'applique aujourd'hui pour évaluer l'éligibilité des justiciables aux aides juridictionnelles.

L'importance d'accès aux masses des données non-judiciaires deviendrait pourtant de plus en plus évidente lorsque l'outil de l'intelligence artificielle est censé réaliser « une analyse personnalisée ». Par conséquent, un simple accès aux données judiciaires ne serait pas suffisant pour les outils dédiés au profilage des magistrats et à la prédiction des comportements des justiciables. C'est surtout dans le cas de la modélisation automatisée de la pensée des magistrats et des justiciables (dans le contexte de la justice prédictive) que l'accès aux mégadonnées non-judiciaires deviendrait indispensable. Dans le cas de la prédiction des comportements des justiciables, pour arriver à un résultat plus exact, les outils peuvent s'appuyer sur leurs caractéristiques personnelles. Il s'agit des informations qui ne seraient pas seulement exploitables par leurs casiers judiciaires mais aussi et surtout par leurs activités (e.g. leurs échanges sur les réseaux sociaux). L'ensemble des textes législatifs européens et américains relatifs à la protection de la vie privée autorise l'usage de ces données à des fins judiciaires.

La modélisation automatisée de la pensée des magistrats se base également sur leurs caractéristiques « personnelles ». Il s'agit des informations qui ne sont pas uniquement disponibles sur les documents judiciaires. Cette nécessité est de plus en plus marquante dans le cas de la modélisation automatisée de la pensée des magistrats de la Cour suprême des États-Unis où la tendance politique des magistrats constitue l'une des principales caractéristiques de leurs profils. Il convient de noter que cette modélisation pourrait être également réalisée exclusivement sur les données exploitées à partir des jurisprudences ainsi que des rapports, des avis et des informations fournis par les juridictions.

Cet enjeu n'est toutefois pas valable dans le cas d'outils de la communication et l'archivage automatisé dans les juridictions et les cabinets d'avocats. Cependant, il paraît impossible d'évaluer précisément le risque de la dépendance aux mégadonnées puisqu'il dépendrait considérablement des types d'outils de legaltech qui seraient employés dans les environnements judiciaires augmentés. De toute façon, la décentralisation des échanges d'informations et la mise en place des « registres distribués » sont susceptibles d'être une solution efficace pour éviter toute dépendance aux mégadonnées (internes et externes).

Au sujet de la justice augmentée, les gouvernements et les barreaux européens[1] et américains sont mobilisés pour éviter le risque d'une colonisation technologique. Les projets gouvernementaux et intergouvernementaux sont principalement axés sur « l'indépendance »[2] et « la suprématie » technologique des États en matière de l'intelligence artificielle alors que les initiatives des barreaux visent plus spécifiquement la préservation de l'impartialité, l'indépendance et la qualité du système de la justice augmentée par le progrès des outils de l'intelligence artificielle.

L'utilisation très fréquente du terme de la « suprématie technologique » dans les textes législatifs et les rapports officiels des oranges étatiques est la preuve de la sensibilité particulière des États à l'aspect technique de cette technologie. L'émergence de l'idée de la supériorité naturelle d'une partie de la société mondiale est également une des conséquences des révolutions industrielles et de la colonisation classique. Dans le contexte de la révolution de l'intelligence artificielle, les futurs leaders de cette technologie constitueront cette élite sur le plan mondial. Il s'agit de l'une des principales caractéristiques de la colonisation technologique[3].

Les arsenaux européens et américains en matière de l'intelligence artificielle ne sont pas susceptibles d'être suffisamment efficaces tant qu'ils peuvent aboutir à une aggravation de la dépendance des États aux investissements du secteur privé. Ils peuvent également générer une dépendance aux entreprises dotées des stratégies de recherche et de développement (R&D) plus dynamiques et plus développées par rapport à celles du secteur public.

Aux États-Unis et en Europe, les initiatives gouvernementales se limitent principalement à des investissements massifs, dans le progrès technologique de l'intelligence artificielle. Par exemple, en 2019, le Président Donald TRUMP a doublé le budget fédéral des États-Unis réservé au progrès du

---

[1] Cf. J. GURTNER, « L'innovation et l'avenir de la profession d'avocat », *Revue de l'avocat*, vol. 20, n°1, 2017, pp. 15-18.

[2] Cf. B. ADDAD, *Souveraineté numérique européenne, Innovations, échecs et espoir de 1900 à nos jours*, VA éditions, 2021, 268 p.

[3] Cf. Maison blanche, l'ordre exécutif présidentiel sur le maintien du leadership des États-Unis dans le domaine de l'intelligence artificielle – n° 13,859 » (en anglais : *The Executive Order on Maintaining American Leadership in Artificial.Intelligence* – n° 13,859), disponible sur https://www.govinfo.gov/content/pkg/FR-2019-02-14/pdf/2019-02544.pdf (consulté le 6 juillet 2021).

développement des technologies de l'intelligence artificielle dans les secteurs n'ayant pas un lien avec le secteur de la défense pour une période de deux ans. Cette stratégie constitue la pierre angulaire de sa politique de « maintenir la suprématie internationale des États-Unis en matière de l'intelligence artificielle ».

À la lumière des dispositions de l'ordre exécutif présidentiel n° 13859[1] ainsi que *The National Artificial Intelligence Research and Development Strategic Plan: 20201*[2], et en considérant le nombre et la nature des projets relatifs à l'intelligence artificielle soutenus par le gouvernement pendant les dernières années, le sous-comité Networking and Information Technology Research and Development (NTIRD) du conseil national de la science et de la technologie (en anglais : *National Science and Technology Council*) du gouvernement fédéral des États-Unis a évalué le budget fédéral du développement de l'intelligence artificielle à 1,5 milliard dollars[3] pour année fiscale 2021. Ce montant est de 34,4% supérieure à celui de l'année 2020[4].

Cette augmentation est notamment justifiée par le décalage du montant évalué en 2019, et les rapports budgétaires de l'année 2020[5]. Dans la même perspective, en 2018, l'Union européenne a évalué un budget de 1.5 milliards euros (ce budget a été évalué pour la période de 2018-2020. Il s'agit d'une augmentation de 70% du budget par rapport de l'année précédente), pour le développement de l'intelligence artificielle dans le cadre du programme-cadre de recherche Horizon 2020[6]. Ce montant est montré à 2,5 milliards euros pour la période 2021-2027[7]. L'Union européenne a l'ambition d'augmenter le montant total des investissements « européens » en cette matière (dans les

[1] Bureau exécutif du président des États-Unis, *The Executive Order on Maintaining American Leadership in Artificial Intelligence* – n° 13,859, février 2019.

[2] Bureau exécutif du président des États-Unis, *Supplement to the President's FY2021 budget*,14 août 2020, p. 11, disponible sur https://www.nitrd.gov/pubs/FY2021-NITRD-Supplement.pdf (consulté le 7 juillet 2021).

[3] Le Bureau exécutif du président des États-Unis, *NITRD Supplement to the President's FY2021 Budget, préc.*, p. 14. ; Cf. La Maison Blanche, *Artificial Intelligence and Quantum Information Science Research and Development Summary: Fiscal Years 2020 – 2021*, août 2020, Bureau de la politique scientifique et technologique.

[4] Le Bureau exécutif du président des États-Unis, *NITRD Supplement to the President's FY2021 Budget, préc.*, p. 14.

[5] *Ibidem.*

[6] Commission européenne, « EU budget : Commission proposes €9.2 billion investment in first ever digital programme », 6 juin 2018, actualité de la commission, disponible sur https://ec.europa.eu/commission/presscorner/detail/en/IP_18_4043 (consulté le 10 mars 2021).

[7] Les informations complémentaires sur le programme d'Horizon Europe 2021-2027 sont disponibles sur https://ec.europa.eu/info/research-and-innovation/funding/funding-opportunities/funding-programmes-and-open-calls/horizon-europe_fr (consulté le 7 juillet 2021).

secteurs privé et public) à 20 milliards d'euros par an. Pour atteindre cet objectif, elle compte surtout sur les investissements du secteur privé[1].

La nécessité et le besoin à des investissements privés semblent être incontournables puisque le secteur privé regroupe les plus grands investisseurs du marché de l'intelligence artificielle. Par exemple, en février 2019, la société IBM a investi 2 milliards de dollars pour le lancement d'un seul laboratoire recherche sur l'intelligence artificielle à New-York[2]. Il s'agit d'un montant légèrement inférieur à celui que l'Union européenne a fixé pour le développement de l'intelligence artificielle dans l'ensemble des États membres et au niveau des organisations de l'Union pour une période de 7 ans. Il est également supérieur à celui que le gouvernement fédéral des États-Unis a évalué pour la recherche et le développement des technologies de l'intelligence artificielle sans un lien avec le secteur de la défense[3].

Par ces stratégies financières et budgétaires, l'Union européenne, le Conseil de l'Europe et le gouvernement fédéral des États-Unis promeuvent une dépendance aux entreprises privées qui pourraient potentiellement devenir « les contre-pouvoirs de demain ». Une expérience similaire a été observée dans le cas des géants du web soutenus au XXe siècle par les gouvernements, mais devenus les contre-pouvoirs face aux pouvoirs publics. Compte tenu de ces considérations, l'utilisation du terme *the country's leadership in AI* dans l'ordre exécutif présidentiel n° 13859 ne semble pas être suffisamment compatible avec la nature des stratégies actuelles du pays en matière de l'intelligence artificielle tandis qu'une partie considérable de ces investissements visent le progrès de l'intelligence artificielle dans le secteur privé. En effet, ils peuvent garantir le leadership des entreprises américaines et une partie des entreprises multinationales et non nécessairement les organes gouvernementaux. Ce propos semble également être valable dans le cas des investissements de l'Union européenne dans le développement de l'intelligence artificielle dans le secteur privé.

En suivant ces stratégies, les entreprises privées deviendraient de plus en plus au cœur du pouvoir en matière de l'intelligence artificielle. Plus précisément, la crainte de la dépendance aux entreprises « étrangères » et « multinationales » pousse les États à être dépendants des entreprises nationales. Mais il ne faut pas sous-estimer les risques que ce groupe d'entreprises peut poser puisque celles-ci pourraient également devenir les contre-pouvoirs. La question de leur nationalité ou multi-nationalité a été

---

[1] Commission européenne, *Artificial intelligence (AI)*, disponible sur https://ec.europa.eu/info/research-and-innovation/research-area/industrial-research-and-innovation/key-enabling-technologies/artificial-intelligence-ai_en (consulté le 10 mars 2021).

[2] O. CARVILLE, « IBM Invests $2 Billion in New York Research Hub for AI », *bloomberg.com*, 7 février 2019, disponible sur https://www.bloomberg.com/news/articles/2019-02-07/ibm-invests-2-billion-in-new-york-research-hub-for-ai (consulté le 14 mars 2021).

[3] Cf. Le Bureau exécutif du président des États-Unis, *NITRD Supplement to the President's FY2021 Budget*, 14 août 2020, p. 14.

toujours un enjeu important dans le domaine de la protection des données et le droit de la concurrence et notamment en matière fiscale. C'est aussi une question associée de la souveraineté numérique.

Néanmoins, dans le contexte de l'intelligence artificielle, cette question doit être étudiée différemment puisque les entreprises nationales et étrangères de l'intelligence artificielle sont toutes les deux plus ou moins dans la même position vis-à-vis des États[1]. Même si on imagine que ces stratégies pourraient, dans le contexte de la justice augmentée, aboutir au développement technologique global de l'intelligence artificielle, elles arriveraient à « une dépendance plus fondamentale » avec les concepteurs des outils de la legaltech.

Les investissements européens et américains visent souvent les recherches sur le développement des sous-techniques de l'intelligence artificielle (sous un angle strictement informatique).

Une telle initiative ressemble à tentative de création d'un véhicule dans une ville où il n'y a pas de rues et pas besoin du transport. Par conséquent, l'aspect interdisciplinaire des recherches sur l'intelligence artificielle doit être absolument optimisé et renforcé. Ces activités sont conduites par de nombreux institutes de la recherche sous la coordination d'instances compétentes au niveau fédéral (aux États-Unis)[2] ou au niveau régional (dans l'Union européenne)[3].

Aux États-Unis, ces recherches, menées par les centres de recherche gouvernementaux ou en partenariat avec les centres de R&D dans le secteur privé et les universités, sont coordonnées par *National Artificial Intelligence Initiative Office*. Cet organe a été créé en janvier 2021 par *National AI Initiative Act of 2020*. La mission du lancement, du financement et de coordination des projets de recherche au sein des instituts de recherche sur l'intelligence artificielle l'a été attribuée par ce texte législatif[4].

Dans l'Union européenne, un grand nombre des projets relatifs à l'intelligence artificielle (notamment ceux qui se réalisent dans le cadre des programmes-cadres d'horizon) sont coordonnés par la direction-générale de recherche et de l'innovation de la Commission européenne, le Conseil

---

[1] Cf. A. HACHÉ, « La souveraineté technologique » In. *(Contre-)pouvoirs du numérique*, Revue Mouvements, 2014, La Découverte, vol. 3, n° 79, pp. 38-48.

[2] Cf. Bureau exécutif du président des États-Unis, *The national Aartificial intelligence research and development strategic plan : 2019 update*, juin 2019, disponible sur https://www.nitrd.gov/pubs/National-AI-RD-Strategy-2019.pdf (consulté le 7 juillet 2021).

[3] Cf. Conseil de l'Union Européenne, *Intelligence artificielle, b) Conclusions sur le plan coordonné dans le domaine de l'intelligence artificielle*, communication du Comité des représentants permanents, 11 février 2019, n° 6177/19, disponible sur https://data.consilium.europa.eu/doc/document/ST-6177-2019-INIT/fr/pdf (consulté le 7 juillet 2021).

[4] Cf. *H.R.6216 - National Artificial Intelligence Initiative Act of 2020*, disponible sur https://www.congress.gov/bill/116th-congress/house-bill/6216 (consulté le 7 juillet 2021).

européen de la recherche (CER)[1,2] et Conseil européen de l'innovation (CEI)[3,4]. Ce dernier envisage également de créer et de soutenir de nombreux centres de recherche en l'intelligence artificielle au sein des États membres de l'Union européenne[5].

Ces activités s'effectuent, en parallèle à la coordination de la direction-générale de la recherche de l'innovation, sous le pilotage du conseil européen de l'innovation. En outre, elle envisage certains investissements dans le cadre de ses plans coordonnés. Le premier plan coordonné dans le domaine de l'intelligence artificielle a été lancé en 2018 afin d'optimiser les partenariats public-privé en matière de l'intelligence artificielle ainsi que l'accélération et le renforcement des financements dans ce domaine et le développement des réseaux de recherche et d'innovation[6].

Le 21 avril 2021, en parallèle de publication de la première proposition du règlement sur l'intelligence artificielle par la Commission européenne, ce plan a été actualisé et développé et republié. Ce dernier permet notamment d'utiliser « les fonds alloués au titre du programme pour une Europe numérique et d'Horizon Europe, ainsi que de la facilité pour la reprise et la résilience, qui prévoit de consacrer 20 % des dépenses au numérique, et des programmes relevant de la politique de cohésion »[7].

Ce « progrès technologique » n'abouterait nécessairement pas à une « indépendance technologique ». Il ne serait pas garanti qu'à condition du renforcement de « la productivité » du système par la mise en place des outils de l'intelligence artificielle. En affirmant cette réalité, la théorie du « paradoxe de la productivité » de Robert SOLOW[8] souligne qu'un progrès technologique, mal-supervisé, pourrait créer de nombreux problèmes comme l'inflation,

---

[1] Cf. Assemblée nationale (fr), *Rapport d'information sur la politique européenne en matière d'innovation de rupture*, rapport n° 1293, présenté par Mesdames Christine HENNION et Sophie AUCONIE, 4 octobre 2018, pp. 26-27.

[2] Conseil *européen* de la *recherche*, *The future of EU R&I and the long-term EU budget*, 7 septembre 2020, disponible sur https://erc.europa.eu/news/hearing-itre-european-parliament (consulté le 7 juillet 2021).

[3] Cf. *Ibidem*, pp. 55-64.

[4] Commission Européenne, *La Commission lance le Conseil européen de l'innovation pour contribuer à transformer des idées scientifiques en innovations prometteuses*, 18 mars 2021, disponible sur https://ec.europa.eu/commission/presscorner/detail/fr/IP_21_1185 (consulté le 7 juillet 2021).

[5] Commission Européenne, *How research and innovation contributes to AI policy*, disponible sur https://ec.europa.eu/info/research-and-innovation/research-area/industrial-research-and-innovation/key-enabling-technologies/artificial-intelligence-ai_en (consulté le 7 juillet 2021).

[6] Commission européenne, « Une Europe adaptée à l'ère du numérique : La Commission propose de nouvelles règles et actions en faveur de l'excellence et de la confiance dans l'intelligence artificielle », 21 avril 2021, disponible sur https://ec.europa.eu/commission/presscorner/detail/fr/ip_21_1682 (consulté le 25 mai 2021).

[7] *Ibidem*.

[8] Cf. N. GREENA, Y. L'HORTY, « Le paradoxe de la productivité », *Travail et Emploi*, n° 91, juillet 2002, pp. 31- 42.

l'inégalité sociale et l'émergence d'une vague de chômage[1]. En ignorant ce risque, une telle initiative ressemblerait (au moins sur le plan théorique) à une obsession aveugle sans un objectif précis.

Malgré les investissements massifs des secteurs privé et public pour le développement de l'intelligence artificielle, à ce jour, aucune stratégie spécifique visant la mise en place des systèmes dits « intelligents » n'est établie ni par le gouvernement fédéral des États-Unis ni par les organes de l'Union européenne. C'est ainsi qu'en pratique aucun projet sur la justice augmentée n'est lancé par le gouvernement des États-Unis et ceux des pays européens.

On peut estimer que les stratégies actuelles des États-Unis et de l'Union européenne semblent être éloignées et même contraires à l'objectif primaire de la création des stratégies de la R&D « dans le secteur privé » où les recherches sont principalement menées pour répondre à des « besoins et des objectifs très spécifiques » déterminés avant de lancer des recherches. Ce paradigme privilégie l'optimisation de l'efficacité de « l'applicabilité pratique » des résultats de recherche (les départements de recherche et développement R&D ont la responsabilité d'accroître la capacité technologique et innovatrice des entreprises afin de les utiliser comme moyen de croissance et de développement). C'est ce qui peut éviter « le paradoxe de la productivité » en matière de l'intelligence artificielle et la justice augmentée.

Il faut garder à l'esprit que la question d'« accès aux technologies de l'intelligence artificielle » est, en général, moins importante que celle de la capacité de « la création des outils appropriés ». Lorsqu'une nouvelle technique de l'intelligence artificielle est inventée par les centres de recherche (notamment les universités), sa formule est souvent disponible au public. Celle-ci pourrait être reprise et reproduite, en respectant d'éventuelles lois applicables à la propriété industrielle, par n'importe qui. Par conséquent, même les pays les plus pauvres peuvent posséder facilement ces technologies. C'est la raison pour laquelle il apparaît qu'aux États-Unis et en Europe, les stratégies publiques en matière de l'intelligence artificielle, en étant « appropriées au niveau scientifique » ont « une faiblesse stratégique » puisqu'elles ne visent pas des objectifs suffisamment précis. Il convient de lancer des initiatives très spécifiques dans des dimensions déterminées afin de conduire les recherches vers les objectifs de plus en plus concrets (il s'agit de la création des microsystèmes ou des macrosystèmes intelligents).

Dans ces circonstances, afin d'optimiser leur efficacité pratique, les autorités publiques des États-Unis et de l'Union européenne peuvent s'inspirer du modèle de la R&D (visant des objectifs pratiques et précis) dans

---

[1] Cf. D. ACEMOGLU, P. RESTREPO, « Artificial Intelligence, Automation, and Work » In. A. AGRAWAL, J. GANS, A. GOLDFARB (dir.), *The Economics of Artificial Intelligence: An Agenda*, University of Chicago Press, 2019, pp. 197-236.

le secteur privé[1]. Afin d'optimiser cette approche, la création d'un centre de R&D sous ce modèle dans toutes les organisations publiques (notamment les juridictions) pourrait être une solution pertinente. Ces activités s'effectuent, en parallèle à la coordination de la direction-générale de la recherche de l'innovation, sous le pilotage du conseil européen de l'innovation.

La prise de conscience de l'importance intellectuelle et matérielle de conception « interne » des outils de legaltech semble être de plus en plus présente dans l'environnement des avocats. Elle s'illustre notamment à la fin de l'année 2022, lorsque deux cabinets d'avocats célèbres ont annoncé le lancement de leurs initiatives pour « collaborer » avec les ingénieurs afin de créer leurs propres outils de la legaltech.

Leur conception dans le cadre d'un partenariat avec les entreprises de la legaltech a été notamment développée par Cabinet Allen & Overy, étant lui-même l'un des deux partenaires de création de la plateforme Harvey. Celle-ci est un système de l'intelligence artificielle génératrice qui est à la fois capable d'« analyser » et de « reproduire » des textes juridiques et sélectionner les informations les plus pertinentes en vue d'élaboration d'une consultation[2]. Compte tenu de ces caractéristiques, nous pouvons estimer que son fonctionnement est de la même nature que celle du logiciel ChatGpt conçu et mis en service par la société OpenAI[3].

L'objectif principal de sa création est de faciliter les activités des avocats et renforcer la confiance entre les clients et les prosateurs des services

---

[1] Cf. Conseil de l'Europe, *Possible introduction of a mechanism for certifying artificial intelligence tools and services in the sphere of justice and the judiciary: Feasibility Study*, rapport du CEPEJ, décembre 2020, p.19. ; Cf. Commission Européenne, *How research and innovation contributes to AI policy*, disponible sur https://ec.europa.eu/info/research-and-innovation/research-area/industrial-research-and-innovation/key-enabling-technologies/artificial-intelligence-ai_en (consulté le 7 juillet 2021). ; Commission européenne, « Une Europe adaptée à l'ère du numérique : La Commission propose de nouvelles règles et actions en faveur de l'excellence et de la confiance dans l'intelligence artificielle », 21 avril 2021, disponible sur https://ec.europa.eu/commission/presscorner/detail/fr/ip_21_1682 (consulté le 25 mai 2021). ; Cf. N. Greena, Y. L'Horty, « Le paradoxe de la productivité », *Travail et Emploi*, n° 91, juillet 2002, pp. 31-42. ; Cf. D. Acemoglu, P. Restrepo, « Artificial Intelligence, Automation, and Work » In. A. Agrawal, J. Gans, A. Goldfarb (dir.), *The Economics of Artificial Intelligence: An Agenda*, University of Chicago Press, 2019, pp. 197-236.

[2] D. Wakeling, C. Wells, « Allen & Overy et Harvey annoncent un partenariat inédit visant à transformer les services juridiques », *Allen & Overy*, 16 février 2023, disponible sur https://www.allenovery.com/fr-fr/global/news-and-insights/news/ao-announces-exclusive-launch-partnership-with-harvey (consulté le 31 mars 2023).

[3] A. Perlman, « The Implications of ChatGPT for Legal Services and Society, Lead Article », *Harvard Law School*, mars/avril 2023, disponible sur https://clp.law.harvard.edu/knowledge-hub/magazine/issues/generative-ai-in-the-legal-profession/the-implications-of-chatgpt-for-legal-services-and-society/ (consulté le 2 juin 2023). ; K. Armstrong, « ChatGPT: US lawyer admits using AI for case research », *BBC News*, disponible sur https://www.bbc.com/news/world-us-canada-65735769 (consulté le 2 juin 2023).

juridiques et renforcer la transparence de ces activités[1]. En février 2023, ce logiciel a été utilisé par 3 500 avocats membres du réseau du Cabinet Allen & Overy qui ont eu environ 40 000 interactions avec celui-ci (depuis sa création et sa mise en place). Ainsi, en mars 2023, grâce à un partenariat avec le Cabinet PwC, son utilisation par plus de 4 000 avocats est envisagée. Un autre logiciel conçu en partenariat direct avec un cabinet d'avocats est « Luminance » qui a été le fruit d'une coopération entre le célèbre Cabinet Bird & Bird et une équipe d'ingénieurs, notamment dans le cadre des activités de ce cabinet liées au contrôle de due diligence[2]. Il a été ensuite utilisé par d'autres cabinets sur le même modèle d'affaires utilisé par les acteurs traditionnels de la legaltech (les entreprises de tech).

La particularité de plateforme Harvey (notamment par rapport de « Luminance ») se caractérise par le fait qu'elle donne la possibilité aux autres cabinets d'avocats de soumettre une demande d'accès à celle-ci. Elle n'est donc pas en libre vente (contrairement aux autres outils algorithmiques d'assistance aux avocats tels que Luminance). C'est la première fois qu'un cabinet d'avocats possède le droit quasi exclusif d'accès, d'exploitation et éventuellement de vente d'un logiciel. Cela peut être considéré comme un instrument d'affirmation et de renforcement du caractère élitiste d'un groupe des cabinets d'avocats. Plus précisément, cela permet au Cabinet Allen & Overy d'attribuer au développement des Cabinets qu'il souhaite. À long terme cela peut potentiellement produire une forme de la dépendance matérielle, ou même intellectuelle, à ce dernier.

Une initiative similaire a été également prise par le Cabinet parisien Vogel&Vogel qui a lancé, en même temps, la plateforme Livv. Il s'agit, en réalité, d'un moteur de recherche fournissant également la possibilité des analyses simples des textes législatifs et jurisprudentiels[3]. Aucune de ces initiatives n'a pas été réalisée (ou envisagée) sans le recours aux experts « externes ». Par conséquent, l'idée de la création et l'insertion des départements de R&D aux cabinets d'avocats reste originale et nouvelle.

Actuellement, aucune initiative au sein des juridictions européennes et américaines pour la création des outils de la legaltech et l'établissement de la justice augmentée n'est observée. Afin de mieux conduire les recherches et les investissements vers les résultats souhaités, les futurs centres de R&D des juridictions peuvent établir une liste des besoins techniques des futures « juridictions augmentées ». Ensuite, ils peuvent déterminer le type des

---

[1] Harvey, disponible sur https://www.harvey.ai/blog (consulté le 9 mai 2023). ; Le Monde du Droit, « Allen & Overy se lance dans l'intelligence artificielle avec Harvey », 17 février 2023, disponible sur https://www.lemondedudroit.fr/professions/337-legaltech/85959-allen-overy-se-lance-intelligence-artificielle-harvey.html (consulté le 9 mai 2023).

[2] N. BLUNDELL, « Due Diligence », *Bird&Bird*, disponible sur https://www.twobirds.com/en/capabilities/client-solutions/automation/due-diligence (consulté le 9 mai 2023).

[3] Livv Legal Intelligence by Vogel, https://livv.eu (consulté le 9 mai 2023).

techniques de l'intelligence artificielle qui doivent être utilisés pour y répondre. Ils doivent également établir un bilan des intérêts, des dépenses et des risques liés à la conception des outils concernés afin d'évaluer, pour chaque outil de l'intelligence artificielle, un taux indicatif de la productivité, des dépenses potentielles ainsi que d'éventuelles solutions alternatives.

Ces bilans peuvent être communiqués aux laboratoires spécialisés de recherche afin de créer des techniques appropriées de l'intelligence artificielle pour la création des outils concernés. Ensuite, en utilisant ces techniques, les futurs incubateurs des juridictions pourraient lancer des appels des projets pour la conception des outils correspondant aux besoins du système. Dans ce contexte, il serait mieux de soutenir les (futures) startups associées aux incubateurs des juridictions. Ce mouvement peut être qualifié comme « l'industrialisation des juridictions ».

Ainsi, on peut conclure qu'afin de pouvoir établir la justice augmentée, il convient de créer, dans toutes les juridictions européennes et américaines, (1) un centre de R&D, (2) un laboratoire de recherche et (3) un incubateur. Si chacun de ces centres fait défaut, on peut avoir l'émergence d'une dépendance avec les acteurs du secteur privé.

Afin de minimaliser ce risque, il convient de limiter les coopérations avec ces entreprises aux champs très spécifiques et uniquement lorsque les futurs laboratoires et incubateurs dits « judiciaires » ne peuvent répondre aux besoins déterminés par les futurs centres R&D des juridictions. De toute façon, il convient de minimiser toute forme de coopération à long terme avec les entreprises privées. Une étude perpétuelle sur l'évolution et la conception des outils de la legaltech par le centre du R&D pourrait déterminer dans quel cadre et à quel moment les juridictions doivent recourir au marché de la legaltech. L'ensemble de ces activités pourrait être conduit au niveau de chaque juridiction sous le pilotage d'un organe central qui serait en charge de la coordination de ces travaux ainsi que le transfert des technologies de l'intelligence artificielle entre les juridictions au niveau national (aux États-Unis) ou supranational (dans l'Union européenne).

À la suite de la création des « centres de R&D judiciaires » aux États-Unis, la coordination et la supervision de ce système peuvent être mis en place en trois niveaux. (1) Sur le plan fédéral, un bureau au sein du département de la justice des États-Unis peut être créé pour piloter les activités de R&D des juridictions fédérales. (2) Au niveau fédéré, ce pilotage peut être effectué par les départements de la justice des États. Ainsi, (3) une autorité fédérale peut être créée pour assurer le transfert des technologies liées à la justice augmentée entre les juridictions fédérées des différentes États et l'harmonie d'utilisation de ces outils dans l'ensemble des juridictions fédérées et fédérales. La mise en place de même système peut être également envisageable dans les juridictions des États membres de l'Union européenne. Ce dernier pourrait être piloté par un bureau dans la Cour de justice de l'Union européenne ou la commission européenne.

Aujourd'hui, un nombre considérable des techniques de justice prédictive est développé par des universités publiques (en particulier, aux États-Unis, au Royaume-Uni et aux Philippines)[1]. C'est ainsi qu'au Québec, le laboratoire de cyberjustice de l'Université de Montréal, en fournissant trois logiciels et plateformes de règlement en ligne des litiges ainsi que plusieurs solutions informatiques pour les autres logiciels est devenu l'un des principaux acteurs canadiens de la legaltech[2]. Un autre exemple réussi de la coopération entre les universités publiques et le pouvoir judiciaire en matière de la justice augmentée est observé en Argentine. En 2017, le projet PROMETEA, proposant des systèmes automatisés d'aide à la décision a été élaboré conjointement par le laboratoire d'innovation et de l'intelligence artificielle de la faculté de droit de l'Université de Buenos Aires et le bureau du Procureur de la Ville de Buenos Aires[3]. Actuellement, il n'est pas seulement utilisé en Argentine mais dans les autres pays tels que la France, le Royaume-Uni, l'Italie et la Colombie ainsi que par l'Organisation des Nations unies et l'Organisation des États américains[4]. Son succès démontre la pertinence de ce type de coopération.

Cela nous amène à conclure que pour lutter contre l'émergence de cette dépendance, il conviendrait de privilégier les coopérations avec les centres de recherche des universités publiques au lieu des centres de R&D entreprises privées. Par conséquent, une coopération directe, perpétuelle et intime entre les juridictions et les universités publiques pourrait, en renforçant l'indépendance matérielle des juridictions, accélérer le rythme du progrès de la mise en place de la justice augmentée. Ainsi, elle peut renforcer l'utilité pratique des travaux de recherche. En effet, cela permettrait également aux universitaires d'identifier les besoins réels des futures juridictions augmentées de façon plus pertinente.

Les cabinets d'avocats se trouvent en première ligne pour lutter contre la dépendance matérielle des acteurs de la justice aux technologies de l'intelligence artificielle. C'est ainsi que leur rôle peut se transformer progressivement des « consommateurs » des outils de la legaltech en « leurs créateurs »[5]. Pourtant, en Europe et aux États-Unis, il n'y, actuellement, aucune initiative spécifique et centralisée relative à la création des outils de la

---

[1] Cf. S. SHAHRJERDI, « L'influence du paradigme des magistrats sur l'efficacité et la fiabilité des techniques de la modélisation automatisée des décisions de justice : exemple de la Cour suprême des États-Unis et de la Cour européenne des droits de l'homme », *Revue Internationale de droit des données et du numérique*, vol.7, 2021, p. 82.

[2] Laboratoire de CyberJustice, *Nos logiciels, La solution cyberjustice*, disponible sur https://www.cyberjustice.ca/logiciels-cyberjustice/nos-logiciels/ (consulté le 27 juillet 2021).

[3] J.G. CORVALÁN, « PROMETEA: Artificial Intelligence to Transform Public Organizations », *Revue internationale de droit des données et du numérique*, 2020, vol. 6, 2020, pp. 89-101.

[4] *Ibidem*, p. 90.

[5] Cf. C. ANDRY, « Quand des avocats se lancent dans l'aventure des legaltech... », *village-justice.com*, 8 juin 2020, disponible sur https://www.village-justice.com/articles/Quand-des-avocats-lancent-dans-aventure-des-legaltech,25138.html (consulté le 25 avril 2021).

legaltech par les barreaux au niveau fédéral ou au niveau régional. Les initiatives sont globalement prises à deux niveaux. Le premier consiste en des projets menés ou soutenus par les incubateurs[1] des barreaux. Certains projets relatifs à la legaltech sont également conduits directement par les réseaux nationaux des incubateurs de barreaux. Par exemple, en France, depuis novembre 2020, le réseau national des incubateurs de barreaux (RNIB) joule le rôle d'intermédiaire et de coordinateur de certains projets de douze incubateurs des barreaux français[2].

Le RNIB envisage d'élargir ses activités aux autres réseaux des professionnels du droit tels que ceux des huissiers et des notaires et d'élaborer une forme de la coopération interprofessionnelle[3]. Le renforcement de ces collaborations, en favorisant la culture d'utilisation des outils de l'intelligence artificielle dans les environnements judiciaires, peut préparer plus efficacement une base solide pour la mise en place de la justice augmentée.

Le second niveau consiste en la création directe d'outils de la legaltech, par les cabinets d'avocats. Dans ces démarches, les cabinets peuvent notamment s'appuyer sur le soutien technique des entreprises et collaborer avec des incubateurs. Ils peuvent notamment utiliser des technologies existantes (notamment celles qui sont utilisées pour créer les legalbots) afin de créer leurs propres logiciels. Aux États-Unis, certains cabinets s'investissent déjà dans la création de ces outils[4]. Ainsi, ils s'insèrent directement dans le marché de la legaltech en tant qu'un acteur commercial[5]. Ces initiatives peuvent constituer un arsenal pour préserver l'indépendance technologique des cabinets d'avocats.

Même si cette indépendance ne serait pas absolue et définitive (notamment à cause des problématiques liées à l'hébergement des données), elles peuvent être considérées comme un grand pas vers l'indépendance technologique des cabinets d'avocats. Nous pouvons conclure que les initiatives des barreaux et des cabinets d'avocats, en étant plus ciblés, sont susceptibles d'être plus efficaces pour mettre en place des environnements judiciaires augmentés, que

---

[1] L'encyclopédie Larousse définit l'incubateur comme « *une structure créée par de grands groupes, réunissant des start-up dont ils financent le lancement ou dans lesquelles ils prennent des participations, pour en favoriser la croissance* ». Ce terme est souvent utilisé dans le contexte de la création des startups numériques.

[2] Barreau de Paris, *Naissance officielle du Réseau national des incubateurs de barreaux*, mis à jour le 27 avril 2021, disponible sur https://www.avocatparis.org/actualites/naissance-officielle-du-reseau-national-des-incubateurs-de-barreaux (consulté le 9 juillet 2021). ; La liste des incubateurs concernés est disponible (et s'actualise) sur http://rnib.fr/ (consulté le 9 juillet 2021).

[3] *Ibidem.*

[4] V. HUDGINS, « Lawyers Embracing Tech: 7 Legal Tech Tools Created by Law Firms in 2020 », *Law.com*, 4 janvier 2021, disponible sur https://www.law.com/legaltechnews/2021/01/04/lawyers-embracing-tech-7-legal-tech-tools-created-by-law-firms-in-2020/ (consulté le 10 mars 2021).

[5] *Ibidem.*

les investissements du gouvernement fédéral des États-Unis et des organes de l'Union européenne.

L'aspect économique de la justice augmentée ne présente pas seulement le risque d'une dépendance matérielle. Dans l'Union Européenne et aux États-Unis, les règles juridiques applicables en matière de la justice augmentée exigent respectivement, un respect des droits fondamentaux de l'autonomie humaine, et aux droits constitutionnels. À ce jour, aucun mécanisme législatif spécifique visant la lutte contre la dépendance matérielle des organes juridiques des outils de l'intelligence artificielle n'est envisagé ni aux États-Unis ni dans l'Union Européenne.

Il peut également y avoir des risques plus fondamentaux, parmi lesquels on peut compter celui de l'intervention des acteurs privés (en particulier, ceux de la legaltech) dans le processus de la prise de décision judiciaire. Une telle manipulation de la part des concepteurs, des prestataires et des programmateurs des outils de la legaltech pourrait être réalisée soit par une « modification de structure des données d'entrée » soit par une « programmation des systèmes de l'intelligence artificielle ». L'utilisation des outils de l'intelligence artificielle pourrait également entraîner automatiquement une manipulation dans le processus de la prise de décisions judiciaires sans intervention humaine.

Le fonctionnement de certains logiciels et des plateformes de la legaltech peut dépendre des données non-judiciaires pouvant être en possession des entreprises et des hébergeurs privés. La modification de structure de ces données par leurs hébergeurs pourrait aboutir à la modification d'informations par l'intelligence artificielle. Dans ce cas, il serait compliqué de tracer, en raison de l'obscurité de la boîte noire des algorithmes, la source originaire de modification des données d'entrée lorsque les « données de sortie » sont produites. Cela poserait notamment une difficulté dans la détermination de la responsabilité des personnes impliquées dans ce processus.

Une éventuelle intervention non-légitime par les acteurs privés pourrait être faite soit directement (lors de la prestation directe des services juridiques par le biais des plateformes) soit indirectement par « les acteurs » et « les sujets » du droit (spécialement, les outils de la justice prédictive et les legalbots). La manipulation par « les utilisateurs » est susceptible d'être particulièrement ponctuelle pour atteindre un objectif spécifique alors qu'une manipulation par les prestataires de ces outils peut être indirecte, généralisée et même systématique.

Il serait possible de manipuler la décision d'un magistrat ou d'un jury dans un contentieux spécifique par l'intermédiaire des outils de « la justice prédictive », en particulier, ceux dédiés au « profilage des magistrats ». Plus précisément, en identifiant et la modélisation des préférences et des tendances personnelles et doctrinales des magistrats, l'intelligence artificielle pourrait servir à trouver des moyens d'influencer ou même manipuler la décision des magistrats. Le recours à une telle manipulation est techniquement possible dans l'ensemble des juridictions, en particulier, les juridictions suprêmes. Pourtant, ce risque semble être de plus en plus élevé dans les cas de la Cour de justice de l'Union européenne, la Cour européenne des droits de l'homme et la Cour suprême des États-Unis. L'application de cette forme de manipulation est encore plus facile dans le cas des décisions de la Cours suprême des États-Unis, notamment pour trois raisons.

La première est le nombre des magistrats de cette juridiction qui est plus imité que celui des juridictions suprêmes européennes et des autres juridictions fédérales (dans ce cas, le résultat de la réalisation d'un modèle collective des préférences du jury est susceptible d'être plus précis). La deuxième est que par rapport aux décisions des juridictions européennes et des autres juridictions américaines (les juridictions de premier et second degré), celles de la Cour suprême des États-Unis sont plus basées sur l'opinion et l'interprétation des magistrats que les droits et les règles jurisprudentielles existantes. C'est la raison pour laquelle la manipulation de la pensée des magistrats est susceptible de poser des impacts plus importants au sein de ces dernières juridictions. La troisième raison est l'usage fréquent des « sources doctrinales et académiques » dans les décisions de cette juridiction. Celles-ci, principalement utilisées pour développer et justifier le raisonnement des magistrats fournissent des informations plus précises et plus détaillées sur les idées et les préférences personnelles et les tendances politiques et doctrinales des magistrats.

Par exemple, si une analyse algorithmique démontre que dans le passé, un magistrat a, très souvent, fait référence, dans ses décisions et ses opinions judiciaires et non-judiciaires, aux opinions d'une personne ou des partisans d'une doctrine spécifique, on peut interpréter qu'il a une grande appréciation pour ses idées et ses convictions. Par conséquent, grâce à ces analyses algorithmiques, les avocats pourraient justifier leurs raisonnements en faisant référence aux propos d'une même personne afin d'attirer l'appréciation du jury.

Une étude individualisée sur les préférences et les tendances de l'ensemble des magistrats d'une juridiction permettrait aux avocats et aux justiciables de déterminer, de façon plus précise, les facteurs pouvant influencer la pensée et le raisonnement du jury. Dans cette hypothèse, les outils de l'intelligence artificielle fournissent simplement les moyens du profilage des magistrats et un éventuel recours à la pratique du *forum shopping*[1] et celle du *libel tourism*. C'est ainsi qu'on considère que les avocats ne manipulent pas « directement » le processus de la prise de décision judiciaire. En effet, dans ce cas spécifique, l'intelligence artificielle ne peut être considérée comme un instrument de manipulation « direct ».

---

[1] Cf. B. DONDERO, « La justice prédictive », 10 février 2017, disponible sur https://brunodondero.com/2017/02/10/la-justice-predictive/ (consulté le 12 juillet 2021).

Il serait extrêmement difficile de prouver l'existence d'une manipulation puisqu'il ne se réalise pas directement « à travers » les outils de l'intelligence artificielle mais par leur intermédiaire. Cela s'oppose à second type de manipulation qui est susceptible d'être fait directement par le biais de ces outils.

Les systèmes de l'intelligence artificielle utilisés et utilisables dans les juridictions et les cabinets d'avocats se reposent très particulièrement sur la technique du traitement du langage naturel. Il s'agit des techniques de « l'intelligence artificielle supervisée » (cette catégorie des techniques de l'intelligence artificielle englobe l'ensemble des outils de la justice prédictive et les outils de la consultation automatisée) qui doivent être contrôlés, conduits et notamment programmés par les hommes. Leur programmation, étant un enjeu extrêmement important, est associée à la question de la boîte noire des algorithmes[1] (surtout dans le cas des techniques de l'apprentissage automatique). Celle-ci se trouve au rang des problématiques liées à l'ensemble des techniques de l'intelligence artificielle. C'est en affirmant ce fait que Messieurs STROWEL et MARIQUE précisent que « lutter contre les "boîtes noires" aux mains des entreprises privées constitue un grand défi pour les libertés individuelles et la régulation par le droit »[2].

Dans le contexte de la justice augmentée, le risque des boîtes noires ne se limite pas simplement à la violation des libertés individuelles. Il suscite surtout un risque potentiel d'une manipulation par les entreprises dans le processus de la prise de décision judiciaire. En fait, les concepteurs des outils la legaltech pourraient être entrés au cœur du processus de la prise de décision judiciaire par l'intermédiaire de « la porte dérobée des systèmes de l'intelligence artificielle »[3].

Ainsi, un moyen d'accès à ces dernières peut être mis à disposition d'une tierce personne par les concepteurs et les fournisseurs des systèmes[4]. Ces portes pourraient être programmées, lors de programmation des systèmes par leurs créateurs. Ce risque peut être de plus en plus important lorsque les systèmes de l'intelligence artificielle ne sont pas totalement en possession des utilisateurs (autrement dit, lorsque les analyses algorithmiques se réalisent, sur la commande des utilisateurs, par les fournisseurs des systèmes, à partir des

---

[1] Cf. J-G. CORVALÁN, « PROMETEA: Artificial Intelligence to Transform Public Organizations », *op. cit.*, pp.93-94.

[2] A. STROWEL, E. MARIQUE, « Gouverner par la loi ou les algorithmes : de la norme générale de comportement au guidage rapproché des conduites », *Dalloz IP/IT*, vol. 2017, n° 10, p. 517.

[3] Elle est définie par l'agence nationale de la sécurité des systèmes d'information (ANSSI) comme un « *accès dissimulé, soit logiciel soit matériel, qui permet à un utilisateur malveillant de se connecter à une machine de manière furtive* ». ; ANSSI, *définition de la porte dérobée (Backdoor)*, disponible sur https://www.ssi.gouv.fr/entreprise/glossaire/p/ (consulté le 12 juillet 2021).

[4] Oracle, *Qu'est-ce qu'un programme backdoor ?*, disponible sur https://www.oracle.com/fr/security/qu-est-ce-qu-un-programme-backdoor.html (consulté le 12 juillet 2021).

logiciels ou des plateformes en ligne). Une porte dérobée peut être ainsi réalisée sous la forme d'une cyberattaque[1].

Étant soumis à un protocole informatique extrêmement compliqué, il ne serait techniquement pas facile d'identifier et de bloquer ces portes dérobées, d'autant plus que les techniques permettant son installation sont différentes et perpétuellement en pleine évolution[2]. Par conséquent, grâce aux « portes dérobées de l'intelligence artificielle », ces outils peuvent rester toujours connectés à leurs développeurs.

À ce titre, les entreprises privées peuvent aussi rester les premiers maîtres de ces outils. Par conséquent, elles pourraient être simplement utilisées comme moyens d'une « manipulation directe et intentionnelle »[3] dans le processus de la prise de décision judiciaire et d'autres types d'analyses juridiques. Même dans l'hypothèse de la reconnaissance de l'existence d'une telle manipulation, conduite par l'intermédiaire des portes dérobées, au cours du cycle du fonctionnement des systèmes de l'intelligence artificielle, les entreprises pourraient éventuellement prétendre que cette erreur a été issue de l'effet « boîte noire » des algorithmes. Dans ce cas, l'obscurité des boîtes noires pourrait être utilisée comme une excuse permettant aux programmateurs et aux développeurs des outils d'échapper à la responsabilité de manipulation. Dans ces circonstances, la responsabilité de ces personnes pourrait être limitée au manquement de diligence professionnelle et celle du contrôle de la conformité du système.

Concernant l'incontestabilité des résultats fournis par les systèmes de l'intelligence artificielle, le Comité *ad hoc* sur l'intelligence artificielle du Conseil de l'Europe affirme que « si ce système est une boîte noire, les professionnels du droit, comme les juges, les avocats et les procureurs, ne peuvent comprendre par quel raisonnement il a abouti à ses résultats, ce qui rend la décision difficile à motiver et donc à contester »[4].

La répétition d'une telle forme de manipulation pourrait aboutir à la création des normes ou même des règles jurisprudentielles. C'est ainsi que les entreprises pourraient intervenir indirectement dans le processus

---

[1] I. NICOLAE, M. SINN, « The Adversarial Robustness Toolbox v0.3.0 : Closing the Backdoor in AI Security », *IBM*, 10 aout 2018, disponible sur https://www.ibm.com/blogs/research/2018/08/art-v030-backdoor/ (consulté le 12 juillet 2021).

[2] *Ibidem*.

[3] Cf. Haut-Commissariat des Nations unies aux droits de l'homme, *Déclaration de la Haut-Commissaire des Nations Unies aux droits de l'homme, Michelle Bachelet : Audition sur les implications du logiciel espion Pegasus*, 14 septembre 2021, disponible sur https://www.ohchr.org/EN/NewsEvents/Pages/DisplayNews.aspx?NewsID=27455&LangID=E (consulté le 28 septembre 2021).

[4] Conseil de l'Europe, « Vers une régulation des systèmes de l'intelligence artificielle, Perspectives internationales sur l'élaboration d'un cadre juridique fondé sur les normes du Conseil de l'Europe dans le domaine des droits de l'homme, de la démocratie et de l'état de droit », Compilation des contributions, rapport du Comité *ad hoc* sur l'intelligence artificielle, décembre 2020, p.25.

d'élaboration et d'interprétation du droit. C'est aussi ce qui pourrait transformer les outils de la legaltech en « chevaux de Troie » permettant les acteurs privés d'entrer au cœur du processus de la prise de décision judiciaire et la création jurisprudentielle de droit. L'expression de cheval de Troie (dans ce sens) ne doit pas être confondue avec le nom d'un logiciel malveillant qui est dédié à la prise du contrôle des ordinateurs[1].

À part les types susmentionnés de manipulation pouvant être menés volontairement et intentionnellement par les développeurs des outils de la legaltech, une autre forme de manipulation est susceptible d'apparaître par la mise en place de ces outils. Cette dernière peut directement viser « la liberté décisionnelle » des magistrats sans une intervention humaine (cette forme de manipulation, n'étant pas programmée, ne vise pas un objectif en particulier).

Ce risque est susceptible d'être de plus en plus apparent dans le fonctionnement des outils dédiés à « l'élaboration automatisée du raisonnement judiciaire » (ces outils ne sont employés dans aucune juridiction européenne et américaine). Le fonctionnement de ce système, étant particulièrement basé sur les opinions précédentes des magistrats dans des affaires similaires, entraînerait progressivement une sorte de sanctuarisation de leurs opinions. Le recours limitatif et répétitif aux opinions de ces magistrats les transforme en « saints pères des juridictions ».

Ainsi, cela produirait une influence sur le raisonnement des acteurs de la justice, notamment les magistrats. C'est ce que Monsieur Jean-Marc SAUVÉ affirme lorsqu'il précise que « le risque des logiciels prédictifs est que le juge, sous l'effet de la surveillance résultant d'un traitement massif des décisions de justice, perd sa liberté d'appréciation et son indépendance et préfère se ranger, par « sécurité », à l'opinion dominante ou majoritaire de ses pairs »[2]. Ce propos a été exprimé, aux États-Unis, d'une manière différente en 1908 par Nathan ROSCOE POUND. Celui-ci évoque que « l'un des obstacles à progresser dans chaque science est la domination des fantômes des anciens maîtres disparus.

Leurs méthodes saines sont oubliées tandis que leurs conclusions malsaines sont retenues pour nous »[3]. Ce risque est également reconnu par Madame Mady DELVAUX. Son opinion a été notamment reprise dans une résolution du 12 février 2019 du Parlement européen affirmant qu'« un développement et une utilisation accrus des processus décisionnels

[1] Cf. Microsoft, *Chevaux de Troie*, 1 juin 2021, disponible sur https://docs.microsoft.com/fr-fr/windows/security/threat-protection/intelligence/trojans-malware (consulté le 11 juillet 2021).

[2] L'intervention de Monsieur Jean-Marc SAUVÉ, ancien vice-président du Conseil d'État (Fr) lors du colloque « la justice prédictive » organisé à l'occasion du bicentenaire de l'Ordre des avocats au Conseil d'État et à la Cour de cassation, en date du 12 février 2018. Le texte d'intervention de Monsieur SAUVÉ est disponible sur https://www.conseil-etat.fr/actualites/discours-et-interventions/la-justice-predictive (consulté le 14 mars 2021).

[3] N. ROSCOE POUND, « Mechanical Jurisprudence », *op. cit.*, p. 606.

automatiques et algorithmiques ont sans aucun doute une incidence sur les choix opérés par des individus [...] et des autorités administratives, judiciaires ou autres autorités publiques »[1]. Ce propos semble être de plus en plus valable dans le cas de la justice augmentée. Cette influence sur le raisonnement des magistrats peut conduire à l'émergence d'un « dogmatisme judiciaire » basé sur des opinions produites dans le passé, puisque les outils de l'intelligence artificielle utilisables dans les juridictions ne sont pas encore capables de modéliser les évolutions sociales et économiques.

Cette influence sur le raisonnement des magistrats pourrait être considérée comme une « manipulation involontaire » et même « juridiquement légitime ». Dans ce cas, nous ne pourrions pas facilement prouver que l'impartialité des juridictions est menacée, d'autant plus que cette influence sur la pensée des magistrats, étant très délicate, ne serait pas facilement ressentie dans les textes. C'est ainsi que la présence d'une telle influence sur le raisonnement des magistrats ne pourrait pas être facilement prouvée. Ces caractéristiques justifient que ce risque est considérablement plus important par rapport aux manipulations directement menées par les développeurs et les utilisateurs des outils de l'intelligence artificielle.

[1] Résolution du Parlement européen du 12 février 2019 sur *une politique industrielle européenne globale sur l'intelligence artificielle et la robotique*, 2018/2088(INI), 2020/C 449/06, p. 3, point W.

TITRE 2. LA JUSTICE AUGMENTÉE, RÉVÉLATRICE DES NOUVEAUX STANDARDS FORMELS

Dans le premier titre, nous avons évoqué que la mise en place des outils de l'intelligence artificielle dans les environnements judiciaires suscite un besoin de « création de nouvelles règles législatives » garantissant la conformité de leur fonctionnement avec les lois protégeant les droits fondamentaux. Il était également évoqué que celle-ci avait amené la création d'un certain nombre de normes éthiques (en particulier en Europe). Madame Dory REILING explique que, dans une prise de décision judiciaire, « toutes les exigences imposées dans la prise de décision humaine doivent être également imposées aux machines qui prétendraient pouvoir s'y substituer »[1]. Toutefois, il est à ajouter que l'usage de cette technologie par les humains leur impose également certaines exigences formelles.

La justice augmentée consiste en une intégration profonde et fondamentale de l'intelligence artificielle dans les professions du droit et dans le fonctionnement de la justice. Cela serait plus qu'une simple utilisation des logiciels par les acteurs de ce secteur. C'est ce qui la distingue du terme de « la justice prédictive » consistant en « action » de la prédiction des décisions de justice et des comportements des justiciables. Elle entraînerait une mutation de « la forme » des activités judiciaires et des habitudes des juristes. La plupart des outils relevant de la justice augmentée, quel que soit leur degré de puissance ou leur utilité, repose principalement sur les techniques de « l'apprentissage automatique » et de « la classification automatisée des textes législatifs et judiciaires ainsi que des textes scientifiques et doctrinaux » (les méthodes du traitement automatique du langage naturel se trouvent à la tête de ces techniques). L'idée est que le sens de chaque mot est exploitable à partir de ses « morphèmes » (éléments grammaticaux minimaux constituant le mot). Ces dernières, basées elles-mêmes, sur l'analyse morphologique de la syntaxe et la sémantique[2] ainsi que les signaux et l'extraction automatisée

[1] D. REILING, « Quelle place pour l'intelligence artificielle dans le processus de décision d'un juge ? », *op. cit.*, P. 228.

[2] L. LONGO, « Vers des moteurs de recherche " intelligents " : un outil de détection automatique de thèmes Méthode basée sur l'identification automatique des chaînes de référence », *thèse de*

d'informations[1], exigent non seulement une structuration des « données » mais aussi une nouvelle mise en forme rédactionnelle des « textes ». L'idée est que le sens de chaque mot est exploitable à partir de ses « morphèmes » (éléments grammaticaux minimaux constituant le mot)[2].

Selon Madame Dory REILING, « l'information juridique nécessite une structuration et un raisonnement. Ceci est particulièrement important pour comprendre l'information elle-même et pour la mettre en œuvre, en ce inclut la prise de décision »[3]. Nous estimons que la structuration de « l'information » se distingue de celle des « données ». La première consiste en des mesures facilitant l'exploitabilité du sens de l'information. Par conséquent, il est particulièrement rédactionnel, alors que la seconde est un processus strictement informatique, transformant les données brutes en des codes.

La multiplicité de forme des documents textuels ou les autres informations (non-textuelles) peut potentiellement poser une difficulté dans le processus de structuration des données. Par conséquent, afin de renfoncer l'efficacité du fonctionnement de ces systèmes, il est nécessaire de reconfigurer « la structure formelle » de l'ensemble des textes judiciaires. Cette reconfiguration est susceptible, dans les environnements judiciaires, d'aboutir à la création d'une forme générique de la rédaction des textes. Le système d'argumentation se caractérise par la multiplicité des sources juridiques et la diversité des faits ainsi que les façons de formulation des arguments. La généralisation (voire uniformisation) de la forme de textes serait potentiellement un vecteur de renforcement d'exploitation automatisé du sens des phrases. Ainsi cela peut modifier la forme du langage juridique.

La formalisation extrême des formes rédactionnelles dans les environnements judiciaires peut impacter ou même encadrer l'approche et le raisonnement des magistrats. L'objectif de cette réforme est de renforcer l'efficacité des systèmes de l'intelligence artificielle qui sont censés augmenter les capacités des hommes, alors que, au contraire, les exigences formelles posées par celle-ci pourraient potentiellement limiter la liberté de leurs utilisateurs. Cela peut également remettre en cause la liberté d'action des autres acteurs de la justice. C'est ce qui amène à la question d'un besoin de sanctuarisation sur l'aspect humain du procès ainsi que l'intérêt réel de préservation stricte de ce dernier.

---

doctorat en sciences du Langage/ Linguistique et informatique, 2013, Université de Strasbourg, p.2.

[1] Cf. P. JACKSON, Kh. AL-KOFAHI, A. TYRRELL, A. VACHHER, « Information extraction from case law and retrieval of prior cases », *Artificial Intelligence*, vol. 150, 2003, pp. 239–290.

[2] Cf. D. GUPTA, Sh. SHARMA, « Artificial Intelligence Approach to Legal Reasoning Evolving 3D Morphology and Behavior by Computational Artificial Intelligence » In. K. SRUJAN RAJU, A. GOVARDHAN, B. PADMAJA RANI, R. SRIDEVI, M. RAMAKRISHNA MURTY, *Proceedings of the Third ICCI*, 2018, pp. 869-875.

[3] D. REILING, « Quelle place pour l'intelligence artificielle dans le processus de décision d'un juge ? », *op. cit.*, p. 222.

Chapitre 1. Le besoin grandissant d'une reconfiguration textuelle

Les analyses algorithmiques des textes jurisprudentiels et législatifs grâce aux techniques du traitement automatique du langage naturel, reposent sur « l'analyse », « la détection » et « le recensement des n-grammes constituant des phrases et des mots ». Pourtant, un traitement mécanique des textes n'est pas suffisant pour garantir un bon fonctionnement d'une telle analyse.

À cet égard, le sens exact de certains concepts juridiques utilisés dans « les textes jurisprudentiels » devrait être exploité et modélisé, non seulement à partir des textes « judiciaires » (englobant des décisions, des avis des interprétations des magistrats), mais aussi « législatifs et doctrinaux » (englobant des textes des lois et des comptes rendus des débats parlementaires élaborés au cours du processus d'adoption des lois). Ces derniers permettront d'identifier « l'intention originelle des législateurs dans la création des lois »[1]. C'est ainsi que la mise en place des reconfigurations textuelles, visant le renforcement de l'exploitabilité du sens originel et exact des concepts juridiques, pourrait être considérée comme une démarche nécessaire pour la réalisation de la justice augmentée. Un tel mécanisme peut être appliqué systématiquement au moment de l'adoption de l'ensemble des lois par les législateurs et la rédaction des arrêts par les magistrats.

Madame Danièle BOURCIER précise, à ce propos, que'« on ne pouvait traduire tout le droit sous forme de règles précises et exploitables par une machine »[2]. Même si, dans l'absolu, cette opinion ne peut pas être rejetée, cette approche ne peut pas non plus empêcher les législateurs de mettre en place une telle réforme rédactionnelle permettant « d'améliorer » le fonctionnement de la justice augmentée. Afin de garantir l'efficacité des techniques susmentionnées, il est indispensable d'adapter « la structure formelle des données et des textes judiciaires » aux « exigences techniques de

[1] CF. SCALIA, *A Matter of Interpretation: Federal Courts and The Law,* Princeton University Press, 1997, p. 119 cité dans R.T. BOWSER, « A Matter of Interpretation: Federal Courts and the Law », *Campbell Law Review*, 1997, vol. 19, n° 2, printemps 1997, p. 219.

[2] D. BOURCIER, « L'acte de juger est-il modélisable ? De la logique à la justice », *Archives de philosophie du droit*, n° 54, 2011, p. 45. cité dans S. ABITEBOUL, F. G'SELL, « Les algorithmes pourraient-ils remplacer les juges ? », *op. cit.*, p.8.

l'intelligence artificielle »[1]. Une mise en œuvre massive et réussie de la justice augmentée nécessite à la fois une réforme rédactionnelle et jurilinguistique dans l'ensemble des juridictions, visant à rapprocher le langage humain (ou le langage judiciaire) à celui de l'informatique et à structurer la vision alphabétique et numérique de la justice[2].

Les solutions proposées dans ce chapitre, particulièrement étudiées d'un point de vue théorique sont susceptibles, en raison du fonctionnement mathématique et universellement uniforme de l'intelligence artificielle, d'être efficaces dans tous les systèmes judiciaires. Cependant, leur caractère réalisable peut être différent selon la tradition judiciaire et les tendances et la volonté des acteurs de justice de chaque pays. À ce titre, elles ne sont pas recommandées, mais proposées par l'auteur. Celles-ci peuvent être utilisées sous réserve de l'appréciation des autorités judiciaires compétentes.

---

[1] Cf. P. AGOSTI, « [Tribune] Intelligence artificielle et bases de données : que dit le droit ? », *Usine-digitale.fr*, 28 octobre 2019, disponible sur https://www.usine-digitale.fr/article/tribune-intelligence-artificielle-et-bases-de-donnees-que-dit-le-droit.N898549 (consulté le 30 juillet 2021).

[2] Cf. J. LASSEGUE, « L'intelligence artificielle, technologie de la vision numérique du monde », *Les cahiers de la justice*, 2019, n° 2, p. 205.

Section 1. La nécessité de mise en place d'une réforme rédactionnelle

Au début du XXe siècle, la question d'une prédiction basée sur le langage naturel a été étudiée par Ludwig WITTGENSTEIN dans sa théorie du « jeu du langage » dans laquelle, il a soutenu que l'usage des mots (des phrases) par les hommes est soumis à une série de règles ressemblant à celles d'un « jeu ». Selon cette théorie ces règles sont bien identifiables et mêmes prédictibles. Ainsi, il semble être possible de créer un modèle prédictif d'un échange en langage humain, à condition qu'il soit particulièrement flexible et dynamique[1].

En 2016, l'équipe de recherche de Monsieur Nikolaos ALETRAS, a mené la première étude pragmatique et empirique sur la prédiction des décisions de la Cour européenne des droits de l'homme[2]. Cet article présente un système basé sur « une tâche de classification binaire » dans laquelle les données à l'entrée sont « les contenus textuels extraits des jurisprudences » et celle de sortie est « un texte du jugement » précisant s'il y a eu violation d'un article de la Convention européenne des droits de l'homme. Avant cette étude, la question de la prédiction des comportements des justiciables et des opinions des magistrats, initialement inspirée par la théorie « l'homme-criminel » de Cesare Lombroso était particulièrement traitée dans le contexte du droit pénal.

Les résultats de cette dernière ont impressionné le monde du droit et de l'informatique. Ce fut notamment, en matière civile, la première expérience réussie de la prédiction des décisions de justice.

Contrairement aux techniques de la justice prédictives, auparavant appliquées en matière pénale aux États-Unis (ces méthodes s'appuient particulièrement sur le profil personnel des justiciables), les analyses effectuées par son équipe ont porté non seulement sur les arrêts de la Cour

[1] Cf. B. ERLING, « Language Games and Contexts of Meaning: Wittgenstein and Anders Nygren », *Journal of the American Academy of Religion*, vol. 52, n° 4, 1984, pp. 691–708. ; R. KOPYTKO, « Philosophy and pragmatics: A language-game with Ludwig Wittgenstein », *Journal of Pragmatics*, vol. 39, n° 5, mai 2007, pp. 792-812.

[2] N. ALETRAS, D. TSARAPATSANIS, D. PREOȚIUC-PIETRO, V. LAMPOS, « Predicting judicial decisions of the European Court of Human Rights: a Natural Language Processing perspective », *op. cit.*

mais aussi sur les caractéristiques des requêtes et des mémoires adressés par les requérants[1].

Selon cette étude, l'ensemble des jurisprudences de la Cour contient un nombre considérable de similitudes formelles et rédactionnelles, ainsi que la répétition des mots. Une série des analyses sémantiques de ces textes (Plus spécifiquement, les jurisprudences relatives aux articles 3, 6 et 8 de la Convention de sauvegarde des droits de l'homme et des libertés fondamentales), appliquée par la technique du traitement automatique du langage naturel lui a permis de détecter ces similitudes et de créer une formule dans laquelle les informations textuelles sont représentées à l'aide des séquences des mots, à savoir les « n-grammes »[2].

Le langage naturel, aussi reconnu sous les termes « langage humain », « langage normal » et « langage ordinaire », décrit la langue parlée entre les humains. Il s'oppose notamment au langage informatique (ou formel) utilisé dans les analyses et les communications algorithmiques. Dans les sciences de l'information et de la littérature, un « n-gramme » est une sous-séquence de « n ». Il s'agit d'un modèle mathématique élaboré grâce à une analyse déductive des racines des mots et des phrases. Il permet de prédire l'utilisation de la lettre suivante d'un mot en fonction de la taille et la structure de celle précédente. Ce modèle s'emploie particulièrement dans « le processus de Markov » ainsi que les techniques du traitement naturel du langage. Chaque « n-gramme » représente un composant d'un mot ou d'une phrase. Par exemple, le mot « chien » est considéré comme un « unigramme ». Un « chien » est un « bigramme » et la phrase « un chien court » est un « trigramme ». Dans cet exemple, le mot « chat » est un composant de l'ensemble de ces derniers. Par conséquent, il peut être considéré comme un « n-gramme ». La détection des n-grammes, permet de créer des grappes (en anglais : *Clauster*) des phrases et des sujets liés dans différents textes.

La détection et l'analyse de ces similitudes ont amené cette équipe de recherche à atteindre un taux de fiabilité de prédiction, d'environ 79%[3]. Ainsi, cette étude révèle trois facteurs fondamentaux favorisant la prédictibilité des décisions de cette juridiction : (1) la structure textuelle formelle des décisions,

[1] UCL, « AI predicts outcomes of human rights trials », 24 octobre 2016, *ucl.ac.uk*, disponible sur https://www.ucl.ac.uk/news/2016/oct/ai-predicts-outcomes-human-rights-trials (consulté le 28 octobre 2016 2020).

[2] Cf. M. MEDVEDEVA, M. VOLS, M. WIELING, « Using machine learning to predict decisions of the European Court of Human Rights », *op. cit.*, p.238, disponible sur https://link.springer.com/article/10.1007%2Fs10506-019-09255-y. : Cf. Conseil de l'Europe, *Vers une régulation des systèmes de l'IA, Perspectives internationales sur l'élaboration d'un cadre juridique fondé sur les normes du Conseil de l'Europe dans le domaine des droits de l'homme, de la démocratie et de l'État de droit*, Compilation de contributions, rapport du Comité *ad hoc* sur l'intelligence artificielle, décembre, 2020, p. 44 et p. 86.

[3] N. ALETRAS, D. TSARAPATSANIS, D. PREOTJUC-PIETRO, V. LAMPOS, « Predicting judicial decisions of the European Court of Human Rights: a Natural Language Processing perspective », *op. cit.*

(2) le résultat binaire des décisions (la forme binaire de ces décisions renforce l'usage des mêmes mots et le recours à la même manière de rédaction) et (3) l'application d'un droit existant. Parmi eux, la structure textuelle formelle des arrêts et des requêtes semble être le facteur le plus essentiel. Par conséquent, on peut conclure que « le renforcement de formalisation de la structure des textes judiciaires » serait potentiellement un mécanisme garantissant l'efficacité de la justice augmentée.

Afin de réaliser cet objectif, il convient de créer un cadre rédactionnel strict dans les environnements judiciaires. Plus précisément, deux mécanismes pourraient être envisageables : en premier lieu, il serait possible de recourir à une décomposition généralisée de l'ensemble des textes concernés (notamment les requêtes et les arrêts) en des « parties génériques ». Idéalement, il convient de distinguer précisément les parties suivantes « les faits et les circonstances », « les lois applicables », « les sources jurisprudentielles », « les défenses des parties », « le raisonnement des magistrats ou du jury » et « la décision finale ». En second lieu, il conviendrait de maximaliser la clarté rédactionnelle de ces textes (en mettant en place une manière générique de rédaction)[1]. Cela permettrait de mieux garantir la détectabilité du sens des concepts juridique et des arguments[2].

En 1991, la possibilité de l'analyse hypothétique automatisée du sens des arguments juridique par les techniques algorithmiques d'exploration des données a été étudiée par le Professeur Kevin ASHLEY (professeur à l'université de Pittsburgh) [3]. En effet, la capacité d'imitation d'intelligence humaine par les machines d'aujourd'hui, est considérablement limitée. C'est ainsi que Monsieur Laurent ALEXANDRE estime que « l'intelligence artificielle est incroyablement stupide »[4]. Par conséquent, il est impératif de rendre les textes judiciaires les plus clairs possibles, qu'ils soient compréhensibles et analysables par les systèmes dits « stupides » de l'intelligence artificielle.

Le renforcement de clarté de ces textes présenterait également un avantage pour le respect des principes de la transparence et du gouvernement ouvert. Afin de mieux structurer ces textes, il convient de sacrifier l'aspect littéraire

---

[1] Cf. T.-R. GRUBER, « Towards Principles for the Design of Ontologies Used for Knowledge Sharing », In. N. GUARINO, R. POLI, *Formal Ontology in Conceptual Analysis and Knowledge Representation*, Kluwer Academic Publishers, 1993, pp. 2-3, disponible sur https://nopiedra.files.wordpress.com/2008/05/gruber93toward.pdf (consulté le 11 mai 2021).

[2] Cf. T. BENCH-CAPON, « Argument in Artificial Intelligence and Law », *Artificial Intelligence and Law*, vol. 5, 1997, pp. 249-261.

[3] K.D. ASHLEY, « Reasoning with cases and hypotheticals in HYPO », *International Journal of Man-Machine Studies*, vol. 34, n°6, juin 1991, pp. 753-796.

[4] Europe1, « L'intelligence artificielle est incroyablement stupide" : pourquoi les machines ne sont pas près de nous remplacer », 3 janvier 2019, disponible sur https://www.europe1.fr/technologies/lintelligence-artificielle-est-incroyablement-stupide-pourquoi-les-machines-ne-sont-pas-pres-de-nous-remplacer-3831797 (consulté le 29 mars 2021).

et esthétique[1] des textes au nom de la simplicité et du respect strict des règles des sciences linguistiques dans la rédaction de ces derniers.

Dans le contexte de l'interprétation des textes législatifs et jurisprudentiels, Monsieur Richard A. POSNER estime qu'il est également possible de « formaliser » leur aspect « littéraire » puisque, selon lui, « la littérature » est également (comme la science des langues) soumise aux règles méthodologiques et formelles. Cependant, il ne propose aucune méthode spécifique permettant d'identifier ces règles[2].

Dans cette hypothèse, il serait possible de créer un algorithme capable d'identifier et de modéliser ces règles. Dans le cas d'une conception réussie d'un tel algorithme, il pourrait servir pour le traitement et la reproduction automatisée des textes juridiques. À cet égard, il est nécessaire d'éviter au maximum les formules littéraires complexes dans ces textes.

Ce mouvement amènerait les juristes à passer d'une perfection rédactionnelle « littéraire » à une perfection rédactionnelle « linguistique ». La mise en place de cette réforme permettrait d'améliorer la capacité d'analyse algorithmique des jurisprudences. Il renforcerait également la prédictibilité des « futures » décisions de justice. Par conséquent, ces effets seront présents à la fois dans l'immédiat et, différemment, dans l'avenir.

Selon la professeure Jenna BURRELL, « écrire pour la machine à calculs exige une exactitude, une formalité et une exhaustivité particulières que la communication par les langues humaines n'exige pas »[3]. Ainsi Madame Dory REILING précise que « l'information juridique disponible dans les bases informatiques existantes n'étant pas véritablement structurée et s'avérant, par conséquent, bien souvent inopérante »[4] puisqu'elles sont produites dans la forme du langage humain.

La création d'un cadre rédactionnel générique permettrait à l'intelligence artificielle de structurer et mettre en conformité, elle-même, les données d'entrée, grâce aux techniques de l'apprentissage profond. L'intelligence artificielle pourrait, dans une première étape, structurer les données et les étiqueter, en même temps, sans intervention humaine. Cette méthode, étant très avantageuse est susceptible d'augmenter le risque de systématisation des biais discriminatoires[5].

---

[1] Cf. R. DWORKIN, « Law as Interpretation », *Texas Law Review*, vol. 60, 1982, pp. 529-540. ; Cf. R. F. WOLFSON, « Aesthetics In and About the Law », *Kentucky Law Journal*, vol. 33, n° 1, 1944, pp. 33-47.

[2] R. A. POSNER, « Law and Literature: A Relation Reargued », *Virginia Law Review*, novembre 1986, vol. 72, n° 8, pp. 1360-1375.

[3] J. BURRELL, « How the machine 'thinks': Understanding opacity in machine learning algorithms », *Big Data & Society*, vol. 3, n° 1, janvier - juin 2016, p. 4.

[4] D. REILING, « Quelle place pour l'intelligence artificielle dans le processus de décision d'un juge ? », *op. cit.*, p. 221.

[5] *Ibidem.*, p. 224.

Dans l'hypothèse de présence d'un tel biais dans l'une des données d'entrée, celui-ci court le risque d'être multiplié sous « l'effet domino » des analyses algorithmiques. En fait, s'il n'était pas identifié et enlevé, serait repris dans les futures décisions de justice. Avant de recourir à la structuration des données, il serait important de numériser, dans les archives des juridictions, l'ensemble des données judiciaires existantes (il s'agit de première étape pour la mise en place de la justice augmentée).

Aux États-Unis, le processus de la vérification automatisée de la conformité des données est déjà partiellement mis en place (particulièrement en matière civile) dans le cadre du système d'*Electronic discovery*[1]. Il consiste en un processus de numérisation systématique des données judiciaires, se démarrant avant le début du procès devant les tribunaux fédéraux et fédérés (en particulier, en matière civile). Le système classique de Discovery a pour l'objectif d'enregistrer et de préserver « les éléments de preuve ». Toutefois, au cours du temps, le champ de ce processus s'est pratiquement élargi à une échelle plus large des données judiciaires.

Le même mécanisme est également mis en œuvre de façon systématisée au Royaume-Uni. Aux États-Unis il se base sur les dispositions d'aliéna « a » de la règle n° 34 des « règles fédérales de procédure civile régissent la procédure civile devant les tribunaux de district des États-Unis » (en anglais : *The Federal Rules of Civil Procedure* – abrégé en FRCP) reconnaissant les mesures d'instruction in futurum. Les données collectées par intermédiaire de ce système sont reconnues par les FRCP sous le nom des *Electronically stored information* (ESI).

La mise en place d'un système central de collecte des données (englobant celles relavant de tous les types de procès) à une échelle plus large et d'une façon systématisée aux États-Unis et en Europe peut faciliter la structuration automatisée des données. Le traitement d'une grande masse de ces dernières permettrait de mieux élaborer des modèles algorithmiques potentiellement applicables dans différents types de contentieux.

La détermination des caractéristiques de ce nouveau cadre rédactionnel serait extrêmement délicate puisqu'il est censé de rendre les textes à la fois plus compréhensibles pour les justiciables et les acteurs de la justice et aussi plus détectables et analysables pour les machines. Pour garantir la bonne analyse des données par les machines, les juridictions n'ont pas d'autre choix qu'adapter leur système de travail aux diverses exigences techniques imposées par l'informatique.

En général, en raison de « la nature universelle et mathématique du langage informatique », les juridictions européennes et américaines, quel soient leur degré et leur compétence, doivent s'adapter aux mêmes exigences. Par

---

[1] Cf. Thomson Reuters, *What is ESI discovery and protocol?*, disponible sur https://legal.thomsonreuters.com/en/insights/articles/what-is-esi-discovery-and-protocol- consulté le 6 août 2021).

conséquent, dans l'hypothèse de réalisation de la justice augmentée, cette adaptation serait un facteur du « rapprochement formel » des décisions judiciaires. Dans une dimension plus large, la mise en place de la justice augmentée dans plusieurs pays aboutirait au rapprochement formel des décisions de justice sur le plan mondial et à la création d'une méthode de travail et un langage juridique universel. Cela serait particulièrement un avantage facilitant et simplifiant le règlement des litiges relevant du droit international privé. Malgré la similitude générale des systèmes de l'intelligence artificielle utilisés aux États-Unis et en Europe, les mesures à adopter dans ces deux dimensions géographiques ne seront pas tout à fait les mêmes.

L'usage des outils de l'intelligence artificielle dans les environnements judiciaires européens et américains se limite principalement à la recherche et la documentation juridique, la génération automatisée des plaidoiries, la prédiction de la chance de réussite dans un procès, la détermination automatisée du montant d'indemnité et les frais de justice et la consultation juridique (par les legalbots). Ces techniques peuvent être ainsi utilisées, dans l'avenir, pour la modélisation du raisonnement des magistrats et la détermination automatisée de la peine.

Compte tenu des caractéristiques des décisions des juridictions américaines, l'élaboration d'un « cadre rédactionnel strictement formel » semble être une solution très efficace pour renforcer la compréhensibilité des textes issus de ces dernières pour les machines. Cependant, au sein des juridictions européennes, l'usage des « phrases génériques » et des « mots-clés »[1] serait suffisant pour optimiser la qualité de l'analyse algorithmique (ou l'élaboration automatisée) des textes.

Dans le langage humain, une phrase peut être formulée de manières suivantes pour exprimer « un sens unique ». Par exemple, celles « Monsieur X est autorisé de venir au bureau avant 16h00 » et « Monsieur X n'est pas autorisé de venir au bureau à partir de 16h00 » présente une seule information. Dans ce cas, il convient de privilégier l'une de ces formules dans l'ensemble des textes judiciaires et d'interdire l'utilisation de toute autre forme de rédaction. Par ailleurs, une seule phrase peut être interprétée de différentes façons. Par exemple, il est possible de comprendre (même avec une analyse humaine) deux sens différents de la phrase « je ne sais pas de quoi vous parlez ». Cela pourrait à la fois signifier « je ne comprends pas ce que vous dites » ou « je pense que vous vous trompez ». Dans le contexte de la justice augmentée, il faut d'éviter ce type de formulation des phrases afin d'éliminer le risque d'exploitation des sens multiples.

---

[1] Cf. Conseil de l'Europe, *la Charte éthique européenne d'utilisation de l'intelligence artificielle dans les systèmes judiciaires et leur environnement*, *op. cit.*, p. 68.

Le système du fonctionnement des juridictions américaines est basé sur les échanges des preuves et des arguments des parties du litige[1]. Ce ping-pong des raisonnements fournissant des informations et des analyses de plus en plus détaillées peut renforcer la qualité de l'apprentissage algorithmique des textes. L'expression de ping-pong peut être utilisée pour décrire « les longs échanges d'arguments entre les parties, au cours du procès, dans le système judiciaire américain » et aussi « le traitement d'une affaire dans plusieurs juridictions fédérées et fédérales. Elle est employée en ce sens par la Cour d'appel des États-Unis pour le septième circuit (*Christianson c. Colt Indus. Operating Corp.*, 798 F.2d 1051 (7th Cir. 1986) et la Cour suprême des États-Unis (*Henderson c. United States*, 568 U.S. 266, 2013).

Selon Madame Dory REILING, « si l'IA doit analyser et comprendre l'information juridique, celle-ci doit être structurée et juridiquement significative »[2]. Cette précision semble être parfaitement valable dans le cas de l'analyse des décisions de toutes les juridictions. Cependant, dans le contexte des jurisprudences américaines, avant de recourir à une structuration des « données textuelles », il est, tout d'abord, impératif de s'assurer qu'elles sont suffisamment précises et fournissent assez d'éléments pour réalisation d'un apprentissage algorithmique pertinent[3].

En faisant référence à sa décision du 15 avril 2014, la Cour suprême de l'État du Wisconsin a évoqué, au sujet des outils de la justice prédictive, que « l'expérience nous a appris à être prudents lorsque nous arrivons à des conclusions à haute conséquence sur la nature humaine qui semblent intuitivement correctes pour le moment. Mieux vaut plutôt une conclusion basée sur des informations plus complètes et précises »[4].

Il serait également nécessaire de dessiner un cadre rédactionnel pour optimiser ce dernier. Son élaboration présenterait un intérêt plus important, s'il était généralisé et appliqué de la même façon dans l'ensemble des juridictions fédérales et fédérées.

L'analyse syntaxique et sémantique des jurisprudences par l'intelligence artificielle s'effectue via la méthode du « sac des mots » (en anglais : *The Bag-of-Words*). Dans cette méthode, nous considérons le texte comme « un sac rempli des mots composés par des n-grammes », sans prendre en compte la

---

[1] Cf. M.S. QUINN, « Argument and Authority in Common Law Advocacy and Adjudication: An Irreducible Pluralism of Principles Adjudication: An Irreducible Pluralism of Principles », *Chicago-Kent Law Review*, vol. 74, n° 2, pp. 655-777.

[2] D. REILING, « Quelle place pour l'intelligence artificielle dans le processus de décision d'un juge ? », *op. cit.*, p. 227.

[3] Cf. M. VAN OPIJEN, « Legal(Ly) Linked Data. Over De Noodzaak Tot Betere Standaardisatie Van Juridisch Bronmateriaal (Legal(Ly) Linked Data About the Need for Better Standardisation of Legal Sources) », *Computerrecht*, 15 janvier 2018, art. n° 51, pp. 64-69., disponible sur https://alnola.home.xs4all.nl/pubs/LegallyLinkedData.pdf (consulté le 15 janvier 2019).

[4] *State v. Gallion*, 270 Wis.2d 535 (2004), ¶ 36, cité dans *State c. Loomis*, 881 N.W.2d 749 (Wis. 2016), ¶39.

grammaire et l'ordre des mots[1] et nous recensons la fréquence de l'utilisation des mots dans chaque texte. Ensuite, nous comparons le nombre des n-grammes présents dans des mots et des phrases.

L'idée de la génération automatisée des textes a été initialement présentée par le Professeur Joyce FRIEDMAN, en 1969, dans un article intitulé *Directed random generation of sentences* [2]. Il a été, lui-même, considérablement influencé par la « théorie syntaxique » de Noam CHOMSKY[3] et la « théorie de l'information » de Claude SHANNON. Cette dernière fut présentée, la première fois, en octobre 1948, dans un article portant sur la « théorie mathématique de la communication »[4].

Dans les jurisprudences européennes (notamment celles de la Cour européenne des droits de l'homme), cette analyse s'effectue en deux niveaux : en premier lieu, elle se réalise séparément sur chaque section d'arrêt, et en second, la même méthode s'applique sur le texte entier[5]. Ainsi, on peut considérer que la clarté et la richesse informationnelle des textes pourraient garantir le renforcement de la détectabilité des n-grammes utilisés dans les textes et la détection correcte du sens exact des mots (en particulier, les concepts juridiques).

Aux États-Unis, la prédiction des décisions de justice peut s'élaborer non seulement par l'analyse des circonstances des affaires et du raisonnement des magistrats mais aussi par les arguments, présentés par les justiciables et leurs avocats, dans les requêtes et les textes de plaidoirie. Dans le système de la *Common Law*[6], « la logique juridique » s'élabore progressivement par l'échange de ces raisonnements.

Madame Dory REILING précise, à ce sujet, qu'« une procédure judiciaire est comme une conversation »[7] commençant par un échange sur « les faits » et se poursuit par celui des « arguments ». Ces échanges ressemblent à un mouvement ou un processus de réduction de la complexité de l'affaire, qui permettrait d'avoir une vision plus précise sur les caractéristiques des litiges

---

[1] Cf. G. SALTON, A. WONG, C. S. YANG, « A vector space model for automatic indexing », *Communications of the ACM*, vol. 18, n° 11, novembre 1975, pp. 613-620, disponible sur https://doi.org/10.1145/361219.361220. ; G. SALTON, J. MCGILL, *Introduction to Modern Information Retrieval*, McGraw-Hill Book Company, 1983, 448 p.

[2] J. FRIEDMAN, « Directed random generation of sentences », *Communications of the ACM*, vol. 12, n° 1, janvier 1969, pp. 40-46.

[3] N. CHOMSKY, *Aspects of the Theory of Syntax*, MIT Press, 1965, 251 p.

[4] C-E. SHANNON, « A mathematical Theory of Communication », *The Bell System Technical Journal*, vol. 27, pp. 379-423.

[5] Cf. N. ALETRAS, D. TSARAPATSANIS, D. PREOȚIUC-PIETRO, V. LAMPOS, « Predicting judicial decisions of the European Court of Human Rights: a Natural Language Processing perspective », *op. cit.*

[6] Cf. C. A. NARD, « Legal Forms and the Common Law of Patents », *Boston University Law Review*, vol. 90, 2010, pp. 51-108.

[7] D. REILING, « Quelle place pour l'intelligence artificielle dans le processus de décision d'un juge ? », *op. cit.*, p. 222.

et la pertinence des arguments des parties. Par conséquent, par rapport aux jurisprudences européennes, ces derniers fournissent, aux jurisprudences américaines, des informations plus détaillées et plus exactes[1] sur les caractéristiques de chaque « fait » et de chaque « concept juridique ». À ce titre, les textes de plaidoiries se trouvent au rang des sources principales de la prédiction des décisions des juridictions américaines. Ainsi, ils augmentent la capacité de détection, l'analyse et la modélisation des rapports entre les composants des textes argumentatifs [2].

Les décisions des juridictions américaines (notamment celles des juridictions suprêmes) sont parfois accompagnées d'un document contenant « l'opinion » d'un magistrat s'opposant à l'avis de la majorité des membres du jury (en anglais : *Dissenting opinion*). Ce même document peut être également rendu lorsqu'un magistrat souhaite exprimer, à titre personnel, son opinion sur une problématique juridique[3]. Il pourrait également contenir des rapports spécifiques précisant leur avis sur d'autres aspects du litige[4]. La multiplicité de ces textes, fournissant un nombre considérable d'informations sur chaque élément du litige et des concepts juridiques, est aussi un élément favorisant la qualité de la justice augmentée.

En 2021, en France, l'intégration, aux arrêts, d'une telle forme d'opinion dite « minoritaire » a été recommandée par la Commission de réflexion de la Cour de cassation[5]. Dans l'hypothèse de mise en œuvre des systèmes intelligents capables de concevoir une décision de justice, ils peuvent, en modélisant les raisonnements individuels de chaque magistrat, élaborer de façon automatisée une opinion judiciaire opposée à la décision du jury » ou une opinion générale d'un magistrat sur un aspect spécifique de l'affaire ». C'est ainsi qu'il pourrait garantir une évolution jurisprudentielle plus correcte.

Un problème pouvant potentiellement se poser est que certains textes judiciaires américains ne présentent pas toujours toutes les informations nécessaires pour leur traitement algorithmique. C'est, en particulier, le cas des textes d'acceptation ou de rejet du *writ of certiorari* (il s'agit d'une demande

---

[1] M. OUSTINOFF, « langage est l'instrument du malentendu », *Hermès, La Revue*, 2019, vol.2, n° 84, pp. 52-56.

[2] E. CABRIO, S. VILLATA, « A natural language bipolar argumentation approach to support users in online debate interactions », *Argument & Computation*, vol. 4, n° 3, 2013, pp. 209–230. ; T. BENCH-CAPON, P. DUNNE, P.H. LENG, « A Dialogue Game for Dialectical Interaction with Expert Systems », *12th Annual Conference on Expert Systems and Their Applications*, Paris, 1992, disponible sur https://citeseerx.ist.psu.edu/viewdoc/download?doi=10.1.1.499.7443&rep=rep1&type=pdf (consulté le 5 juin 2021).

[3] Supreme Court of the United States, *Opinions*, disponible sur https://www.supremecourt.gov/opinions/opinions.aspx (consulté le 9 novembre 2021).

[4] Supreme Court of the United States, *U. S. Reports*, disponible sur https://www.supremecourt.gov/opinions/USReports.aspx (consulté le 9 novembre 2021).

[5] Cour de Cassation, *rapport de la Commission de réflexion Cour de cassation 2030*, juillet 2021, p. 11.

adressée à la Cour pour reconnaitre sa compétence pour trancher un litige ou donner son avis sur une problématique), puisque la Cour n'est pas obligatoirement censée motiver ce type de décision. C'est la raison pour laquelle leur contenu peut être très bref. Par exemple, la décision du 8 décembre 2020 de la Cour suprême des États-Unis rejetant la demande pour le *writ of certiorari* présentée par la Cour suprême de Pennsylvanie contient seulement la phrase suivante : « la demande d'injonction présentée au juge ALITO et renvoyée par lui à la Cour est rejetée »[1].

Même si, en ce moment, il ne fait pas partie de la tradition judiciaire américaine, le fait d'exiger aux juridictions de second degré et suprêmes de motiver précisément leurs rejets et même acceptation des demandes du *writ of certiorari*, présenterait un grand avantage pour le fonctionnement de la justice augmentée. Ainsi, dans la même perspective, il convient de créer une règle garantissant le fait que tous les textes judiciaires contiendraient des explications suffisamment claires et détaillées. La nécessité de création d'une telle règle pourrait être justifiée par le principe de la transparence et de l'obligation obligation de rendre des comptes.

Monsieur Yannick MENECEUR et Madame Clementina BARBARO affirment que la difficulté principale dans le processus d'analyse algorithmique des décisions de justice est que « celles-ci ne contiennent pas nécessairement tous les éléments justifiant la motivation des magistrats dans leurs prises de décision »[2]. Cette exigence serait de plus en plus déterminante dans le cas de la citation des jurisprudences et des interprétations des lois. Afin de rendre le texte plus compréhensible pour la machine, chaque fois que les magistrats font référence à une règle de *precedent*, ils doivent précisément interpréter ce dernier, et comparer précisément les circonstances de l'affaire précédente et celles de la présente.

Contrairement aux juridictions européennes, il n'existe aucune forme rédactionnelle générique dans les juridictions américaines. En conséquence, chaque décision peut être rédigée dans une forme différente. Même leur mise en page est très diversifiée. De plus, contrairement aux arrêts, les requêtes sont traditionnellement décomposées en plusieurs parties.

À part les deux premières parties, consacrées aux sources législatives et jurisprudentielles, la composition de ces textes n'est pas non plus générique et prédéfinie. Ainsi, afin d'optimiser la qualité d'analyse algorithmique des textes, il convient de décomposer systématiquement les requêtes et les arrêts en mêmes parties. Le cadre rédactionnel de la Cour européenne des droits de l'homme pourrait être une source d'inspiration pour la création de celui des

---

[1] *Mike Kelly et Al v. Pennsylvania et AL* (Cert.), n° 20A98, 8 décembre 2020.

[2] Y. MENECEUR, C. BARBARO, « Artificial intelligence and the judicial memory: the great misunderstanding », *Les Cahiers de la Justice*, vol. 2, n° 2, 2019, p. 277. ; Cf. A. VAN DEN BRANDEN, « La robotisation de la justice » In. H. JACQUEMIN, A. DE STREEL, *L'intelligence artificielle et le droit*, 3é tirage, 2019, *op. cit.*, p. 303.

États-Unis. L'étude empirique de l'équipe de Monsieur ALETRAS[1] a prouvé que cette composition est susceptible de réduire le risque d'erreur des machines. Ainsi, il convient de rédiger les textes contenant « l'opinion des magistrats » sous le même format et la même forme générique qui seront utilisés pour les arrêts et les requêtes.

Afin d'optimiser la détectabilité des éléments de textes, il est préférable de décomposer les arrêts en, au moins, quatre parties génériques contenant séparément (1) les faits et les circonstances, (2) les lois applicables et les jurisprudences, (3) les arguments des parties ainsi que (4) la décision finale (la conclusion). Chacune de ces parties peut être décomposée en plusieurs sous-parties. La division du texte en « trois premières parties » est également susceptible d'avoir une efficacité considérablement positive sur la qualité de ce type de l'analyse algorithmique[2]. Cette composition permettrait à la machine d'effectuer les analyses en deux niveaux (sur chaque partie, ensuite sur le texte global).

Selon l'étude de l'année 2016 de l'équipe de Monsieur ALETRAS, la même composition textuelle dans les jurisprudences de la Cour européenne des droits de l'homme a renforcé la qualité de la prédiction de ses arrêts[3]. Cette forme rédactionnelle est susceptible de renforcer la qualité de tous les types de l'apprentissage automatique, notamment ceux de « la prédiction des décisions judiciaires » et les méthodes d'exploitation et de « la modélisation du raisonnement, et de la pensée des magistrats ». Comme auparavant évoqué, dans aucune juridiction, ces méthodes ne sont jamais mises en place.

En fonction de l'objectif de l'analyse et du programme du système, une analyse pourrait être plus particulièrement concentrée sur l'une de ces parties de texte. Par exemple, pour « la prédiction » des décisions de justice, elle serait plutôt concentrée sur « la partie des faits et des circonstances », alors que dans « la modélisation du raisonnement des magistrats », les algorithmes reposent plus spécifiquement sur la partie des « arguments et de la conclusion du jury ». Monsieur Nikolaos ALETRAS, nous explique, à ce sujet, qu'« idéalement, nous testerions et affinerions notre algorithme en utilisant les requêtes adressées à la Cour plutôt que les décisions juridictionnelles

---

[1] N. ALETRAS, D. TSARAPATSANIS, D. PREOTJUC-PIETRO, V. LAMPOS, « Predicting judicial decisions of the European Court of Human Rights: a Natural Language Processing perspective », *op. cit.*

[2] Sh. LONG, C. TU, Zh. LIU, M. SUN, « Automatic Judgment Prediction via Legal Reading Comprehension », In. M. SUN, X. HUANG In. H. JI, Z. LIU, Y. LIU (sous dir.*), Chinese Computational Linguistics*, Springer, CCL 2019, Kunming (Chine), 18-20 octobre 2019, vol. 11856, p. 558, disponible sur https://doi.org/10.1007/978-3-030-32381-3_45 (consulté le 24 juin 2021).

[3] Cf. N. ALETRAS, D. TSARAPATSANIS, D. PREOTJUC-PIETRO, V. LAMPOS, « Predicting judicial decisions of the European Court of Human Rights: a Natural Language Processing perspective », *op. cit.*

publiées, mais sans accès à ces données, nous comptons sur les conclusions publiées par la Cour »[1].

Afin d'améliorer la qualité de la modélisation « individualisée » de l'opinion des magistrats (en particulier, dans le cas des décisions collégiales), il serait important de préciser les arguments de chacun dans une sous-partie distincte, en mentionnant son nom au début ou à la fin de cette dernière. Cette démarche semble être de plus en plus importante dans le cas des décisions de la Cour suprême des États dans lesquelles l'analyse de chaque membre de jury peut être considérée comme, une règle de *precedent*[2]. Par exemple, dans ces arrêts, cette partie peut être subdivisée en neuf sous-parties, précisant séparément l'opinion de chaque membre du jury. Elle peut contenir également les opinions opposantes à l'avis de la majorité.

Une reconfiguration formelle des modèles de rédaction[3] et de formulation des phrases est susceptible de renforcer la prédictibilité des décisions de justice pour la machine. De même, afin de renforcer la détectabilité des phrases similaires dans les textes, il est nécessaire de rendre les machines capables de détecter tous les synonymes des mots. Cela permettrait de comprendre le raisonnement humain à l'aide d'une logique mathématique. Ainsi, la transformation des textes judiciaires en codes informatiques ressemble à un processus de l'adaptation d'une « science humaine » (sciences juridiques) à une « science dure ou formelle » (sciences informatiques).

Cette dernière exige une mise en forme stricte de la composition des phrases en respectant les règles de « la science linguistique ». Par conséquent, la justice augmentée conduirait à la création d'un langage judiciaire pouvant être qualifié comme « strictement scientifique » (du point de vue linguistique). Ce dernier est censé être plus simple, plus clair et plus précis que le langage judiciaire actuel[4]. La simplification du langage judiciaire peut être un avantage pour renforcer la transparence et l'accès des justiciables au droit.

---

[1] UCL, *AI predicts outcomes of human rights trials*, 24 octobre 2016, *Ucl.ac.uk.*, disponible sur https://www.ucl.ac.uk/news/2016/oct/ai-predicts-outcomes-human-rights-trials (consulté le 27 mars 2020).

[2] R. GUIMERÀ, M. SALES-PARDO, « Justice blocks and predictability of U.S. Supreme Court votes ». *PLoS One*, vol. 6, n° 11, novembre 2011, e27188, p. 1, disponible sur https://doi.org/10.1371/journal.pone.0027188 (consulté le 2 août 2021).

[3] Cf. D. ALAMARGOT, L. CHANQUOY, « Chapitre 2, Les modèles de rédaction de textes » In. M. FAYOL (sous la dir.), *Production du langage, Traité des sciences cognitives*, Hermès science publications, 2002, pp. 45-65.

[4] Cf. M. MYŠKA, T. SMEJKALOVÁ, J. ŠAVELKA, M. ŠKOP, « Creative Commons and Grand Challenge to Make Legal Language Simple » In. M. PALMIRANI, U. PAGALLO, P. CASANOVAS, G. SARTOR (sous dir.), *AI Approaches to the Complexity of Legal Systems - Models and Ethical Challenges for Legal Systems, Legal Language and Legal Ontologies, Argumentation and Software Agents : International Workshop AICOL-III, Held as Part of the 25th IVR Congress, Frankfurt am Main, Germany, August 15-16, 2011. Revised Selected Papers*, Springer-Verlag Berlin Heidelberg, 2012, 1ère éd., pp. 271-285.

Les professeurs Florence G'SELL et Serge ABITEBOUL l'affirment lorsqu'ils précisent que « les algorithmes sont, en effet, plus à l'aise avec des règles précises, plus formalisées. La technologie nous mènera donc peut-être un jour à un droit plus lisible et moins incertain »[1]. Dans cette hypothèse, l'aspect scientifique de la synthèse des phrases (dans le sens des sciences du langage) doit être parfaitement respecté et renforcé[2]. Ainsi, les figures rhétoriques (notamment l'usage de la double négation, les pronoms, les synonymes, les paraphrases, l'insinuation et la prétérition) doivent être limitées au maximum. Le sens d'une phrase rédigée sous cette forme, étant plus transformable en « langage algébrique », serait plus analysable, exploitable, comparable et modélisable.

Les sciences du langage sont parmi les rares sciences relevant à la fois des sciences humaines et des sciences dures (ou formelles). C'est ainsi qu'elles jouent un rôle déterminant dans ce processus. La hiérarchie de Chomsky divise la valeur scientifique de la grammaire du langage informatique en 4 catégories : (1) les langages récursivement énumérables, (2) les langages contextuels, (3) les langages algébriques et (4) les langages rationnels[3].

À long terme, dans les environnements judiciaires, le respect à ces règles peut conduire à l'élaboration progressive d'une « forme rédactionnelle générique ». Il peut également aboutir à l'émergence d'une ressemblance formelle plus importante des textes judiciaires. Celle-ci, étant vecteur de renforcement de la prédiction des décisions de justice, faciliterait également le processus de la rédaction automatisée des plaidoiries.

Afin d'assurer une application harmonisée et efficace de ces règles dans toutes les juridictions, une charte rédactionnelle, déterminant les formes les plus appropriées de rédaction, peut être élaborée par les spécialistes de l'intelligence artificielle et mise à disposition de l'ensemble des acteurs de la justice, en considérant que ce modèle linguistique doit être adopté non seulement par les magistrats et les membres des greffes mais aussi par les avocats et les autres personnes impliquées dans le procès.

La structure formelle des arrêts de la Cour européenne des droits de l'homme et la Cour de justice de l'Union européenne ainsi que les requêtes adressées à ces dernières semblent être suffisamment compatibles avec les exigences techniques des systèmes de l'apprentissage automatique. C'est ce

---

[1] S. ABITEBOUL, F. G'SELL, « Les algorithmes pourraient-ils remplacer les juges ? », *op. cit.*

[2] J-A. BATEMAN, M. ZOCK, « Natural Language Generation » In. R. MITKOV, *The Oxford Handbook of Computational Linguistics (1 ed.)*, Oxford University Press, chapter 15, pp. 284-304.

[3] Cf. N. CHOMSKY, « Three models for the description of language », *IRE Transactions on Information Theory*, 1956, vol. 2, n° 3, pp. 113-124. ; Cf. J. RESNIK, « On the margin: Humanities and law », *Yale Journal of Law & the Humanities*, 1998, vol. 10, n° 2, pp. 413-420.

qui justifie le succès du projet de l'équipe de Monsieur ALETRAS dans la prédiction de ces décisions[1].

Ce taux pourrait être considérablement augmenté grâce à la standardisation du « style rédactionnel » dans ces juridictions. À ce jour, aucune étude sur la prédiction des décisions de la Cour de justice de l'Union européenne n'est réalisée. C'est ainsi que le lancement d'un tel projet par une équipe composée de juristes et ingénieurs est fortement recommandé. La structure très formelle des décisions de cette juridiction nous amène à conclure que ces méthodes sont également susceptibles d'être efficaces dans leur traitement.

Avant de mettre en place « la justice augmentée » en Europe, et le recours à ce modèle générique de la rédaction, une mise en conformité des bases des données juridictionnelles serait absolument nécessaire. Dès lors, le problème pouvant se poser serait l'impossibilité d'intervention dans le texte des requêtes et des arrêts rendus dans le passé, pour mettre leur structure rédactionnelle en conformité. C'est la raison pour laquelle, la meilleure solution est d'étiqueter les parties de ces textes, en utilisant « les mots-clés » afin de faciliter leur détection par les systèmes intelligents. Cela permettrait aux machines de trouver plus facilement les jurisprudences portant sur des faits et des problématiques juridiques similaires. Elles amélioreraient également le fonctionnement des moteurs de recherche et de documentation juridique.

En 2020, en France, la Cour de cassation a lancé un programme « entrepreneur d'intérêt général » (EIG)[2] d'annotation automatique, destiné à la pseudonymisation automatique des décisions de justice[3]. Le même système, avec une capacité algorithmique plus avancée, pourrait être mis en place afin d'ajouter les étiquettes portant les mots-clés pour chaque partie des jurisprudences. Ainsi, la détection de certains mots spécifiques peut être séparément programmée pour la machine.

Celle-ci ne renforcerait nécessairement pas la qualité de l'analyse, puisque le système du traitement du langage naturel se repose plus particulièrement sur la syntaxe des phrases que sur le vocabulaire[4]. Pourtant, une programmation spécifique par l'humain semble être particulièrement

---

[1] N. ALETRAS, D. TSARAPATSANIS, D. PREOȚIUC-PIETRO, V. LAMPOS, « Predicting judicial decisions of the European Court of Human Rights: a Natural Language Processing perspective », *op. cit.*

[2] Les EIG sont les projets pilotés par la mission Etalab de la Direction interministérielle du numérique. ; Plateforme ouverte des données publiques françaises, *Programme Entrepreneurs d'Intérêt Général*, disponible sur https://www.data.gouv.fr/fr/datasets/programme-entrepreneurs-dinteret-general/ (consulté le 1er aout 2021).

[3] J-M. SOMMER, « La Cour de cassation à l'épreuve du numérique et de l'intelligence artificielle », *www.vie-publique.fr*, 9 février 2021, disponible sur https://www.vie-publique.fr/parole-dexpert/278415-la-cour-de-cassation-face-au-numerique-et-lintelligence-artificielle (consulté le 1er aout 2021).

[4] Cf. N. ALETRAS, D. TSARAPATSANIS, D. PREOȚIUC-PIETRO, V. LAMPOS, « Predicting judicial decisions of the European Court of Human Rights: a Natural Language Processing perspective », *op. cit.*

nécessaire, lorsque certains éléments sont produits dans une autre langue, notamment dans les autres systèmes judiciaires bilingues et multilingues. Par exemple, au Canada, l'article 101 de la loi constitutionnelle de 1867 et la partie III de la loi sur les langues officielles du Canada fixent des dispositions similaires pour les tribunaux fédérés.

La mise en place réussie d'une reconfiguration rédactionnelle augmenterait la qualité de la reproduction automatisée des textes judiciaires. Dans l'hypothèse de mise en place d'un modèle rédactionnel générique dans les environnements judiciaires, la responsabilité applicable dans le cas d'un recours à cette dernière serait différente de celle relative à « l'exploitation et l'analyse automatisée des données ainsi que le contrôle des systèmes de l'intelligence artificielle »[1] et « l'obligation de vigilance professionnelle »[2].

Même si les mécanismes renforçant la détectabilité des contenus des textes sont similaires, les mesures visant au renforcement de « qualité de la reproduction » des textes peuvent être différentes en fonction de la nature du texte, de l'objectif de sa génération[3] et des caractéristiques du système judiciaire concerné. Ainsi, afin de garantir un bon fonctionnement de la justice augmentée, chacun des acteurs de la justice doit s'engager à respecter certaines exigences rédactionnelles. La liste de ces exigences pour chaque usage et dans chaque métier doit être conçue, de façon distincte et précise, par les spécialistes de l'intelligence artificielle. Avec le progrès des techniques de l'intelligence artificielle, cela peut être changé, réduit et même disparu. Cela conduirait à la création d'une nouvelle forme de « responsabilité professionnelle » dans les environnements judiciaires.

Les juridictions et les avocats peuvent recourir à ces techniques algorithmiques pour réaliser les différents types de texte, tel que les arrêts et les requêtes ou simplement « le texte d'une consultation juridique ». Contrairement à « l'analyse » algorithmique des jurisprudences se basant sur un champ limité des données, « la reproduction » d'un texte juridique ou judiciaire nécessite la prise en compte de certaines « données externes ».

Monsieur Éloi BUAT-MENARD estime que « la jurisprudence n'est pas un système clos », en ajoutant que « la décision de justice n'est pas résultante des seules décisions passées mais d'une pluralité de facteurs plus ou moins identifiés : contexte jurisprudentiel, certes, mais aussi normatif, politique, social, professionnel, médiatique, voire affectif, climatique [...], alimentaire

---

[1] V. l'article 14 de la *Proposition de règlement du Parlement européen et du Conseil établissant des règles harmonisées sur l'intelligence artificielle (le règlement sur l'intelligence artificielle) modifiant certains actes législatifs de l'union, op. cit.*

[2] V. les articles 1.3, 9.1, 11.2, 18.6 et 21.3.1.1 du règlement intérieur national de la profession d'avocat et le chapitre V du Recueil des obligations déontologiques des magistrats.

[3] Cf. M. ZOCK, G. SABAH, « La génération automatique de textes : trente ans déjà, ou presque », *Langages*, 26e année, n° 106, 1992, 106 pp. 8-35.

[…], familial […], culturel, etc. »[1]. C'est ainsi qu'il conclut qu'un algorithme, pouvant être considéré comme « prédictif » doit être « capable de prendre en compte une telle pluralité d'interactions causales »[2].

À part la question de « l'accessibilité des bases de données externes » fournissant ces éléments, la difficulté principale dans le recours à ces derniers se présente en amont et en aval du processus de leur structuration et de leur mise en conformité[3]. Celui-ci doit être réalisé, avec le plus grand soin, à la suite de chaque collecte des données. Il s'agit de la structuration de certaines données et du contrôle de conformité de celles auparavant structurées par les autres personnes ou par les autres moyens. Ainsi, d'autres exigences spécifiques peuvent être appliquées pour optimiser la qualité de la reproduction automatisée des textes dans les différentes juridictions et les cabinets d'avocats. La diversité de ces exigences se caractérise par la diversité de la nature, la complexité et la finalité des analyses.

Dans ce contexte, il convient de distinguer les mesures applicables dans le cas de génération automatisée des textes, strictement basée sur « les données judiciaires », comme l'interprétation d'une loi et ceux qui s'appuient également sur « les éléments externes », comme les arrêts et les avis judiciaires.

Les décisions collégiales sont composées de l'ensemble des analyses (et des opinions) des membres du jury. Par conséquent, ce n'est pas « la juridiction »[4] qui a un avis sur une affaire mais les « magistrats ». C'est ainsi que l'élaboration automatisée d'une décision judiciaire ne doit pas reposer sur « l'analyse globale » des textes des jurisprudences. Au contraire, l'analyse de « chaque magistrat » sur « chaque fait et disposition juridique » doit être réalisée de façon distincte. Au niveau de la Cour européenne des droits de l'homme, ce système peut être aussi efficace dans le cas du traitement des requêtes jugées « manifestement irrecevables », puisque ces dernières sont examinées par un « juge unique » [5].

---

[1] L'intervention de Monsieur Éloi BUAT-MENARD intitulé « Les applications dites de "justice prédictive" en matière civile et pénale : hypothèses, risques, attentes - réflexions en cours en France », lors de la conférence *L'intelligence artificielle au service du pouvoir judiciaire* organisée par la Commission européenne pour l'efficacité de la justice (CEPEJ) du Conseil de l'Europe, le 27 et le 28 septembre 2018 à Riga (en Lettonie), disponible sur https://www.coe.int/fr/web/cepej/conference-artificial-intelligence-at-the-service-of-the-judiciary-#{%2239470631%22:[2]} (consulté le 25 avril 2021).

[2] *Ibidem.*

[3] Cf. B. JEANDIDIER, J-C. RAY, J. MANSUY, « 8 Analyses quantitatives de décisions de justice en matière de prestation compensatoire dans une perspective de justice prédictive » In. I. SAYN (coord.), *Justice et numérique. Quelles (r)évolutions? Actes du Séminaire e-juris*, La semaine juridique, éd. générale supplément au n° 44-45, 28 octobre 2019, pp. 43-46.

[4] Cf. A-D. MARTIN, K-M. QUINN, T-W. RUGER, P-T. KIM, « Competing approaches to predicting supreme court decision making », *Perspectives on Politics*, vol. 2, n° 4, décembre 2004, pp.761–767.

[5] V. la règle n° 27A du Règlement de la Cour européenne des droits de l'homme.

Ce point est considérablement délicat puisque les jurisprudences similaires ne sont pas rendues par les mêmes magistrats. Afin d'optimiser la qualité de l'élaboration automatisée d'une décision judiciaire, il convient de le réaliser en trois niveaux d'analyses : (1) la modélisation algorithmique des raisonnements individuels des membres actuels du jury « sur chaque partie des jurisprudences similaires » (ces analyses se basent sur les opinions individuelles de chaque magistrat sur les problématiques similaires)[1], (2) l'application de ce modèle sur « les mêmes parties » du texte actuel, (3) l'élaboration d'une analyse globale du texte en prenant en compte de l'ensemble de celles réalisées sur chaque partie.

Une éventuelle incertitude, anomalie ou manque de capacité d'analyse automatisée de certaines parties des textes peut être détectée et signalée par le système de l'intelligence artificielle. Cette forme d'analyse algorithmique est susceptible de préserver et renforcer l'indépendance décisionnelle des magistrats dans la reproduction automatisée d'une décision judiciaire « collégiale » (une telle analyse n'a jamais été réalisée sur les décisions de justice, ni en Europe ni aux États-Unis).

Pour garantir l'efficacité du système et la facilitation d'exploitation du raisonnement du magistrat, « l'opinion de chaque magistrat » sur « chaque problématique spécifique » doit être exprimée d'une façon claire. Le problème pouvant se poser en amont de ce processus est que les opinions des magistrats peu expérimentés, faisant partie d'un jury, sur certaines problématiques, peuvent moins apparaître dans les jurisprudences. Cette difficulté est susceptible d'être plus importante dans les juridictions du premier et du second degré, puisque les magistrats des juridictions suprêmes européennes et américaines sont, en principe, sélectionnés parmi les magistrats plus expérimentés.

En l'absence d'une opinion individuelle d'un magistrat, la machine peut s'appuyer sur les analyses réalisées par les autres magistrats sur les mêmes problématiques. Dans ce cas, afin de préserver la transparence du système, l'origine du modèle algorithmique doit être identifiée. Il convient d'étiqueter, systématiquement, « les modèles rationnels réalisés par l'intelligence artificielle » avec le nom de son auteur initial. Ainsi, on pourrait collecter une série complète de modèles analytiques des raisonnements individuels de chaque magistrat sur chaque « problématique » et chaque « concept juridique » (ceux-ci peuvent être relativement appliqués sur les faits et les circonstances de toutes les affaires).

Cela permettrait de mieux préserver l'équilibre et la pertinence des décisions collégiales, même dans l'hypothèse d'un changement de

---

[1] S. CAFFIAU, F. PORTET, « La génération automatique de textes comme support à la compréhension de modèle de tâches en conception : une étude préliminaire », *9ème conférence francophone sur l'Interaction Homme-Machine, AFIHM*, août 2017, Poitiers (France), pp. 125-136.

composition du jury. Par ailleurs, il est à considérer qu'au cours du temps, l'opinion des magistrats sur les mêmes problématiques et les mêmes concepts juridiques est susceptible d'être changée (sous l'influence des évolutions législatives, sociales, économiques et politiques). Ainsi, afin d'éviter l'émergence d'un dogmatisme, ces modèles doivent perpétuellement et systématiquement s'actualiser par l'analyse des nouvelles décisions rendues par le magistrat concerné. Ils peuvent être élaborés et stockés par une autorité centrale au niveau national ou régional.

Dans l'hypothèse où un magistrat a intégré récemment une autre juridiction, le modèle réalisé de son raisonnement serait susceptible de rester relativement avalable dans le nouveau lieu d'exercice de sa profession. Les deux exemples illustratifs de son utilité sont lorsqu'un magistrat d'une juridiction nationale intègre « la Cour de justice de l'Union européenne » ou « la Cour européenne des droits de l'homme » et quand un magistrat d'une « juridiction fédérale ou fédérée des États-Unis » est nommé à « la Cour suprême des États-Unis ». Cependant, l'utilisation de ces modèles pourrait avoir de nombreuses limites, notamment lorsque l'élaboration de ces derniers se réalise seulement dans une partie des juridictions. Par exemple, seulement dans les juridictions du premier degré ou seulement en matière pénale.

Une limite peut également se présenter lorsqu'un magistrat ayant exercé ses missions, pendant toute la durée de sa carrière, dans une juridiction pénale (par exemple), est nommé membre de la Cour suprême des États-Unis ou la Cour de justice de l'Union européenne ou la Cour européenne des droits de l'homme et, à ce titre, est censé trancher des litiges relevant des autres matières de droit. Dans ce cas, il conviendrait de recourir aux autres modèles interprétatifs élaborés à partir des raisonnements des autres magistrats. Dans ce cas, un contrôle systématique sur la pertinence de ces modèles doit être appliqué par la machine ou les experts humains. Il serait ainsi nécessaire de former des responsables chargés du contrôle de leur conformité[1]. En conclusion, on peut évoquer qu'une modélisation individuelle du raisonnement judiciaire peut être un facteur favorisant la subjectivité des textes judiciaires auto-générés.

Dans le contexte de la justice augmentée, le recours aux données externes au cours de la génération automatisée d'un texte judiciaire peut particulièrement avoir lieu selon quatre cas de figure : (1) Les données, fournies par les justiciables ou les autorités publiques ou les autres personnes impliquées dans le procès, utilisables pour le traitement de litige, (2) les données doctrinales liées au raisonnement judiciaire, (3) celles fournissant les informations sur « les caractéristiques personnelles des magistrats » (en

---

[1] Au sein de l'Union européenne, un contrôle humain est déjà prévu par la première proposition de règlement du Parlement européen sur l'intelligence artificielle (v. son article 14). La création de ce poste peut être inspirée par la profession du délégué à la protection des données, créée par les articles 37 à 39 du règlement (UE) 2016/679, *op. cit.*

particulier leurs tendances politiques) dans le cas de la « modélisation automatisée » du raisonnement des magistrats et (4) celles relatives aux caractéristiques de la vie, des comportements et de la personnalité des justiciables, dans le contexte de la justice prédictive (particulièrement en matière pénale). Aux États-Unis, celles-ci sont incontestablement indispensables pour réaliser des rapports présentenciels.

Afin de faciliter et simplifier le processus de la collection et de la catégorisation des données par l'intelligence artificielle, il serait possible de déterminer la valeur de chaque catégorie, en fonction de son importance dans la production des textes. Celle-ci peut être modifiée selon le type des documents et l'objectif de son élaboration.

La première catégorie englobe plusieurs types de documents pouvant être présentés par les parties de litige. Afin de faciliter le processus de leur mise en forme, il serait possible d'exiger que les justiciables et leurs avocats présentent l'ensemble des documents « textuels » sous « un format rédactionnel générique ». Pourtant, ce processus peut être problématique dans le cas de certains éléments de preuve non écrits pouvant être présentés tels que photographies, enregistrements vocaux, vidéos, transcriptions médicales et registres cartographiques. Leur description ne peut pas être, due à leur nature, facilement mis dans une forme rédactionnelle spécifique et générique. Dans ce cas, ils devraient être accompagnés par des notes descriptives, contenant des éléments détectables par l'intelligence artificielle, et des analyses qu'elle a réalisées sur ces derniers.

Ce processus de mise en conformité peut être réalisé par la machine, à condition qu'elle soit suffisamment puissante. Sinon, la responsabilité de préparation et du contrôle de ces notes pèserait sur les épaules des justiciables (et leurs avocats) ainsi que les membres des juridictions. Ainsi, cela pourrait aboutir à une surcharge considérable de travail pour les greffes. Aux États-Unis, les Cours d'appel rendent environ 500 décisions par jour. La mise en page manuelle de ce grand nombre de textes pourrait même perturber le fonctionnement normal des greffes[1].

Chacune des données de la deuxième catégorie pourrait être très différente des autres. Elles peuvent être de nature différente, allant des « sources doctrinales » (particulièrement aux États-Unis) aux « interviews » et « comptes rendus des débats » en passant par des « rapports professionnels et scientifiques » et toutes autres sources où le juge a exprimé son opinion sur une problématique particulière. Le recours à leur analyse est indispensable lorsque les données présentes dans les jurisprudences et d'autres documents judiciaires ne sont pas suffisantes pour modéliser « le raisonnement individuel d'un magistrat ».

---

[1] P. JACKSON, Kh. AL-KOFAHI, A. TYRRELL, A. VACHHER, « Information extraction from case law and retrieval of prior cases », *op. cit.*, p. 241.

Dans la tradition jurisprudentielle américaine, la décision finale de justice est celle de la majorité des magistrats. Pourtant, ceux qui ont une opinion opposée à l'avis de la majorité des membres du jury peuvent exprimer « leur avis », dans le cadre d'un document distinct nommé « l'opinion judiciaire » (il se distingue de « la décision judiciaire » contenant l'avis de la majorité des membres du jury). Le même document peut être rendu lorsqu'un magistrat souhaite exprimer, à titre individuel, son opinion sur une problématique juridique.

Grâce à la multiplicité des bases de données scientifiques et l'accessibilité aux textes des interviews et aux rapports officiels ainsi qu'à l'ouverture des données judiciaires relevant des juridictions européennes (en particulier, la Cour européenne des droits de l'homme et la Cour de justice de l'Union européenne) et celles des juridictions américaines, les informations nécessaires pour la modélisation du raisonnement des magistrats pourraient être exploitées et analysées par les techniques « la fouille de textes »[1].

En 2021, en France, l'intégration, dans les arrêts, d'une telle forme d'opinion dite « minoritaire » a été recommandée par la Commission de réflexion de la Cour de cassation[2]. Dans les juridictions américaines, et dans l'hypothèse d'une mise en œuvre des systèmes intelligents, capables d'élaborer automatiquement une décision, ceux-ci peuvent servir pour modéliser un raisonnement individuel et élaborer une « opinion judiciaire opposante à celle du jury » ou une opinion générale d'un magistrat sur un aspect spécifique de l'affaire ».

En s'appuyant sur l'aspect individuel des décisions, cela pourrait garantir une évolution jurisprudentielle plus correcte et plus similaire et celle excitante aujourd'hui. La modélisation des opinions individuelles pourrait également présenter un grand intérêt pour concevoir une « interprétation automatisée » des avocats généraux de la Cour de justice de l'Union européenne ayant la possibilité d'exprimer, à la fin d'audience (même s'ils ne participent pas aux délibérations), leurs opinions individuelles portant sur les recours adressés à la Cour.

Les documents contenant les données nécessaires pour l'analyse et la prédiction des opinions individuelles des magistrats peuvent être rédigés sous les formes et les formats différents, ils peuvent être, en particulier, analysés par la combinaison des techniques de la « fouille de textes » et de la « fouille audio »[3].

---

[1] Cf. A. WYNER, R. MOCHALES-PALAU, M-F. MOENS, D. MILWARD, « Approaches to Text Mining Arguments from Legal Cases » In. E. FRANCESCONI, S. MONTEMAGNI, W. PETERS, D. TISCORNIA (dir.), *Semantic Processing of Legal Texts. Lecture Notes in Computer Science*, vol. 6036, 2010, Springer, pp. 60-79.

[2] La Cour de cassation (fr), *rapport de la Commission de réflexion Cour de cassation 2030*, juillet 2021, p. 11.

[3] S. SEN, A. DUTTA, N. DEY, *Audio Processing and Speech Recognition*, Springer, 2019, 112 p. ; M. ALAM, M.D. SAMAD, L. VIDYARATNE, A. GLANDON, K.M. IFTEKHARUDDIN, « Survey

Les premières techniques pourraient être appliquées dans le cas des documents écrits comme les livres, les articles scientifiques, les comptes rendus. Les secondes techniques seront particulièrement efficaces dans le cas des interviews audiovisuelles. Pour appliquer une analyse algorithmique sur ces derniers, il faut tout d'abord recourir aux techniques de la « fouille de textes » pour détecter les sources des interviews (celles-ci peuvent être détectées et identifiées à partir des programmes des réseaux de télécommunications). Ensuite la technique de « fouille audio » doit être appliquée pour analyser les propos exprimés dans ces interviews (en raison de l'augmentation progressive de la production des hypertrucages sur les réseaux en lignes, dans l'avenir, la qualité de ce type d'analyse pourrait être potentiellement réduite).

L'Office québécois de la langue française définit « l'hypertrucage » comme « procédé de manipulation audiovisuelle qui recourt aux algorithmes de l'apprentissage profond pour créer des trucages ultraréalistes »[1]. En France, la Loi n° 2018-1202 du 22 décembre 2018 relative à la lutte contre la manipulation de l'information et celle du 29 juillet 1881 sur la liberté de la presse s'applique à cette forme de manipulation. Compte tenu de la particularité de ses aspects techniques et les effets qu'ils peuvent produire, la création d'un cadre juridique spécifique pour les problématiques relatives à cette technologie semble être une idée pertinente[2].

Ce type d'analyse pourrait aboutir à la modélisation automatisée des biais discriminatoires, puisqu'elle prendrait en compte les propos qui peuvent être exprimés à titre personnel. Sur le plan technique, il semble être difficile de distinguer les propos personnels et ceux exprimés en qualité professionnelle. En raison de « la multiplicité » et « la complexité » des techniques impliquées dans ce processus, la mise en forme rédactionnelle de ces documents doit faire l'objet d'une attention particulière.

La troisième et la quatrième catégories des données trouvent, plus spécifiquement, leur utilité aux États-Unis. Elles pourraient être respectivement utilisées pour modéliser « le raisonnement des magistrats » des juridictions (plus précisément, des magistrats de la Cour suprême des États-Unis et des cours suprêmes des États fédérés), « les comportements et le paradigme des justiciables » (ces données peuvent être utilisées à la fois dans les juridictions et les départements de police) et « la détermination

---

on Deep Neural Networks in Speech and Vision Systems », *Neurocomputing*, Vol. 417, 5 décembre 2020, pp. 302-321.

[1] Office québécois de la langue française, *définition d'hypertrucage*, éd. 2019, disponible sur www.gdt.oqlf.gouv.qc.ca/ficheOqlf.aspx?Id_Fiche=26552557 - consulté le 10 août 2021).

[2] Oracle, *Qu'est-ce qu'un deepfake et quels en sont les risques ?*, disponible sur https://www.oracle.com/fr/security/definition-deepfake-risques.html (consulté le 10 août 2021). ; Cf. C.R. SUNSTEIN, « Etats-Unis: le gouvernement peut-il légiférer sur les deepfakes ? », *L'opinion*, 8 janvier 2021, disponible sur https://www.lopinion.fr/edition/wsj/etats-unis-gouvernement-peut-il-legiferer-deepfakes-233219 (consulté le 10 août 2021).

automatisée de la peine ». Même en l'absence d'une objection législative ou jurisprudentielle explicite, l'application de cette technique, fournissant le risque de *forum shopping*, au niveau de l'Union européenne et celui du Conseil de l'Europe ne semble pas être envisageable.

S'agissant de la troisième catégorie, les données peuvent être exploitées de façons différentes dans les juridictions fédérales (notamment la Cour suprême) et fédérées. Ces méthodes peuvent être ainsi différentes pour les magistrats des « juridictions de premier degré et second degré » et ceux des « juridictions suprêmes ». L'alinéa 2 de l'article 2 de section 2 de la Constitution des États-Unis (connu sous le nom « *Appointment clause* ») confie le pouvoir de nomination des magistrats de la Cour suprême au Président du pays. Celle-ci ne sera définitive qu'à l'issue d'une validation du Sénat (à la majorité qualifiée de 3/5e). Cette nomination est soumise à l'appréciation et la confirmation du Sénat. Le même article reconnaît également le droit du Président des États-Unis de nommer « des autres officiers [dits] inférieurs ».

Cet article dispose que « le Congrès peut, par la loi, confier le pouvoir de nomination de ces officiers inférieurs, comme ils le jugent approprié, au président seul, aux tribunaux ou aux chefs de département ». Il précise que ce dernier pouvoir est limité au cas où celui-ci est accordé par « la loi ».

Cela, en théorie, englobe les lois adoptées par le Congrès et les arrêts de la Cour suprême. En 2018, dans l'arrêt *Lucia c. Securities* and Exchange Commission, la Cour a accordé le pouvoir au président de nommer les magistrats des « juridictions administratifs ». En conséquence, le mécanisme d'analyse des données externes relatives au profil des magistrats de la Cour suprême pourrait être ainsi appliqué pour cette catégorie de juges[1]. L'implication des pouvoirs exécutif et législatif dans le processus de nomination de ces magistrats justifie l'aspect hautement politique de leur profil professionnel[2].

À ce propos, Alexis DE TOCQUEVILLE indique, dans son célèbre livre intitulé *De la démocratie en Amérique*, que « Je ne pense pas qu'aucune nation du monde ait constitué le pouvoir judiciaire de la même manière que les

---

[1] Les informations complémentaires sur « la nomination des officiers inférieurs par le Président des États-Unis » sont disponibles sur le site officiel des analyses et des interprétations de la Constitution des États-Unis : https://constitution.congress.gov/browse/essay/artII_S2_C2_2_1_4/ (disponible sur le 22 avril 2021) ; Cf. « Lucia v. SEC », *Harvard Law Review*, 9 novembre 2018, disponible sur https://harvardlawreview.org/2018/11/lucia-v-sec/ (consulté le 23 avril 2021). ; Cf. Les articles I, III et IV de la Constituion des États-Unis.

[2] Cf. H.A. LINDE, « The Judge as Political Candidate », *Cleveland State Law Review*, 1992, vol. 40, n° 1, art. n° 3, disponible sur https://engagedscholarship.csuohio.edu/clevstlrev/vol40/iss1/3/. ; G. ROTH, « INSIGHT: Why Are Supreme Court Justices Registered as Democrats and Republicans? », *Bloomberglaw.com*, 3 février 2020, https://news.bloomberglaw.com/us-law-week/insight-why-are-supreme-court-justices-registered-as-democrats-and-republicans.

Américains »[1]. Cette particularité fournit la possibilité de recourir aux données relatives aux tendances politiques des magistrats (notamment des comptes rendus des débats politiques et des travaux universitaires), pour modéliser leur raisonnement. Cela serait ainsi possible et envisageable de créer un modèle autonome et à part entier d'exploitation et d'analyse de ce type des données[2].

Même si la constitution ne fixe aucune condition particulière pour l'exercice de cette fonction[3], les magistrats de la Cour suprême sont traditionnellement sélectionnés parmi les juristes de haut niveau, avec une des expériences académiques ou professionnelles distinguées[4] (selon le Rapport de Monsieur François-Henri BRIAND (Ibidem), « Sur 113 membres nommés depuis l'origine, 104 ont eu une expérience d'avocat »). C'est ainsi qu'on estime qu'*a priori*, avant leur nomination, leurs raisonnements sont exprimés dans un nombre suffisant de textes, tels que des arrêts ou des ouvrages scientifiques. En conséquence, la combinaison des données relatives à « leurs tendances politiques » et « leurs expériences professionnelles (et éventuellement académiques) » permettrait de créer un modèle de plus en plus précis de leur opinion judiciaire.

Pourtant, dans le cas des juridictions des États fédérés, cela pourrait être potentiellement plus difficile de créer un tel modèle, puisque les règles relatives à la désignation de ces magistrats sont partiellement définies différemment par la constitution de chaque État[5]. Celle-ci peut être « semi élective-nominative ». Par exemple, dans certains États fédérés tels que le

---

[1] A. DE TOCQUEVILLE, *De la démocratie en Amérique*, T. 1, partie 1., chapitre VI, Pagnerre, 1848, p. 157.

[2] Cf. Sh. HADDADAN, E. CABRIO, S. VILLATA, « Yes, we can! Mining Arguments in 50 Years of US Presidential Campaign Debates », *op. cit.*

[3] Conseil constitutionnel, « La nomination des membres de la Cour suprême des États-Unis », rapport de Monsieur François-Henri BRIAND, *nouveaux cahiers du conseil constitutionnel*, dossier n° 58 - le contentieux constitutionnel, janvier 2018, disponible sur https://www.conseil-constitutionnel.fr/nouveaux-cahiers-du-conseil-constitutionnel/la-nomination-des-membres-de-la-cour-supreme-des-etats-unis (consulté le 22 avril 2021).

[4] Conseil constitutionnel, « La nomination des membres de la Cour suprême des États-Unis », rapport de Monsieur François-Henri BRIAND, *nouveaux cahiers du conseil constitutionnel*, n° 58, dossier.

[5] United States Courts, « Comparing Federal & State Courts », disponible sur https://www.uscourts.gov/about-federal-courts/court-role-and-structure/comparing-federal-state-courts (consulté le 23 avril 2021).

New York[1], la Californie[2] et le Texas[3], une partie des magistrats est nommée par le gouverneur de l'État et les autres sont élus. Les électeurs de l'État fédéré votes à travers des élections, connues sous le nom « *partisan elections* »[4].

En tout cas, quel que soit le mode de leur désignation, leur profil est particulièrement politique puisqu'ils sont, en principe, soutenus par les partis politiques[5]. Ce soutien politique peut se former soit directement lors des élections soit par une recommandation des membres du Congrès ou des législatures ou par la nomination directe d'un gouverneur.

Cela nous amène à conclure qu'il serait parfaitement possible d'identifier leurs tendances politiques à partir des caractéristiques de leur le profil professionnel et ainsi de prédire et modéliser leurs décisions. Il convient d'exclure « les juridictions municipales pénales » de cette formule, puisque les conditions et le format de désignation des magistrats de ces instances ne sont pas fixés par la loi. C'est la raison pour laquelle il ne semble pas être possible de créer un modèle général du traitement des données relatives au profil politique de ce groupe de magistrats.

Il serait possible de recourir aux bases des données des mairies et des départements de police (s'ils en ont un) afin d'enrichir la base de modélisation du raisonnement de ces juges, puisqu'ils sont nommés par des maires et, parfois, par des départements de police (notamment en matière pénale). Dans ces circonstances, le modèle prédictif, applicable dans chaque juridiction municipale, doit être élaboré séparément en fonction des règles définies par les conseils municipaux.

Depuis 2004, l'efficacité d'analyse algorithmique de ce type de données, dans une dimension spécifique et strictement limitée (à savoir, les décisions de la Cour suprême des États-Unis), est déjà prouvée par certains travaux de recherche[6]. Les données correspondant à la quatrième catégorie peuvent avoir

---

1 National Center for State Courts (État de New York), *Judicial Selection in the States: New York*, disponible sur www.judicialselection.us/judicial_selection/index.cfm?state=NY (consulté le 23 avril 2021).
BallotPedia, *Supreme Court of the State of New York*, disponible sur https://ballotpedia.org/Supreme_Court_of_the_State_of_New_York (consulté le 23 avril 2021).

2 Le pouvoir judiciaire de l'État de Californie, *About the Supreme Court*, disponible https://www.courts.ca.gov/13069.htm (consulté le 23 avril 2021).

3 Ballotpedia, *Texas Supreme Court elections*, disponible sur https://ballotpedia.org/Texas_Supreme_Court_elections (consulté le 23 avril 2021).

4 Cf. J. SHEPHERD, M-S. KANG, « Partisan Justice, How Campaign Money Politicizes Judicial Decision making in Election Cases », rapport de *The American Constitution Society for Law & Policy*, disponible sur https://www.acslaw.org/analysis/reports/partisan-justice/ (consulté le 24 avril 2021).

5 S-S. NAGEL, « Political Party Affiliation and Judges' Decisions », *The American Political Science Review*, vol. 55, n° 4, décembre 1961, pp. 843-850.

6 T-W. RUGER, P-T. KIM, A-D. MARTIN, K-M. QUINN, « The Supreme Court Forecasting Project: Legal and Political Science Approaches to Predicting Supreme Court Decision making », *Columbia Law Review*, vol. 104, n° 4, mai 2004, pp. 1150-1210. ; A-D. MARTIN, K-M.

une utilité particulièrement importante dans les juridictions pénales américaines du premier degré (en considérant que ces facteurs seront pris en compte au cours de la première audience).

La prédiction de leurs décisions repose non seulement sur les données judiciaires mais aussi sur certaines informations externes relatives aux perspectives criminelles des justiciables, notamment celles relatives à l'antécédent de la récidive des infractions pénales. Ainsi, dans les affaires civiles et administratives, les juridictions peuvent demander aux établissements publics (e.g. les autorités fiscales et douanières ou la police) et privés (e.g. la banque ou les organisations d'assurance) ou aux personnes privées (e.g. la famille ou les collègues de justiciable) de présenter certaines données personnelles ainsi que des informations (comme les rapports, des témoignages des personnes de son entourage ou les transcriptions médicales) nécessaires pour le traitement des affaires.

Contrairement à la première catégorie où l'origine des données externes sont les justiciables, les données de cette deuxième sont fournies par les autorités publiques. La préparation, la structuration et le traitement de ces données seront délicats puisqu'en cas d'erreur, la responsabilité ou la coresponsabilité de nombreux organes publics tels que les départements de la police (e.g. dans le cas de la préparation des rapports présentenciels) ou les juridictions (e.g. dans le cas de préparation des rapports par le médecin expert judiciaire) pourrait être engagée.

En outre, certaines données personnelles des justiciables peuvent être utilisées pour identifier et examiner les aspects émotionnels des faits et des circonstances de l'affaire. Dans ce cas, avant de réaliser les analyses algorithmiques, l'ensemble des documents contenant ces informations, quelle que soit leur nature, doit être également mis en forme, en respectant les règles auparavant décrites. Cette démarche sera délicate, en considérant qu'au cours de cette « transformation rédactionnelle », l'authenticité des données externes doit être parfaitement maintenue. Afin de garantir l'efficacité de cette mise en forme, il convient de former, dans les juridictions et les départements de police, une génération de rédacteurs judiciaires spécialistes dans ce processus, pour devenir des professionnels certifiés ou assermentés, en charge de la réalisation de ces tâches.

Dans le contexte du droit américain, en 1997, Madame Lee EPSTEIN et le Professeur JACK KNIGHT ont démontré, dans un ouvrage l'intitulé *The Choices Justices Make*, que « la faculté » et « la capacité » de prendre une

---

QUINN, T-W. RUGER, P-T. KIM, « Competing Approaches to Predicting Supreme Court Decision Making », *op. cit.* ; R. GUIMERÀ, M. SALES-PARDO, « Justice blocks and predictability of U.S. Supreme Court votes », *op. cit.* ; L. EPSTEIN, A-D. MARTIN, K-M. QUINN, J-A. SEGAL, 2007, « Ideological Drift Among Supreme Court Justices: Who, When, and How Important? », *Northwestern University Law Review*, vol. 101, n° 4, pp. 1483-1542. ; D-M. KATZ, M-J. BOMMARITO II, J. BLACKMAN, « A general approach for predicting the behavior of the Supreme Court of the United States », *op. cit.*

décision judiciaire sont soumises aux préférences, aux attentes et aux stratégies des « autres acteurs du droit » (notamment ceux des membres du Congrès) et au contexte économique et politique de l'affaire[1]. C'est ainsi que les données relatives aux profils des autres individus tels que les membres des législatures et ceux des gouvernements (fédérés et fédéraux) peuvent se trouver dans la quatrième catégorie.

En Europe et aux États-Unis, plusieurs types de données non judiciaires peuvent être utilisés par les avocats, pour construire des arguments juridiques. Cependant, elles ne sont pas tout à fait les mêmes dans ces deux dimensions géographiques. Une partie de ces dernières (en particulier, celles liées aux caractéristiques personnelles des justiciables et au contexte social et économique des circonstances des affaires) doit être recueillie à partir des bases des données des entreprises privées. C'est en soulignant cette nécessité que Monsieur Romain KEPPENNE met en question l'efficacité des systèmes actuels des outils de la legaltech dédiés à la documentation et à la recherche juridique. Il précise, à ce propos, que « la méthode n'est pas encore " *cost efficient* " [rentable], et ne prend pas encore en compte les données d'entreprises et de groupes privés [...] »[2].

Sur le plan technique (sans prendre en compte les dispositions législatives et la tradition judiciaire de chaque pays), trois types d'analyses algorithmiques des données externes peuvent être appliqués pour élaborer une requête auto-générée. Le premier consiste en une analyse des aspects personnels des « faits et des circonstances ». La deuxième englobe particulièrement des données fournissant la possibilité de modéliser et prédire des « arguments de sa partie adverse dans le procès ». Le troisième concerne les données nécessaires pour « le profilage des juges ».

Celles relevant des deux premières catégories peuvent être utilisées plus ou moins de la même manière en Europe et aux États-Unis, alors que celles de la troisième catégorie sont susceptibles de trouver leur utilité plus particulièrement aux États-Unis où cette pratique n'est pas interdite. Aux États-Unis, l'interdiction du profilage des personnes se limite exclusivement aux cas où il se base sur des éléments raciaux et religieux des personnes. Il a été notamment banni par les décisions suivantes de la Cour suprême des États-Unis[3].

Sur le plan informatique, ce type du profilage des personnes peut être pratiqué par l'intermédiaire de la fonction d'« efficacité du récepteur ». Il s'agit d'une mesure de réalisation d'une classification binaire des données.

---

[1] L. EPSTEIN, J. KNIGHT, *The Choices Justices Make*, CQ Press, 1997, 222 p.

[2] R. KEPENNE, « Legal Tech et autres contrats intelligents : quel avenir pour l'automatisation juridique ? », *Paris Innovation Review*, Paris Sciences & Lettres (PSL), 4 mai 2016, disponible sur http://parisinnovationreview.com/article/quel-avenir-pour-lautomatisation-juridique (consulté le 27 juillet 2021).

[3] *United States v. Brignoni-Ponce*, 422 U.S. 873 (1975), *Terry v. Ohio*, 392 U.S. 1 (1968), *United States v. Armstrong*, 517 U.S. 456 (1996), *Whren v. United States*, 517 U.S. 806 (1996).

Cette fonction a pour l'objectif de catégoriser les éléments informatifs en deux groupes en fonction de leurs caractéristiques. Le système du logiciel COMPAS, classant les personnes en deux catégories « haut risque » et « risque faible », est basé sur cette technique[1].

C'est ainsi que ce dernier type d'analyses algorithmiques peut présenter un grand intérêt aux avocats américains pour la rédaction de leurs requêtes. Dans ces circonstances, les juridictions et les avocats auront le même accès aux données nécessaires pour recourir à cette pratique. L'ensemble de ces analyses peut fournir une prédiction ou une modélisation de plus en plus précise. Sur un plan plus technique, un document contient des informations constituées, elles-mêmes, par les données. Afin de le mettre en forme, il serait, en premier lieu, impératif « d'exploiter les données » et « les élaborer sous format d'un texte » ou « le réécrire à nouveau » sous une forme bien détectable pour l'intelligence artificielle.

Compte tenu de la diversité de la forme et du format de ces documents, leur mise en forme rédactionnelle et formelle est susceptible d'être une tâche particulièrement prenante pour les professionnels du droit. Selon une étude réalisée en 2019, les spécialistes des données « consacrent 80 % de leur temps à la préparation manuelle des données : une tâche énergivore, coûteuse mais évitable »[2]. L'intérêt principal des outils de l'intelligence artificielle se résume dans la facilitation et l'accélération des travaux. Si le processus de mise en forme des données est trop prenant et difficile, celle-ci peut perdre son intérêt. C'est la raison pour laquelle, il semble être nécessaire de concevoir des outils de l'intelligence artificielle destinés à la mise en forme automatique de différentes formes de documents.

La responsabilité de mise en forme et le contrôle de mise en conformité des données constitue un poids pour les acteurs de la justice. Pourtant, dans l'hypothèse de réalisation de la justice augmentée et le recours aux techniques automatisées de structuration des données ainsi que leur mise en forme, il conviendrait de créer un régime juridique spécifique déterminant précisément la responsabilité de chacun des utilisateurs, des fournisseurs et des créateurs des outils en cas d'erreur ou dysfonctionnement de ces derniers. Dans l'Union européenne, le futur règlement du Parlement européen sur l'intelligence artificielle peut au fur et à mesure encadrer une telle situation.

L'exigence de « la mise en forme » des textes, étape importante de l'analyse et de la génération automatisée des textes, doit être considérée

---

[1] Cf. W. DIETERICH, Ch. MENDOZA, T. BRENNAN, « COMPAS Risk Scales: Demonstrating Accuracy Equity and Predictive Parity, Performance of the COMPAS Risk Scales in Broward County », rapport de *NorthPointe*, 8 juilet 2016.

[2] LOAMICS, « Les entreprises au défi de la démocratisation de la donnée », *Les Echos*, 5 juillet 2021, disponible sur https://www.lesechos.fr/partenaires/loamics/les-entreprises-au-defi-de-la-democratisation-de-la-donnee-1329156?fbclid=IwAR1cK7h58ZIvboGG74yxXtNhf527LHQwIrMozFE7bl-3Am5R6RqK41CL4gs#xtor=CS1-60-%5BLoamics (consulté le 20 juillet 2021).

comme une obligation professionnelle pour les avocats et les membres des juridictions. Cela doit être distingué de l'obligation de « mise en conformité » et du « contrôle » définie par les instruments législatifs tels que le RGPD et le futur règlement du Parlement européen sur l'intelligence artificielle. Aux États-Unis et en Europe, en l'absence d'un régime juridique spécifique pour l'utilisation des outils de legaltech, une forme de la responsabilité en cas de manquement de cette exigence pourrait être appliquée. Elle pourrait être soit disciplinaire (dans le cadre des règlements et des codes de déontologie), soit civile soit pénale, en particulier, lorsque cela produit des effets négatifs sur les droits individuels et les libertés fondamentales[1].

Compte tenu de l'obscurité de certaines fonctionnalités de l'intelligence artificielle relevant de « la boîte noire » des algorithmes, la reconnaissance de cette responsabilité serait particulièrement délicate, même lorsqu'un contrôle pertinent est appliqué sur le système. C'est ainsi que le Professeur Peter M. ASARO estime, dans le contexte du service public, qu'en utilisant ces logiciels, le rôle d'agent pourrait être diminué ou transformé en « un quasi-agent »[2,3]. Elle engendre ainsi la nécessité de création d'un cadre juridique spécifique et pertinent encadrant tous les enjeux globaux relatifs à la responsabilité civile dans le cas du recours à l'intelligence artificielle ainsi qu'une nouvelle forme de responsabilisation dans les futurs environnements judiciaires dits augmentés[4].

En absence de la reconnaissance de responsabilité civile des robots au sein de l'Union européenne et aux États-Unis, en cas de production d'un dommage par ces outils, « la responsabilité civile du fait des choses » est susceptible de s'appliquer[5]. Pour résoudre les difficultés relatives à cette problématique, Me Alain BENSOUSSAN propose la création d'une sorte de « responsabilité

---

[1] Cf. Sénat (fr), *Projet de loi organique relatif à l'application de l'article 65 de la Constitution*, rapport législatif, disponible sur https://www.senat.fr/rap/l08-635/l08-6355.html#fn37 (consulté le 20 avril 2021).

[2] *Ibidem*.

[3] Cf. V. DIGNUM, *Responsible Artificial Intelligence, How to Develop and Use AI in a Responsible Way*, Springer, 2019, 127 p., disponible sur https://link.springer.com/book/10.1007%2F978-3-030-30371-6 (consulté le 7 octobre 2021).

[4] R. KELLEY, E. SCHAERER, M. GOMEZ, M. NICOLESCU, « Liability in Robotics: An International Perspective on Robots as Animals », *Advanced Robotics*, vol. 24, n° 13, p. 1863.

[5] Cf. Dalloz, « Responsabilité civile du fait des choses », *Dalloz.fr*, Avril 2021, disponible sur https://www.dalloz.fr/documentation/Document?id=DZ%2FOASIS%2F000843 (consulté le 28 avril 2021). ; Cf. Directive 85/374/CEE du Conseil du 25 juillet 1985 *relative au rapprochement des dispositions législatives, réglementaires et administratives des États membres en matière de responsabilité du fait des produits défectueux* ; Cf. Commission européenne, Rapport de la Commission au Parlement européen, au Conseil, au Comité économique et social européen *sur les conséquences de l'intelligence artificielle, de l'internet des objets et de la robotique sur la sécurité et la responsabilité*, 19 février 2020, COM(2020) 64 final, pp. 14-19.

morale » pour l'intelligence artificielle[1]. En rejetant cette idée, le Parlement européen présente, dans sa résolution du 16 février 2017[2], la possibilité de mise en place d'un « régime d'indemnisation par l'assurance » pour les dommages causés les erreurs faites par le robot ou l'intelligence artificielle[3].

Dans ces circonstances, la responsabilité de chaque acteur de justice utilisant ces systèmes peut être définie en fonction de « la nature » et de « la catégorie » du document judiciaire auto-généré. Par exemple, elle peut être reconnue aux magistrats et aux membres du greffe, en cas de l'élaboration automatisée des « arrêts et des opinions judiciaires » et aux avocats, dans le cas de génération automatisée des « requêtes, des textes de plaidoiries et des consultations juridiques ».

Il serait possible de créer, dans toutes les juridictions, un département chargé de la mise en forme rédactionnelle des documents et des données pouvant intervenir lors de chaque phase du procès. Au cas d'un problème lié à la forme à la structure des données, la création d'un tel département faciliterait la détermination de la responsabilité.

Il serait également possible de créer un métier libéral pour réaliser cette tâche. Dans cette hypothèse, les personnes occupant ce poste pourraient être appelées à prêter serment auprès des juridictions. Leur responsabilité pourrait consister non seulement à mettre en conformité la forme rédactionnelle des textes mais aussi à la vérification de la pertinence et de la détectabilité des données constituant les textes pour l'intelligence artificielle. Ainsi, un métier similaire peut être créé, pour exercer la même fonction au cours des travaux parlementaires, afin de vérifier l'exploitabilité du sens originel des concepts juridiques dans les textes des lois. Ils peuvent systématiquement assister à la mise en page rédactionnelle des comptes rendus des débats des textes de lois à la suite de leur adoption. Le statut de ces professionnels peut être inspiré par celui des traducteurs professionnels. Ils peuvent être nommés « les juristes sémanticiens ».

En Europe, dans l'hypothèse de mise en place des environnements judiciaires augmentés, l'exigence de la mise en forme rédactionnelle des textes et des autres mesures renforçant la détectabilité des données qu'ils contiennent pour l'intelligence artificielle pourrait être reconnue comme « une obligation professionnelle », à deux niveaux. Ceux-ci peuvent être intégrés

---

[1] A. BENSOUSSAN, « Le droit naturel, fondement juridique de la personne-robot ? », *blog.lefigaro.fr*, 10 juillet 2018, disponible sur https://blog.lefigaro.fr/bensoussan/2018/07/le-droit-naturel-fondement-juridique-de-la-personne-robot.html (consulté le 28 avril 2021).

[2] Résolution du Parlement européen du 16 février 2017 contenant des recommandations à la Commission concernant des *règles de droit civil sur la robotique* (2015/2103(INL)), §59 aliéna f. ; Cf. EuRobotics, *Suggestion for a green paper on legal issues in robotics*, rapport du 31 décembre 2012, p. 60.

[3] Résolution du Parlement européen du 16 février 2017 contenant des recommandations à la Commission concernant des *règles de droit civil sur la robotique* (2015/2103(INL)), les paragraphes 57,58 et 59.

aux règles déontologiques des magistrats et affirmés par un décret des ministères de la justice. Celle-ci peut être ainsi inclue dans les codes de l'organisation judiciaire des pays européens.

En France, la commission de réflexion sur l'éthique dans la magistrature précise, dans un rapport rédigé en 2003, que « la discipline est la part répressive de la déontologie [de la magistrature] : elle permet de déterminer les manquements à la déontologie réprimés par des sanctions disciplinaires »[1].

La mise en forme rédactionnelle des textes judiciaires pourrait être considérée comme une condition essentielle de la bonne conduite du processus de génération automatisée des textes. En conséquence, aux États-Unis, cette responsabilité peut relever des dispositions de la première section de l'article III de la Constitution des États-Unis déclarant : « les magistrats, tant de la Cour suprême fédérale et des tribunaux inférieurs, devront remplir leurs charges avec une bonne conduite [...] ».

L'importance de la responsabilité des magistrats dans la prise des décisions judiciaires a été décrite d'une façon extrêmement large dans une jurisprudence du 6 juillet 1949 de la Cour de suprême des États-Unis, dans laquelle elle précise que « condamner est une lourde responsabilité »[2]. Par conséquent, le renforcement de l'efficacité d'un système de l'intelligence artificielle impliqué dans le processus de prise de décision judiciaire peut être considéré comme l'une des responsabilités des magistrats. Celle-ci pourrait être également reconnue par les « codes des États fédérés » et « des règles générales des juridictions » ou par « les futures jurisprudences des juridictions suprêmes ».

Selon les Professeurs Roger GUIMERÀ et Marta SALES-PARDO, « les décisions de la Cour suprême sont singulières car, à certains égards, on s'attend à ce qu'ils soient quasi idéaux »[3]. Ainsi, ils ajoutent qu'« on attend des juges qu'ils prennent des décisions rationnelles avec [ou basées sur] des informations presque parfaites »[4]. Ainsi, cela nous amène à conclure que le contrôle de la pertinence et du perfectionnement (formel) des informations relève déjà, au fur et à mesure, des responsabilités des magistrats.

Dans l'hypothèse de la reconnaissance d'une telle responsabilité, les juridictions doivent s'engager à garantir le fait que ces exigences sont bien comprises et pratiquées par les justiciables et leurs avocats. Par exemple, elles pourraient refuser de recevoir des textes non conformes aux « exigences formelles garantissant la prédictibilité du texte par la machine ».

---

[1] Ministère de la justice, *Rapport de la commission de réflexion sur l'éthique dans la magistrature*, 27 novembre 2003, p. 10.

[2] *Williams v. New York*, 337 U.S. 241 (1949).

[3] R. GUIMERÀ, M. SALES-PARDO, « Justice blocks and predictability of U.S. Supreme Court votes ». *op. cit.*, p. 1.

[4] *Ibidem.*

Malgré l'aspect technique et universel de ces méthodes, cette responsabilité pourrait être déterminée de différentes façons, conformément à la tradition judiciaire de chaque pays. En France, l'article 11-1 de l'ordonnance n° 58-1270 du 22 décembre 1958 portant loi organique relative au statut de la magistrature pose un principe général : « les magistrats ne sont responsables que de leurs fautes personnelles ». Il serait donc nécessaire de déterminer qui serait exactement responsable de la mise en forme rédactionnelle (cela peut être soit le magistrat soit le greffier, un assistant de justice, un juriste assistant ou une autre personne). Si on considère que le magistrat est responsable du contrôle de la conformité rédactionnelle des arrêts, un manquement à cette exigence peut théoriquement relever d'une faute personnelle.

Dans un environnement judiciaire augmenté, l'usage des logiciels dotés de l'intelligence artificielle, fait partie de l'exercice « normal » de la profession d'avocat où il est responsable d'y apporter une diligence particulière et de tenir en compte de toutes les mesures nécessaires pour garantir le bon fonctionnement des outils de son travail[1].

En garantissant la conformité rédactionnelle des textes que les avocats adressent aux juridictions, ils garantissent (ou au moins, ils renforcent) la pertinence des analyses algorithmiques qui seront réalisées sur ces textes dans l'avenir, par les juridictions. Par conséquent, une telle responsabilité peut être déterminée et reconnue par le pouvoir judiciaire.

De plus, la détectabilité des éléments textuels de la requête est un facteur essentiel, favorisant la qualité de son analyse algorithmique. C'est ainsi que le manquement à cette obligation professionnelle pourrait être interprété comme la cause d'une perte des intérêts du client. Cette responsabilité peut être également envisageable lorsqu'une mise en forme correcte des textes est susceptible de renfoncer la rapidité de la défense des intérêts de client.

---

[1] L'intervention du Professeur Danièle BOURCIER intitulé « Cyberjustice : ennemie ou alliée du droit » lors de la 1ère Conférence Cyberjustice Europe 2016, corganisée par l'Institut des hautes études sur la Justice, le Laboratoire de cyberjustice et le Conseil de l'Europe, le 5 décembre 2016. Cette intervention est disponible sur http://ihej.org/agenda/1ere-conference-cyberjustice-europe-2016/ (consulté le 28 avril 2021).

Section 2. La nécessité de mise en place d'une réforme jurilinguistique

Le renforcement de l'efficacité du fonctionnement d'analyse algorithmique des textes judiciaires dépend non seulement de leur « forme rédactionnelle » mais aussi de « l'écriture » des juristes. Par conséquent, à part la mise en conformité des données, et des informations, il serait nécessaire d'envisager « une mise en conformité lexicale, grammaticale et sémantique » afin de garantir la compréhensibilité des textes pour la machine.

Dans chaque jurisprudence, l'intelligence artificielle peut élaborer, par l'intermédiaire d'une analyse sémantique et synthétique, un grand « jeu de données » (en anglais : *Dataset*). Il s'agit d'une collection des données connectées et associées entre elles. Dans ce système, les éléments de chacune déterminent la valeur de ceux des autres données. Il permet d'élaborer des combinaisons diversifiées des données en fonction de l'objectif de l'analyse. Il permettrait de définir les caractéristiques conceptuelles de chaque « mot ». Ensuite, grâce à un système, ces derniers seraient automatiquement associés aux résultats finaux des décisions qui sont étiquetées, elles-mêmes, par les labels « affirmés » ou « rejetés »[1].

Seule l'analyse d'une grande quantité des données textuelles peut permettre au système de l'intelligence artificielle d'étiqueter correctement les mots. Ainsi, afin d'améliorer la qualité du fonctionnement de ce système, une base de données bien structurées doit être élaborée au niveau fédéral (aux États-Unis) et au niveau régional (en Europe). Dans cette hypothèse, l'élaboration de ces bases de données doit se faire au niveau de chaque juridiction étatique. Ensuite, elles doivent être contribuées aux bases de données fédérales et régionales et pourraient être désormais utilisées par l'ensemble des juridictions. Cela renforcerait l'exactitude et la qualité d'étiquetage des mots et des textes dans toutes les juridictions. Cette démarche ne serait pas suffisante pour maximaliser la qualité de la prédiction des décisions de justice et de la modélisation automatisée du raisonnement des magistrats. Elle doit être complétée par « une réforme linguistique » dans les environnements judiciaires, afin d'adapter « le langage juridique » au

[1] Cf. A. PETROVA, J. ARMOUR, T. LUKASIEWICZ, « Extracting Outcomes from Appellate Decisions in US State Courts », *Frontiers in Artificial Intelligence and Applications*, vol. 334 (Legal Knowledge and Information Systems), JURIX 2020, p. 133.

« langage informatique ». Celle-ci se réalise particulièrement par l'élimination des concepts et des phrases « polysémiques » et des « synonymes » dans les textes judiciaires et législatifs.

Selon les professeurs Jean-Louis SOURIOUX et Pierre LERAT, il existe « [...] un langage du droit au sens de façon particulière de s'exprimer »[1]. Le Professeur Gérard CORNU aborde ce sujet d'une façon plus précise en affirmant que « le discours juridique [...] est, tout à la fois, un acte linguistique et un acte juridique »[2]. La Professeure Marie-Anne FRISON-ROCHE estime que le langage utilisé dans les environnements judiciaires est soumis à « une structure normative » dont elle qualifie comme un « acte de langage »[3]. Ainsi, elle précise que « les juges vont montrer leur docilité et leur rapport à la loi et aux justiciables par le style même de leurs décisions »[4]. Cela démontre la délicatesse de ce « code linguistique ». Elle estime que le langage juridique fait partie du « style du juge »[5]. Compte tenu de cette opinion, on peut conclure que le langage naturel n'est pas exclusivement soumis aux règles génériques. Il peut être différent et identique parmi les membres de chaque communauté.

Il semble que le langage juridique et judiciaire ait influencé par l'aspect démocratique du droit et la façon dont les sujets de la société communiquent. Il s'agit du langage reflété dans les textes des lois lors de leur création (par les élus) qui a été reprise par les acteurs de la justice. Autrement dit, ce style, issu du langage populaire, est déformé par les « codes linguistiques juridiques ». Ces derniers, élaborés par les traditions professionnelles, appartiennent à la communauté des professionnels du droit et se distinguent du langage commun.

Le « langage juridique », étant un sous-domaine du « langage naturel », peut être considéré comme un langage « spécialisé »[6] ou « conventionnel »[7].

---

[1] J-L. SOURIOUX, P. LERAT, « Pour l'apprentissage du langage du droit », *Revue trimestrielle de droit civil*, vol. 98, n° 2, 1999, p. 343. ; J-L. SOURIOUX, P. LERAT, *Le langage du droit*, Presses universitaires de France, 1975, p. 9 cité dans A-M. LEROYER, « Langage du droit et terminologie juridique », *Académie des Sciences Morales et Politiques*, 13 octobre 2008, disponible sur https://academiesciencesmoralesetpolitiques.fr/2008/10/13/langage-du-droit-et-terminologie-juridique/ (consulté le 30 avril 2021).

[2] J-C. GÉMAR, « Aux sources de la " jurilinguistique " : texte juridique, langues et cultures », *Revue française de linguistique appliquée*, 2011, vol. XVI-1, p. 9.

[3] M-A. FRISON-ROCHE, « 2ième cours : Le style juridique et le style littéraire », Enseignements : Droit et Littérature, Littérature et Droit, 1 février 2012 (mise à jour le 18 février 2012), disponible sur https://mafr.fr/fr/article/2ieme-cours-le-style-juridique-et-le-style-littera/ (consulté le 30 avril 2021).

[4] *Ibidem.*

[5] *Ibidem.*

[6] P. LERAT, *Les langues spécialisées*, Presses Universitaires de France, 1995, p. 20 et pp. 82-93.

[7] *Ibidem.*, p.182.

Il est influencé non seulement par les évolutions socio-culturelles[1] dans la société mais aussi par les évolutions normatives du droit. Ayant un « fort aspect scientifique » et un « style spécifique », il pourrait, plus précisément, se définir comme « un langage non-linguistique »[2]. Ainsi, selon Monsieur Boris BARRAUD, l'étude du langage juridique nous permet d'« [...] identifier le(s) signifié(s) associé(s) aux signifiants " droit " et " juridique " »[3].

Comme toutes les autres formes du « langage naturel », il s'oppose aux « langages formels » (il s'agit des langages encadrés par un cadre structurel strictement défini) incluant celui de l'informatique (ou les codes informatiques), utilisés dans la programmation des machines. Contrairement à ce dernier, le langage naturel se caractérise par plusieurs imperfections, ainsi que des ambiguïtés et des complexités linguistiques[4]. À ce titre, « le langage juridique » s'oppose à celui de « l'informatique », basé sur un perfectionnement mathématique[5].

Les synonymes, les anaphores, les paraphrases et les expressions sont parmi les exemples les plus signifiants de cette complexité. Étant un outil du perfectionnement littéraire des textes, ils peuvent rendre les phrases hermétiques et difficiles à comprendre pour la machine. Une autre particularité du langage naturel est l'usage des expressions et des phrases grammaticalement incorrectes (sur le plan linguistique) mais couramment utilisées et acceptées dans la société et compréhensibles pour les humains.

Il n'excite pas un tel pratique dans le langage formel. Par conséquent, contrairement aux humains, la machine n'est pas capable de comprendre les phrases formulées incorrectement. Par exemple, lorsqu'on lit la phrase « il a commis ce crime lorsqu'il a été chez le coiffeur », on comprend bien que « chez le coiffeur » s'agit d'un « salon de coiffure ». Pourtant, compte tenu de son cotexte sémantique, il peut être interprété comme « à la maison d'une personne exerçant le métier de coiffeur ». Ainsi, dans la phrase « cette personne a annulé notre rendez-vous au dernier moment. Elle est une vraie cavalière », une logique humaine nous amène à en fonction de définir la seconde phrase en fonction du sens de la première et conclure que le mot « cavalière » se définit comme un manque de courtoisie ou délicatesse comportemental. Alors que l'intelligence artificielle peut la définir comme « une personne, pratiquant l'équitation ayant annulé un rendez-vous ». De plus, les langages « littéraires » et « populaires » sont influencés par des

---

[1] J-C. GÉMAR, « Aux sources de la " jurilinguistique " : texte juridique, langues et cultures », *op. cit.*, p. 10.
[2] Cf. P. LERAT, *Les langues spécialisées*, *op. cit.*, p. 40.
[3] B. BARRAUD, *La recherche juridique – Sciences et pensées du droit*, L'Harmattan, coll. Logiques juridiques, 2016, p.158.
[4] Cf. N. CHOMSKY, L-J. CALVET (trad.), *Le Langage et la Pensée*, Payot et Rivages, 1990, 144 p.
[5] Cf. J-B. GRIZE, « Langues naturelles et langages formels », *Revue européenne des sciences sociales*, T. 22, n° 66, 1984, pp. 231-286.

contextes sociaux et culturels, formés (ou déformés) par « les aspects esthétiques » de littérature[1]. Cette pluralité des facteurs d'influence transforme le traitement automatique du langage naturel en l'un des défis les plus fondamentaux de la science informatique, en particulier, l'intelligence artificielle[2].

Afin de renforcer la qualité de ce type d'analyse, il serait impératif de renforcer celle des techniques de l'apprentissage algorithmique et de la modélisation des caractéristiques des langages spécifiques, notamment celui des environnements judiciaires. Dans une formule simple, il peut se qualifier comme « le traitement informatique du langage juridique ».

Une telle tentative peut se réaliser en deux niveaux : le premier est le développement des techniques innovantes du traitement automatisé du langage naturel, capables de comprendre le langage humain ainsi que le renforcement de la capacité et la puissance de calcul des algorithmes. Le second consiste en une mise en conformité manuelle des textes, afin de rapprocher le style de rédaction et d'expression aux exigences grammatiques du langage formel (en particulier informatique). En éliminant les ambiguïtés et les complexités du langage juridique, ce processus vise « un perfectionnisme linguistique » (dans le sens du langage formel). Afin d'atteindre cet objectif, certaines restrictions doivent s'appliquer au « langage habituel des juristes ». Par exemple, l'utilisation de certaines pratiques linguistiques et littéraires étant incompréhensible par la machine doit être interdite ou éliminée. Ainsi, ce nouveau langage peut influencer et impacter la qualité du traitement automatisé du fond des textes judiciaires.

Les sciences du langage et de l'informatique sont deux bras des techniques du traitement automatisé des textes judiciaires. À ce titre, elles jouent un rôle central dans le fonctionnement de la justice augmentée. Son efficacité ne pourrait être garantie que par une interaction parfaite entre ces deux sciences. Le système du traitement du langage naturel, basé sur l'analyse de la sémantique et la syntaxe des phrases semble être peu compatible avec « les éléments extralinguistiques », tels que les signes spécifiques et certaines expressions populaires ainsi qu'un certain nombre de figures de style et de rhétorique.

Du point de vue des impacts qu'ils peuvent imposer au système du traitement automatisé des textes judiciaires, il serait possible de les diviser en deux catégories. La première englobe ceux pouvant échapper à la détection algorithmique. Les exemples de ces figures sont nombreux. On peut compter

---

[1] M. FUSILLO, « L'esthétique de la littérature entre performativité et visualité », In. É. LECLER, S. RAGUENET (sous dir.), *Littérature comparée et Esthétique(s)*, le Magazine des Littératures et des Cultures à l'ère numérique, malice n°3, mai 2012, disponible sur https://cielam.univ-amu.fr/malice/articles/lesthetique-litterature-entre-performativite-visualite (consulté le 29 avril 2021).

[2] Cf. G. BERNARD, J. FEAT, « Langage naturel et intelligence artificielle », *Stratégies théoriques*, Col. Histoire et Théories Linguistiques, vol. 10, n°1, 1988, pp.151-170.

parmi eux (1) les pronoms, (2) les paraphrases, (3) les périphrases, (4) les antiphrases, (5) les métaphores, (6) les litotes, (7) l'euphémisme, (8) l'antiphrase, (9) les signes spécifiques et (10) les expressions complexes, nouvelles ou étrangères. La seconde concerne les figures pouvant être détectées incorrectement, incluant les (1) abréviations et surtout (2) les synonymes et (3) les concepts polysémiques.

Par exemple, dans le langage naturel, on utilise parfois des « en » et « y » afin d'éviter la répétition de certains mots. Pourtant, l'usage de ces figures complexifie, pour la machine, la compréhension des mots qu'on ne voulait pas répéter. Les pronoms peuvent prendre des formes différentes. Par exemple la phrase « Monsieur SMITH est parti chez son médecin. Il avait besoin de lui parler » semble être suffisamment compréhensible pour les humains. Pourtant, il serait difficile pour la machine de comprendre que, dans cette phrase, « il » et « lui » correspondent chacun à quelles personnes (plus précisément, si Monsieur SMITH voulait parler au médecin ou vice-versa). Lord PALMERSTON a précisé, dans l'une de ces lettres au Lord Henry BULWER-LYTTON (ambassadeur de la couronne britannique auprès de la sublime porte et du Washington D.C.) que « la moitié des mauvaises conclusions auxquelles l'humanité parvient à atteindre est réalisée par l'abus de métaphores, ou en prenant une ressemblance générale ou une similitude imaginaire pour une identité réelle » [1].

Un autre élément pouvant perturber l'efficacité de ce système est l'évolution perpétuelle des « vocabulaires populaires et scientifiques » et le changement des « expressions dans la culture populaire », en considérant qu'ils influencent la structure normative du langage juridique. La mise en place de la justice augmentée présenterait ainsi la nécessité d'une mise en conformité linguistique dans les dictionnaires et les encyclopédies juridiques.

Ce point peut être particulièrement délicat lorsqu'une expression utilisée dans le texte est empruntée d'une autre langue. Il est susceptible d'être de plus en plus problématique dans les affaires relevant du droit international, notamment lorsque dans un procès unique, plusieurs textes provenant de systèmes judiciaires différents, font l'objet d'une analyse algorithmique. Par exemple, le terme « juridiction » s'écrit de la même manière en anglais (en ajoutant un « s » entre « i » et « d ») et en français, alors que, dans chacune de ces langues, il a deux définitions complètement différentes. Cela peut faire l'objet d'une erreur de détection par l'intelligence artificielle. Ce propos est aussi valable pour d'autres mots comme « coin » qui s'écrit de la même manière en anglais et français mais a des définitions différentes dans chacune de ces langues.

Le même problème peut se présenter lorsque deux ou plusieurs personnes sont impliquées dans une même affaire et partagent le même nom de famille.

[1] H. BULWER-LYTTON, *The Life of Henry John Temple, Viscount Palmerston,* J. B. Lipppincott, 1871, vol. 2, pp. 261-262.

À titre d'exemple, lorsque deux « Madame SMITH » sont parties dans une affaire, il serait nécessaire de s'assurer que le prénom de chacune est systématiquement indiqué avant son nom de famille, dans l'ensemble des textes faisant l'objet d'une analyse algorithmique. Il comprend notamment les éléments de preuve tels que les communications des justiciables et les rapports des experts comme les médecins judicaires ou les auxiliaires de justice.

En anglais, le même problème peut se manifester avec d'autres mots tels que « right », par exemple lorsque celui-ci est utilisé dans les contextes suivants : « *that's right* », « *the right of due process* », « *a constitutionnal right* », « *going to the right* » et « *the right person* » ainsi que les expressions telles que « *to dispose* ». Celle-ci peut être, par exemple, utilisée dans les formes suivantes pour décrire des choses différentes : « *to disposing serveral choices* » (d'avoir plusieurs choix), « *dispose of this problem* » (se débarrasser de ce problème), « *dispose of this stuff* » (détruire cette chose) ou « *dispose a masure* » (de mettre en place ou établir une mesure).

En éliminant les figures de rhétorique, le langage juridique s'approcherait davantage des « règles linguistiques du langage formel ». Par conséquent, ce processus pourrait renforcer la cohérence pragmatique du langage juridique. C'est ainsi que, sur le plan linguistique, cela peut être qualifié comme « une démarche perfectionniste ».

Aux États-Unis, le recours à la technique du traitement automatisé du langage naturel dans les environnements judiciaires augmentés ne se limiterait pas à l'analyse des jurisprudences et des textes législatifs. Elle peut être également utilisée par les magistrats pour analyser des débats parlementaires, pour mieux interpréter les principes et les concepts constitutionnels.

En droit américain, le cœur du droit ne réside pas dans le texte de la constitution, mais dans le sens originel des concepts juridiques (et l'interprétation de ces derniers par les magistrats). Cela justifie le rôle central des magistrats de la Cour suprême des États-Unis dans la création et l'évolution du droit américain. Il est ainsi exprimé par la fameuse locution latine, la maxime *ratio legis est anima legis* signifiant « la raison d'être de la loi révèle l'esprit de la loi ».

Cela nous amène à considérer que l'origine de ces derniers peut être exploitable à partir des comptes rendus des débats parlementaires au cours du processus d'adoption des lois[1,2]. Plus précisément, l'analyse sémantique de ces textes est susceptible de faciliter l'exploitation de la raison d'être des lois.

---

[1] *Ibidem.*

[2] Cf. M. A. PORTER, P. J. MUCHA, M. E. J. NEWMAN, C. M. WARMBRAND, « A network analysis of committees in the U.S. House of Representatives », *Proceedings of the National Academy of Sciences of the United States of America*, vol. 102, n° 20, 2005, pp. 7057-7062.

Cette idée a été particulièrement développée par le Professeur Lawrence B. SOLUM dans sa théorie de « l'originalisme sémantique »[1] dans laquelle il fait valoir que pour préserver « le sens originel » des concepts juridiques, il convient d'appliquer la sémantique utilisée lors de la création et de la révision de la constitution (et des autres textes législatifs). C'est ainsi qu'au cours de l'histoire, malgré de nombreux changements dans la pratique linguistique populaire, lors des interprétations législatives et jurisprudentielles, le contexte sémantique des énoncés n'a jamais été modifié[2]. Ainsi, nous pouvons estimer que le traitement automatisé de la sémantique des textes législatifs semble être une solution parfaite pour l'exploitation du sens originel des concepts juridiques. Ce propos est de plus en plus valable aux États-Unis. Pourtant, sur le plan technique, cette pratique peut être également appliquée devant les juridictions européennes.

Les mesures susmentionnées peuvent imposer plusieurs restrictions au « langage naturel » et à « la manière d'expression » des acteurs de la justice (notamment en ce qui concerne l'interdiction d'usage de certains mots et expressions). Dès lors, la question pouvant se poser est de savoir si celles-ci pourraient impacter le fond du raisonnement des magistrats ou limiter leur capacité « normale » d'expression. Aucune étude empirique n'étant faite sur ce sujet, il ne serait pas possible d'évaluer le taux d'impact de ces mesures sur le fond du raisonnement judiciaire. Il convient de réaliser une telle étude au sein des départements des sciences linguistiques.

Si nous considérions que le langage naturel est un moyen de communication, particulièrement « humain », on pourrait conclure qu'un langage juridique trop « formalisé » l'est moins. Dans cette hypothèse, le risque de l'émergence d'une limite serait particulièrement mineur, tant que les magistrats peuvent exprimer les mêmes propos, en appliquant les restrictions susmentionnées et en préservant le cadre rhétorique général actuel du langage juridique[3]. Ce risque pourrait progressivement s'éliminer si les magistrats prennent la même sémantique que leurs prédécesseurs et les législateurs.

Ce genre de restrictions linguistiques n'est pas un enjeu exceptionnel ou révolutionnaire. Elles sont déjà présentes dans le langage juridique. L'usage des expressions « la loi dispose » et « le contrat stipule » sont des exemples de cette restriction linguistique et conventuelle du langage juridique. Elles peuvent donc concerner d'autres personnes impliquées dans le procès, notamment les justiciables. Dans ce cas, elles peuvent potentiellement créer

---

[1] Cf. L-B. SOLUM, « Semantic Originalism », *Illinois Public Law Research Paper series n° 07-24*, 22 novembre 2008, 176 p., disponible sur https://papers.ssrn.com/sol3/papers.cfm?abstract_id=1120244# (consulté le 7 mai 2021).

[2] L-B. SOLUM, « The Fixation Thesis: The Role of Historical Fact in Original Meaning », *Notre Dame Law Review*, vol. 91, n° 1, 2015, article 1, 78 p., disponible sur https://scholarship.law.nd.edu/ndlr/vol91/iss1/1/ (consulté le 7 mai 2021).

[3] Cf. R. A. POSNER, « Law and Literature: A Relation Reargued », *Virginia Law Review*, novembre 1986, vol. 72, n° 8, pp. 1375-1391.

des limites à leur capacité « normale » d'expression, devant la justice, lorsqu'ils sont priés de respecter un style linguistique et langagier spécifique, notamment lorsqu'ils ne sont pas assistés par un avocat[1].

Depuis 50 ans, les spécialistes des sciences linguistiques sont convaincus que toutes les langues ont un niveau de complexité linguistique et littéraire équivalent[2,3]. Pourtant, le Professeur Noam CHOMSKY précise que « la forme » de la complexité grammaticale des langues est différente. Celle-ci peut potentiellement impacter la fonction de la détection et du recensement des n-grammes dans le texte. Par conséquent, on peut conclure que la mise en conformité du langage juridique dépend particulièrement des caractéristiques de « la langue » de la juridiction.

Une question méritant d'être l'objet d'une recherche distincte est celle de savoir si le taux d'efficacité des techniques du traitement automatique du langage naturel peut être changé en fonction des particularités de la langue du litige ou de la juridiction. Celle-ci relève particulièrement de la compétence des départements d'informatique et des sciences des langues des universités et des centres de recherche. Afin de pouvoir répondre à cette question, une étude empirique doit être menée, par les départements et des centres de recherche de l'informatique, sur un texte jurisprudentiel identique rédigé en différentes langues. Par exemple, elle peut être appliquée sur les différentes versions linguistiques d'un arrêt de la Cour européenne des droits de l'homme ou de la Cour de justice de l'Union européenne.

Par conséquent, le traitement des textes judiciaires dans les pays et les régions multilingues peut potentiellement aboutir à un affaiblissement d'efficacité de la justice augmentée. Ce risque semble être également présent dans les juridictions bilingues et multilingues.

Dans ces circonstances, les difficultés pouvant se manifester sont multiples et peuvent être différentes en fonction des particularités linguistiques et langagières de chaque pays et système juridique. Les États-Unis, étant un pays (officiellement) monolingue est moins susceptible de se confronter à ce genre de difficultés, alors que les juridictions européennes, étant régulièrement en interactions avec la Cour de justice de l'Union européenne, sont plus particulièrement concernées par ce risque. Ainsi, dans les juridictions françaises et francophones, l'ambiguïté de la féminisation de certains mots en langue française peut être considérée comme une particularité linguistique impactant le traitement automatisé des textes judiciaires.

---

[1] J-C. GÉMAR, « Aux sources de la " jurilinguistique " : texte juridique, langues et cultures », *op. cit.*, p. 11.

[2] L'intervention du Professeur Frederick J. NEWMEYER, Séminaire « Une langue peut-elle être plus complexe qu'une autre ? », 7 mai 2014, Département de linguistique de l'université de Genève, disponible sur https://mediaserver.unige.ch/play/84639 et https://www.unige.ch/lettres/linguistique/seminaire/media/265/Newmeyer%20slides.pdf (Consulté le 8 mai 2021).

[3] *Ibidem.*

À part la Cour européenne des droits de l'homme, la Cour de justice de l'Union européenne et les juridictions des pays francophones, cela englobe, théoriquement, les juridictions des États fédérés des États-Unis ayant reconnu le français comme l'une de leurs langues officielles (en particulier, celles de la Louisiane, du Maine et du Vermont).

Une attention particulière doit être portée sur l'analyse algorithmique des jurisprudences des États ayant plusieurs langues officielles (en particulier, les États européens comme le Luxembourg, la Belgique, Malte et l'Espagne ainsi que certains États fédérés des États-Unis comme la Louisiane, Hawaï, le Maine, le Vermont et le Nouveau-Mexique) ainsi que dans les affaires relevant du droit international. En effet, lors de l'analyse automatisée d'un texte, les algorithmes s'adaptent automatiquement à la structure syntaxique et lexicale du langage naturel. Celle-ci est identique à chaque langue. En conséquence, les mêmes algorithmes ne pourraient pas analyser en même temps un document, contenant des phrases rédigées en langues différentes[1]. Dans ce cas, cette différence linguistique peut se présenter soit dans les preuves (e.g. des communications personnelles des sujets du droit ou des documents médicaux), soit dans les documents judiciaires (e.g. des requêtes et des arrêts).

Un exemple illustratif des environnements judiciaires multilingues est celui de la Belgique. Par exemple, la ville de Bruxelles est dotée de deux ordres distincts de barreau, un pour les avocats francophones et un pour les avocats flamands. Ces deux instances, complètement séparées, sont entre elles en interaction permanente. Le premier chapitre de la Loi belge du 15 juin 1935 concernant l'emploi des langues en matière judiciaire définit des dispositions très diverses sur la langue des juridictions.

Par exemple, « la langue des juridictions civiles et commerciales de première instance, et les tribunaux du travail dont le siège est établi dans les provinces du Hainaut, du Luxembourg, de Namur et dans les arrondissements de Nivelles, Liège, Huy et Verviers, toute la procédure en matière contentieuse est faite en français »[2] (art. 1) alors que celles « dont le siège est établi dans les provinces d'Anvers, de Flandre occidentale, de Flandre orientale, de Limbourg et dans l'arrondissement de Louvain, toute la procédure en matière contentieuse est faite en néerlandais »[3] (art. 2). Ainsi celles « dont le siège est établi dans l'arrondissement d'Eupen, toute la procédure en matière contentieuse est faite en allemand »[4] (art. 3).

---

[1] Le cours en ligne de l'atelier numérique Google, *Les principes fondamentaux du marketing numérique*, module 7, leçon 3, disponible sur https://learndigital.withgoogle.com/ateliersnumeriques/course/digital-marketing (consulté le 28 avril 2021).

[2] Loi du 15 juin 1935 *concernant l'emploi des langues en matière judiciaire du royaume de Belgique*, art. 1.

[3] *Ibidem*, art. 2.

[4] *Ibidem*, art. 3.

Ces juridictions, appliquant les mêmes lois, pourraient recourir à des jurisprudences et à d'autres documents judiciaires établis dans les autres régions. Dans cette hypothèse, il serait absolument nécessaire de s'assurer que les textes reçus par les juridictions sont totalement rédigés en une langue unique et sous un format rédactionnel générique.

La gestion du traitement automatisé massif des textes dans les systèmes judiciaires comme celui de la Belgique ou de la Confédération helvétique est susceptible d'être moins problématique puisque la langue officielle de chaque juridiction est déterminée. Dans ces circonstances, afin d'éliminer le risque d'erreur à cause du multi-langage des textes, les juridictions doivent traduire systématiquement tous les textes, englobant les arrêts et les requêtes, puisque ces derniers fournissent également des données pouvant être utilisées, par l'intelligence artificielle, pour identifier les ressemblances entre les faits et les circonstances des affaires et établir entre eux, une corrélation dans toutes langues officielles du pays.

Nous estimons que les juridictions de ces pays ne sont véritablement pas multilingues. Pourtant, la situation pourrait être différente dans les systèmes fonctionnant en même temps dans les langues différentes. Deux exemples illustratifs de ces systèmes se trouvent dans deux côtés d'atlantique.

Le premier est le Canada[1]. L'article 16 de la Charte canadienne des droits et libertés dispose que « le français et l'anglais sont les langues officielles du Canada ; ils ont un statut et des droits et privilèges égaux quant à leur usage dans les institutions du Parlement et du gouvernement du Canada »[2]. Cependant, cet article ne reconnaît explicitement pas la valeur équivalente des langues française et d'anglaise dans « l'ensemble des juridictions » canadiennes. Par conséquent, elles travaillent en même temps dans ces deux langues. Ainsi, elles produisent systématiquement les documents en deux versions linguistiques.

Cela présente un avantage qui préserve la qualité du système du traitement automatisé des textes, à condition que ces derniers soient totalement « divisés » dans les bases de données judiciaires afin de pouvoir mettre en place des processus du traitement automatisé « séparément » sur les textes rédigés en chacune de ces langues. Le second est la Cour de justice de l'Union européenne, en tant que la seule juridiction multilingue au monde[3]. Ce problème est susceptible d'être moins significatif au sein de cette juridiction

---

[1] Cf. R. PATRY, « Le bilinguisme judiciaire dans les juridictions fédérales », *Les Cahiers de droit*, vol. 24, n° 1, 1983, pp. 69-79, disponible sur https://doi.org/10.7202/042535ar (consulté le 13 août 2021).

[2] L'article 16 de la Charte canadienne des droits et libertés.

[3] Présidence italienne du conseil des ministres, « Cour de justice de l'Union européenne », *Département des Politiques européennes*, disponible sur www.politicheeuropee.gov.it/fr/institutions-europeennes/cadre-institutionnel/cour-de-justice-de-lunion-europeenne/ (consulté le 13 août 2021).

puisqu'elle travaille en même temps dans l'ensemble des langues officielles de l'Union.

Le procès devant cette juridiction peut se dérouler dans « l'une des vingt-quatre langues officielles »[1]. Ainsi, « tous les documents échangés ensuite entre les greffes de la Cour de justice de l'Union européenne et les parties le sont dans la langue de procédure »[2]. En effet, « seul le texte de l'arrêt de la Cour ou du Tribunal en langue de procédure fera foi »[3]. De plus, « le français étant [traditionnellement] la langue des délibérés des juridictions de l'union, certaines pièces ne sont pas disponibles dans d'autres langues »[4]. Par conséquent, la seule difficulté potentielle dans l'application des techniques du traitement du langage naturel peut se présenter lorsque l'analyse des autres documents judiciaires outre les arrêts et les pièces déposées à la Cour par les parties, est nécessaire pour modéliser le contexte des faits et des circonstances des affaires[5].

Les directions de la traduction juridique de la Cour traduisent, en français, l'ensemble des pièces déposées par les parties ainsi que l'avis des avocats généraux. Par conséquent, il convient de réaliser l'analyse algorithmique des documents au sein de cette juridiction uniquement en français.

L'imposition uniforme des restrictions rédactionnelles formelles aux acteurs de la justice dans l'ensemble des États membres peut éviter une hybridation des normes européennes et la création d'un « multijuridisme » dans l'Union européenne. À long terme, ces restrictions peuvent aboutir à une normalisation épistémologique et langagière dans l'ensemble des environnements judiciaires augmentés[6].

Les enjeux relatifs à l'application des techniques du traitement du langage naturel aux textes judiciaires peuvent être différents dans les diverses cultures linguistiques. Le 26 juin 2021, le Conseil parisien de la jeunesse, a abordé ce sujet, lors de sa séance plénière, en indiquant que le traitement automatisé des phrases portant le genre grammatical peut conduire à systématisation d'une sorte de biais sexiste et à l'émergence d'une discrimination indirecte[7].

---

[1] Cour de justice de l'Union européenne, *Régime linguistique*, disponible sur https://curia.europa.eu/jcms/jcms/Jo2_10739/fr/ (consulté le 13 août 2021).

[2] *Ibidem.*

[3] *Ibidem.*

[4] *Ibidem.*

[5] Cf. V. SMITH, « Linguistic Diversity versus Legal Unity in Europe: Getting beyond the Chicken-and-Egg Discussions », *Journal of Comparative Law*, vol. 2, n° 1, 2007, pp. 120-136.

[6] Cf. J-C. GÉMAR, « Aux sources de la " jurilinguistique " : texte juridique, langues et cultures », *op. cit.*, p. 15. ; Cf. A. BILLION, M. GUILLERMIN, « Intelligence artificielle juridique : enjeux épistémiques et éthiques », *Cahiers Droit, Sciences & Technologies*, vol. 8, 2019, pp. 131-147, disponible sur https://doi.org/10.4000/cdst.774 (consulté le 03 mars 2022).

[7] L'ensemble des rapports et des études du Conseil parisien de la jeunesse sur « l'égalité homme-femme » est disponible sur https://www.paris.fr/pages/conseil-parisien-de-la-jeunesse-2336 (consulté le 26 juin 2021).

Un exemple illustratif de ces enjeux est observé, en 2019, en France (et les pays francophones). Le 28 février 2019, l'Académie française a reconnu la féminisation des noms des métiers et des professions (il s'agit, plus précisément, d'une recommandation et non une injonction)[1].

Cette « recommandation » a été particulièrement appréciée par la Cour de cassation[2]. C'est ainsi que, le 5 mars 2019, le premier Président de cette juridiction a demandé à Madame Catherine BROUARD-GALLET de « constituer un groupe de travail en vue d'actualiser, au regard de cette orientation, le recueil des normes de langage suivi par la Cour »[3].

Selon l'Académie française, la féminisation des mots dans le texte juridique, reste particulièrement délicate[4]. Pourtant, à ce jour (en avril 2021), aucune stratégie concrète de féminisation des titres et des noms de métiers dans les juridictions, n'est mise en place. Par conséquent, actuellement, les avocats et les membres des juridictions peuvent employer deux mots différents (plus précisément, un nom avec les genres grammaticaux différenciés), pour décrire un signifiant unique. Dans les juridictions, cela fait une divergence linguistique à la fois entre « les textes rédigés en même temps » et « les jurisprudences rédigées avant et après cette décision de l'Académie ».

Cela peut perturber le fonctionnement de la détection automatique des n-grammes similaires dans les textes, puisque les mots, sous deux genres grammaticaux différents, ne contiennent nécessairement pas les mêmes n-grammes. Par exemple, lorsque le titre « professeur » est employé avant les noms des dames dans un texte, la machine peut potentiellement détecter les n-grammes masculins. Par conséquent, elle ne pourrait plus les comparer si parfaitement à ceux d'un autre texte contenant le titre « professeure ». Dans ces circonstances, deux solutions visant à optimiser le système du traitement du langage naturel, pourraient être envisageables. Ces solutions sont susceptibles d'être efficaces, à condition qu'elles soient parfaitement appliquées dans la rédaction de l'ensemble des textes judiciaires (au moins au niveau de chaque juridiction).

La première est de minimaliser cette divergence en établissant un système d'usage « général, générique et systématique » des titres et des noms de métiers sous la forme « féminisée » ou « non-féminisée ».

---

[1] Académie française, « La féminisation des noms de métiers et de fonctions », 1 mars 2019, p.4, disponible sur https://www.academie-francaise.fr/actualites/la-feminisation-des-noms-de-metiers-et-de-fonctions (consulté le 30 avril 2021).

[2] *Ibidem*, p.18.

[3] Lettre de mission adressée par Monsieur le premier Président de la Cour de cassation, Bertrand LOUVEL à Madame Catherine BROUARD-GALLET, 5 mars 2019, disponible sur https://www.courdecassation.fr/venements_23/relations_institutionnelles_7113/archives_9896/academie_fran_aise_8441/feminisation_noms_metiers_fonctions_9198/adressee_monsieur_41680.html (consulté le 30 avril 2021).

[4] Académie française, « La féminisation des noms de métiers et de fonctions », *op. cit.*, p.15.

La seconde est de créer un programme informatique de la détection de l'harmonisation du genre grammatical de ces mots. Dans cette hypothèse, avant de recourir aux techniques du traitement automatique des langues, les algorithmes peuvent détecter les titres non-féminisés, placés avant les prénoms féminins. Ensuite, le système pourrait les féminiser automatiquement. Dans certains cas, ce type de détection pourrait être réalisé, même sans mentionner le prénom de cette personne, par l'intermédiaire de son nom de famille, à condition de l'existence du nom complet (prénom et nom) de cette personne sur le même texte ou les autres textes existant dans les bases des données du système. La première solution semble être la plus facile et la plus rassurante.

De plus, elle semble être de plus en plus compatible avec l'exigence du contrôle humain, définie par l'article 14 de la proposition du règlement du Parlement européen sur l'intelligence artificielle[1]. Un tel programme informatique n'a jamais été créé. Par conséquent, le taux de son efficacité reste inconnu. C'est ainsi qu'une mise en forme des textes par les hommes est susceptible d'être plus rassurante. Il convient d'envisager une étude empirique, au sein des départements d'informatique des universités, sur l'impact de féminisation des mots, sur l'efficacité du fonctionnement des techniques de la « fouille de textes » et du « traitement du langage naturel ».

Les techniques de la « fouille de textes » et du « traitement du langage naturel » reposent particulièrement sur l'exploitation du sens des phrases, à partir de leur syntaxe et leur structure sémantique et leur comparaison avec des sens similaires, détectés dans les autres textes. Pourtant, l'apprentissage automatique de ces derniers peut être perturbé lorsque plusieurs mots sont utilisés dans le même texte pour décrire « un signifiant unique » ou que plusieurs signifiants peuvent être exploités à partir d'un « mot ou d'une expression unique ». Dans le contexte judiciaire, l'analyse de ces concepts est susceptible d'être particulièrement délicate, notamment en raison de la complexité du langage juridique. À ce sujet, le Professeur Gérard CORNU précise que « la polysémie est une marque essentielle du vocabulaire juridique »[2].

Afin d'éviter « les fausses détections » des signifiés des phrases et des concepts polysémiques dans les textes judiciaires, il serait impératif de recourir à une analyse sémantique renforcée. Ainsi, il est nécessaire de réduire au minimum l'usage des abréviations, des polysémies et des synonymes. Dans une hypothèse où l'élimination de ces derniers n'est pas possible, il

---

[1] Commission européenne, *Proposition de règlement du Parlement européen et du Conseil établissant des règles harmonisées sur l'intelligence artificielle (le règlement sur l'intelligence artificielle) modifiant certains actes législatifs de l'union*, *op. cit.*, art. 14.

[2] G. CORNU, *Linguistique juridique*, In. D. ALLAND, S. RIALS (dir.), *Dictionnaire de la culture juridique*, Lamy-Puf, coll. Quadrige-dicos poche, 2003, p. 954 cité dans B. BARRAUD, « La linguistique juridique. La recherche juridique » (manuscrit de l'auteur), L'Harmattan, 2016, p. 5, disponible sur https://hal-amu.archives-ouvertes.fr/hal-01367747 (consulté le 2 mai 2021).

conviendrait de mettre en place une technique d'étiquetage afin d'optimiser la détectabilité du signifiant des mots.

La première étape pour renforcer le système d'analyse algorithmique des concepts polysémiques, est d'établir une liste précisant l'ensemble des « signifiants » et des « signifiés » de chaque mot. Celle-ci peut être établie et reconnue au niveau de chaque juridiction ou au niveau national. Elle peut être élaborée par les spécialistes de la science jurilinguistique.

Certaines expressions doivent également être comprises dans cette liste. Par exemple, dans les textes relevant du droit international privé, le terme « la loi de police » peut être compris de façon différente par l'intelligence artificielle, notamment lorsque le contexte textuel ne fournit pas les informations suffisantes permettant la détection de son signifié. Ce terme peut être utilisé deux fois dans le même texte pour décrire à la fois « une loi ou une règle interne s'appliquant à une relation internationale » et un cadre législatif régissant les activités de force de l'ordre ». Dès lors, il serait nécessaire d'identifier, séparément et précisément, le signifié de chacun.

Cette liste doit contenir les formes variées des mots qui peuvent perturber le système du traitement du langage naturel. Ainsi, on peut se confronter à des textes dont « deux ou plusieurs signifiants » sont utilisés pour décrire « un signifié unique ». De plus, certains mots n'étant pas synonymes, possèdent un signifiant similaire. À ce titre, ils peuvent être trompeurs dans la détection algorithmique des mots. Par conséquent, ils doivent être inclus dans cette liste. Par exemple, les sens des termes « l'homme », « un homme » et « l'humain » peuvent être parfois difficilement détectables pour l'intelligence artificielle. Un problème similaire peut se présenter lorsque les techniques de « l'apprentissage automatique de la parole » sont impliquées dans le processus de la prise de décision automatisée (notamment lors des procès en ligne).

Par exemple, la machine peut se tromper dans la détection du signifié exact des termes « légalité » et « l'égalité » et ceux de « l'imitation » et « limitation ». Ce problème peut aussi se présenter dans la formulation des phrases. Par exemple, lorsqu'on évoque qu'« il vient de Paris », le système d'apprentissage automatique de la parole comprend bien, en prenant en compte son contexte, qu'il ne s'agit pas de Paris HILTON. Pourtant, certaines expressions du langage commun peuvent être mal comprises par la machine. Par exemple, lorsqu'on utilise la phrase « il n'est pas loin d'Issy, [communément utilisé par décrire la ville d'Issy-les-Moulineaux], le système peut l'interpréter comme « il n'est pas loin d'ici ». Par conséquent, la phrase exprimée oralement doit contenir des éléments suffisants pour la détection du signifié de ce terme.

Il peut aussi arriver, au cours du processus du traitement du langage naturel, que certaines expressions ne soient pas, à cause de leur complexité ou leur ambigüité, « détectables » par le système de l'intelligence artificielle. Dans cette hypothèse, elles ne seront pas correctement prises en compte dans « le recensement automatisé des n-grammes similaires des textes ». Ainsi, cela pourrait conduire à la diminution de la qualité des données de sortie du système. Cependant, dans ce type d'analyse, « les synonymes » et « les mots polysémiques » peuvent poser des problèmes plus importants, puisqu'ils peuvent conduire à la détection « fautive » des signifiés.

Plus précisément, dans ces circonstances, l'intelligence artificielle « détecte correctement des mots et ses n-grammes » mais, « se trompe dans l'identification de leur signifié ». Par conséquent, contrairement à la première catégorie produisant des données de sortie « insuffisantes », la seconde peut conduire à la production de données « fausses ». Dans une analyse algorithmique des textes, les termes « juridique » et « justice »[1] se trouvent également dans la catégorie des mots polysémiques, pouvant être problématiques. Leur signifié se caractérise et se définit souvent par la structure sémantique de la phrase, dans laquelle ils sont employés. Ces mots « partageant le même signifiant » mais « peuvent porter des signifiés divers ».

La détection automatisée de ces mots ne se réaliserait de façon pertinente qu'à condition que la phrase concernée (ou au moins le texte) contienne des éléments suffisants pour identifier correctement leur sens exact (cette tâche particulièrement compliquée peut être simplement remplacée par « la technique de l'étiquetage des mots »).

Par exemple, dans le cas des expressions telles « la norme juridique » « la règle juridique », « le système juridique », « l'ordre juridique », c'est le mot suivant qui définit le signifié du terme « juridique »[2]. Ce propos est ainsi valable pour le terme « code » s'il est utilisé dans les expressions suivantes : « le code civil », « le code informatique » et « le code de déverrouillage d'appareil ».

Dans cet exemple, la machine peut détecter un nombre équivalent de n-grammes, dans les mots « juridique » et « code », alors qu'ils sont utilisés pour décrire des signifiés différents. En effet, au terme du nombre des n-grammes, elle peut détecter plus de ressemblance entre deux textes où les expressions « le code civile » et « le code de déverrouillage d'appareil » sont utilisés avec la même fréquence.

Un autre exemple signifiant de ces mots est « le droit ». Il est probablement parmi les mots les plus plurivoques du monde du « droit ». Son signifié se détermine souvent par les mots qui le précèdent ou le suivent. Par exemple, dans les expressions « plein droit », « le droit à la culture » et « le droit numérique », le signifié du mot « droit » est illustré par un autre mot. Par conséquent, afin de précisément clarifier le signifié de ces mots, une attention particulière doit être portée à la formulation des phrases contenant ces mots.

---

[1] Les exemples des signifiés différents du terme « justice » sont disponibles sur https://sites.google.com/site/culturegjustice/general/notion-polysemique (consulté le 4 mai 2021).

[2] B. BARRAUD, « La linguistique juridique. La recherche juridique » (manuscrit de l'auteur), L'Harmattan, 2016, p. 8, disponible sur https://hal-amu.archives-ouvertes.fr/hal-01367747 (consulté le 2 mai 2021).

C'est particulièrement important pour la détection correcte et le recensement des n-grammes. Ainsi, les problématiques liées à ce type de mots peuvent se présenter sous d'autres formes. Par exemple, en Europe, les expressions « droits fondamentaux » et « droits de l'homme » peuvent être interprétées comme équivalentes. Dans cet exemple, pour clarifier plus les textes, il est possible d'utiliser exclusivement « la première expression » pour décrire les droits protégés par « la charte européenne des droits fondamentaux » et « la seconde » pour « les droits protégés par la Convention européenne des droits de l'homme ».

Même si le signifiant du mot « droit » est correctement détecté par la machine, celle-ci pourrait avoir une difficulté pour distinguer les « droits objectifs » des « droits subjectif ». Ainsi, lorsque, dans le même texte, les expressions « le droit de la protection des données » et « le droit à la protection » sont utilisées à plusieurs reprises, pour éviter une détection erronée des n-grammes, la première expression peut être étiquetée par un code identique (soit un code informatique, soit un signe spécifique ou simplement un numéro). Par exemple, au moment de la rédaction du texte, la première peut être écrite comme « le droit (1) de la protection des données » et la seconde comme « le droit (2) à la protection ».

Grâce à une telle manipulation manuelle ou une simple programmation, la machine serait capable d'identifier plus facilement le signifiant et le signifié de ces expressions. La même pratique peut être aussi utilisée pour les autres catégories de mots pouvant être l'objet d'une confusion de la part de la machine, en particulier, les abréviations. Par exemple, on peut utiliser « CEDH(1) » pour décrire « la Cour » et « CEDH(2) » pour faire référence à la convention. Dans cette hypothèse, un guide contenant des « signes » ou des « numéros » décrivant ces « signifiants » et « signifiés » peut être établi par les juridictions ou les ministères de la justice.

Certains acronymes et abréviations des textes législatifs, des noms des juridictions et des établissements publics et privés peuvent produire le même effet sur le système du traitement du langage naturel. C'est pourquoi il convient de limiter leur usage. Par exemple, dans le contexte du Conseil de l'Europe, « la CEDH » peut être utilisée à la fois pour faire référence à la Cour européenne des droits de l'homme et aussi à la Convention européenne des droits de l'homme.

Afin d'éviter une telle confusion, on peut utiliser ces abréviations sous les formes suivantes : « la Cour EDH » et « la Convention EDH ». Certaines formulations telle que « selon la CEDH », peuvent faire l'objet d'une fausse détection de signifiant, notamment s'il est suivi par une interprétation et non une citation. Par ailleurs, si celle-ci ne peut être remplacée par un nom complet, il serait impératif d'utiliser une syntaxe, strictement précise et claire, afin de préserver son signifiant. Par exemple, il serait possible de procéder à cette pratique en utilisant « la CEDH décide que » et « la CEDH dispose que ». Néanmoins, dans certains cas, même en présence d'une formule syntaxique strictement précise, la machine peut détecter un faux signifié d'un acronyme.

Par exemple, aux États-Unis, l'acronyme de *SHIELD Act* est employé pour décrire à la fois la loi fédérale de *Stopping Harmful Interference in Elections for a Lasting Democracy Act* et la loi fédérée de l'État de New-York intitulée *Stop Hacks and Improve Electronic Data Security Act*. Dans cet exemple, le concept syntaxique ne peut forcément clarifier correctement le signifiant exact de cet acronyme puisque les deux sont des textes législatifs. Il convient donc de systématiquement utiliser le nom complet de la loi ou préciser, entre parenthèses, le numéro du document législatif après chaque citation de ce type d'acronymes.

En conclusion, on peut évoquer qu'il serait nécessaire d'éliminer au maximum le recours aux « synonymes », aux « concepts polysémiques » et aux « acronymes ayant des signifiants divers ». Dans le cas où une manipulation textuelle ne garantirait pas l'efficacité de détectabilité du signifiant de ces concepts, il faudrait recourir à la technique d'étiquetage des notions.

Comme toutes les autres techniques de l'apprentissage auto-supervisé[1], celle de l'apprentissage automatisé du langage naturel repose sur « la catégorisation automatique » des éléments constituant le document à partir d'étiquettes attribuées et détectées par la machine (elles s'opposent contre les techniques de l'apprentissage supervisé dans lesquels les étiquettes sont définies par les hommes)[2]. Le premier processus de cette technique consiste en « la tokenisation des éléments du texte »[3] et « la génération automatisée des étiquettes pour les différentes parties de ces éléments »[4].

La « tokenisation des éléments du texte » consiste en la décomposition d'un texte (ou des phrases) brut, en petits morceaux, de différentes dimensions (notamment les phrases, les mots et les alphabets). Celle-ci fournit la possibilité de la détection, du recensement et de l'analyse des séquences des

---

[1] Cf. Conseil de l'Europe, *la Charte éthique européenne d'utilisation de l'intelligence artificielle dans les systèmes judiciaires et leur environnement*, adoptée lors de la 31e réunion plénière de la CEPEJ, Strasbourg, 3-4 décembre 2018, p. 35.

[2] Institut national de recherche en sciences et technologies du numérique, « Intelligence Artificielle, Les défis actuels et l'action d'Inria », Livre blanc n°1, pp. 31-32, disponible sur https://www.inria.fr/sites/default/files/2019-10/AI_livre-blanc_n01%20(1).pdf (consulté le 10 mai 2021).

[3] M. Fabien, « Traitement Automatique du Langage Naturel en français (TAL / NLP) », *www.stat4decision.com*, novembre 2019, disponible sur https://www.stat4decision.com/fr/traitement-langage-naturel-francais-tal-nlp/ (consulté le 9 mai 2021).

[4] K. Wiggers, « Yann LeCun and Yoshua Bengio: Self-supervised learning is the key to human-level intelligence », *Venturebeat.com*, 2 mai 2020, https://venturebeat.com/2020/05/02/yann-lecun-and-yoshua-bengio-self-supervised-learning-is-the-key-to-human-level-intelligence/?fbclid=IwAR2CyxBWC-54Cl2Ktp87jKKWQYIv3KKU29Uh_QNU3S_KxcV1pH6KUdulg50 (consulté le 2 mai 2020).

mots et des phrases. Dans ce mécanisme, chaque séquence est à la fois identifiée par « un n-gramme » et par « un token (ou un jeton) identique ».

Selon le Professeur Yoshua BENGIO et Monsieur Yann LECUN, « L'apprentissage supervisé » consiste en la création d'un modèle d'intelligence artificielle basé sur un ensemble de données étiquetées. Dans ce cadre, le système d'apprentissage « auto-supervisé » génère automatiquement des étiquettes pour les différentes parties des données en exposant leurs relations[1]. Selon Monsieur LECUN, « la plupart de ce que nous apprenons en tant qu'êtres humains et la plupart de ce que les animaux apprennent sont dans un mode auto-supervisé, pas un mode de renforcement. Il s'agit essentiellement d'observer le monde et d'interagir un peu avec lui, principalement par l'observation d'une manière indépendante du test »[2].

Plus précisément, l'intelligence artificielle détecte, automatiquement, les étiquettes auparavant attribuées aux données à partir de leur contexte sémantique et syntaxique (elles peuvent être appelées « étiquettes morpho-syntaxiques »). Chacune d'entre elles représente un « signifiant ». Pourtant, cette forme de l'apprentissage automatique peut produire des erreurs, lorsqu'il se confronte à l'ambiguïté des mots polysémiques et des synonymes.

Le Professeur Gérard CORNU estime que celle-ci « [...] n'est pas de l'essence de la polysémie, elle en est, pragmatiquement, l'accident »[3]. C'est grâce à la logique sémantique et syntaxique des textes que les algorithmes sont capables de détecter et d'apprendre le signifiant des mots et des phrases. Cependant, si les concepts polysémiques peuvent accidentellement produire une ambiguïté, causant une fausse détection (même de la part des humains), ils peuvent être interprétés comme « une imperfection linguistique ». Toutefois, si on les considère parmi les caractéristiques essentielles ou naturelles de la communication « humaine », un langage juridique perfectionné et adapté au langage formel serait « moins humain » et « plus artificiel ». Cette adaptation peut potentiellement faire une restriction à la façon naturelle de la communication humaine, dans les environnements judiciaires augmentés. Par conséquent, une telle manipulation dans les textes (notamment, l'enlèvement et le remplacement des termes polysémiques) peut conduire à une déshumanisation progressive du langage juridique.

Une solution envisageable pourrait être l'application d'une « intervention supervisée » (à savoir, un étiquetage par l'homme) sur certains mots. Plus précisément, même si l'ensemble des éléments constituant le texte est, automatiquement étiqueté par la machine, les concepts polysémiques, les

---

[1] *Ibidem.*

[2] *Ibidem.*

[3] G. CORNU, « Linguistique juridique », In. D. ALLAND, S. RIALS (dir.), *Dictionnaire de la culture juridique*, Lamy-Puf, coll. Quadrige-dicos poche, 2003, p. 954 cité dans B. BARRAUD, « La linguistique juridique. La recherche juridique » (manuscrit de l'auteur), *L'Harmattan*, 2016, p.5, disponible sur https://hal-amu.archives-ouvertes.fr/hal-01367747 (consulté le 2 mai 2021).

synonymes et les abréviations peuvent être spécifiquement étiquetés « manuellement » par l'homme ou par « un programme spécifique d'étiquetage ». Dans la première hypothèse, les étiquettes attribuées par l'homme peuvent être modélisées par la machine. C'est ainsi qu'elle pourrait créer un programme spécifique de détection et d'étiquetage des mêmes concepts, applicable aux textes similaires.

Cette « nouvelle » forme du traitement automatisé des textes peut être qualifiée comme « hybride »[1], puisqu'elle est semi supervisée. Dans ce système, l'objectif n'est pas de laisser l'homme déterminer manuellement le sens de chaque mot polysémique, mais de définir un programme informatique spécifique pour la machine capable de trouver le sens exact du mot, à partir de son contexte sémantique. Le taux d'efficacité de celui-ci doit être évalué par une étude pratique, au sein des départements d'informatique. L'objectif de cette démarche est de formaliser la structure du texte sans changer la manière naturelle d'expression des auteurs. Cela permettrait de préserver l'aspect humain du langage juridique en appliquant les techniques du traitement automatisé des textes.

---

[1] Cf. M. THIAM, « Annotation sémantique de documents semi-structurés pour la recherche d'Information », *thèse de doctorat en informatique*, soutenue le 9 décembre 2010, Universités de Paris-Sud et de Gaston Berger

Cette [illegible] [illegible] de traitement automatique des textes [illegible] spécifique pour la machine capable [illegible].

Chapitre 2. Le besoin incertain de sanctuarisation de l'aspect humain du procès

Selon Hugo GROTIUS, « il est un établissement humain que rendent possible les pouvoirs de la raison »[1]. C'est ainsi que, dans le monde du droit, l'élaboration d'un raisonnement est considérée comme une capacité particulièrement « humaine ».

La Commission européenne précise qu'aujourd'hui, l'intelligence artificielle est capable de « remplir les fonctions précédemment réservées aux seuls êtres humains »[2]. Le Conseil de l'Europe affirme que sa capacité fonctionnelle, basée « sur des moyens factuels et objectifs »[3] peut même parfois dépasser celle des humains[4]. En théorie, l'intelligence artificielle est censée imiter les raisonnements et les comportements humains. Pourtant, en pratique, on constate qu'une partie de ses capacités est différente de celles des humains. Par exemple, ces derniers ne peuvent jamais effectuer une recherche aussi rapide que la machine sur une grande masse des données. Dans ce cas et les cas similaires, on considère que les capacités dites « normales » des humains ne sont pas augmentées. Toutefois, grâce à l'intelligence artificielle, l'humain en a acquis des « nouvelles ».

Cela suscite une inquiétude liée au degré d'augmentation de son autonomie lorsqu'elle remplit ces fonctions. C'est ainsi que la nécessité de préservation de l'aspect humain dans cette technologie fait partie des exigences fondamentales établies par de nombreux textes officiels des institutions européennes, tels que « les lignes directrices de la Commission européenne en

---

[1] S. GOYARD-FABRE, « Chapitre II - Les théories juspositivistes et leurs prétentions scientistes » In. Simone GOYARD-FABRE (dir.), *Les Fondements de l'ordre juridique*, Presses Universitaires de France, coll. L'Interrogation philosophique, 1992, p. 95.

[2] Commission européenne, *Livre blanc : Intelligence artificielle. Une approche européenne axée sur l'excellence et la confiance*, 19 février 2020, COM (2020), 65 final, p.13.

[3] Conseil de l'Europe, *la Charte éthique européenne d'utilisation de l'intelligence artificielle dans les systèmes judiciaires et leur environnement*, *op. cit.*, p. 58.

[4] *Ibidem*.

matière d'éthique pour une intelligence artificielle digne de confiance »[1], « la communication de la commission européenne sur renforcer la confiance dans l'intelligence artificielle axée sur le facteur humain »[2], « le livre blanc de la commission européenne sur l'intelligence artificielle »[3], les résolutions du Parlement européen « du 12 février 2019 sur une politique industrielle européenne globale sur l'intelligence artificielle et la robotique »[4], et ceux « du 20 octobre 2020 contenant des recommandations à la Commission concernant un cadre pour les aspects éthiques de l'intelligence artificielle, de la robotique et des technologies connexes »[5], « du 20 octobre 2020 sur les droits de propriété intellectuelle pour le développement des technologies liées à l'intelligence artificielle »[6] et « du 6 octobre 2021 sur l'intelligence artificielle en droit pénal et son utilisation par les autorités policières et judiciaires dans les affaires pénales »[7] ainsi que « la Charte éthique européenne d'utilisation de l'intelligence artificielle dans les systèmes judiciaires et leur environnement »[8].

La reconnaissance répétitive de ce principe par des textes non contraignants lui attribue une valeur normative au niveau de l'Union européenne et celui du Conseil de l'Europe. De plus, celui-ci fait partie des exigences globales définies par la première proposition de règlement sur l'intelligence artificielle, présentée par la commission européenne en avril 2021[9]. Cependant, ses caractéristiques spécifiques ne sont pas définies de façon claire par aucun des textes susmentionnés. Ce concept extrêmement vaste peut donc être interprété de façons différentes. Ce propos est aussi valable dans le cas de la notion de « la dignité humaine », estimé, par le Professeur Grégoire LOISEAU, comme « large et englobante symbolisant le respect » [10].

Même cette précision ne facilite pas à déterminer cette notion d'une façon précise puisque le terme « respect », est lui-même, une notion large et subjective. Le Professeur Jean LASSÈGUE l'affirme lorsqu'il précise que « le sens humain est essentiellement plurivoque »[11]. Ainsi, ses caractéristiques doivent être définies d'une manière plus précise par les législateurs et les magistrats. S'agissant « le fonctionnement général » de l'intelligence artificielle, contrairement à l'exigence du « contrôle humain », précisément

---

[1] Pp. 12, 15, 19 et 20.
[2] P.1.
[3] Pp. 3, 8, 11, 12 et 29.
[4] § 124.
[5] Paragraphes 38, 65, 137 et l'art. 12.
[6] § 1.
[7] Point G.
[8] P.12.
[9] Commission européenne, *Proposition du règlement sur l'intelligence*, *op. cit.*, p. 1.
[10] G. LOISEAU, *Droit des personnes*, ellipses, 2020, 2e éd. (mise à jour et augmentée), p. 175.
[11] J. LASSÈGUE, « L'intelligence artificielle, technologie de la vision numérique du monde », *op. cit.*, p. 211.

définie par l'article 14 de la proposition du règlement européen sur l'intelligence artificielle[1] (notamment dans le cas des usages à haut risque de cette technologie)[2] , le concept de « l'intelligence artificielle axée sur l'humain », est susceptible, à cause de sa nature normative, d'être progressivement en évolution dans l'avenir. Cela se réaliserait particulièrement par l'intermédiaire des interprétations de la Cour de justice de l'Union européenne.

La même exigence est observée au sujet des usages à haut risque des systèmes de l'intelligence artificielle, dans le considérant n° 15 des recommandations du 8 avril 2020 du Conseil de l'Europe sur les impacts des systèmes algorithmiques sur les droits de l'homme, 8 avril 2020.

Concernant son « usage spécifique au sein de la justice » (quel que soit son usage en tant qu'un outil d'aide à la décision ou à la prise de décision automatisée), il est important de considérer que ni aux États-Unis ni dans l'Union européenne et ni au Conseil de l'Europe, « le rôle central de l'humain dans la prise de décision judiciaire » n'est explicitement pas reconnu comme une « exigence juridique » ou « une caractéristique sine qua non de la reconnaissance d'une décision de justice ». Par conséquent, les techniques de « la prise d'une décision judiciaire exclusivement automatisée » peuvent être théoriquement mises en place au sein des juridictions européennes et américaines en toute conformité avec les exigences juridiques.

Compte tenu du contexte technique de l'intelligence artificielle, on peut considérer que le fonctionnement normal des algorithmes (même dans le cas des techniques supervisées de l'intelligence artificielle) est, par définition et par nature, « axée sur l'humain » puisque ces derniers se basent sur trois éléments d'origine humaine. Il s'agit des (1) données élaborées à partir des raisonnements et comportements humains ainsi qu'une (2) programmation et (3) une finalité (et un objectif) définie par l'humain.

Au niveau de l'Union européenne, cela peut se confronter à « l'interdiction des décisions fondées exclusivement sur un traitement automatisé » établie par l'article 22 du RGPD. Cependant, en théorie, celle-ci peut être autorisée si elle est reconnue comme « une mission d'intérêt public »[3].

En 2020, la Chambre des représentants du Congrès des États-Unis, en affirmant ce propos, a défini l'intelligence artificielle comme « un système basé sur une machine qui peut atteindre un ensemble des objectifs définis par l'homme » (en anglais : *A machine-based system that can, for a given set of human-defined objectives*)[4]. En 2021, cette définition a été reprise par la

---

[1] Commission européenne, *Proposition du règlement du Parlement européen et du conseil établissant des règles harmonisées sur l'intelligence artificielle (règlement sur l'intelligence artificielle) modifiant certains actes législatifs de l'union*, *op. cit.*, art. 14, p. 51. (v. art. 8).
[2] Cf. *Ibidem*, p. 13.
[3] V. les considérants 156, 158, 159, le paragraphe 1 de l'article 23, les paragraphes 1 (premier alinéa, point d), 4 et 5 de l'article 49 et l'article 89 du RGPD.
[4] H.R.6216 - *National Artificial Intelligence Initiative Act of 2020*, p.5.

Commission européenne dans sa proposition du règlement sur l'intelligence artificielle[1].

Aux États-Unis, l'exigence de préservation du « rôle central de l'humain dans son fonctionnement » a été définie comme « une norme éthique » par l'institut national des normes et de la technologie (une agence du département du commerce des États-Unis chargée en détermination des règles applicables en matière de l'intelligence artificielle). Il a estimé que celle-ci a pour objectif de « s'assurer que les interactions et les valeurs humaines, y compris les capacités, les handicaps, la diversité, sont prises en compte lors de la collection des données, le développement de modèles, le test et le déploiement des systèmes de l'IA »[2]. Par conséquent, il semble que les législateurs européens et américains reconnaissent « l'aspect humain de la finalité de ces systèmes » comme « une caractéristique normale et naturelle » de leur fonctionnement.

Le processus d'augmentation de la capacité du système judiciaire par cette technologie et de la préservation de son facteur humain s'effectue par l'intermédiaire d'un contrôle réciproque entre l'humain et la machine. En outre, malgré la présence des exigences législatives et doctrinales, concernant la nécessité de sauvegarde du facteur humain de « la justice augmentée », l'automatisation totale du système de justice en préservant son aspect humain semble être parfaitement possible et envisageable.

---

[1] Commission européenne, *Proposition du règlement du Parlement européen et du conseil établissant des règles harmonisées sur l'intelligence artificielle (règlement sur l'intelligence artificielle) modifiant certains actes législatifs de l'union, op. cit.*, p. 18 et p.39.

[2] NIST, *U.S. Leadrship in AI :A Plan for Federal Engagement in Developing Technical Standards and Related Tools*, 9 août 2019, p. 19, disponible sur https://www.nist.gov/system/files/documents/2019/08/10/ai_standards_fedengagement_plan_9aug2019.pdf (consulté le 5 juin 2021). ; CF. NIST, *NIST Proposes Method for Evaluating User Trust in Artificial Intelligence Systems*, 19 mai 2021, disponible sur https://www.nist.gov/news-events/news/2021/05/nist-proposes-method-evaluating-user-trust-artificial-intelligence-systems (consulté le 6 juin 2021).

Section 1. Une réciprocité du contrôle entre l'intelligence artificielle et les acteurs de la justice

La réussite de la relation entre la machine et l'homme se traduit par une augmentation réciproque de leurs capacités. Alors que l'intelligence artificielle augmente les capacités des hommes, ceux-ci améliorent la capacité de son fonctionnement, par la création de techniques et de programmes plus développés des algorithmes et de structuration plus pertinente des données. À ce titre, un contrôle algorithmique fournirait la possibilité d'une amélioration des travaux juridiques et judiciaires. De plus, celui de l'homme permettrait de garantir la conformité juridique et technique du bon fonctionnement de l'intelligence artificielle.

L'exigence de l'application d'un « contrôle humain sur l'intelligence artificielle » est plus particulièrement définie par les textes législatifs de l'Union européenne (une telle exigence n'existe ni aux États-Unis ni au niveau du Conseil de l'Europe). Le Parlement européen, a initialement évoqué, dans sa résolution du 16 février 2017 sur les règles de droit civil sur la robotique, que « tout le potentiel d'émancipation que recèle le recours à la robotique est à mettre en regard d'un ensemble de tensions ou de risques et devrait être sérieusement évalué du point de vue de la sécurité, de la santé, et de la sûreté humaine, de la liberté, du respect de la vie privée, de l'intégrité, de la dignité, de l'auto-détermination, de la non-discrimination et de la protection des données à caractère personnel »[1].

Afin de garantir l'efficacité de ce contrôle, il propose la création d'un « code de conduite éthique », destiné aux ingénieurs en robotique. Celui-ci « invite l'ensemble des chercheurs et des concepteurs à agir de façon responsable et avec la conscience absolue de la nécessité de respecter la dignité, la vie privée et la sécurité des personnes »[2].

En janvier 2019, le besoin de mise en place d'un contrôle « humain » sur le processus de prise de décision automatisée a été présenté par une résolution du Parlement européen dans laquelle Madame Mady DELVAUX a évoqué qu'« il est nécessaire d'intégrer des garanties et des possibilités de contrôle et de vérification par l'homme dans les processus décisionnels automatiques et

---

[1] Résolution du Parlement européen du 16 février 2017 *contenant des recommandations à la Commission concernant des règles de droit civil sur la robotique* (2015/2103(INL)), §10.

[2] *Ibidem.* p. 21. ; G. LOISEAU, *Droit des personnes*, *op. cit.*, p. 175.

algorithmiques »[1]. En octobre 2020, ce propos a été repris dans le rapport de Monsieur Ibán GARCÍA DEL BLANCO, précisant que « les décisions prises par, ou fondées sur, l'intelligence artificielle, la robotique et les technologies connexes devraient rester soumises à un examen, un jugement, une intervention et un contrôle humain significatifs »[2].

Ainsi, en juin 2019, le Comité économique et social européen a affirmé, dans un avis sur une communication de la Commission européenne qu'elle « veut s'assurer que l'usage des systèmes d'IA ne puisse en aucun cas saper l'autonomie humaine ou causer des effets adverses »[3]. Ceci démontre qu'en 2019, l'Union européenne avait l'intention de maintenir, quoi qu'il en coûte, le facteur et le contrôle humain sur l'intelligence artificielle « dans toutes les circonstances ».

Depuis 2020, un léger changement dans l'approche de l'Union face à ce sujet est observé. Il est de plus en plus apparent dans « le livre blanc » de la Commission européenne sur l'intelligence artificielle ainsi que « sa proposition de règlement » dans lesquels la nécessité d'application d'une telle surveillance est limitée aux « usages à haut risque des systèmes de l'intelligence artificielle » (il s'agit des usages pouvant porter atteinte aux droits des individus)[4].

En 2020, le Parlement européen a évoqué qu'en matière de prise de décision automatisée, « l'homme doit toujours être responsable en dernier ressort de la prise de décision »[5]. Il précise aussi que « les technologies d'IA à haut risque, telles que celles dotées de capacités d'auto-apprentissage, devraient être conçues de manière à permettre un contrôle humain à tout

---

[1] Résolution du Parlement européen du 12 février 2019 sur *une politique industrielle européenne globale sur l'intelligence artificielle et la robotique*, 2018/2088(INI), 2020/C 449/06, p. 3, point W.

[2] Parlement européen, rapport contenant des recommandations à la Commission concernant *un cadre d'aspects éthiques en matière d'intelligence artificielle, de robotique et de technologies connexes* (2020/2012(INI)), 8 octobre 2020, Rapporteur : Monsieur Ibán GARCÍA DEL BLANCO, p. 45. ; Cf. Résolution du Parlement européen du 20 octobre 2020 contenant des recommandations à la Commission concernant un cadre pour *les aspects éthiques de l'intelligence artificielle, de la robotique et des technologies connexes* (2020/2012(INL)).

[3] Avis du Comité économique et social européen sur la communication de la Commission au Parlement européen, au Conseil, au Comité économique et social européen et au Comité des régions, *Renforcer la confiance dans l'intelligence artificielle axée sur le facteur humain*, COM (2019), 168 final, rapporteur : Madame Franca SALIS-MADINIER, 11 février 2020, p.66, § 4.1.1.

[4] Commission européenne, *Livre blanc sur l'intelligence artificielle, une approche européenne axée sur l'excellence et la confiance, op. cit.*, p. 24 ; Commission européenne, *Proposition du règlement sur l'intelligence artificielle, op. cit.*, art. 14 (§1). et le §2 (con. e) de son annexe n° 4.

[5] Parlement européen, *Intelligence artificielle : l'UE doit garantir une utilisation équitable et sûre pour les consommateurs*, 23 janvier 2020, disponible sur https://www.europarl.europa.eu/news/fr/press-room/20200120IPR70622/intelligence-artificielle-utilisation-equitable-et-sure-pour-les-consommateurs (consulté le 5 février 2020).

moment [...] »[1]. En mettant un accent particulier et limitatif sur la catégorie des « technologies et d'usages à haut risque de ces systèmes », la Commission précise, dans son livre blanc sur l'intelligence artificielle, qu'« une IA digne de confiance, éthique et axée sur le facteur humain n'est possible que si une participation adéquate de l'être humain est garantie lorsqu'il s'agit d'applications à " haut risque " »[2]. De plus, le premier paragraphe de l'article 14 de la proposition du règlement sur l'intelligence artificielle, consacré au « contrôle humain », limite le champ d'application des dispositions de cet article aux « systèmes de l'intelligence artificielle à haut risque »[3,4].

Aux États-Unis, nous observons la même tendance dans une résolution de la chambre des représentants du Congrès (adoptée en février 2019) reconnaissant l'exigence d'application d'un contrôle (humain) sur « l'ensemble des systèmes de prise de décision automatisée »[5]. Elle le qualifie comme « un principe éthique »[6].

Pourtant, il n'existe aucune référence à celui-ci comme « une exigence juridique » dans le projet de loi du Sénat sur l'intelligence artificielle, présenté en mai 2019[7]. Depuis 2019, le Sénat des États-Unis examine la possibilité de la reconnaissance du principe du « contrôle humain », comme une exigence juridique dans le cas de « la reconnaissance faciale »[8]. Par conséquent, on peut conclure que « le facteur humain » et « le contrôle humain » sont des principes « juridiques » très européens. Cependant, le premier n'est pas défini « clairement » et « de même façon » au niveau de l'Union européenne et celui du Conseil de l'Europe. En outre, aucun mécanisme précis d'exercice de ce contrôle n'est pas précisé par les institutions européennes. En effet, chaque pays est censé mettre en place sa propre politique de contrôle.

En 2019, la Commission européenne, a considéré, dans ses premières « lignes directrices » et son « livre blanc » sur l'intelligence artificielle, l'ensemble des « droits fondamentaux », de « l'action humaine » et du « contrôle humain » en tant qu'une « exigence unique »[9], à savoir, le « facteur

---

1 Parlement européen, *Intelligence artificielle: le Parlement ouvre la voie à une première série de règles européennes*, Communiqué de presse, 21 octobre 2021, disponible sur https://www.europarl.europa.eu/news/fr/press-room/20201016IPR89544/intelligence-artificielle-le-pe-ouvre-la-voie-a-une-premiere-serie-de-regles (consulté le 19 mai 2021).

2 Commission européenne, *Livre blanc sur l'intelligence artificielle, une approche européenne axée sur l'excellence et la confiance*, *op. cit.*, p. 24.

3 Commission européenne, *Proposition du règlement sur l'intelligence*, *op. cit.*, art. 14 § 1.

4 Cf. Commission européenne, *Annexe 1 à Proposition du règlement sur l'intelligence*, 21 avril 2021COM (2021), pp. 7-9.

5 H.Res.153 - *Supporting the development of guidelines for ethical development of artificial intelligence*, p.2 et point 15.

6 *Ibidem*.

7 S.1558 - *AI–IA*.

8 S. 847 - *The Commercial Facial Recognition Privacy Act*.

9 Commission européenne, *Lignes directrices en matière d'éthique pour une IA digne de confiance*, *op. cit.*, p. 17. ; Commission européenne, *Livre blanc sur l'intelligence artificielle, une approche européenne axée sur l'excellence et la confiance*, *op. cit.*, p. 11.

humain ». De plus, elle l'associe à ceux du « respect de la dignité humaine » et de « l'autonomie humaine ». En combinant ces concepts, la Commission a présenté une définition obscure et extrêmement vaste de la notion du « facteur humain » de l'intelligence artificielle.

Cette position a été relativement changée dans sa proposition du règlement du 21 avril 2021 dans laquelle elle a défini séparément les deux derniers concepts (les caractéristiques du principe du contrôle humain ont été précisées dans l'article 14 de ce texte. En outre, le premier concept a été plutôt défini dans le sens de « la dignité humaine » et le pouvoir de l'humain dans la détermination des objectifs, de programme et des données d'entrée de l'intelligence artificielle).

Par ailleurs, dans ses recommandations du 8 avril 2020, le Conseil de l'Europe donne une définition très différente de celui de l'Union Européenne. Il évoque que « les États devraient inciter l'innovation technologique dans le respect des droits de l'homme existants »[1]. En mai 2019, le Conseil de l'Europe a recommandé d'interdire « le développement, le déploiement ou l'utilisation de systèmes d'IA qui fonctionnent totalement en dehors de tout contrôle humain »[2]. Dans ce cas, contrairement à l'Union européenne, le Conseil de l'Europe ne limite pas l'exigence du contrôle humain aux usages à haut risque de cette technologie.

Un regard comparatif envers ces « deux approches » nous amène à conclure que ce concept est défini par l'Union européenne comme « l'aspect personnel et individuel d'être humain », alors que le Conseil de l'Europe met plutôt l'accent sur son côté éthique dans le sens « des valeurs ou des droits dits humains ».

Sur le plan terminologique, l'usage de ce terme ne semble pas être approprié. L'expression des « droits de l'homme » étant utilisée et reconnue par les sources primaires du Conseil, en particulier la Convention européenne des droits de l'homme vise une catégorie parfaitement définie et exhaustive des droits, alors que le champ des droits dits « humains » n'est pas du tout clair. De plus, dans cette dernière expression, le terme « humain » peut être défini comme une caractéristique des droits (alors que tous les droits, créés par les hommes sont, par définition, humains ».

Dans le contexte de l'intelligence artificielle, celle-ci est notamment utilisé, par le Comité *ad hoc* du Conseil de l'Europe sur l'intelligence artificielle, dans sa Recommandation du 8 avril 2020[3], sa Résolution du 22 octobre 2020 (n° 2343)[4] ainsi que sa Déclaration du 17 mars 2021 sur les

---

[1] Conseil de l'Europe, *Recommandation CM/Rec(2020)1 du Comité des Ministres aux États membres sur les impacts des systèmes algorithmiques sur les droits de l'homme*, *op. cit.*, con. n° 6.3.

[2] Recommandation du Conseil de l'Europe, *Décoder l'intelligence artificielle : 10 mesures pour protéger les droits de l'homme*, op. cit., p. 24.

[3] A (§10) et B (§5.2).

[4] §8 et §13.

risques de la prise de décision assistée par ordinateur ou reposant sur l'intelligence artificielle dans le domaine du filet de sécurité sociale[1].

Contrairement aux droits de l'homme qui sont des « règles juridiques » strictement définies par les textes législatifs, au fil du temps, « les valeurs humaines », étant particulièrement normatives, peuvent être changées. Par conséquent, l'exigence de « l'intelligence artificielle axée sur les valeurs humaines » dans le sens défini par le Conseil de l'Europe est particulièrement souple.

Le Conseil de l'Europe précise, dans un rapport du 1er octobre 2020 que « l'introduction d'éléments non humains dans la prise de décision au sein du système de justice pénale peut donc présenter des risques particuliers »[2]. Dans le contexte de la justice augmentée, l'usage de l'expression « éléments non humains » peut être mis en question, puisque l'ensemble des données utilisées dans une prise de décision algorithmique, est structuré et fourni par l'humain. En outre, ces dernières sont censées être traitées par un programme défini par l'humain[3]. Par conséquent, les éléments utilisés dans ce processus sont, naturellement, d'origine humaine. Il est à considérer que toutes les données fournies par les hommes ne sont pas nécessairement « humaines ». C'est ainsi que dans certains cas, celles exploitées et structurées par la machine peuvent être potentiellement plus fiables.

Par ailleurs, en adoptant une approche trop restrictive envers les données non-humaines, on court le risque d'ignorer certains éléments non humains, pouvant être utiles dans la prise de décision judiciaire (par l'humain ou la machine). Par exemple, certains éléments liés au contexte social ou économique ou politique peuvent permettre aux magistrats de mieux évaluer les caractéristiques des circonstances des affaires. Dans le contexte européen d'une suspicion générale envers l'intelligence artificielle, Monsieur Yannick MENECEUR prend une position considérablement différente, en estimant que la vraie méfiance doit viser « l'intelligence humaine ». Il précise qu'il est impératif d'« apprendre à faire confiance aux humains avant de faire confiance aux machines, aussi intelligentes soient-elles »[4].

La Commission insiste sur le fait que l'intelligence artificielle doit être « axée sur l'humain » afin de garantir le respect des « valeurs dits humaines » englobant, selon elle, des principes tels que « respect de la dignité humaine,

---

[1] p.2.

[2] Conseil de l'Europe, *Justice par algorithme – le rôle de l'intelligence artificielle dans les systèmes de police et de justice pénale*, rapport de la commission des questions juridiques et des droits de l'homme, rapporteur : M. Boriss CILEVICS, doc. n° 15156, 1er octobre 2020, p. 3.

[3] Commission européenne, *Définition de l'IA principales capacités et disciplines scientifiques*, rapport du groupe d'experts de haut niveau sur l'intelligence artificielle, avril 2019, p. 6.

[4] Y. MENECEUR, « De l'IA partout et de la productivité nulle part ? », *actuia.com*, 4 juin 2021, disponible sur https://www.actuia.com/contribution/yannick-meneceur/de-lia-partout-et-de-la-productivite-nulle-part/?fbclid=IwAR3wc4mZIQvomm3RXBotSUQLpGYX1qxEjOa2hchTTA1X6sKdIODJhVMmdvQ (consulté le 7 juin 2021).

liberté, démocratie, égalité et non-discrimination, état de droit, respect des droits de l'homme »[1]. En outre, le Parlement européen précise, dans sa résolution du 12 février 2019 que « les évolutions dans le domaine de l'intelligence artificielle peuvent et devraient être conçues de façon à préserver la dignité, l'autonomie et l'autodétermination des individus »[2]. Ces évocations nous amènent à nous interroger de nouveau sur la nature humaine du fondement opérationnel des systèmes de l'intelligence artificielle.

Sur le plan technique, il se base sur l'imitation des comportements humains et du raisonnement humain. Si on estime que ces derniers sont originalement fondés sur les principes susmentionnés, une imitation de ces derniers serait forcément compatible avec ces principes (avec ou sans application d'un contrôle humain). Si on estime qu'un contrôle humain sur ces systèmes est nécessaire, c'est par peur que l'intelligence artificielle imite des comportements humains non respectant pas à ces principes.

En février 2020, le comité économique et social européen a estimé que « la commission [européenne] aborde peu l'aspect de prévision, de prévention et d'interdiction de l'usage malveillant de l'IA et de l'apprentissage machine [...] » [3]. Cela met en question la valeur du « rôle de l'humain » et la fiabilité générale vis-à-vis de ce dernier. L'ensemble des sujets des droits européens est déjà censé respecter les principes susmentionnés. Par conséquent, dans l'hypothèse d'un résultat non conforme à ces derniers, il serait nécessaire de s'interroger, tout d'abord, sur la robustesse des systèmes et « la source de la modélisation algorithmique », à savoir les comportements et les raisonnements humains.

Par conséquent, la nécessité de sauvegarde du rôle central de l'homme dans le fonctionnement de l'intelligence artificielle semble être « incertaine » (l'hypothèse d'une fiabilité supérieure d'un contrôle effectué par l'humain par rapport à celui de la machine semble être difficilement défendable, puisqu'elle n'est prouvée par aucune étude scientifique), puisqu'il ne peut garantir le respect aux droits existants. Une telle approche pourrait limiter la possibilité de mise en place d'un contrôle « algorithmique » de conformité du fonctionnement des systèmes de l'intelligence artificielle (même si son efficacité serait estimée supérieure à celle de l'homme). Il semble que le plus grand avantage qu'une approche strictement centrée sur l'humain peut

---

[1] Communication de la commission au parlement européen, au conseil, au comité économique et social européen et au comité des régions, *Renforcer la confiance dans l'intelligence artificielle axée sur le facteur humain*, *op. cit.*, p. 2.

[2] Résolution du Parlement européen du 12 février 2019 *sur une politique industrielle européenne globale sur l'intelligence artificielle et la robotique*, *op. cit.*, con. M.

[3] Avis du comité économique et social européen sur la communication de la Commission au Parlement européen, au Conseil, au Comité économique et social européen et au Comité des régions, *Renforcer la confiance dans l'intelligence artificielle axée sur le facteur humain*, *op. cit.*, p.67, § 4.2.2.

présenter est la facilitation de détermination de la responsabilité humaine en cas de la production des dommages causés par l'intelligence artificielle.

Concernant « le contrôle algorithmique » sur des techniques du « traitement du langage naturel », les recherches menées par Mme Alice MARTIN, sur « la possibilité de la conduite et la correction des algorithmes par les autres », ont prouvé que la création de systèmes fiables du contrôle algorithmiques peut être réalisable dans un avenir proche[1]. Dans l'avenir, une approche aussi restrictive envers « le contrôle humain » pourrait empêcher les individus et les établissements, de profiter de ces technologiques avancées et pertinentes d'autocontrôle.

Une ambiguïté est observée dans la proposition du règlement du 21 avril 2021 et le plan de coordination envisagé par la Commission européenne[2]. Ce texte, dispose que « les règles relatives à l'IA dans le marché européen et celles affectant les individus sur les territoires de l'UE doivent être axées sur l'humain »[3].

Celle-ci concerne « les règles » et non « les systèmes de l'intelligence artificielle ». Cette évocation semble être particulièrement ambigüe, en considérant que les règles législatives et éthiques sont, par définition, axées sur l'humain puisqu'elles sont créées par les hommes en tenant en compte des exigences définies par les instruments de la protection des droits de l'homme. L'obscurité de cette phrase nous amène à conclure qu'elle est inappropriée. Afin de pouvoir s'interroger sur la pertinence de cette évocation, en premier lieu, il convient de la définir clairement et l'utiliser dans des contextes suffisamment précis et encadrés.

Dans l'Union Européenne, l'un des principaux objectifs de mise en place d'un contrôle humain sur l'intelligence artificielle, est de protéger les droits individuels[4]. Dès lors, la question pouvant se poser est pourquoi, contrairement aux États-Unis, la préservation de l'aspect humain est considérée, dans l'Union européenne, comme une nécessité pour la protection de ces droits. On peut dire que les textes législatifs des États-Unis et de l'Union européenne visent, tous les deux, « l'objectif » du « respect des droits individuels » alors que, contrairement au premier, le second fixe également « un moyen » pour l'atteindre, à savoir, une approche dite « axée sur

---

[1] Institut Polytechnique de Paris, « Une nouvelle approche pour créer des algorithmes de génération de langage », 22 juin 2021, disponible sur https://www.polytechnique.edu/fr/content/une-nouvelle-approche-pour-creer-des-algorithmes-de-generation-de-langage (consulté le 23 juin 2021).

[2] Commission européenne, *Une Europe adaptée à l'ère du numérique : La Commission propose de nouvelles règles et actions en faveur de l'excellence et de la confiance dans l'intelligence artificielle*, op. cit.

[3] Commission européenne, *Proposition de règlement du Parlement européen et du Conseil établissant des règles harmonisées sur l'intelligence artificielle (le règlement sur l'intelligence artificielle) modifiant certains actes législatifs de l'union, op. cit.*, p. 1.

[4] *Ibidem*, art. 14§2.

l'humain ». Cette comparaison nous amène à s'interroger sur l'existence réelle d'une telle nécessité.

Son vrai intérêt pour atteindre cet objectif « spécifique », n'est jamais soutenu d'une façon pédagogique fondée sur des éléments scientifiques. À ce titre, il ressemble à l'approche de l'Union européenne et du Conseil de l'Europe[1] face au sujet des biais discriminatoires des algorithmes. Malgré de nombreuses références à cette nécessité dans plusieurs textes officiels de la Commission européenne[2], celle-ci n'a jamais expliqué comment une approche centrée sur humain peut renforcer le respect des droits fondamentaux et pourquoi elle l'estime si strictement nécessaire. En absence d'une explication suffisamment technique sur ce sujet, on peut estimer que celui-ci est plutôt le résultat d'une « approche doctrinale ou personnelle » qu'une « réaction pragmatique, vis-à-vis d'un besoin réel ou une nécessité prouvée ».

Ainsi, la Commission précise, dans sa proposition du règlement, qu'une approche axée sur l'humain permettrait « les gens d'avoir confiance que la technologie est utilisée d'une manière sûre et conforme à la loi, y compris le respect des droits fondamentaux »[3]. Cette évocation nous amène à conclure que la détermination de cette exigence par la Commission, vise plus précisément un aspect particulièrement socio-psychologique plus qu'une nécessité pragmatique.

Aux États-Unis, un contrôle « systématique » par l'humain sur le cycle de l'intelligence artificielle n'est reconnu par aucun texte législatif comme une « exigence juridique ». Ce contrôle est uniquement exigé lorsque cette technologie est utilisée à des fins militaires[4]. Seule l'exigence de la permanence d'une « interaction humaine » avec la machine est reconnue comme un principe éthique fédéral par l'institut national des normes et de la technologie[5].

---

[1] Conseil de l'Europe, *étude sur les dimensions des droits humains dans les techniques de traitement automatisé des données (en particulier les algorithmes) et éventuelles implications réglementaires*, rapport Comité d'experts sur les intermédiaires d'internet (MSI-NET), doc. 06rev6, 2016, disponible sur https://rm.coe.int/etude-sur-les-algorithmes-version-finale/1680770cc2 (consulté le 17 septembre 2021).

[2] Comme « les lignes directrices » et « le livre blanc » de la commission sur l'intelligence artificielle ainsi que sa proposition du règlement du 21 avril 2021 et sa communication du 8 avril 2019, COM (2019).

[3] Commission européenne, *Proposition de règlement du Parlement européen et du Conseil établissant des règles harmonisées sur l'intelligence artificielle (le règlement sur l'intelligence artificielle) modifiant certains actes législatifs de l'union, op. cit.*, p.1.

[4] Sec. 1051(f) de *John S. McCain National Defense Authorization Act for Fiscal Year 2019* (P.L. 115-232), p.1965 disponible sur https://www.congress.gov/115/plaws/publ232/PLAW-115publ232.pdf (consulté le 6 juin 2021)). ; H.R.5515 - *John S. McCain National Defense Authorization Act for Fiscal Year 2019*, disponible sur https://www.congress.gov/115/bills/hr5515/BILLS-115hr5515eh.pdf (consulté le 10 juin 2021).

[5] ; Cf. NIST, *U.S. Leadrship in AI :A Plan for Federal Engagement in Developing Technical Standards and Related Tools, op. cit.*, p. 19.

Concernant l'usage de l'intelligence artificielle au sein de la justice, les paragraphes 8 et 104 de la décision du 13 juillet 2016 de la Cour suprême du Wisconsin, exigent une simple « conformité technique et juridique » du fonctionnement des outils de la justice prédictive, garantissant le respect des droits individuels[1].

De plus, cette décision ne mentionne aucune modalité spécifique du contrôle de conformité des systèmes concernés. Par conséquent, contrairement à l'Union européenne, aux États-Unis, la mise en place d'un système d'autocontrôle par l'intelligence artificielle sur son propre cycle du fonctionnement peut être envisagée. C'est ainsi qu'on peut estimer que « le facteur humain de l'intelligence artificielle » est principalement une préoccupation législative européenne. De façon générale, en matière de la conformité du fonctionnement de l'intelligence artificielle, la jurisprudence de la Cour suprême du Wisconsin (affirmée par la Cour suprême des États-Unis) vise la garantie de « la finalité et le résultat » de la conformité des systèmes (avec ou sans un contrôle) alors que l'Union européenne porte une sensibilité particulière aux « moyens envisageables » pour la garantir.

Les « lignes directrices »[2] et le « livre blanc »[3] de la Commission européenne sur l'intelligence artificielle ainsi que sa communication du 8 avril 2019, intitulée « renforcer la confiance dans l'intelligence artificielle axée sur le facteur humain »[4], définissent le concept du « contrôle humain » en tant qu'une mesure contribuant « à éviter qu'un système d'IA ne mette en péril l'autonomie humaine ou ne provoque d'autres effets néfastes ». La répétition de cette phrase dans ces textes démontre que le concept du « contrôle humain » n'a pas été suffisamment évolué avant la proposition du règlement de la Commission européenne sur l'intelligence artificielle.

À cet égard, elle exige la préservation de « la capacité d'intervention humaine dans chaque cycle de décision du système »[5] et l'adoption d'une approche dite « l'humain intervient dans le processus » (en anglais : *Human-in-the-loop*)[6], à savoir, un système dépendant de l'interaction avec l'humain. Celle-ci permettrait de reconnaître plus facilement, l'origine humaine d'une

---

[1] *State c. Loomis*, 881 N.W.2d 749 (Wis. 2016), ¶ 8 et ¶ 104.

[2] Commission européenne, *Lignes directrices en matière d'éthique pour une IA digne de confiance*, *op. cit.*, P.19

[3] Commission européenne, *Livre blanc sur l'intelligence artificielle, une approche européenne axée sur l'excellence et la confiance*, *op. cit.*, p. 24.

[4] Communication de la Commission au parlement européen, au conseil, au comité économique et social européen et au comité des régions, *Renforcer la confiance dans l'intelligence artificielle axée sur le facteur humain*, *op. cit.*, p. 5.

[5] Commission européenne, *Lignes directrices en matière d'éthique pour une IA digne de confiance*, *op. cit.*, pp. 19-20.

[6] V. Communication de la Commission au Parlement européen, au Conseil, au Comité économique et social européen et au comité des régions, *Renforcer la confiance dans l'intelligence artificielle axée sur le facteur humain*, *op. cit.*, p. 5, note de bas de page n°13.

éventuelle erreur produite dans le cycle du fonctionnement de l'intelligence artificielle.

En Europe, ses caractéristiques et ses modalités d'exercice sont de plus en plus développées par le considérant n° 48 de la proposition du règlement du Parlement européen sur l'intelligence artificielle disposant que « les systèmes d'IA à haut risque devraient être conçus et développés de manière à ce que les personnes physiques puissent superviser leur fonctionnement »[1]. Par conséquent, en excluant (implicitement) l'hypothèse de la reconnaissance de « la responsabilité des entreprises » en matière du contrôle, elle ne reconnaît que la responsabilité des individus[2], puisque selon ce texte, la responsabilité du contrôle est portée, en principe, par plusieurs personnes (créateur, fournisseur, utilisateur, etc.).

La lecture de l'article 14 de la proposition du règlement sur l'intelligence artificielle nous amène à conclure qu'en pratique, la reconnaissance d'une « coresponsabilité » en cette matière semble être de plus en plus envisageable[3]. Ainsi, le considérant n° 48 de ce texte dispose que « les personnes physiques auxquelles la surveillance humaine a été confiée ont les compétences, la formation et l'autorité nécessaires pour s'acquitter de ce rôle »[4]. En considérant que cette proposition a élargi l'exigence du « contrôle humain » à un grand nombre de catégories de personnes, il convient de mettre en place « un système de formation générale et de certification des (futurs) contrôleurs du système de l'intelligence artificielle ».

La création d'un tel métier peut être comparée à celle du statut de « délégué à la protection des données ». Pourtant, contrairement au RGPD définissant explicitement « l'exigence de désignation » d'un délégué à la protection des données (DPO) ainsi que « ses caractéristiques » dans ses articles 37 à 39[5], dans le contexte de la proposition du règlement sur l'intelligence artificielle, chaque utilisateur, concepteur, fournisseur (et autres personnes concernées) est censé exercer systématiquement ce contrôle.

De plus, ce texte ne fixe pas précisément des conditions spécifiques pour son exercice. Cette comparaison ne semble pas être parfaitement correcte « dans le cas spécifique de la justice augmentée » puisque le RGPD a exonéré les juridictions de l'exigence de désignation d'un délégué à la protection des données lorsque le traitement des données relève de « l'exercice de leur fonction juridictionnelle »[6] (les autres établissements juridiques tels que les

---

[1] Commission européenne, *Proposition du règlement du Parlement européen et du conseil établissant des règles harmonisées sur l'intelligence artificielle (règlement sur l'intelligence artificielle) modifiant certains actes législatifs de l'union*, *op. cit.* p. 30, con. 48.
[2] *Ibidem.*
[3] *Ibidem*, art. 14.
[4] *Ibidem*, con. n° 48.
[5] Cf. Art. 33 du règlement (UE) 2016/679 du Parlement européen et du Conseil du 27 avril 2016, *op. cit.*
[6] *Ibidem*, l'alinéa « a » de premier paragraphe de l'article 37.

cabinets d'avocats et des études notariales peuvent rester soumis à cette exigence lorsqu'ils utilisent les outils de l'intelligence artificielle) alors que la proposition du règlement ne prévoit pas précisément une telle dérogation, pour les juridictions, de l'exigence du contrôle humain. C'est ainsi qu'on peut estimer que celui-ci constitue un grand défi pour les acteurs des futurs environnements judiciaires augmentés[1,2].

Les moyens et les modalités de mise en œuvre de ce contrôle ne sont pas définis clairement par les textes législatifs de l'Union. Par conséquent, chaque État membre doit les déterminer en fonction de sa propre politique, volonté et capacité. Afin de mieux gérer la multiplicité des contrôles portés par plusieurs personnes (à savoir, les concepteurs, les fournisseurs, les utilisateurs, etc.) sur le même système, la responsabilité de chacune doit être déterminée de façon précise soit au niveau européen soit au niveau national. Compte tenu de la multiplicité des acteurs, des sujets et des outils de l'intelligence artificielle impliqués dans un environnement judiciaire augmenté, il serait également important de déterminer clairement « la répartition des responsabilités ».

En principe, on peut considérer qu'un contrôle humain doit intervenir à deux niveaux : (1) au cours de la création et (2) et cours du cycle du fonctionnement des systèmes de l'intelligence artificielle[3]. Il comprend notamment un contrôle sur la conformité « juridique et éthique » des outils ainsi qu'un contrôle purement « technique » sur la conformité de leurs fonctionnalités.

Un certain nombre des mécanismes du contrôle de la conformité juridique et éthique dans les catégories spécifiques des systèmes de l'intelligence artificielle sont prévus aux États-Unis et dans l'Union européenne. Il convient de rappeler que, contrairement à l'Union européenne, aux États-Unis, le contrôle ne doit pas être nécessairement humain.

Concernant la justice augmentée, certains contrôles plus particuliers peuvent se porter également sur le fonctionnement des outils. Dans l'Union européenne, le second paragraphe de l'article 14 du règlement du Parlement du 21 avril 2021 dispose que « le contrôle humain vise à prévenir ou à minimiser les risques [liés aux systèmes à haut risque de cette technologie

---

[1] Commission européenne, *Proposition du règlement du Parlement européen et du conseil établissant des règles harmonisées sur l'intelligence artificielle (règlement sur l'intelligence artificielle) modifiant certains actes législatifs de l'union*, *op. cit.*, p. 1, p. 4, p. 7, p. 9, p.11, pp. 12-14, p. 26, pp. 29-30, pp. 59-51 et p. 58.

[2] Cf. Parlement européen, *Rapport sur l'intelligence artificielle en droit pénal et son utilisation par les autorités policières et judiciaires dans les affaires pénales* (2020/2016(INI)), rapport de la commission des libertés civiles, de la justice et des affaires intérieures, rapporteur : M. Tudor CIUHODARU, 8 juin 2021, disponible sur https://www.europarl.europa.eu/doceo/document/LIBE-PR-652625_FR.pdf (consulté le 6 juin 2021).

[3] Cf. Commission européenne, *Proposition du règlement du Parlement européen et du conseil établissant des règles harmonisées sur l'intelligence artificielle (règlement sur l'intelligence artificielle) modifiant certains actes législatifs de l'union*, *préc.*, p. 4.

englobant ceux dédiés à la justice augmentée] pour la santé, la sécurité ou les droits fondamentaux ». Par conséquent, on peut considérer que, dans ce contexte, « la conformité juridique » vise spécifiquement la prévention des risques aux trois éléments susmentionnés. Par ailleurs, au niveau du Conseil de l'Europe, aucun mécanisme autonome du contrôle n'est envisagé.

Aux États-Unis, l'institut national des normes et de la technologie (NIST) est chargé de définir les normes éthiques, applicables en matière de l'intelligence artificielle[1]. Cette compétence lui a été attribuée par un ordre exécutif présidentiel intitulé *Executive Order on Maintaining American Leadership in Artificial Intelligence*.

À ce titre, il encourage les créateurs et les utilisateurs de cette technologie à mettre en place des mesures renforçant « la confiance envers l'intelligence artificielle »[2]. Cependant, il n'envisage aucun système particulier de contrôle comme celui envisagé par l'Union européenne. Par conséquent, les modalités d'exercice de ce contrôle ne sont, ni en Europe ni aux États-Unis, fixées d'une façon harmonisée.

Dans l'Union européenne, le considérant n° 40 de la proposition du règlement du 21 avril 2021 estime que « certains systèmes d'IA destinés à l'administration de la justice et aux processus démocratiques devraient être classés comme à haut risque »[3]. Il est aussi affirmé par le paragraphe 2 de l'article 6 de ce texte. On peut ainsi conclure que dans l'hypothèse de la mise en place des juridictions augmentées, le contrôle prévu par l'article 14 ne s'applique pas de façon systématique sur « l'ensemble » des outils utilisés dans les processus judiciaires (plus précisément, ceux qui ne sont pas classés « à haut risque » s'excluent de cette exigence).

Il serait impératif de distinguer précisément les systèmes « à haut risque » dans les environnements judiciaires (le risque des outils peut être évalué à la fois par les créateurs et les utilisateurs) et leur appliquer un contrôle systématique. Comme évoqué auparavant, les États membres de l'Union européenne sont libres de fixer leurs propres mesures de contrôle envisagées par l'article 14 de la proposition du règlement du 21 avril 2021 sur les systèmes à haut risque englobant une partie des outils de legaltech.

---

[1] National Institute of Standards and Technology, « Artificial Intelligence Standards », *Federal Register*, disponible sur https://www.federalregister.gov/documents/2019/05/01/2019-08818/artificial-intelligence-standards (consulté le 4 juin 2021). ; Cf. Stanford Institute for Human-Centered Artificial Intelligence, *The AI index repot, Measuring trends in Artificial Intelligence - 2021*, *op. cit.*, pp. 125-134.

[2] Cf. NIST (Département du Commerce des États-Unis), *Trust and Artificial Intelligence*, Rapporteurs : M. Brian STANTON et M. Theodore JENSEN, mars 2021, doc. n° 8332, pp. 5-6, disponible sur https://nvlpubs.nist.gov/nistpubs/ir/2021/NIST.IR.8332-draft.pdf (consulté le 6 juin 2021).

[3] Con. n° 40 de la *Proposition du règlement sur l'intelligence artificielle, op. cit.* (p. 33) ainsi que les alinéas a, d, e, f et g, de paragraphe 6 et le paragraphe 8 de l'annexe III de ce règlement.

Aux États-Unis, compte tenu de la décision du 13 juillet 2016 de la Cour suprême de Wisconsin[1] , en matière pénale, un tel contrôle peut être exigé, par la juridiction ou une autre instance, s'il est considéré nécessaire pour garantir les droits des individuels. Un contrôle « systématique » n'est pas explicitement exigé ni par la Cour suprême des États-Unis, ni celle du Wisconsin, ni par les textes législatifs. Actuellement, les législatures et les juridictions américaines n'ont aucune position spécifique vis-à-vis de l'usage des systèmes de l'intelligence artificielle comme un outil d'« aide à la décision » ou de « la prise de décision automatisée » dans affaires civiles et administratives.

Il est donc relativement subjectif. En considérant qu'aux États-Unis, l'application générale de ce contrôle en matière de la justice augmentée (lato sensu) n'est « spécifiquement » exigée par aucun texte législatif et jurisprudentiel, il se limite particulièrement aux affaires pénales. Par conséquent, on peut conclure qu'aux États-Unis et en Europe, aucun mécanisme « harmonisé », « centralisé » ou « systématique » du contrôle sur le fonctionnement de la justice augmentée n'est prévu.

Dans le contexte législatif européen, le contrôle humain ne vise pas exclusivement la conformité des caractéristiques des systèmes de l'intelligence artificielle aux règles et aux normes juridiques et éthiques. Il s'applique également pour contrôler et garantir leur robustesse et la qualité de son fonctionnement technique.

Au niveau de l'Union européenne, la proposition du règlement du 21 avril 2021 envisage globalement deux niveaux de contrôle technique[2]. Son article 8 fixe une exigence du contrôle *ex ante* de la mise en conformité « de la part des créateurs et fournisseurs des systèmes », avant la commercialisation de ces derniers dans les marchés européens, alors que les articles 9 et 10 définissent une exigence *ex post* de la gestion des risques ainsi que la surveillance at la suppression des biais discriminatoires au cours du fonctionnement des systèmes[3]. Celui-ci est applicable au cours de toute la période du fonctionnement de ces systèmes. Ce contrôle est, au fur et à mesure, applicable par l'ensemble des sujets du texte.

Les articles 11, 12, 13, 14 et 15 de ce texte, fixent respectivement les obligations de « la documentation technique », de « la journalisation », de « l'obligation d'information à destination des utilisateurs » et de « la robustesse, d'exactitude et de la sécurité des systèmes »[4]. Cette dernière est

---

[1] *State c. Loomis*, 881 N.W.2d 749.

[2] Commission européenne, *Proposition du règlement du Parlement européen et du conseil établissant des règles harmonisées sur l'intelligence artificielle (règlement sur l'intelligence artificielle) modifiant certains actes législatifs de l'union, op. cit.*, p.13. et art. 14 (3).

[3] Cf. *Ibidem*, p.13. con. 48 et n° 71.

[4] Communication de la commission *au* parlement européen, au conseil, au comité économique *et* social européen et au comité des régions, *Renforcer la confiance dans l'intelligence artificielle axée sur le facteur humain, op. cit.*, p.5.

intimement liée (voire associée) au principe du « contrôle humain »[1]. Ainsi, il exige des concepteurs de l'intelligence artificielle, de garantir la possibilité (permanente) d'interrompre le fonctionnement de la machine par les fournisseurs et les utilisateurs, à chaque moment qu'ils souhaitent[2].

Dans ce cadre, les juridictions et les professionnels libéraux de droit sont soumis aux mêmes règles. Aux États-Unis, lorsque l'intelligence artificielle est utilisée comme « un outil d'aide à la décision », un contrôle similaire peut être appliqué afin de garantir la conformité « technique » des systèmes aux « normes Frye »[3]. Ils exigent la mise en place d'un tel contrôle pour garantir la robustesse des systèmes fournissant des éléments de preuves pouvant être pris en compte par la Cour.

Au fil de l'histoire, avec l'augmentation progressive des outils scientifiques (incluant les systèmes informatiques ou mécaniques)[4] dans les procès, « les normes Frye », existant depuis 1923, ont été complétées par « les normes Daubert », élaborées et complétées entre 1993 et 1999 par trois décisions majeures de la Cour suprême des États-Unis[5].

La lecture de ces trois décisions nous amène à conclure que la responsabilité d'application de ce contrôle est confiée aux juridictions. Selon ces normes, les juridictions devraient examiner « (1) si la théorie (scientifique) ou la technique peut être et a été testée ; (2) s'il avait fait l'objet d'une évaluation par les pairs ; (3) si la technique a un taux d'erreur connu ou potentiel et sûrement élevé ; et (4) si la théorie ou la technique scientifique a atteint l'acceptation générale au sein de sa propre communauté scientifique »[6].

En déterminant l'obligation de l'évaluation des systèmes par les pairs (en anglais : *Peer review*), la Cour envisage de confirmer non seulement la qualité et la robustesse des systèmes des techniques mais aussi la pertinence des théories scientifiques.

En principe, ce contrôle doit être prouvé par le rapport d'un expert, désigné par la Cour, rassemblant les opinions des membres de la communauté scientifique à laquelle le système appartient (par conséquent, celui-ci ne doit absolument pas être basé sur la connaissance, les analyses et les expériences

---

[1] Commission européenne, *Proposition du règlement du Parlement européen et du conseil établissant des règles harmonisées sur l'intelligence artificielle (règlement sur l'intelligence artificielle) modifiant certains actes législatifs de l'union, préc.*, pages 7, p. 9, 13, 14, 27, 29, 30 et art. 13 §3 (b), art. 15.

[2] *Ibidem*, art. 14§4(e).

[3] *Frye c. United States*, 293 F. 1013 (D.C. Cir. 1923). ; Cf. *Sean R. ex rel. Debra R. c. BMW of N. Am.*, 26 N.Y.3d 801, 809 (2016) et *People c. Wesley*, 83 N.Y.2d 417, 422 (1994).

[4] Cf. L. GONZALEZ, « The Admissibility of Scientific Evidence: The History and Demise of of Frye v. United States », *University of Miami Law Review*, vol. 48, n° 2, 1993, art. n° 7, pp. 371-397.

[5] *Daubert c. Merrell Dow Pharmaceuticals*, 509 U.S. 579 (1993) ; *General Electric Co. c. Joiner*, 522 U.S. 136 (1997) ; *Kumho Tire Co. c. Carmichael*, 526 U.S. 137 (1999).

[6] Cornelle Law School, *Daubert Standard*, Legal Information Institue, disponible sur https://www.law.cornell.edu/wex/daubert_standard (consulté le 7 juin 2021).

de l'expert)[1]. Ainsi, il doit contenir les informations sur la méthodologie des tests confirmant la fiabilité, la robustesse des systèmes[2], faisant l'objet, eux-mêmes, d'une « évaluation par les pairs »[3,4]. Cette notion peut être interprétée comme une sorte de « contrôle strictement humain ».

À ce jour, on considère que « l'évolution par les pairs » se réalise par les chercheurs compétents. Dès lors, la question pouvant être posée est si une évolution réalisée par la machine peut aussi se trouver dans cette catégorie. Cette question doit être traitée par les législateurs et les juridictions puisque la mise en place d'un tel système automatisé d'évaluation peut être aussi envisageable dans l'avenir.

Il convient de considérer que ces normes, originalement applicables pour les outils fournissant « les éléments de preuve », ne sont pas automatiquement applicables aux outils algorithmiques d'aide à la décision. Son application doit être au fur et à mesure réalisée lorsque la Cour considère que le système correspond aux caractéristiques de celui fournissant des « éléments de preuve »[5], notamment lorsqu'ils sont utilisés pour analyser les comportements des justiciables ainsi que les faits et les circonstances des affaires. De la même manière, on peut conclure que, ces normes ne s'appliquent pas « automatiquement » aux systèmes dédiés au profilage des magistrats, à l'analyse des lois et des jurisprudentielles ainsi qu'à la prédiction, l'élaboration et la modélisation automatisée du raisonnement judiciaire. Ces systèmes, n'étant pas, à ce jour, mis en place dans les juridictions, ne sont soumis à aucun cadre législatif ou jurisprudentiel spécifique.

En matière de cyberdéfense et cybersécurité, en 2021, le gouvernement du Québec a lancé une plateforme permettant aux citoyens à signaler les vulnérabilités des systèmes informatiques des ministères et des organismes du gouvernement. Elle est un outil efficace renforçant la puissance des mesures de la lutte contre ce phénomène[6]. Cette initiative nous amène à réfléchir sur l'idée de possibilité de mise en place d'un tel mécanisme aux États-Unis (niveau fédéral) et dans l'Union européenne, de façon centralisée, pour signaler les vulnérabilités techniques des logiciels de legaltech. Cela peut aboutir à une amélioration collective et progressive de la qualité de ces outils. C'est ainsi que les individus peuvent aider à améliorer le système global de la justice augmentée dans ces territoires.

Même si la création d'une autorité indépendante du contrôle ne fait pas partie des dispositions de la proposition du règlement du 21 avril 2021 de la Commission européenne, elle peut présenter de nombreux avantages,

---

[1] *People c. Oddone*, 22 N.Y .3d 369, 376 (2013).
[2] *People c. LeGrand*, 8 N.Y.3d 449, 458 (2007).
[3] *United-States c. Brown*, 557 F.2d 541, 557 (6th Cir. 1977).
[4] Cf. *United States c. Zeiger*, 350 F. Supp. 685, 689 (D.D.C. 1972).
[5] Cf. *People c. Wesley*, 83 N.Y.2d, 423 n.2 (*1994*).
[6] Centre gouvernemental de cyberdéfense, *signaler une vulnérabilité*, disponible sur https://www.cyber.gouv.qc.ca/vulnerabilite/ - consulté le 1er octobre 2021).

notamment pour la régulation des marchés de l'intelligence artificielle, la certification des outils et la sauvegarde des droits individuels. Ce propos semble être également valable aux États-Unis.

Afin de mieux surveiller le fonctionnement et la commercialisation des systèmes de l'intelligence artificielle aux États-Unis, Monsieur Andrew TUTT propose de créer une agence indépendante composée des experts de la régulation de cette technologie, sur le modèle de l'agence américaine des produits alimentaires et médicamenteux (en anglais : *Food and Drug Administration*)[1]. Elle est responsable du contrôle de la sécurité des marchés des aliments et des médicaments sur le territoire des États-Unis.

En Europe, pour la première fois, en 2017, l'idée de création d'une autorité indépendante, chargée de la robotique et de l'intelligence artificielle a été présentée par Madame Mady DELVAUX[2]. Plus précisément, elle a proposé la création d'une « agence européenne », chargée de « la gestion du système d'immatriculation et du registre »[3] des robots et des systèmes de l'intelligence artificielle. Elle a également recommandé « de fournir l'expertise technique, éthique et réglementaire nécessaire pour soutenir les acteurs publics concernés, tant au niveau de l'Union que des États membres »[4].

La proposition du règlement du 21 avril 2021 envisage un système décentralisé du contrôle humain au niveau de chaque État membre. La responsabilité du contrôle du respect à cette obligation doit être confiée aux autorités nationales indépendantes[5]. Cette mission peut être attribuée aux autorités existantes (comme celles qui sont déjà chargées de la protection des données). Cela peut ainsi aboutir à la création de nouvelles autorités spécialisées. La nature et la structure institutionnelle envisagées pour ces autorités ressemblent à celles chargées de la protection des données[6].

À ce titre, elles possèderaient le pouvoir de sanctionner les individus et les entreprises au cas de manquement aux obligations définies par le futur règlement du Parlement, en particulier celle du contrôle de la conformité. Compte tenu de l'aspect technologique particulier des problématiques juridiques causées par l'intelligence artificielle, la création des chambres spécialisées au sein des juridictions judiciaires et administratives des États membres semble être également une idée pertinente.

---

[1] K. BENYEKHLEF, J. ZHU, « Intelligence artificielle et justice : justice prédictive, conflits de basse intensité et données massives », *op.cit.*, p. 808. ; Cf. A. TUTT, « An FDA for Algorithms », *Administrative Law Review*, vol. 69, n° 1, 2017, pp. 83-123.

[2] Rapport du parlement européen contenant des recommandations à la Commission *concernant des règles de droit civil sur la robotique* (2015/2103(INL)), *op. cit.*, p. 9, pp. 11-12.

[3] *Ibidem*, p. 9.

[4] *Ibidem*, p. 11.

[5] Articles 30 et 59. ; V. articles 31 à 40, les articles 48 et 49 et les annexes n° VI et n° VII de la proposition du règlement du 21 avril 2021, *op. cit.*

[6] V. Les articles 51 à 59 du RGPD.

La Commission prévoit également la création d'un « comité européen de l'intelligence artificielle » chargé de déterminer des règles, des normes, des recommandations applicables en matière des systèmes à haut risque de l'intelligence artificielle (y compris une partie des outils utilisés dans le secteur du droit)[1,2] ainsi que « des codes de conduite facultatifs pour les systèmes d'IA ne présentant pas de risque élevé, ainsi que des " bacs à sable règlementaires " afin de faciliter l'innovation responsable »[3].

Le 8 avril 2020, l'idée de la création d'un organe étatique du contrôle, au niveau des États membres, a été également présentée par le Conseil de l'Europe[4]. Celui-ci précise notamment que ces autorités « devraient par ailleurs coopérer étroitement avec les autorités indépendantes, les organismes de promotion de l'égalité, les institutions nationales des droits de l'homme, les universités, les instances normatives, les opérateurs de services, les développeurs de systèmes algorithmiques et les organisations non gouvernementales concernées de divers horizons, notamment celles chargées de la défense des droits de l'homme »[5].

L'idée de la création d'un « organe du contrôle » ou un « comité d'experts » chargé d'une coordination des « activités liées à la justice augmentée » et à « la détermination des normes spécifiques, relatives à cette dernière dans l'ensemble des États membres de l'Union Européenne (ou ceux du Conseils de l'Europe) semble être également opportune. Dans ces circonstances, l'idée de la création d'une autorité administrative spécifique chargée de la régulation des marchés publics des services judiciaires « augmentés »[6] peut être également étudiée. De plus, Monsieur Lêmy GODEFROY, affirme que la création d'une autorité publique de régulation composée par d'ingénieurs et des juristes, chargée du contrôle et de la certification des outils de legaltech, semble être aussi envisageable, voire nécessaire[7].

---

[1] Articles 56 à 58 de la proposition du règlement du 21 avril 2021, *op. cit.*

[2] Cf. Représentation de la Commission européenne en France, *De nouvelles règles et actions en faveur de l'excellence et de la confiance dans l'intelligence artificielle*, 21 avril 2021, disponible sur https://ec.europa.eu/france/news/20210421/nouvelles_regles_europeennes_intelligence_artificielle_fr (consulté le 8 juin 2021).

[3] *Ibidem.*

[4] Recommandation CM/Rec (2020)1 du Comité des Ministres aux États membres sur *les impacts des systèmes algorithmiques sur les droits de l'homme*, *op. cit.*, p.7.

[5] *Ibidem.*

[6] Cf. H. DELZANGLES, « L'indépendance des autorités administratives indépendantes chargées de réguler des marchés de services publics : éléments de droit comparé et européen » In. *Droit et société*, Lextenso, 2016, vol. 2, n° 93, pp. 297-316.

[7] L-D. GODEFROY, F. LEBARON, J. LÉVY-VEHEL, *Comment le numérique transforme le droit et la justice vers de nouveaux usages et un bouleversement de la prise de décision*, rapport de recherche, Mission de recherche Droit et Justice, 2019, p. 50.

Aux États-Unis, le *Data Protection Agency* (DPA) est déjà compétent pour directement sanctionner les violations des règles fédérales, relatives à la protection de la vie privée lorsqu'elles sont produites par l'intermédiaire des systèmes algorithmiques[1]. Il serait ainsi possible de créer une autorité indépendante sur le même modèle, compétente de recevoir une partie ou toutes les plaintes, relatives à l'intelligence artificielle.

Cette technologie est susceptible d'être considérablement utile pour détecter des erreurs dans l'action humaine et l'amélioration de sa performance. En particulier, les algorithmes peuvent être utilisés pour prévenir ou éliminer les biais discriminatoires d'origine humaine[2].

Dans l'Union européenne, le considérant n° 46 de la proposition du règlement du 21 avril 2021 interdit l'exercice d'un autocontrôle autonome sur le fonctionnement de la machine par elle-même, ou par un autre système de l'intelligence artificielle. Pourtant, un contrôle algorithmique sur les travaux humains reste légalement autorisé, logique et même potentiellement opportun (au cas où les outils utilisés pour mener le contrôle sont considérés comme « à haut risque », leur usage ne sera applicable qu'à condition de l'existence d'un contrôle humain sur ces derniers).

Un tel contrôle peut être appliqué dans tous les secteurs. L'un de ses exemples illustratifs a été présenté dans une résolution du 20 octobre 2020 du Parlement européen dans laquelle il a annoncé son intention de baisser le taux d'accidents, grâce à la mise en place des systèmes intelligents de conduite des véhicules « réduisant les possibilités d'erreurs humaines »[3], en considérant que « l'erreur humaine continue d'être à l'origine de 95 % environ de l'ensemble des accidents de la route dans l'Union »[4]. Ainsi, Monsieur Carlos TAVARES, affirme que « 90% des accidents sur la route sont liés à une erreur humaine »[5].

L'une des mystérieuses parties de l'analyse cognitive du cerveau humain est la question de « la connaissance de base » (en anglais : *Background knowledge*), se formant progressivement par les expériences d'échec[6] et des

---

[1] *Ibidem.*

[2] Conseil de l'Europe, *Prévenir les discriminations résultant de l'utilisation de l'intelligence artificielle*, résolution n° 2343, 22 octobre 2020, disponible sur https://pace.coe.int/fr/files/28807#trace-4 (consulté le 23 mai 2021).

[3] Résolution du Parlement européen du 20 octobre 2020 *contenant des recommandations à la Commission concernant un cadre pour les aspects éthiques de l'intelligence artificielle, de la robotique et des technologies connexes*, 2020/2012 (INL), point Q.

[4] *Ibidem.*

[5] S. OLIVERO, *PSA Peugeot Citroën : la voiture autonome réalise un Paris-Madrid*, TF1, 28 novembre 2015, disponible sur https://www.tf1.fr/tf1/auto-moto/news/psa-peugeot-citroen-voiture-autonome-realise-un-paris-madrid-0536195.html (consulté le 25 mars 2016).

[6] Cf. J-P. HATON, « Les systèmes à bases de connaissances » In. J-F. LE NY (dir.), *Intelligence naturelle, intelligence artificielle*, Symposium de l'Association de Psychologie Scientifique de Langue Française, Rome, 1991, Presses Universitaires de France, coll. Psychologie d'aujourd'hui, 1993, p. 17-42.

corrections. Cela définit la notion de « l'apprentissage » dans le sens humain. Celle-ci constitue l'un des principaux enjeux de création de véhicules autonomes, puisque les modèles d'apprentissage par renforcement, appliqués dans ces systèmes, sont partis de zéro alors que théoriquement, ils ont dû faire des milliers d'erreurs pour s'améliorer et identifier les décisions les plus pertinentes[1]. Selon Monsieur Yann LECUN, « la plupart des humains peuvent apprendre à conduire une voiture en 30 heures parce qu'ils ont intuitivement un modèle physique sur le comportement de la voiture »[2].

Ce processus est considérablement facilité par le système « *Hindsight Experience Replay* »[3] permettant à la machine de commettre des erreurs et les corriger, elle-même. Par cet intermédiaire, elle arrive à modéliser les échecs et les éviter. Par conséquent, en faisant recours à ces modèles, elle peut évoluer son système d'apprentissage, en prédisant d'éventuels échecs pouvant se présenter dans l'avenir[4]. C'est ainsi que l'intelligence artificielle devient capable de former « un apprentissage sur le modèle de celui de l'humain », alors que les systèmes algorithmiques classiques pouvaient simplement imiter l'apprentissage et la reproduction des connaissances déjà créées et programmées par les hommes.

Depuis 2016, les statistiques fournies par les fournisseurs des véhicules autonomes et des institutions affirment que le taux d'accidents de ces dernières est inférieur à celui des voitures classiques[5]. On peut donc conclure que le taux d'erreur humain est globalement estimé inférieur à celui de la machine. L'hypothèse de la réduction d'erreurs dans les activités des acteurs de la justice, grâce à l'intelligence artificielle, peut être parfaitement comparée à cet exemple. Cette comparaison nous amène à réfléchir sur l'existence d'un même décalage entre le taux d'erreurs humaines dans les juridictions

---

[1] K. WIGGERS, « Yann LeCun and Yoshua Bengio: Self-supervised learning is the key to human-level intelligence », *op. cit.*

[2] *Ibidem.*

[3] Cf. M. ANDRYCHOWICZ, F. WOLSKI, A. RAY, J. SCHNEIDER, R. FONG, P. WELINDER, B. MCGREW, J. TOBIN, P. ABBEEL, W. ZAREMBA, « Hindsight Experience Replay », *31st Conference on Neural Information Processing Systems*, 2017, Long Beach, CA, USA, disponible sur https://proceedings.neurips.cc/paper/2017/file/453fadbd8a1a3af50a9df4df899537b5-Paper.pdf (consulté le 19 novembre 2021).

[4] M. ANDRYCHOWICZ, F. WOLSKi, A. RAY, J. SCHNEIDER, R. FONG, P. WELINDER, B. MCGREW, J. TOBIN, P. ABBEEL, W. ZAREMBA, « Hindsight Experience Replay », *31e conférence sur les systèmes de traitement de l'information neuronale*, 2017, Long Beach (CA), disponible sur https://arxiv.org/abs/1707.01495 (consulté le 14 août 2021).

[5] U.S. Department of Transportation, *History of intelligent transportation systems*, mai 2016, rapport n° FHWA-JPO-16-329, p.2, disponible sur https://outrightolds.com/docs/History-Of-IVHS.pdf (consulté le 19 juin 2021). ; L. ELIOT, « Essential Stats For Justifying And Comparing Self-Driving Cars To Humans At The Wheel », *op. cit.* ; Ministère de la transition écologique, *Les véhicules autonomes*, 16 décembre 2020, disponible sur https://www.ecologie.gouv.fr/vehicules-autonomes (consulté le 19 juin 2021).

d'aujourd'hui et celui des machines dans les futurs environnements judiciaires (augmentés).

Cette évaluation semble être particulièrement difficile puisque contrairement au taux des erreurs humaines produisant des accidents des véhicules, celles dans le secteur judiciaire n'est pas facilement évaluable, en considérant qu'elles ne sont pas systématiquement recensées, alors que les statistiques réalisées par les acteurs du secteur de l'assurance fournissent des informations de plus en plus précises, sur les caractéristiques des causes des accidents des véhicules. Une correction des erreurs dans le secteur judiciaire pourrait être plus facilement réalisée si elles étaient systématiquement identifiées, recensées et enregistrées.

Même si l'analyse des textes judiciaires et législatifs et la modélisation du raisonnement des magistrats semblent être beaucoup plus complexes que la conduite automatisée des véhicules, l'importance d'erreurs humaines dans ce secteur ne doit pas être ignorée ou sous-estimée. Le 17 septembre 1981, lors d'un discours célèbre à l'assemblée nationale, Robert BADINTER a évoqué, en affirmant ce propos, que « rien ne peut changer que la justice soit humaine et donc faillible »[1]. Même, dans le contexte de la justice augmentée, en fournissant les données inexactes ou mal restructurées ou une mauvaise programmation, l'homme peut être aussi à l'origine du risque d'affaiblissement de la qualité du processus de la prise de décision automatisée.

La nature humaine se caractérise par ses imperfections. C'est ainsi que lors du processus de la prise de décision, l'humain peut être influencé par des éléments externes. Certains d'entre eux, tels que les aspects émotionnels peuvent permettre aux magistrats de formuler une décision plus juste, notamment en matière pénale[2]. D'autres peuvent imposer des impacts négatifs, résultant d'erreurs. Ainsi, quelle que soit la nature de la décision ou du raisonnement, le juge peut être consciemment ou inconsciemment sous l'emprise de facteurs telles que « la colère » ou « la fatigue décisionnelle »[3].

À ce sujet, Monsieur Benjamin CARDOZO, un des magistrats les plus célèbres de l'histoire des États-Unis, évoque que « si vous écrivez une opinion [judiciaire], et la lisez quelques années plus tard […], vous comprendrez, pour

---

1 R. BADINTER,« L'abolition de la peine de mort », *Grands discours parlementaires*, 17 septembre 1981, disponible sur http://www2.assemblee-nationale.fr/decouvrir-l-assemblee/histoire/grands-discours-parlementaires/robert-badinter-17-septembre-1981 (consulté le 18 mars 2021).

2 P. GAUTIER, « Le droit de la preuve et l'émotion », *Revue juridique de la Sorbonne*, juin 2021, n° 3, p. 180.

3 Cf. G. ERRARD, « Évitez de demander un prêt immobilier vers midi, il risque d'être refusé », *Figaro immobilier*, 11 mai 2021, disponible sur https://immobilier.lefigaro.fr/article/evitez-de-demander-un-pret-immobilier-vers-midi-il-risque-d-etre-refuse_c29647c6-af0b-11eb-b535-d2bb78f85188/?utm_medium=Social&utm_source=Facebook&fbclid=IwAR2Jl5LFBxzHJ-xePrA-shs1WAqvQAZ0kboEGxMixb2LAxrDsbfwnFCV6kc#Echobox=1620726019 (consulté le 11 mai 2021).

la première fois, les limites du pouvoir de la parole, ou, au moins celles de votre parole »[1]. Il ajoute que « parfois, vous saurez que la faute est vraiment la vôtre [...]. Parfois, vous aurez l'impression que la faute en revient aux avocats qui ont bêtement mal interprété une évidence [...] »[2].

Dans certains cas, la faute peut se présenter comme une maladresse d'expression. Par exemple, dans sa décision du 17 juin 2009, la Cour de cassation a utilisé les termes « courrier électronique », « minimessage », « court message » et « SMS » pour décrire ce dernier[3] alors qu'ils ne sont pas vraiment synonymes. En fait, selon le dictionnaire Larousse, le premier signifie « un message s'expédie depuis une adresse électronique »[4]. Par conséquent, l'usage de celui-ci semble être impertinent. Ainsi, les expressions « court message » et « mini message » ne sont pas suffisamment précises et claires puisqu'elles peuvent correspondre également aux autres types de massages envoyés par les autres moyens (même non électroniques).

Cela nous amène à conclure que le recours à ces termes a diminué la qualité rédactionnelle de l'arrêt. Ce genre de maladresse peut bloquer le système algorithmique de détection, d'étiquetage et du recensement des mots similaires. Plus précisément, au cours du processus de reproduction automatisée, le système peut conclure qu'il existe, dans les faits de cette affaire, des « courriels » et des « SMS ». C'est ainsi qu'une telle maladresse linguistique peut conduire à la production d'une erreur de fond par l'intelligence artificielle.

La mise en place d'une réforme linguistique générale visant à perfectionner et harmoniser le langage des magistrats peut réduire le risque de l'émergence d'une telle erreur. Dans cet exemple, si les magistrats utilisent chacun de ces termes employés dans l'arrêt du 17 juin 2009 de la Cour de cassation dans 4 arrêts différents, le système de l'intelligence artificielle court le risque de ne pas identifier un lien entre les faits décrits dans ces 4 décisions. Par conséquent, il est préférable que l'ensemble des magistrats, en éliminant les synonymes dans les textes utilisent les termes génériques.

L'intelligence artificielle peut être utilisée pour déterminer ces facteurs et de détecter les signaux faibles de l'émergence des erreurs et leurs impacts sur la décision des juges[5]. Plus précisément, elle peut être considérée comme un outil de prévention des « erreurs judiciaires » en comparant l'approche des

---

[1] B. CARDOZO, « Law and literature », *Yale Law Journal*, vol. 48, 1938-1939, p. 492.

[2] *Ibidem.*

[3] C. Cass. 1ère civ., 17 juin 2009, n° 07-21.796.

[4] Larousse, *Le courrier électronique*, disponible sur https://www.larousse.fr/encyclopedie/divers/courrier_électronique/37975 (consulté le 18 octobre 2021).

[5] Cf. C. DE BONVILLE, O. GREVIN, « "Signaux faibles" : de la valorisation des données publiques à l'automatisation des procédures collectives », *Revue internationale de droit des données et du numérique*, vol. 6, 2020 p. 117.

magistrats avec celles prises dans le passé sur des affaires similaires[1]. Un tel contrôle peut être appliqué de différentes façons sur la conduite du procès au sein des juridictions et sur la qualité des travaux des avocats.

Comme évoqué auparavant, au niveau de la magistrature, aux États-Unis, les techniques de la justice prédictive ont révélé l'existence de biais humains dans les jurisprudences et les fichiers de la police. Selon les Professeurs G'SELL et ABITEBOUL, « les données humaines nécessaires pour faire travailler des algorithmes d'apprentissage sont, par nature, contradictoires, biaisées, imprécises, incomplètes »[2]. À ce titre, l'intelligence artificielle peut permettre aux magistrats d'éliminer les biais (discriminatoires) humains et mieux garantir l'impartialité des juridictions[3].

Cette technologie est également susceptible de présenter le même intérêt dans le contexte non judiciaire. Un exemple illustratif de cette utilité a été observé en 2014 quand la société Amazon a mis en place un système du traitement automatisé des candidatures et du recrutement. Dès l'année suivante de son lancement, il était révélé que celui-ci appliquait une discrimination contre les femmes, notamment dans le cas des candidatures à des postes techniques tel que celui du développeur de logiciel. Il convient de noter qu'aux États-Unis, dans le contexte du droit du travail, la discrimination en matière d'emploi et d'embauche fondée sur la race, la couleur, la religion, le sexe et l'origine nationale est interdite par le titre VII du *Civil Rights Act de 1964*[4]. Cependant, ce n'était pas le résultat d'une erreur du système d'analyse algorithmique des dossiers mais celle de la modélisation des critères habituels de recrutement de la société. Il s'agit des biais ne faisant pas partie des politiques de recrutement de la société mais existant dans sa structure. Enfin, la machine a été considérée, par les presses comme une source de discrimination[5]. Un regard plus profond sur le contexte du sujet nous amène à conclure que cette machine a révélé les biais discriminatoires existant avant

---

[1] Cf. D. WALTON, « Evaluating Expert Opinion Evidence, A Dialogue System for Evaluating Explanations, Inference to the Best Explanation » In. D. WALTON (dir.), *Argument Evaluation and Evidence*, éd. 1, 2016, pp. 117-144.

[2] S. ABITEBOUL, F. G'SELL, « Les algorithmes pourraient-ils remplacer les juges ? », *op. cit.*, p. 12.

[3] Cf. Conseil de l'Europe, *la Charte éthique européenne d'utilisation de l'intelligence artificielle dans les systèmes judiciaires et leur environnement*, *op. cit.*, pp. 41-42.

[4] Cf. M. S. HORIKAWA, « Digitalized Discrimination: COVID-19 and the Impact of Bias in Artificial Intelligence », *Robotics, Artificial Intelligence & Law*, mai–juin 2021, vol. 4, n° 3, pp. 223-225.

[5] Les Echos, « Quand le logiciel de recrutement d'Amazon discrimine les femmes », *Les Echos*, 13 octobre 2018, disponible sur https://www.lesechos.fr/industrie-services/conso-distribution/quand-le-logiciel-de-recrutement-damazon-discrimine-les-femmes-141753 (consulté le 5 août 2021).

la mise en place de ce système[1]. Celui-ci a permis aux directeurs d'Amazon de se rendre compte de leur existence.

Nous pouvons donc conclure que cette technologie, en identifiant et éliminant la discrimination peut réduire le nombre de litiges portant sur ce motif. Plus précisément, l'identification des biais grâce à l'intelligence artificielle dans les secteurs non judiciaires peut indirectement présenter un intérêt pour celui de la justice[2].

En 2020, deux études de l'Université du Queensland (réalisées sous la direction du professeur Dan HUNTER)[3], ont démontré que l'intelligence artificielle peut parfaitement identifier des biais et signaler à un juge le fait que son raisonnement est susceptible d'être détourné, en considérant qu'une personne impartiale peut être ainsi inconsciemment influencée par des idées biaisées[4].

Elles font valoir que, contrairement aux hommes, les machines, grâce à leurs programmes mathématiques, sont idéologiquement neutres (ce propos n'est valable que dans l'hypothèse de la fiabilité et de la neutralité des données d'entrée). La même année, l'efficacité des systèmes algorithmiques dans l'élimination des biais humains dans les décisions judiciaires a été affirmée par une étude des universités de Stanford et de UC Berkeley[5].

Selon, Karl MARX, l'idéologie enferme l'esprit humain dans un mode de pensée « dominé et limité ». C'est ainsi qu'il soutient « la théorie de la critique » en visant à critiquer les structures culturelles et idéologiques existantes[6]. Cela démontre que le fait de critiquer une décision judiciaire par un système de l'intelligence artificielle peut, potentiellement conduire à l'amélioration de sa qualité[7].

---

[1] J. DASTIN, « Amazon scraps secret AI recruiting tool that showed bias against women », *Reuters*, 11 octobre 2018, disponible sur https://www.reuters.com/article/us-amazon-com-jobs-automation-insight-idUSKCN1MK08G (consulté le 5 août 2021).

[2] Cf. M. SOLIGNAC, « "Ubi lex distinguit, distinguere debemus", une Approche Economique de l'Indemnisation des Dommages Corporels », *Aix Marseille School of economics*, document de travail, avril 2014, p. 16.

[3] M. BAGARIC, J. SVILAR, M. BULL, D. HUNTER, N. STOBBS, « The Solution to the Pervasive Bias and Discrimination in the Criminal Justice: Transparent Artificial Intelligence », *American Criminal Law Review*, vol. 59, n° 1 Forthcoming, 2020, disponible sur https://ssrn.com/abstract=3795911 (consulté le 8 juin 2021). ; M. BAGARIC, D. HUNTER, N. STOBBS, « Erasing the Bias Against Using Artificial Intelligence to Predict Future Criminality: Algorithms are Color Blind and Never Tire Future Criminality: Algorithms are Color Blind and Never Tire », *University of Cincinnati Law Review University*, vol. 88, n° 4, mai 2020, art. 3, pp. 1037-1081.

[4] *Ibidem*.

[5] Zh. LIN, J. JONG, Sh. GOEL, J. SKEEM, « The limits of human predictions of recidivism », *Science Advances*, 2020, vol. 6, n° 7, disponible sur https://doi.org/10.1126/sciadv.aaz0652 (consulté le 20 juillet 2021).

[6] P-L ASSOUN, *L'École de Francfort*, Presses Universitaires de France, coll. Que sais-je ?, 2001, p. 64-86.

[7] Cf. B.C. STAHL, *Artificial Intelligence for a Better Future, An Ecosystem Perspective on the Ethics of AI and Emerging Digital Technologies*, Springer, pp. 26-28.

Les résultats de ces études nous amènent à conclure qu'un système de l'intelligence artificielle peut déterminer et modéliser « les signaux faibles » de l'émergence des biais[1] dans des décisions et des raisonnements judiciaires. Ensuite, en cas d'une détection, le système peut le signaler automatiquement aux maîtres des décisions.

Cette caractéristique nous permet de reconnaître un tel système comme un outil d'aide à la décision de legaltech. Dans un environnement judiciaire augmenté, ce système est susceptible de présenter des apports plus importants que les autres outils comme ceux dédiés à la facilitation et à l'accélération de la réalisation de tâches répétitives ou à l'évaluation de chance de réussite dans le procès. En identifiant la source des biais et en les enlevant, l'intelligence artificielle peut offrir la possibilité d'une mise en examen d'un magistrat, au titre d'un manquement à l'obligation d'impartialité.

Au niveau du greffe, un contrôle algorithmique similaire peut être appliqué pour améliorer et optimiser la qualité de certaines tâches. Par exemple, Il est susceptible d'avoir une grande utilité pour vérifier l'exactitude des « informations indiquées dans les requêtes » et l'authenticité des éléments de preuve.

Dans la science des langues et de l'informatique, la théorie de « la vérité-correspondance »[2] soutient que, dans un contexte strictement textuel, la vérité (ou la fausseté) d'une proposition peut être identifiée selon son rapport avec d'autres éléments du texte et son contexte. Cette théorie, inspirée des théories d'Aristote[3] et de Platon[4] sur le concept de « la vérité », a été initialement fondée par Ludwig WITTGENSTEIN[5], Bertrand RUSSELL[6] et George Edward MOORE[7]. Elle a été ensuite développée par Ayn RAND[8].

---

[1] R. SCHWARTZ, L. DOWN, E. TABASSI, « A Proposal for Identifying and Managing Bias in Artificial Intelligence », *Draft NIST Special Publication 1270*, juin 2021, disponible sur https://doi.org/10.6028/NIST.SP.1270-draft (consulté le 28 juillet 2021). ; Cf. K. DIALLO, « Une intelligence artificielle tente de corriger les biais racistes dans la justice », *Le Figaro*, 13 juin 2019, disponible sur https://www.lefigaro.fr/secteur/high-tech/une-intelligence-artificielle-tente-de-corriger-les-biais-racistes-dans-la-justice-20190613 (consulté le 7 octobre 2021).

[2] Cf. J. LECA , « IV. À propos de " la vérité comme correspondance " et de " la conception équivalentiste " de la vérité : le problème de la réalité et de sa connaissance est un problème social et politique » In. J. LECA (dir.), *Pour(quoi) la philosophie politique. Petit traité de science politique*, Presses de Sciences Po, « Académique », 2001, p. 221-258.

[3] Aristote, *les Catégories*, 12b11, 14b14.

[4] Platon, *Cratyle*, 385b2. ; Platon, *Sophiste*, 263b.

[5] L. WITTGENSTEIN, « Tractatus logico-philosophicus », *Gallimard*, 1993, 132 p.

[6] F. SCHANG, « Les attitudes russelliennes », *Cahiers de philosophie de l'université de Caen*, vol. 54, 2017, pp. 149-168.

[7] Stanford Encyclopedia of Philosophy, *The Correspondence Theory of Truth*, 10 mai 2002 (mise à jour, le 28 mai 2015), disponible sur https://plato.stanford.edu/entries/truth-correspondence/ (consulté le 27 juin 2021).

[8] Cf. A. RAND, « La Vertu d'Égoïsme », *Les Belles Lettres*, 1er éd. 2008, 168 p.

En prenant en compte les caractéristiques de cette théorie, on peut conclure que grâce à une analyse sur une masse des données judiciaires et non judiciaires, la machine pourrait permettre aux juridictions de vérifier la réalité des faits décrits par les requérants. Ainsi, cela peut être systématiquement appliqué sur l'ensemble des arrêts et des décisions des juridictions. Un tel contrôle, basé sur les éléments des jurisprudences, ne doit pas conduire le magistrat à suivre, aveuglement, le chemin de leurs prédécesseurs. Cependant, cela pourrait lui permettre de vérifier la cohérence de ses analyses en les comparant avec celles des autres.

Nous pouvons considérer que l'hypothèse de pertinence supérieure des « avis collégiaux » est également justifiée par cette idée. Par ailleurs, les systèmes de l'intelligence artificielle semblent être utiles pour évaluer et vérifier la qualité rédactionnelle des textes judiciaires et appliquer une mise en page formelle de façon automatisée. Ainsi, dans « les juridictions multilingues » telle que la Cour de justice de l'Union européenne, cette technologie peut être utilisée pour vérifier la qualité des traductions faites par les experts humains et procéder, le cas échéant, à leur correction automatisée. Par conséquent, on peut conclure qu'un contrôle algorithmique sur « le fond » et « la forme » des décisions judiciaires permettrait d'améliorer « la justice humaine ».

À ce sujet, Monsieur Andrew J. PECK évoque dans les affaires Da Silva Moore c. Publicis Groupe[1] et Rio Tinto PLC c. Vale S.A.[2], que les techniques de « l'examen assisté par la technologie »[3] (dédiées la classification automatisée des documents)[4] sont une méthode pertinente et efficace (tant sur plan juridique que celui de l'informatique) du contrôle de qualité des documents judiciaires.

En France, à partir de 2008, le système du traitement CASSIOPEE (abrégé pour la chaîne applicative supportant le système d'information opérationnel pour le pénal et les enfants) a été élaboré sur le même modèle. Celui-ci est actuellement utilisé au sein des juridictions pénales (particulièrement celles de 1er instance) pour traiter et classifier un champ très limité des données dans les affaires relatives à des contraventions de 5e classe, des délits et des crimes, reprochés à des personnes (physiques ou morales)[5]. La même année, un

---

[1] *Da Silva Moore c. Publicis Groupe*, 287 F.R.D. 182 (S.D.N.Y. 2012).

[2] *Rio Tinto PLC c. Vale S.A.*, 306 F.R.D. 125 (S.D.N.Y. 2015).

[3] En anglais : *Technology Assisted Review* (TAR).

[4] Cf. M. QUARTARARO, M. POPLAWSKI, A. STRAYER (Dir.), *The Technology Assisted Review (TAR) Guidelines*, disponible sur https://edrm.net/wp-content/uploads/2019/02/TAR-Guidelines-Final.pdf (consulté le 6 août 2021). ; Thomson Reuters, « Myths and facts about technology-assisted review », disponible sur https://legal.thomsonreuters.com/en/insights/articles/myths-and-facts-about-technology-assisted-review (consulté le 6 août 2021).

[5] Cf. Articles 48-1 et R.15-33-66-4 du code de procédure pénale et la délibération de la CNIL n°2009-170 du 26 mars 2009. ; Les informations complémentaires sur le fonctionnement de ce système sont disponibles sur

système similaire sous le nom « MINOS » a été lancé au sein des tribunaux de police et des juridictions de proximité pour le traitement des affaires « contraventionnelles »[1].

Cela nous amène également à s'interroger sur une hypothèse où « le raisonnement humain » est un élément réduisant la qualité de « la justice rendue par la machine ». Par exemple, la contradiction des raisonnements des décisions judiciaires, en « instance » et en « d'appel » sur les faits et les dispositions juridiques identiques peut perturber le fonctionnement des algorithmes, puisque, dans ces circonstances, les algorithmes n'arrivent pas à ressortir les raisonnements les plus pertinents. L'un des facteurs favorisant le succès d'étude de 2016 de Monsieur ALETRAS et celles sur les Cours suprêmes des États-Unis, des Philippines et du Royaume-Uni, est que leurs analyses algorithmiques ont été faites sur les jurisprudences des « mêmes juridictions » portant sur les « mêmes problématiques ».

Parmi les données d'entrée à ces systèmes, il n'existait pas des avis différents sur les faits et les sources législatives et jurisprudentielles lois identiques. Pourtant, la machine peut se confronter à une telle contradiction lorsqu'elle est censée d'élaborer un raisonnement sur une problématique juridique générale pouvant concerner les juridictions de différents niveaux. Afin d'éliminer les contradictions informationnelles dans les bases de données judiciaires, on peut programmer les machines de façon à ce qu'elles prennent en compte uniquement le raisonnement produit dans la plus haute juridiction (ou au moins les privilégier). Si une telle contradiction dans les décisions des juridictions de différents degrés est détectée par la machine.

De nombreuses techniques algorithmiques peuvent permettre aux avocats d'optimiser la qualité des tâches qu'ils réalisent. Grâce à la multiplicité des outils de legaltech, il serait possible d'effectuer plusieurs types de contrôle sur les aspects divers de leurs travaux. Dans cette hypothèse, la machine pourrait avoir une utilité particulière dans la vérification de la pertinence des références et des ressources législatives et jurisprudentielles, utilisées par les avocats et dans l'amélioration de la qualité rédactionnelle des textes de plaidoirie et des requêtes (e.g. le contrôle d'orthographe, la mise en page etc.).

Un contrôle algorithmique sur le « fond » du raisonnement et des arguments des avocats peut être appliqué par l'intelligence artificielle afin de les comparer aux requêtes portant sur les problématiques similaires, auparavant rédigés par les autres avocats. Contrairement au contrôle sur le raisonnement des magistrats, la qualité de celui des avocats ne serait nécessairement pas garantie, puisqu'*a priori*, une décision judiciaire, étant une

---

www.justice.gouv.fr/art_pix/fiche_sources_et_m%E9thodes_Cassiopee_pour_internet.pdf (consulté le 12 août 2021).

[1] Cf. Arrêté du 22 février 2008 *portant création d'un système de gestion informatisé relatif au traitement des affaires de nature contraventionnelle devant le tribunal de police et la juridiction de proximité.*

source principale du droit, est nécessairement fiable, alors que celle d'une requête ou d'un texte de plaidoirie peut être diffèrent l'un de l'autre.

Les mêmes défenses portant sur les problématiques identiques pourraient être conduites, en fonction de leur qualité, vers une victoire ou une défaite de leurs rédacteurs dans le procès. Dans ces circonstances, le texte faisant l'objet d'un contrôle court le risque d'être comparé à une requête d'une qualité inférieure.

L'intelligence artificielle peut être également utilisée pour contrôler la pertinence des comportements des avocats vis-à-vis de leurs clients (ainsi, par un recours à l'auto-évaluation et l'auto-vérification des honoraires des avocats) et des juridictions ainsi que leurs stratégies et la gestion financière des cabinets. De plus, certains logiciels peuvent être employés pour évaluer la profitabilité des actions des cabinets d'avocats[1].

[1] Cf. Thomson Reuters, *State of Legal TechnologyUrged on by Clients, Proactive Law Firms See Investment in Legal Technology Offering a Competitive Edge*, 2018, rapport n° S067433/5-18, disponible sur www.elite.com/documents/2018/05/2018-state-legal-technology-report.pdf/ (consulté le 14 juillet 2021).

[illegible] point principal du droit est nécessairement faible, alors que celui d'une recette [illegible] de l'[illegible] peut être différent l'un de l'autre.

Les moyens de défense portant sur les problèmes techniques [illegible] conduits en fonction [illegible] leur code [illegible] dans le [illegible]. Ce [illegible] leur [illegible] d'un contrôle [illegible] risque d'être [illegible] intelligence artificielle.

L'intelligence artificielle peut être également utilisée [illegible] permettre des [illegible] de leurs clients [illegible] l'auto-vérification des [illegible] De plus, [illegible] peuvent être employés pour évaluer la [illegible] des cabinets d'avocats.

Section 2. Vers un passage de la justice augmentée à la justice automatisée

En principe, la legaltech présente deux types d'intérêt aux professionnels du droit. Elle « permettra soit d'améliorer le travail de l'humain, soit de le remplacer »[1]. Le second peut relever du concept d'automatisation.

Selon Monsieur Juan Gustavo CORVALAN, cette catégorie peut être, elle-même, divisée en deux sous-catégories[2]. La première est « l'automatisation avec une intervention humaine réduite »[3]. Le fonctionnement des systèmes relevant de cette catégorie nécessite une interaction limitée avec les hommes, « afin de compléter ou d'ajouter de la valeur à la création d'un document »[4]. La seconde consiste en « l'automatisation totale ». Il s'agit d'un système algorithmique reliant automatiquement « les données » et « les informations » aux « documents ». Dans ce cas, ce dernier est généré sans aucune intervention humaine[5].

Dans ce contexte, messieurs John MORISON et Adam HARKENS reconnaissent trois catégories de juridictions, à savoir les juridictions « augmentées par l'intelligence artificielle et les technologies du numérique », « semi-automatisées » (dans lesquelles, une partie des tâches se réalise automatiquement) et « automatisée » (où l'ensemble des étapes du processus de prise de décision se réalisent sans l'intervention humaine)[6]. Ainsi, il convient de faire une distinction entre un « procès automatisé » (celui qui se déroule sans intervention humaine) et « un processus décisionnel automatisé » (celui-ci peut être mis en place dans les environnements judiciaires augmentés pour réaliser les tâches décisionnelles spécifiques. Par exemple, ce processus peut être utilisé par les magistrats pour prendre une décision sur certaines

---

[1] F. TRASSOUDAINE, J-P. DARDAYROL, « Introduction » In. F. TRASSOUDAINE, J-P. DARDAYROL (sous coord.), *Les métiers du droit au défi du numérique*, *op. cit.*, p.5.

[2] J. CORVALAN, « PROMETEA : Artificial intelligence to transform justice and public organizations », *op. cit.*, p. 92.

[3] *Ibidem.*

[4] *Ibidem.*

[5] *Ibidem.*

[6] J. MORISON, A. HARKENS, « Re-engineerng justice? Robot judges, computerised courts and (semi) automated legal decision-making », *Legal Studies*, décembre 2019, vol. 39, n° 4, pp. 618-635, disponible sur https://doi.org/10.1017/lst.2019.5 (consulté le 15 mai 2021).

circonstances spécifiques de l'affaire ou par les membres du greffe pour évaluer la recevabilité des requêtes).

Le problème pouvant être présenté lors du recours à cette dernière catégorie, est que les taux d'efficacité des systèmes, dédiés à la réalisation des tâches judiciaires « différentes », ne sont pas équivalents. C'est ainsi que Monsieur Yann LECUN précise que « même les apprentissages autodirigés et les apprentissages de la neurobiologie ne suffiront pas pour atteindre une intelligence algorithmique hypothétique ayant la capacité de comprendre ou d'apprendre toutes les tâches. C'est parce que l'intelligence (même l'intelligence humaine) est très spécialisée »[1]. En conséquence, on peut estimer que les outils de cette catégorie ne peuvent pas être utilisés dans le cas de certaines tâches juridiques et judiciaires.

Compte tenu de la différence de nature de ces dernières, on considère que les systèmes de première catégorie permettraient la réalisation de « la justice augmentée ». Celle-ci repose principalement sur un mouvement pouvant être qualifié comme un « transhumanisme »[2], défini par Larousse comme un « courant de pensée qui vise l'amélioration des capacités intellectuelles, physiques et psychiques de l'être humain grâce à l'usage de procédés scientifiques et techniques »[3] (existant depuis l'invention de la roue, le transhumanisme n'est pas un enjeu contemporain). Le processus d'augmentation des capacités des acteurs de la justice grâce aux systèmes de l'intelligence artificielle peut être qualifié comme un « transhumanisme judiciaire »[4]. Celui-ci peut être également considéré comme un courant favorisant la préservation du « rôle central » de l'humain dans le fonctionnement de la justice augmentée, puisqu'il vise à améliorer ses performances pratiques. Cependant, la seconde catégorie peut fournir la possibilité de mise en place d'une « automatisation partielle » du système de la justice. Elle peut être ainsi qualifiée comme un processus de « déshumanisation partielle » de ce dernier[5].

---

[1] K. WIGGERS, « Yann LeCun and Yoshua Bengio: Self-supervised learning is the key to human-level intelligence », *op. cit.*

[2] Cf. M.Ch. PIATTI, « Vers le transhumanisme, mythe (la lune) et réalité (le doigt) ! », In. A. BENSAMOUN (dir.), *Les robots, objets scientifiques, objets de droits*, Mare & Martin, coll. Des Presses Universitaires de Sceaux, 2016, pp. 17-25.

[3] Dictionnaire Larousse, *définition de Trashumanisme,* disponible sur https://www.larousse.fr/dictionnaires/francais/transhumance/79138 (consultéle 15 juillet 2021).

[4] Cf. V. LASSERRE, « Justice prédictive et transhumanisme », *Archives de philosophie du droit*, 2018, vol. 1, T. 60, pp. 311-320. ; Cf. A. KAYUM AHMED, « Delinking the "human" from human rights: artificial intelligence and transhumanism », *OpenGlobalRights*, 10 avril 2019, disponible sur https://www.openglobalrights.org/delinking-the-human-from-human-rights-artificial-intelligence-and-transhumanism/ (consulté le 6 octobre 2021).

[5] Discours de Monsieur Yves MICHAUD, « Humanités pour le post-humain ? » lors de 682ème conférence de l'Université de tous les savoirs, le 15 octobre 2008, disponible sur https://flandrelys.mediatheques.fr/#album&docid=214337 (consulté le 25 octobre 2021).

Si « le transhumanisme » conduit à une mutation du système actuel, « la déshumanisation » changerait son fondement. Par exemple, on peut évoquer qu'actuellement, aux États-Unis et dans l'Union européenne, le métier d'avocat est à la fois « partiellement augmenté » par certains outils de la legaltech et « partiellement déshumanisé » par d'autres (comme les outils de la consultation automatisée et la rédaction automatisée des actes juridiques).

La même situation est également observée en Estonie, dans le cas du métier de magistrat. Comme nous l'avons déjà évoqué, actuellement, dans les juridictions estoniennes, certains types spécifiques de contentieux peuvent se dérouler par la machine de façon en ligne et automatisée, alors que les capacités des magistrats, pour trancher les autres litiges, sont déjà augmentées grâce par les outils algorithmiques d'aide à la décision[1]. Les systèmes algorithmiques d'aide à la décision peuvent, en faisant une comparaison entre une masse des raisonnements juridiques similaires, préciser, concrétiser et optimiser l'élaboration d'un modèle rationnel. À ce titre, ils peuvent permettre aux humains d'améliorer leur raisonnement. Pourtant, ils ne renforcent pas directement sa qualité.

En principe, la réalisation des systèmes semi-augmentés-automatisés de justice semble être techniquement possible dans l'ensemble des juridictions et des cabinets d'avocats européens et américains. Il est à noter qu'une telle augmentation des capacités des juristes peut être réalisée avec n'importe quel degré de la maturité technologique, en considérant qu'un avocat utilisant les moteurs de recherche est aussi théoriquement considéré comme « augmenté ». Cependant, « la déshumanisation » de la justice nécessite « une maturité » et « une capacité technologique particulièrement élevée » pouvant modéliser le raisonnement humain et élaborer des arguments juridiques complexes. Ainsi, les acteurs et les sujets de droit doivent avoir la volonté et la capacité de s'adapter à cette transformation pouvant être « radicale ».

Les processus « d'augmentation des capacités » des acteurs de la justice et « d'automatisation de certaines tâches judiciaires » grâce aux systèmes de l'intelligence artificielle, étant actuellement en cours, peuvent progressivement conduire à une déshumanisation totale ou partielle[2] des professions juridiques, et par conséquent, des systèmes judiciaires.

Certaines capacités professionnelles juridiques et judiciaires des juristes peuvent être augmentées, et d'autres peuvent être automatisées. En conséquence, les processus de « l'augmentation » et de « l'automatisation » produisant des impacts différents, visent chacun des catégories précisément ciblées des capacités et des tâches. C'est ainsi que le recours à chacun de ces

---

[1] Cf. H. Grand, « En Estonie, une intelligence artificielle va rendre des décisions de justice », *op. cit.* ; Cf. T. Kerikmäe, E. Pärn-Lee, « Legal dilemmas of Estonian artificial intelligence strategy: in between of e-society and global race », *op. cit.*, pp. 561–572.

[2] Cf. N. Haslam, « Dehumanization: An Integrative Review », *Personality and Social Psychology Review*, vol. 10, n° 3, août 2006, pp. 252–264, disponible sur https://doi.org/10.1207/s15327957pspr1003_4 (consulté le 25 novembre 2021).

processus peut aboutir à la création d'une génération différente des professionnels du droit. Comme toutes les autres révolutions structurelles, sa mise en place nécessite une adaptation globale et progressive de son environnement.

La révolution de l'intelligence artificielle dans les environnements judiciaires peut globalement conduire à la création de trois nouvelles générations d'acteurs de la justice, à savoir, les juristes augmentés, les juristes-ingénieurs ainsi que les acteurs déshumanisés de justice (un système purement automatisé peut être « déshumanisé » mais être bien au service des intérêts des hommes).

Les juristes utilisant les outils de l'intelligence artificielle et de la blockchain (comprenant les outils les plus basiques comme ceux de la documentation et de la recherche automatisée) pour réaliser leurs travaux, appartiennent à cette génération. D'un point de vue strictement théorique, on peut estimer que l'ensemble des juristes est augmenté tant qu'ils utilisent au moins l'un des moteurs de recherche en ligne (tels que google.com et yahoo.com). Pourtant, un juriste utilisant les outils spécifiques de la legaltech semble être plus digne du titre de « juriste augmenté ».

Comme auparavant évoqué, l'intelligence artificielle reconfigure particulièrement la forme et la nature de la compétition professionnelle dans le marché des professionnels libéraux du droit. En effet, en augmentant les capacités des juristes utilisant cette technologie, ils seront susceptibles de présenter certains services plus rapidement et plus efficacement que les autres même s'ils sont moins compétents.

Dans certains cas, même un simple legalbot, pouvant répondre à certaines questions juridiques, peut attirer, à cause de sa rapidité, plus de clients qu'un avocat très compétent qui n'est pas facilement accessible et prend du temps pour réaliser les mêmes tâches. Par conséquent, les circonstances de cette nouvelle compétition peuvent obliger les juristes dits « classiques » à augmenter progressivement leurs compétences par les outils de l'intelligence artificielle et à s'intégrer dans cette catégorie de juristes.

Les professionnels de première catégorie utilisent des outils de la legaltech conçus par les entreprises, pour optimiser leur performance. L'intégration à cette dernière catégorie ne nécessite pas une connaissance ou une compétence technique particulière. Pourtant, l'émergence d'une autre génération de juristes ayant les capacités plus avancées pourrait être aussi envisageable. Ces derniers, issus de doubles parcours juridico-informatiques, seront capables de manipuler la fonctionnalité des outils afin de les rendre plus appropriés pour répondre à leurs besoins.

Cette adaptation peut se réaliser soit par « la conception des nouveaux outils ou des programmes algorithmiques » soit par « la structuration des nouvelles données fournies en entrée aux systèmes » sans l'intervention des concepteurs et fournisseurs externes des outils (conçus par les autres). Les juristes ayant « la première capacité » peuvent être appelés « les juristes-ingénieurs » et ceux qui ont la seconde sont dignes du titre de « juriste-codeur ». Le titre « avocat-commerçant » (ou « avocat-entrepreneur ») peut être attribué aux membres de cette catégorie. Les membres de cette catégorie sont moins susceptibles de se confronter au risque de dépendance aux acteurs de la legaltech.

Selon Monsieur Louis LARRET CHAHINE et Maître Pierre Xavier CHOMIAC DE SAS, « la profession d'avocat est une sorte d'une activité entrepreneuriale »[1]. Le Maître CHOMIAC DE SAS ajoute que « l'aspect commercial de cette profession est d'autant plus important que certains cabinets proposent des réductions ponctuelles (par exemple, à l'occasion de *Blackfriday*), en faisant valoir que si les activités commerciales sont concernées par la possibilité de proposition d'une telle réduction, celle d'avocat doit être aussi concernée »[2].

Selon le Professeur Rafael AMARO « si la rédaction d'actes ou l'offre de conseils juridiques peuvent être automatisées, elles ne peuvent pas encore l'être totalement. Une partie des tâches des professionnels du droit échappe donc à l'automatisation »[3]. Ce propos nous amène à nous interroger sur la possibilité d'automatisation « partielle » et généralisée des juridictions et des cabinets d'avocats[4]. On pourrait également prévoir la création de cabinets d'avocats présentant « exclusivement les services pouvant être réalisés de façon automatisée ». Il serait également possible d'envisager une automatisation totale des procès au niveau des juridictions du premier degré et un déroulement classique de celui-ci au niveau d'appel.

Cela permettrait de réserver un traitement dit « humain » de l'affaire en réduisant la charge des travaux des juridictions. Par exemple, il semble être techniquement possible de créer un cabinet purement automatisé de « conseil juridique » en mettant en œuvre les techniques du traitement automatisé des textes judiciaires et législatifs associé à un système de chatbot. Dans cette hypothèse, le statut juridique d'un tel cabinet doit être reconnu par la loi. Pour reconnaître celui-ci, deux possibilités peuvent être envisageables : soit la création d'un statut spécifique similaire à celui des cabinets d'avocats soit un statut d'entreprise avec l'autorisation de prestation de services juridiques. Par exemple, aux États-Unis, pour utiliser le titre de « cabinet d'avocat ou de conseil juridique », ses membres doivent être obligatoirement avocats et inscrits aux barreaux.

---

[1] L'intervention du Me Pierre Xavier CHOMIAC DE SAS, « Déontologie, obligations et activités de l'avocat à l'ère numérique », lors de *la journée du numérique* organisée par la Maison des avocats, 10 septembre 2021.

[2] *Ibidem.*

[3] R. AMARO, « L'ubérisation du droit » In. *« L'ubérisation », l'appréhension par le droit d'un phénomène numérique : l'économie collaborative*, colloque tenu le 2 déc. 2016 à l'Université Descartes, Dalloz IP/IT, 2017, n0 3, p. 162.

[4] Cf. J-P. BUYLE, A. VAN DEN BRANDEN, « La robotisation de la justice » In. H. JACQUEMIN, A. DE STREEL, *L'intelligence artificielle et le droit*, 3é tirage, 2019, *op. cit.*, pp. 261-262.

Selon la règle n° 5.4 du règlement des barreaux américains, les cabinets ne doivent pas partager les intérêts du cabinet avec les partenaires commerciaux et les non-avocats (a)[1]. Cette règle s'applique également à « la pratique du droit », quelle que soit sa forme et sa nature (b)[2]. Par conséquent, le statu quo des règles des barreaux américains ne permet pas une entreprise de présenter directement des services juridiques.

Malgré l'existence de cette règle, en mars 2021, le premier cabinet d'avocats américain « appartenant à des non-avocats » a été lancé dans l'État d'Utah[3]. Ce cabinet offre « un accès illimité » à « un champ strictement limité des services juridiques » contre un montant forfaitaire et mensuel de 9 dollars[4]. Théoriquement, celui-ci ne correspond pas aux caractéristiques d'un cabinet d'avocats. Ainsi, le statut d'un avocat « non humain » n'est reconnu ni en Europe ni aux États-Unis. De ce fait, au lieu du titre du « cabinet d'avocats », il convient d'utiliser celui de cabinet « virtuel » et « automatisé » de conseil. Leur statut peut formellement ressembler à celui des « prestataires de la legaltech ». Pourtant, il y a une différence fondamentale entre les deux.

Contrairement aux legaltecheurs, un Cabinet d'avocats dit automatisé ne commercialise pas un outil de l'intelligence artificielle et ne s'implique nécessairement pas dans ce marché. Plus précisément contrairement aux premiers, un cabinet ne met pas ces algorithmes à la disposition des autres professionnels du droit. La même approche peut être également adoptée pour procéder à l'automatisation partielle des « juridictions ». Étant, théoriquement opposable à l'article 22 du RGPD, elles peuvent être créées soit par une dérogation basée sur leur nature comme « une mission d'intérêt public »[5] soit par l'obtention du consentement des justiciables pour faire l'objet d'une prise de décision judiciaire purement automatisée[6].

Par exemple, il serait possible de créer des chambres spécialisées pour trancher des litiges spécifiques, pouvant être traités par un système de l'intelligence artificielle. Dans ce cas, il serait nécessaire de définir des règles

---

[1] American Bar Association, *Model Rules of Professional Conduct - Table of Contents*, disponible sur https://www.americanbar.org/groups/professional_responsibility/publications/model_rules_of_professional_conduct/model_rules_of_professional_conduct_table_of_contents/ (consulté le 19 août 2021).

[2] *Ibidem.*

[3] Northwest, *Utah Law on Call*, disponible sur https://www.northwestregisteredagent.com/law-on-call/utah (consulté le 16 juillet 2021). ; Cf. PR Newswire, *Law on Call Will Launch the First Nonlawyer-Owned US Law Firm*, 15 mars 2021, disponible sur https://www.prnewswire.com/news-releases/law-on-call-will-launch-the-first-nonlawyer-owned-us-law-firm-301246835.html?utm_content=buffer23cb3&utm_medium=social&utm_source=linkedin.com&utm_campaign=buffer (consulté le 16 juillet 2021).

[4] *Ibidem.*

[5] V. les considérants 156, 158, 159, le paragraphe 1 de l'article 23, les paragraphes 1 (premier alinéa, point d), 4 et 5 de l'article 49 et l'article 89 du RGPD.

[6] V. Art. 6 §1 (a) du RGPD.

procédurales spécifiques pour le déroulement des procès dans ces chambres (virtuelles et automatisées)[1].

Cela pourrait conduire à l'émergence d'un système de justice « décentralisé » sans les acteurs physiques de la justice ou même « sans l'État » tel que Monsieur Laurent COHEN-TANUGI le décrit[2]. Plus précisément, l'idée de « remplacement » des acteurs de la justice par l'intelligence artificielle peut donner sa place à celle de « la suppression totale » de ces derniers. Il s'agit plus spécifiquement d'un grand défi socioculturel pour les sociétés européennes qui ont, selon Alexis DE TOCQUEVILLE, un goût particulier pour la centralisation[3] (en 1835, dans son ouvrage célèbre, *De la démocratie en Amérique*, il étudie les caractéristiques de cette tendance en France).

La création des tribunaux dits « intelligents » ou « automatisés » peut, en harmonisant « l'interprétation de la règle du droit », mettre fin au risque du recours au profilage des juges par l'intermédiaire des outils algorithmiques d'aide à la décision. Ainsi, en cas de présence d'un biais discriminatoire dans une décision auto-élaborée par la machine, sa détection et sa correction automatique semblent être plus faciles que son identification dans les décisions judiciaires humaines, puisque dans le premier cas de figure, les textes sont déjà dans le langage informatique.

C'est ainsi que la source d'apparition du biais sera plus facilement détectable et identifiable. Généralement, ce système facilite l'application de l'ensemble des corrections par la machine, comme celles de la forme (orthographe, cohérence de traduction, mise en page, etc.) et la pertinence du fond des raisonnements.

Grâce à la dynamique, la flexibilité et la puissance des algorithmes, l'intelligence artificielle permet d'appliquer un grand nombre de corrections (différentes) en temps réel ou à la fin du processus, sur des textes auto-élaborés. En même temps, une série des contrôles de conformité technique peut être réalisée sur les processus de la correction afin de vérifier, séparément, la pertinence de chaque système du contrôle. Dans le contexte du règlement européen sur l'intelligence artificielle, celui-ci doit être fait sous une supervision humaine.

Du point de vue technologique et législatif, l'élargissement du champ des tâches judiciaires totalement réalisables par l'intelligence artificielle, au niveau du greffe, semble être possible. Ce propos est également valable dans le cas des catégories des litiges pouvant être tranchés par la machine. Dès lors, la question pouvant se poser est de savoir dans « quelles circonstances » et

---

[1] Les principales règles procédurales de la Cour suprême des États-Unis sont disponibles sur https://www.uscourts.gov/about-federal-courts/educational-resources/about-educational-outreach/activity-resources/supreme-1 (consulté le 7 septembre 2021).

[2] L. COHEN-TANUGI, *Le droit sans l'État*, *op. cit.*

[3] F. MÉLONIO, Ch. MANZINI, *L'Abécédaire d'Alexis de Tocqueville*, coll. Abécédaires des Lumières, l'observatoire, 2021, p. 10.

sous « quel statut », la machine peut jouer le rôle d'un vrai « magistrat » ou d'un « avocat » devant les juridictions. Cette question est particulièrement sensible dans le cas de ces derniers acteurs de la justice. La difficulté principale pouvant se poser est spécifiquement législative.

Le droit pour un justiciable d'être accompagné par un avocat est parmi les droits fondamentaux protégés aux États-Unis[1] et en Europe, alors que dans l'hypothèse d'une automatisation totale du rôle d'avocat, les analyses juridiques réalisées par la machine peuvent être utilisées directement par les justiciables sans un accompagnement officiel.

Dans ce cas, le recours à un tel système ne pose aucun problème, tant que le justiciable peut renoncer à son droit à la représentation. Pourtant, dans certains cas spécifiques, la représentation par un avocat peut être parfois « obligatoire ». Par exemple, la représentation par un avocat devant la Cour de justice de l'Union européenne est obligatoire[2]. En France, dans certains types spécifiques de contentieux, il y a obligation de recours à un avocat[3], dont celui de la participation à une vente judiciaire[4].

En théorie, les systèmes experts sont capables d'analyser parfaitement le marché et les dispositions juridiques ainsi que les considérations et les objectifs des participants. Ils sont ainsi capables de prédire la prise de position des autres participants et de déterminer la meilleure stratégie en fonction des circonstances des ventes similaires dans le passé. Par conséquent, l'intelligence artificielle peut être considérée comme un outil particulièrement efficace pour cette forme de représentation.

Depuis le 1er janvier 2020, les justiciables sont également tenues d'être représentés par un avocat devant le tribunal de commerce[5] et le juge de l'exécution (dans certaines affaires)[6]. Dès lors, un système purement automatisé ne peut plus être utilisé.

---

[1] *Gideon c. Wainwright*, 372 U.S. 335 (1963).

[2] Art. 119 du Règlement de procédure de la Cour de justice du 25 septembre 2012 ainsi que les articles 19 et 32 de statut de la Cour de justice de l'Union européenne.

[3] Tribunal administratif de Paris, *Dans quelles situations le recours à un avocat est-il obligatoire ?*, disponible sur www.paris.tribunal-administratif.fr/Demarches-procedures/L-avocat-et-l-aide-juridictionnelle/Dans-quelles-situations-le-recours-a-un-avocat-est-il-obligatoire (consulté le 15 juillet 2021). ; Centre d'Information et de Documentation Jeunesse, *Représentation obligatoire : devant quel juge doit-on prendre un avocat ?*, 9 janvier 0213, (mis à jour 22 mai 2018), disponible sur https://www.cidj.com/vie-quotidienne/justice/representation-obligatoire-devant-quel-juge-doit-on-prendre-un-avocat (consulté le 15 juillet 2021).

[4] Art. R 322-40 du Code de procédure civile. ; Art. 74 du décret 2006-936 du 27 juillet 2006.

[5] Le Décret n° 2019-1333 du 11 décembre 2019 *réformant la procédure civile.* ; Art. 853 du Code de procédure civile. ; Cf. Les articles 54 et 56 du Code de procédure civile. ; Cf. Conseil national des barreaux, *La représentation devant le tribunal judiciaire*, fiche n° 4, disponible sur https://www.cnb.avocat.fr/sites/default/files/documents/fiches_la_saisine_4.pdf (consulté le 1er décembre 2021).

[6] Au-delà d'un seuil de 10.000 € prévu aux articles L. 121-4 et R. 121-6 du Code des procédures civiles d'exécution.

En Europe et aux États-Unis, en absence d'une reconnaissance de « la personnalité juridique » des robots et des systèmes de l'intelligence artificielle, l'hypothèse de la reconnaissance d'un « statut particulier et autonome de l'intelligence artificielle » auprès des barreaux (n'étant, pour l'instant, envisageable) pourrait être réalisable dans l'avenir.

L'idée de la création d'une personnalité juridique (ou d'un statut spécifique) pour les robots (comprenant accessoirement, les systèmes de l'intelligence artificielle), fortement défendue par le Me Alain BENSOUSSAN[1] a été « définitivement rejetée par le Parlement européen en séance plénière du 16 février 2017 »[2].

Cette réaction ressemble à celle qui a été observée au cours du XXe siècle, lorsqu'une grande partie des juristes « voyaient dans la personnalité morale une simple fiction »[3]. C'est ainsi que le Professeur Gaston JÈZE a souligné, en la contestant, que « je n'ai jamais déjeuné avec une personne morale »[4]. Pourtant, malgré ces oppositions doctrinales, aujourd'hui, celle-ci est incontestablement reconnue en Europe et aux États-Unis. Cela démontre que la reconnaissance de la représentation par les machines devant les juridictions n'est techniquement pas impossible et inimaginable. Dans l'hypothèse de sa création, les formations professionnelles et l'assermentation des avocats et des membres du greffe peuvent être remplacées par un processus d'immatriculation et de certification de ces systèmes (ou les logiciels).

Une autre solution plus réalisable pourrait être celle d'envisager une « représentation officielle » par un avocat, par l'intermédiaire d'une « représentation pratique et effective » par « une machine ». Dans cette hypothèse, l'avocat a formellement le titre de représentant alors que la défense se réalise pratiquement par la machine. Par conséquent, il reste toujours responsable de vérification de la conformité du fonctionnement de la machine et du résultat de la défense. Cependant, en cas d'une erreur de la machine, la responsabilité de l'avocat pourrait être engagée, au titre d'un manquement à une obligation de diligence. Pour aller plus loin, dans le cas des cabinets présentant des services totalement automatisés, il serait possible d'envisager l'attribution du statut d'avocat, en tant que « personne morale », à un cabinet présentant ce type de services. Cela permettrait de reconnaître leur responsabilité professionnelle dans le cas de la représentation directe des clients par les machines. Par conséquent, dans cette hypothèse, la coresponsabilité peut être engagée par le cabinet (en tant que créateur ou

---

[1] A. BENSOUSSAN, « 10 ans de Planète Robot, 7 ans de personne-robot », *Planète Robots*, n° 62, mars – avril 2020, p. 28.

[2] *Ibidem*, p. 29.

[3] R. DAVID, « Personnalité morale », *Universalis*, disponible sur https://www.universalis.fr/encyclopedie/personnalite-morale/ (consulté le 18 juillet 2021).

[4] T.J. REINALDET DOS SANTOS, « la responsabilité pénale à l'épreuve des personnes morales : étude comparée franco-brésilienne », *thèse de doctorat en droit privé et sciences criminelles*, soutenue le 28 septembre 2017, Université de Toulouse 1, p. 8.

propriétaire du logiciel) et l'avocat (en tant que représentant et responsable de la vérification de la conformité du système).

Selon le Professeur Loïc CADIET, « l'open data des décisions de justice ouvre des perspectives d'étude de l'activité des juridictions jusqu'alors inexistantes »[1]. Ainsi, en prenant une position plus extrême, Stephen HAWKING évoque, dans un contexte global, que « le développement de l'intelligence artificielle pourrait signifier la fin de l'humanité »[2]. Monsieur James RODMAN BARRAT affirme également qu'elle est l'ultime invention de l'humanité et peut mettre fin à cette dernière[3]. Ces opinions suscitent l'idée d'une automatisation (voire déshumanisation) des professions juridiques et judiciaires.

Il convient de faire une distinction nette entre les notions de « l'automatisation de système » et de « l'autonomisation de systèmes dits intelligents ». Le second concept peut relever d'une déshumanisation. Même si la réalisation d'un système judiciaire « déshumanisé » et « pertinent » peut être inimaginable pour certains, cela ne signifie pas qu'il est techniquement impossible.

Les capacités de l'intelligence artificielle sont parfois considérablement supérieures à ce que l'on ne peut imaginer. Par exemple, avant 2017, il semblait difficile, pour certains, d'imaginer qu'une machine pourrait, un jour, battre le champion du monde du jeu d'échecs[4]. Il convient de ne pas exclure une telle hypothèse dans le monde du droit.

La déshumanisation des systèmes judiciaires peut se réaliser radicalement ou progressivement. La première consiste à mettre en place des systèmes purement automatisés du traitement des affaires et de la prise de décision au sein des juridictions et des cabinets d'avocats. Actuellement, une telle stratégie semble être irréalisable sur le plan technologique (en considérant que les outils commercialisés dans le marché de la legaltech n'ont pas la capacité de modéliser le raisonnement des magistrats) et irraisonnable sur le plan pratique. La seconde est une déshumanisation légère et progressive pouvant être produite comme « un effet » du transhumanisme dans les environnements judiciaires grâce aux outils de l'intelligence artificielle.

Il est particulièrement difficile (voire impossible) d'être persuadé que la culture d'usage de ces outils dans les environnements judiciaires est suffisante. Un décalage entre la maturité technologique des environnements

---

[1] L. CADIET (dir.), *L'open data des décisions de justice*, *op. cit.*, p.23.

[2] Ph. LECIGNE, *La France contre les robots ?, Automatisation et Intelligence Artificielle*, rapport de la fondation du pont-neuf, 1 décembre 2020, p. 3.

[3] Cf. J. RODMAN BARRAT, *Our Final Invention: Artificial Intelligence and the End of the Human Era*, St. Martin's Griffin, février 2015, 336 p.

[4] A. HERN, « Google's Go-playing AI still undefeated with victory over world number one », *The Gaurdian*, 25 mai 2017, disponible sur https://www.theguardian.com/technology/2017/may/25/alphago-google-ai-victory-world-go-number-one-china-ke-jie (consulté le 17 juillet 2021).

judiciaires et la mise en place de ces systèmes peut éventuellement produire de tension et des effets perturbant le processus de système judiciaire.

Nous avons évoqué que l'analyse algorithmique consiste en l'imitation du système d'apprentissage humain. Pourtant, une imitation n'est jamais parfaite. Ce sujet fait l'objet d'une citation dans le film *La migliore offerta* (réalisé en 2013 par Giuseppe TORNATORE) indiquant qu'« il y a toujours quelque chose d'authentique dans chaque contrefaçon ». C'est ainsi qu'on peut considérer que l'analyse de la machine n'est, jamais totalement identique à celle de l'humain. Cependant, cela ne signifie pas qu'elle est nécessairement moins pertinente. Cette particularité justifie le fait qu'aucune des analyses algorithmiques appliquées, entre 2016 et 2020, sur les jurisprudences des juridictions de différents pays n'a pas eu de fiabilité à 100%.

Même si leur taux d'exactitude était particulièrement élevé, il faut considérer qu'à long terme, la répétition multiple et consécutive des analyses algorithmiques similaires peut conduire à l'élargissement du décalage entre le raisonnement dit artificiel (ou mécanique), élaboré par l'intelligence artificielle, et celui initialement produit par l'humain. Même dans l'hypothèse d'une analyse algorithmique parfaite basée sur des données totalement fiables fournissant des résultats excellents. En principe, ces changements peuvent être modélisés par l'intelligence artificielle et être évités (ou au moins réduits) par la mise en place d'un contrôle algorithmique basé sur le même modèle afin de signaler l'émergence de moindre marge après chaque reproduction automatisée.

Cet impact ne sera pas nécessairement négatif. L'éloignement de l'opinion judiciaire initiale sur un concept ou une problématique juridique est une partie normale de l'évolution jurisprudentielle du droit. Celui-ci est parfaitement admis, s'il est conduit par un magistrat. Pourtant, le point essentiel est que, dans cette hypothèse, elle est conduite par la machine. C'est ainsi qu'en s'éloignant progressivement du raisonnement (humain), celui-ci pourrait aboutir à l'émergence d'une sorte de déshumanisation rationnelle. Il semble être impossible de savoir de quelle façon il impacterait le raisonnement initial. Il serait ainsi difficile de prédire le degré et la positivité ou la négativité de ces impacts. D'autant plus qu'ils peuvent être différents dans chaque cas. Leur évaluation mérite de faire l'objet d'une étude au sein des départements d'informatique.

Ce mouvement, théoriquement basé sur des éléments strictement humains, peut être comparé à la fonction de « copie » d'un document ou d'une image. Même si la qualité de copie est parfaite, elle laisse, en tout cas, une marge très fine par rapport de sa version précédente. C'est ainsi que les experts de faux documents et d'authentification arrivent à distinguer un document copié d'un authentique. En réalisant 100 copies d'un même document, cette marge dans le 100e exemplaire peut rester si fine qu'il ne serait pas facilement identifiable. Pourtant, si nous continuons le même cycle en appliquant (par exemple) 1000 copies. Dans cette hypothèse, nous imaginons que chaque exemplaire est une copie de la version précédente. Par exemple, l'exemplaire n° 100 est une copie de celle n° 99. Celle-ci pourrait être, délicatement, légèrement et progressivement multipliée et deviendrait plus visible et plus importante.

Cela peut être considéré comme un exemple de déshumanisation progressive de la justice, sans intervention dans la programmation des machines et la structuration des données. C'est ainsi que l'homme peut perdre progressivement son rôle absolu de « maître »[1] dans l'analyse et la prise de décision judiciaire (même sans le ressentir).

Une question pouvant se poser est de savoir si ce propos resterait toujours valable au cas où l'intelligence artificielle pourrait auto-élaborer un programme plus pertinent qu'une analyse humaine. Compte tenu des avancées rapides des technologies de l'apprentissage profond, cette hypothèse ne peut pas être exclue. Par conséquent, cette approche nous amène à nous demander si la nécessité de « préservation de l'aspect humain de la justice » peut se primer sur « l'augmentation de sa qualité ». Cependant, il est, théoriquement, impossible de dire qu'une « automatisation totale ou partielle » du système judiciaire conduit automatiquement à sa « déshumanisation » (en particulier tant que ce processus fonctionne sous une supervision humaine).

Les algorithmes (quel que soit leur degré de puissance) sont seulement capables de modéliser les éléments existants. Plus précisément, ils se basent strictement sur les données d'origines humaines. Par conséquent, on peut considérer que sans humain, il n'y aurait jamais d'intelligence artificielle[2]. Un système basé sur les données non humaines et une auto-programmation relèverait d'un autre phénomène pouvant être qualifié comme « une intelligence déshumanisée ». Le mot « artificiel » se réfère à la fabrication d'une chose sur le modèle d'une autre chose existante. C'est ainsi qu'il ne peut plus être pertinent pour décrire ce système, en considérant qu'il ne se base pas nécessairement sur le modèle d'analyse humaine.

Avant d'étudier les éventuels impacts de déshumanisation du système judiciaire, il est nécessaire de s'interroger, d'une façon réaliste, sur les caractéristiques de ce concept ainsi que sur les obstacles éthiques et législatifs qu'elle peut rencontrer. De plus, il convient d'examiner les intérêts qu'une déshumanisation partielle peut présenter pour renforcer la qualité de la justice humaine.

Le fonctionnement totalement autonome et sans intervention humaine des systèmes de l'intelligence artificielle, dédiés à la réalisation des tâches judiciaires ne peut pas être considéré comme véritablement « déshumanisé », tant qu'ils fonctionnent « sur la base de données structurées et fournies en

---

[1] Cf. P. MONTAGNON, *Intelligence artificielle : L'être humain, maître du jeu*, Edipro, juillet 2019, 232 p.

[2] R STRAUB, « L'intelligence artificielle a aussi besoin d'humanité », *Harvard Business Review France*, 31 octobre 2018, disponible sur https://www.hbrfrance.fr/chroniques-experts/2018/10/23037-lintelligence-artificielle-a-aussi-besoin-dhumanite/ (consulté le 18 mai 2021).

entrée par les humains » et « par l'intermédiaire d'un programme conçu par l'humain ».

Actuellement, en Europe et aux États-Unis, la déshumanisation totale et générale du système judiciaire semble être difficilement envisageable, particulièrement, en raison de « la faiblesse des systèmes existants de la justice augmentée ». Leurs taux maximaux de fiabilité, considérablement intéressants ne sont pas suffisamment stables et fiables dans les différents types de contentieux et degrés de juridictions[1]. Il convient de noter que ces études sont réalisées sur un nombre limité des problématiques juridiques. Par conséquent, leur fiabilité dans l'analyse des autres est incertaine. Par exemple, le projet de 2016 de l'équipe de Monsieur ALETRAS, ayant un taux de fiabilité d'environ 79%, a été uniquement appliqué sur les trois articles de la Convention européenne des droits de l'homme[2].

La mise en œuvre d'une déshumanisation totale peut également se confronter aux obstacles législatifs. Par exemple, au niveau de l'Union européenne, contrairement aux États-Unis, les législateurs, en tolérant l'existence d'une automatisation des systèmes interdisent leur déshumanisation[3]. Cela semble être de plus en plus imaginable aux États-Unis où le contexte législatif n'impose pas de restrictions particulières concernant le contrôle humain sur les systèmes du traitement purement automatisé.

Techniquement, ce processus serait réalisable non seulement par « un développement des capacités des systèmes de l'intelligence artificielle » mais aussi par une adaptation législative ». Par exemple, la reconnaissance législative ou jurisprudentielle de certains principes tels que « le droit pour les justiciables d'être représentés par la machine » et celui du « faire l'objet d'un procès judiciaire automatisé »[4] pourrait être un grand pas vers la déshumanisation du système de la justice.

L'hypothèse de « la possibilité technique » de déshumanisation du système judiciaire et celle de « sa pertinence » sont rejetées par certains juristes. C'est en particulier le cas de Monsieur Jean-Marc SAUVÉ. Il estime que « même dans un contentieux de masse ou très répétitif, l'expérience et la capacité [les capacités] personnelles et professionnelles des juges sont essentielles »[5] pour réaliser une décision judiciaire ou un avis juridique. Ainsi, il insiste sur le fait que « le juge doit rester maître de la question posée autant que de

---

[1] *Ibidem*, p. 83.

[2] Cf. N. ALETRAS, D. TSARAPATSANIS, D. PREOȚIUC-PIETRO, V. LAMPOS, « Predicting judicial decisions of the European Court of Human Rights: a Natural Language Processing perspective », *op. cit.*

[3] Cons. 48 et art. 14 d proposition du règlement du 21 avril 2021.

[4] Comme celui de la Chine. ; B. LYNN, « Robot Justice: The Rise of China's 'Internet Courts », *op. cit.*

[5] L'intervention de Monsieur Jean-Marc SAUVÉ, l'ancien vice-président du Conseil d'État (Fr) lors du colloque « la justice prédictive », *op. cit.*

l'interprétation du résultat donné par les algorithmes et des conséquences à en tirer »[1,2].

C'est en affirmant ce propos lorsque le Professeur Bruno DONDERO explique que « dans la majorité des cas, il n'y a pas de texte qui soit applicable à une situation donnée avec 100 % de certitude. En clair, le droit a besoin d'hommes et de femmes pour l'interpréter et l'appliquer »[3]. Le Professeur Frédéric ROUVIÈRE précise, à ce sujet, que « l'interprétation humaine joue un rôle prépondérant parce qu'il faut comprendre les intentions, le contexte et le but que poursuivent les acteurs »[4].

Cette évocation semble être de plus valable, dans le cas de « l'interprétation du droit » que celui de la compréhension de ces trois éléments. Madame Dory REILING l'affirme lorsqu'elle précise que « la manière dont les tribunaux traitent l'information est en grande partie déterminée par deux facteurs : l'imprévisibilité du résultat et la relation entre les parties » [5].

Cette observation semble être valable dans le cas des outils strictement basés sur « les statistiques ». Par exemple, dans le cas d'une application unique de technique du traitement automatique du langage naturel (en particulier, la fonction de recensement et la comparaison des n-grammes des jurisprudences et des requêtes). Cependant, il faut considérer que « les intentions, le contexte et le but que poursuivent les acteurs » peuvent être aussi analysés et modélisés par l'intermédiaire d'un système d'apprentissage algorithmique, à condition qu'il y ait une cohérence et un nombre suffisant des données d'entrée au système ainsi qu'une pertinence dans son programme.

De cette manière, la société Cambridge Analytica LTD a réussi à identifier et modéliser les tendances politiques et les préférences personnelles des utilisateurs de Facebook. En effet, avant l'élection présidentielle américaine de 2016, cette société a réussi à identifier les électeurs susceptibles de changer leurs votes[6], en particulier dans les États fédérés dits « clés » (en anglais : *Swing States*), à savoir, des États qui, lors d'une élection (présidentielle ou législative), n'ont pas encore « acquis à aucun des deux grands partis

---

[1] *Ibidem*.

[2] Cf. F. ROUVIÈRE, « La justice prédictive, version moderne de la boule de cristal », *Revue trimestrielle de droit civil*, 2017, p. 527.

[3] B. DONDERO, « Justice prédictive : la fin de l'aléa judiciaire ? », *op cit.*, p. 532.

[4] L'interview du Professeur Frédéric ROUVIÈRE, Aix-Marseille Université, disponible sur https://www.youtube.com/watch?v=bsDJpkGSrHA (consulté le 31 mai 2021).

[5] D. REILING, « Quelle place pour l'intelligence artificielle dans le processus de décision d'un juge ? », *op. cit.*, p. 222.

[6] A. HERN, « Cambridge Analytica: how did it turn clicks into votes? », *The Gaurdian*, 6 mai 2018, disponible sur https://www.theguardian.com/news/2018/may/06/cambridge-analytica-how-turn-clicks-into-votes-christopher-wylie (consulté le 16 juillet 2021).

politiques et qui, pour cette raison, est [sont] particulièrement convoité[s] dans une campagne électorale présidentielle »[1].

Un autre exemple est la reconaissnace faciale par les systèmes de l'intelligence artificielle[2]. Actuellement, ceux-ci sont capables d'identifier « les émotions humaines »[3] par les signes les plus délicats sur les visages[4]. Ils peuvent même les détecter en présence d'un masque[5].

Grâce à ce système, il est même possible de deviner l'orientation sexuelle des personnes[6]. L'intelligence artificielle est également capable d'identifier les tendances politiques des utilisateurs des plateformes de diffusion de la musique en analysant leurs goûts musicaux[7]. Monsieur Brian WHITMAN, le qualifie comme « un profilage des goûts »[8].

Ces exemples démontrent que l'apprentissage algorithmique des trois éléments susmentionnés avec le degré actuel de la maturité technologique des outils est parfaitement possible. Dès lors, une difficulté peut se poser si on n'aurait pas un accès aux données suffisantes pour identifier correctement ces éléments. Selon Monsieur Mauritz KOP, « les données sont parmi les ressources principales.

Elles constituent la base d'existence de l'intelligence artificielle et une nécessité vitale pour l'humanité »[9]. En tout cas, celle-ci n'est pas particulièrement liée à l'intelligence artificielle puisqu'en absence des données exactes et fiables, un apprentissage humain de ces éléments ne peut

---

[1] Office québécois de la langue française, *Définition de l'État clé*, disponible sur http://www.gdt.oqlf.gouv.qc.ca/ficheOqlf.aspx?Id_Fiche=26519962 (consulté le 16 juillet 2021).

[2] Cf. Le paragraphe 25 de Résolution du Parlement européen du 6 octobre 2021 *sur l'intelligence artificielle en droit pénal et son utilisation par les autorités policières et judiciaires dans les affaires pénales*, *op. cit.*

[3] Cf. A. BENSOUSSAN, « Propos conclusifs – Essai sur le droit des robots » In. A. BENSAMOUN (sous dir.), *Les robots, objets scientifiques, objets de droits*, Mare & Martin, coll. Des Presses Universitaires de Sceaux, 2016, p. 232.

[4] M. MURGIA, « Emotion recognition: can AI detect human feelings from a face? », *Financial Times*, 12 mai 2021, disponible https://www.ft.com/content/c0b03d1d-f72f-48a8-b342-b4a926109452 (consulté le 16 juillet 2021).

[5] F. GRUNDMANN, K. EPSTUDE, S. SCHEIBE, « Face masks reduce emotion-recognition accuracy and perceived closeness », *Plos One*, 23 avril 2021, disponible sur https://doi.org/10.1371/journal.pone.0249792 (consulté le 17 juillet 2021).

[6] Y. WANG, M. KOSINSKI, « Deep neural networks are more accurate than humans at detecting sexual orientation from facial images », *Journal of Personality and Social Psychology*, 2018, vol. 114, n° 2, pp. 246–257.

[7] Bloomberg politics, « What the voters are streaming », 27 mai 2016, disponible sur https://www.bloomberg.com/politics/graphics/2016-voter-spotify-listens/ (consulté le 3 novembre 2021).

[8] The Echo Nest, « Can Your Musical Taste Predict Your Politics? », 12 juillet 2012, disponible sur https://blog.echonest.com/post/27047918145/musical-taste-politics (consulté le 3 novembre 2021).

[9] M. KOP, « The Right to Process Data for Machine Learning Purposes in the EU », *Harvard Journal of Law & Technology*, vol. 34, n° 1, 2021, p. 1.

pas non plus avoir lieu correctement. On peut conclure que les évocations des Messieurs SAUVÉ et ROUVIÈRE ne peuvent pas avoir une portée absolue et générale et ne concernent pas automatiquement toutes les techniques pouvant être utilisées dans les futurs environnements judiciaires augmentés.

Leur position en faveur de la nécessité « absolue » et « stricte » de la sauvegarde de « l'aspect humain » de la justice sans préciser une raison scientifique ou un fondement juridique précis, nous amène à considérer que ce besoin « incertain ». Afin de pouvoir arriver à une position plus réaliste, il serait nécessaire de réaliser une étude empirique sur l'apprentissage algorithmique des trois éléments mentionnés (par le Professeur Frédéric ROUVIÈRE) afin de déterminer le taux exact de sa fiabilité. Une telle analyse, au sein des départements d'informatique, nous permettrait d'évaluer, avec des preuves scientifiques, le degré de la nécessité de préservation de l'aspect humain du processus de prise de décision judiciaire.

Dès lors, une question pouvant se poser est, si l'ensemble des « moyens » de la compréhension humaine peut être modélisé par les algorithmiques. Il n'est pas possible de répondre définitivement à cette question, puisque certaines de ses caractéristiques peuvent être même inexplicables par les humains.

En 1964, aux États-Unis, ce sujet a fait l'objet d'une réflexion particulière dans l'affaire *Jacobellis c. Ohio*[1] où l'un des magistrats de la Cour suprême, Potter STEWART, a estimé qu'il est très difficile, pour lui, d'expliquer la façon dont il détermine le critère pornographique d'une image[2]. Pour justifier son raisonnement, il a précisé tout simplement que « je reconnais la pornographie quand je la vois »[3,4].

Si le processus de la compression humaine ne pouvait pas être précisément défini, en principe, il ne pourrait non plus être modélisé par algorithme. Il ne faut pas ignorer l'hypothèse de la capacité supérieure de la machine dans la modélisation d'un processus d'apprentissage. Par exemple, même si dans ce cas particulier, le juge a estimé qu'il n'est pas possible d'identifier les caractéristiques précises d'une image relevant de la pornographie, celles-ci peuvent être potentiellement identifiées par la machine, par une analyse sur une masse d'images reconnues comme pornographiques par les hommes et l'identification des éléments précis entre eux. Ce processus ressemble à celui de l'apprentissage humain. Pourtant, ce dernier n'est pas capable, comme la machine, de réaliser une telle analyse sur un nombre considérablement élevé

---

[1] *Jacobellis v. Ohio*, 378 U.S. 184 (1964).

[2] Cf. P. GEWIRTZ, « On "I Know It When I See It" », *The Yale Law Journal*, vol. 105, n° 4, 1996, pp. 1023-1047, disponible sur https://digitalcommons.law.yale.edu/cgi/viewcontent.cgi?article=7665&context=ylj (consulté le 21 août 2021).

[3] En anglais : *But I know it when I see it.*

[4] S. ABITEBOUL, F. G'SELL, « Les algorithmes pourraient-ils remplacer les juges ? », *op. cit.*, p. 6.

des données. C'est ainsi que la machine pourrait optimiser la transparence du fond de certains raisonnements.

Actuellement, les législateurs et les juridictions européennes et américaines n'ont pris aucune position spécifique vis-à-vis de la possibilité de réalisation d'un système judiciaire « déshumanisé ». Par conséquent, à ce stade, cette hypothèse ne peut être ni rejetée ou appréciée. Cependant, en Europe, elle peut potentiellement rencontrer de nombreux obstacles législatifs et éthiques tant au niveau du Conseil de l'Europe que celui de l'Union européenne. Aux États-Unis, ceux-ci sont susceptibles d'être particulièrement liés à l'interprétation des dispositions de la Constitution. C'est ainsi que ce processus est plus susceptible d'être mis en place dans les juridictions américaines (quels que soient leur degré et leur compétence). De ce fait, son encadrement juridique peut se former à la suite de son instauration et révélation de problèmes pouvant être causés par ce dernier.

Au niveau du Conseil de l'Europe, ce processus peut être limité par l'article 6§1 de la Convention européenne des droits de l'homme garantissant le droit pour les individus à « un tribunal (ou un jury) indépendant et impartial ». On peut considérer qu'en établissant ce principe, les législateurs européens n'interdisent automatiquement et systématiquement pas la déshumanisation du système judiciaire. Dès lors, la question pouvant se poser est de savoir s'il est possible (ou définitivement impossible) de garantir le principe d'accès à un procès équitable, dans un système déshumanisé. En fait, « l'indépendance » et « l'impartialité » des juridictions exigées par cet article ne sont reconnues, par aucun texte scientifique, comme les caractéristiques « essentiellement », « strictement » ou « exclusivement » humaines. Par conséquent, en absence d'une étude fiable sur cette question, on peut estimer qu'en théorie, l'hypothèse de « l'impartialité et l'indépendance d'un système purement automatisé » ne peut être définitivement exclue. Cependant, dans ce contexte, l'obstacle le plus important à la déshumanisation totale du système judiciaire peut être posé par l'article 5§3 de la Convention disposant « toute personne arrêtée ou détenue, dans les conditions prévues au paragraphe 1.c) du présent article, doit être aussitôt traduite devant un juge ou un autre magistrat habilité par la loi à exercer des fonctions judiciaires [...] ».

Contrairement à l'article 6§1, où le terme « tribunal » est utilisé, dans l'article 5§3, le Conseil a opté pour les termes « juge » et « magistrat ». On peut conclure qu'*a priori*, à la lumière de cet article, la Convention exige un accès à un « juge humain », tant que le Conseil ne reconnaît explicitement pas le statut juridique d'un système totalement automatisé de prise de décision judiciaire. Ainsi, en absence d'une interprétation spécifique sur ce sujet, cette Convention ne reconnaît pas la possibilité de suppression totale du rôle du magistrat et son remplacement par la machine est impossible. Plus précisément, un tel système ne pourrait être appliqué qu'à condition qu'il y ait le consentement explicite des parties dans le procès pour faire l'objet d'une prise de décision judiciaire purement automatisée. Ce mécanisme ressemblerait au celui de l'arbitrage.

Dans le tribunal de l'internet d'Hangzhou, le contrôle du consentement des parties d'un litige peut faire l'objet d'un traitement totalement automatisé faisant partie d'une étape préliminaire du procès[1].

Dans ces circonstances, cela s'appliquerait en respectant le principe de l'autonomie individuelle « selon lequel chacun peut mener sa vie comme il l'entend, y compris en se mettant physiquement ou moralement en danger »[2,3], comme précise la Professeure Muriel FABRE-MAGNAN. Ce principe a été particulièrement créé et développé par les jurisprudences de la Cour européenne des droits de l'homme. À ce propos, dans l'arrêt *Pretty c. Royaume-Uni* « la Cour considère que la notion d'autonomie personnelle reflète un principe important qui sous-tend l'interprétation des garanties de l'article 8 »[4]. Ce principe garantit notamment « le droit [des justiciables] d'établir et entretenir des rapports avec d'autres êtres humains et le monde extérieur »[5,6]. Par conséquent, on peut le considérer comme le garant de la liberté décisionnelle des individus pour choisir le mode du procès judiciaire (qu'il soit traditionnel, augmenté ou automatisé).

Pourtant, il faut garder à l'esprit que celle-ci n'est pas absolue. La Cour a reconnu, dans l'arrêt *K.A.* et *A.D. c. Belgique* (au sujet de la liberté décisionnelle dans le contexte du masochisme), la primauté du principe de la liberté décisionnelle « à la seule condition qu'elles soient consenties par la personne concernée » (comme affirme Madame Dounia SMEYERS)[7,8]. Dans cette décision, la Cour restreint les limites impossibles à l'exercice de ce droit, alors qu'elle a pris une position opposante à cette dernière, dans l'affaire *Pretty c. Royaume-Uni* (vis-à-vis du droit d'accès au suicide assisté) en précisant qu'« il ne saurait davantage créer un droit à l'autodétermination en ce sens qu'il donnerait à l'individu le droit de choisir la mort plutôt que la vie »[9]. Par cette décision, la Cour affirme que la seule condition du

---

[1] Cf. Xinhuanet, « China reforms judicial courts using internet technologies: white paper »,*op. cit.* ; Cf. T. FOURMEUX, « Un tribunal chinois accepte qu'une création d'une IA soit couverte par le droit d'auteur », *op. cit.*

[2] M. FABRE-MAGNAN, « Le domaine de l'autonomie personnelle », *Dalloz Actualité*, éd. du 22 juillet 2021, disponible sur https://www.dalloz-actualite.fr/revue-de-presse/domaine-de-l-autonomie-personnelle-20080111#.YPlaE2468dU (consulté le 22 juillet 2021).

[3] Cf. CEDH, *Pretty c. Royaume-Uni*, n° 2346/02, 29 avril 2002, §66.

[4] *Ibidem.*, § 6.

[5] *Ibidem.*

[6] Cf. CEDH, *Burghartz c. Suisse*, n° 16213/90, 22 février 1994. ; CEDH, *Friedl c. Autriche*, n° 15225/89, 31 janvier 1995.

[7] D. SMEYERS, « Le droit de disposer de son corps dans la Convention européenne des droits de l'homme », *mémoire de master en droit*, année académique 2014-2015, Université catholique de Louvain, p.34.

[8] Cf. CEDH *K.A. et A.D. c. Belgique*, n° 42758/98 et n° 45558/99, 17 février 2005, § 83-85.

[9] CEDH, *Pretty c. Royaume-Uni*, n° 2346/02, 29 avril 2002, §39.

consentement ne suffit pas pour bénéficier de ce droit. Ces jurisprudences nous amènent à conclure qu'en Europe, la déshumanisation des systèmes judiciaires dépendra particulièrement de l'interprétation et de la position de la Cour européenne des droits de l'homme vis-à-vis de la reconnaissance du consentement des individus pour faire l'objet d'un procès purement automatisé.

En absence d'une telle interprétation, une simple déclaration de consentement de la part des parties du litige n'enlève automatiquement pas l'obligation positive des États pour garantir les dispositions des articles 6 et 8 de la Convention, en particulier en fournissant un accès à un juge (humain). Néanmoins, en considérant que « l'autonomie de la volonté » est un principe général et universel du droit[1], une telle reconnaissance de la part de la Cour peut être aussi parfaitement envisageable. Compte tenu du décalage de la maturité technologique dans les États membres du Conseil de l'Europe, la Cour peut accorder une marge d'appréciation aux États, au sujet de la possibilité d'automatisation d'un procès de justice[2].

Dans ce contexte, la déshumanisation partielle du système est susceptible d'être de plus en plus possible, tant que les individus ont à la fois un accès à un mécanisme de la prise de décision judiciaire purement automatisé et, en parallèle, à un juge ou un jury composé par les hommes.

Dans l'Union européenne, « le facteur humain » constitue une pierre angulaire des normes « éthiques », relatives à l'intelligence artificielle[3]. Cependant, au niveau législatif, l'obstacle principal pouvant se poser est particulièrement lié à l'article 14 du futur règlement du Parlement européen, exigeant un contrôle humain sur ces systèmes[4], et la protection des données personnelles pendant le traitement des affaires puisque l'article 22 du RGPD interdit des « décisions fondées exclusivement sur un traitement automatisé »[5]. Il peut constituer un obstacle « potentiel » pour la mise en place

---

[1] Ch. Kohler, *L'autonomie de la volonté en droit international privé : un principe universel entre libéralisme et étatisme*, Martinus Nijhoff, Coll. Académie de Droit International de La Haye, 2013, 280 p.

[2] Cf. S. Greer, *La marge d'appréciation: interprétation et pouvoir discrétionnaire dans le cadre de la Convention européenne des droits de l'homme*, dossiers sur les droits de l'homme n° 17, Éditions du Conseil de l'Europe, juillet 2020, P. 20 et p. 22, disponible sur https://www.echr.coe.int/LibraryDocs/DG2/HRFILES/DG2-FR-HRFILES-17(2000).pdf (consulté le 23 juillet 2021). ; Cf. CEDH, *VO c. France*, n° 53924/00, 8 juillet 2004 et CEDH, *Schalk* et *Kopf c. Autriche*, n° 30141/04, *24 juin 2010.*

[3] Cf. Commission européenne, annexe de la Communication de la Commission au Parlement européen, au Conseil européen, au Conseil, au Comité économique et social européen et au Comité des régions, *op. cit.* ; Commission européenne, *Livre blanc sur l'intelligence artificielle, une approche européenne axée sur l'excellence et la confiance*, Bruxelles, *op. cit.*

[4] Art. 3 de la proposition de ce règlement reconnaît une extraterritorialité de l'obligation du contrôle de la conformité technique lors de la production, la commercialisation et l'usage des systèmes de l'intelligence artificielle.

[5] Art. 22 (§1) du règlement (UE) 2016/679 du Parlement européen et du Conseil du 27 avril 2016, *op. cit.*

d'un mécanisme de la prise de décision automatisée dans les juridictions. Pourtant, en théorie, celle-ci peut être autorisée si elle est reconnue comme « une mission d'intérêt public »[1].

En France, ce système peut être aussi confronté à l'article 10 de la loi du 6 janvier 1978 relative à l'informatique et libertés disposant qu'« aucune décision de justice impliquant une appréciation sur le comportement d'une personne ne peut avoir pour fondement un traitement automatisé de données à caractère personnel destiné à évaluer certains aspects de la personnalité de cette personne » (Cet article est récité par l'article 21 de la loi n° 2018-493 du 20 juin 2018 relative à la protection des données personnelles).

Dans le cas du recours aux systèmes purement automatisés de prise de décision, cette interdiction peut être considérablement moins paralysante, si le champ englobant ces « aspects » se limiterait aux seulement à ceux qui n'ont pas un impact sur le procès. La flexibilité de cet article apporte une dynamique aux dispositions règlement (UE) 2016/679 du Parlement européen et du Conseil permettant les juridictions de recourir aux algorithmes dans un champ limité pouvant être modifié en fonction de l'interprétation des magistrats.

Afin de pouvoir reconnaître cette caractéristique, elle doit satisfaire à la condition de la « nécessité » pour recourir à cette technique[2]. Il peut être interprété par le droit européen ou les droits nationaux comme une nécessité, à titre de l'intérêt général, pour améliorer la qualité du fonctionnement de la justice. Dans le contexte de « la justice automatisée », cela semble être particulièrement difficile de prouver son existence. En considérant que la mise en place des mécanismes de « la prise de décision judiciaire » vise principalement à promouvoir la rapidité et la facilité du fonctionnement de justice. Par conséquent, elle peut difficilement être considérée comme « une nécessité ». De plus, à part la question de la « nécessité », son statut relevant de « l'intérêt public » doit être défini par les législateurs européens et ceux des États membres. En conséquence, sur le plan théorique, le RGPD ne permet pas aux législateurs nationaux, de reconnaître la mise en place d'un tel système que sous les conditions susmentionnées.

L'alinéa c du paragraphe 2 de l'article 22 et le considérant n° 71 de ce texte présentent une solution potentiellement pertinente pour automatiser les systèmes judiciaires européens. À la lumière de ces dispositions, elle peut se réaliser à condition d'obtention d'un accord explicite des justiciables pour le traitement automatisé de leurs données personnelles avant le début du procès.

---

[1] Les considérants 156, 158, 159, le paragraphe 1 de l'article 23, les paragraphes 1 (premier alinéa, point d), 4 et 5 de l'article 49 et l'article 89 du règlement (UE) 2016/679 *préc.* ; Cf. CNIL, *Profilage et décision entièrement automatisée*, 29 mai 2018, disponible sur https://www.cnil.fr/fr/profilage-et-decision-entierement-automatisee (consulté le 15 mai 2021).

[2] CNIL, *La mission d'intérêt public : dans quels cas fonder un traitement sur cette base légale?*, 2 décembre 2019, disponible sur https://www.cnil.fr/fr/la-mission-dinteret-public-dans-quels-cas-fonder-un-traitement-sur-cette-base-legale (consulté le 15 mai 2021).

Selon aliéna c de paragraphe 2 de l'article 22 du règlement (UE) 2016/679 du Parlement européen et du Conseil, les modalités d'application du droit à l'information et la transparence peuvent être fixées soit par les autorités européennes soit par les États membres. Par exemple, en France, l'article R311-3-1-1 du Code des relations entre le public et l'administration et le Décret n° 2017-330 du 14 mars 2017 reconnaissent le droit des individus faisant l'objet d'un traitement automatisé à connaître son existence ainsi que son « degré et le mode de contribution », « les données traitées et leurs sources », « les paramètres de traitement et, le cas échéant, leur pondération, appliqués à la situation de l'intéressé » et « les opérations effectuées par le traitement » (art. R. 311-3-1-2. du décret n° 2017-330 du 14 mars 2017).

Ce mécanisme ressemble relativement à celui proposé dans le contexte du Conseil de l'Europe. Le même mécanisme s'applique aussi dans les tribunaux d'internet en Chine[1] (même s'ils portent, sur le plan terminologique, le terme d'internet, ils font, plus précisément, référence aux tribunaux déshumanisés). On peut donc estimer que, le droit de l'Union européenne possède une souplesse plus importante, par rapport à celui du Conseil de l'Europe vis-à-vis de l'hypothèse d'une déshumanisation des systèmes judiciaires. Contrairement au second niveau, au premier les obstacles potentiels ne s'imposent pas par les sources primaires du droit. Cela révèle le risque de l'émergence d'une articulation entre la position de la Cour européenne des droits de l'homme et celle des législateurs de l'Union européenne vis-à-vis de ce sujet.

Par ailleurs, au premier niveau, ce processus peut également se confronter aux limites posées par la proposition du règlement sur l'intelligence artificielle. Dans ce contexte, le consentement des sujets du droit ne peut pas justifier une exclusion à « l'exigence du contrôle humain sur l'intelligence artificielle », défini par article 14 de ce texte. Elle doit être maintenue puisqu'il s'agit d'une « exigence juridique » et non « d'un droit pour les individus ».

C'est ainsi que ces derniers ne peuvent pas se contenter d'une non-application de cette règle (un débat similaire concernant la dénonciation volontaire des droits fondamentaux par les individus est observé dans le cas de légalisation de l'euthanasie et le droit à la vie »). Par conséquent, ce texte peut bloquer la mise en place des juridictions semi-traditionnelles-automatisées-déshumanisées.

En effet, les justiciables ne sont pas totalement libres de déterminer tous les aspects du déroulement d'un procès dit « automatisé ». Il convient de considérer qu'en théorie, « l'automatisation totale du procès de justice » peut être techniquement compatible avec l'existence d'un contrôle humain. Dans

---

[1] B. LYNN, « Robot Justice: The Rise of China's 'Internet Courts », *op. cit.* ; Cf. H. ROBERTS, J. COWLS, J. MORLEY, M. TADDEO, V. WANG, L. FLORIDI, « The Chinese approach to artificial intelligence: an analysis of policy, ethics, and regulation », *AI & Society*, vol. 36, 2021, pp. 72-73, disponible sur https://doi.org/10.1007/s00146-020-00992-2 (consulté le 15 mai 2021).

ce cas, le système concerné peut être qualifié comme « totalement automatisé » et « non déshumanisé ».

Quand le Juge estonien de la Cour de justice de l'Union européenne, Monsieur Priit PIKAMÄE, a affirmé, en 2018, que « les robots pourraient remplacer les juges dans la prise de décision »[1], il apparaît qu'il a principalement parlé de la capacité « technique » de ces systèmes. L'expérience d'usage des systèmes automatisés de prise de décision au sein des juridictions estoniennes, sur la base du consentement des parties du litige, nous a prouvé que, même en présence d'obstacles législatifs mentionnés, la déshumanisation d'au moins une partie des procès en Europe, peut être aussi pratiquement possible et envisageable. On peut conclure qu'une adaptation législative au niveau de l'Union européenne et une mutation jurisprudentielle au niveau de la Cour européenne des droits de l'homme peuvent parfaitement permettre une mise en place potentiellement efficace de ces systèmes.

Le quatrième amendement de la Constitution des États-Unis[2], au même titre que l'article 6 de la Convention européenne des droits de l'homme, garantit, pour les individus, le droit à « un tribunal (ou un jury) indépendant et impartial ». En conséquence, du point de vue législatif, la possibilité d'une mise en place des systèmes « totalement » automatisés de la prise de décision au sein des juridictions américaines est incertaine. C'est ainsi que les éléments justifiant (ou rejetant) une telle possibilité sont particulièrement mineurs. Afin de pouvoir examiner cela, on peut le comparer avec la position des juridictions américaines face à l'exemple le plus similaire, à savoir, celui de l'utilisation du logiciel COMPAS et son encadrement jurisprudentiel.

La Cour Suprême du Wisconsin a affirmé, dans sa décision du 13 juillet 2016, que le recours aux outils de la justice prédictive (particulièrement en matière pénale) est légitimement admis tandis qu'il est scientifiquement conforme aux principes juridiques existants et qu'il ne met pas en péril les droits individuels (en particulier celui du *due process*)[3].

En théorie, cette juridiction ne met pas en cause une éventuelle mise en place d'un mécanisme totalement automatisé de la prise de décision au sein des juridictions américaines (le taux de leur efficacité et leur qualité n'est, à ce jour, évalué par aucune étude), s'il correspond aux exigences du principe du *due process* et le droit à un procès équitable[4].

---

[1] Discours de Monsieur PIKAMÄE, « Développement du système juridique et judiciaire, lors de la session plénière des juges », *op. cit*.

[2] H.J. FRIENDLY, « Some Kind of Hearing », *op. cit.*, pp. 1279-1280.

[3] *State c. Loomis*, 881 N.W.2d 749 (Wis. 2016), ¶ 8.

[4] *Ibidem*, ¶ 104, ¶ 105, ¶128, ¶129. ; Cf. Criminal law - sentencing guidelines, « Wisconsin Supreme Court Requires Warning Before Use of Algorithmic Risk Assessments in Sentencing, State v. Loomis, 881 N.W.2d 749 (Wis. 2016) », *Harvard Law Review*, Recent cases, 2017, p. 1530 et p. 1532, disponible sur https://harvardlawreview.org/wp-content/uploads/2017/03/1530-1537_online.pdf (consulté le 21 août 2021).

La conformité de ces logiciels en matière civile doit faire l'objet d'une étude scientifique distincte et une décision de justice ou une opinion judiciaire ou un acte législatif. L'absence d'une restriction spécifique au niveau fédéral peut être interprétée comme une autorisation « implicite » pour la mise en place de ces systèmes. Pourtant, l'adage *non omne quod licet honestum* (en français : tout ce qui n'est pas interdit n'est pas pour autant convenable) nous ne permet pas de conclure que la position de la culture judiciaire et législative américaine est nécessairement favorable à un tel système.

Compte tenu du statu quo législatif des États-Unis, on peut estimer qu'il peut être mis en œuvre, à condition que le principe du *due process* et celui du procès équitable soient respectés. Ainsi, il convient de garder à l'esprit qu'il y a une grande différence entre les outils de « la justice prédictive » (relevant de la catégorie des outils d'aide à la décision) et ceux de « la prise de décision automatisée ». Ils relèvent respectivement de « l'augmentation » et de « l'automatisation » du processus de prise de décision. Contrairement à ceux de la première catégorie, ces derniers peuvent être soit « utilisés » par le magistrat ou le jury soit « les remplacer ».

Le recours aux outils de cette seconde catégorie peut être considéré comme non compatible avec les dispositions des sections 1 et 2 de l'article 3 de la Constitution des États-Unis. La première dispose que « [...] les juges, tant de la Cour suprême fédérale et des tribunaux inférieurs, devront remplir leurs charges avec une bonne conduite [...] ». Ainsi, le second précise que « tous les crimes, sauf dans les cas de la destitution, seront présentés à un jury ».

L'utilisation des termes « juge » et « jury » dans cet article nous amène à conclure qu'*a priori* la Constitution ne reconnaît qu'un « magistrat humain » (ou un jury composé par les êtres humains). Il apparaît qu'aux États-Unis, le système de « prise de décision automatisé » fonctionnant sous le contrôle et la supervision d'un magistrat ou d'un jury semble être techniquement admissible. Cette idée, n'ayant jamais fait l'objet d'une interprétation par le Congrès et la Cour suprême, ne peut être définitivement affirmée ou rejetée par les chercheurs. Cependant, compte tenu de la souplesse extrême de système juridique américain, « une acceptation » ou « une interdiction » semblent être, toutes les deux, techniquement possibles.

On peut donc conclure qu'en Europe et aux États-Unis, la mise en place d'un tel système est possible, en particulier lorsque le contrôle et la supervision humaine sont maintenus. Dans ces circonstances, une déshumanisation ne peut avoir lieu qu'à long terme, du fait d'un recours excessif aux systèmes totalement automatisés.

La mise en question de la qualité de « la justice humaine » n'est pas un enjeu récent. Selon Madame Dory REILING, « prétendre que les décisions judiciaires ont toujours été globalement correctes pose un problème dans le raisonnement »[1]. Les Professeurs G'SELL et ABITEBOUL l'affirment lorsqu'ils évoquent que « la justice humaine est loin d'être parfaite. Quand ils participent à rendre la justice, les humains peuvent être partiaux »[2].

L'homme se caractérise par de nombreuses faiblesses pouvant réduire la qualité de son raisonnement[3]. Parmi les caractéristiques purement humaines, on peut compter « avoir des idées discriminatoires » se produisant sous l'influence des sentiments « humains » (tels que la jalousie, la haine, l'amour la pitié etc.).

Emmanuel KANT énonce dans l'un de ses ouvrages les plus célèbres *La Critique de la raison pure* que la « raison » humaine est particulièrement limitée. Il estime que certaines vérités existantes ne sont pas compréhensibles pour les hommes et que la logique humaine s'élabore à travers les filtres paradigmatiques (souvent conventionnels)[4]. Grâce à sa capacité d'analyser d'une manière pointeuse et rapide de grandes masses de données, l'intelligence artificielle est capable de révéler certains faits et certaines circonstances pouvant être ignorés par les hommes. Par exemple, elle peut découvrir certains éléments de preuves « cachés » ou « ignorés » par les justiciables.

Madame Amy WEBB précise que selon les mathématiciens, « il est impossible de prendre une décision [algorithmique] parfaite »[5] et que, même si les algorithmes sont programmés par les hommes, elles peuvent prendre des décisions contre les intérêts de l'humanité[6].

Ainsi, il explique qu'il est impossible de concevoir un système de l'intelligence artificielle, capable de répondre à toutes les questions[7]. Ce propos étant parfaitement valable pour les machines, ne peut être considéré comme une affirmation de la perfection des décisions humaines. En fait, ces deux caractéristiques sont partagées entre la machine et les hommes puisque ces derniers ne sont pas ne plus capables de répondre à toutes les questions et peuvent prendre des décisions contre les intérêts de l'humanité.

---

[1] D. REILING, « Quelle place pour l'intelligence artificielle dans le processus de décision d'un juge ? », *op. cit.*, p. 225.

[2] S. ABITEBOUL, F. G'SELL, « Les algorithmes pourraient-ils remplacer les juges ? », *op. cit.*, p. 8.

[3] Cf. M. Ch. PIATTI, « Droit et Post-humanité, La Technique, marqueur de la relation entre " personne " et " patrimoine " ? La personne et (est) son patrimoine génétique ou bionique » In. F. VIOLET (dir.), *Personne et patrimoine en droit, recherche sur les marqueurs d'une connexion*, Bruylant, 2015, pp. 467-498.

[4] Cf. E. KANT, A. RENAUT (trad.), *Critique de la raison pure*, Flammarion 3e édition, 2006, 766 p.

[5] A. WEBB, « an NYU professor explains why it's so dangerous that Silicon Valley is building AI to make decisions without human values », *Business insider*, 23 février 2019, disponible sur https://www.businessinsider.fr/us/amy-webb-big-nine-artificial-intelligence-2019-2 (consulté le 24 mai 2020).

[6] *Ibidem.*

[7] *Ibidem.*

En 1994, une étude a montré qu'aux États-Unis, « dans des conditions similaires, le montant exigé pour une remise de liberté sous caution est plus élevé de 25 % lorsque le prévenu est noir que lorsqu'il est blanc »[1]. Une autre étude montre que l'opinion du même juge sur « les cas totalement similaires » peut être différente « en fonction de l'heure de la journée à laquelle il l'a rendue ». Plus précisément, selon celle-ci, les juges sont susceptibles de rendre les décisions nettement plus favorables au début de la journée et après le repas[2]. C'est ainsi qu'on peut estimer qu'une analyse algorithmique peut renforcer la stabilité des méthodes de prise de décision de justice.

En 2017, une autre étude empirique sur les décisions rendues par les juridictions américaines, compétentes en droit d'asile, a démontré que, dans cette matière spécifique, une analyse algorithmique de certaines informations, tels que le nom du magistrat, la nationalité du demandeur et le motif de la demande, produirait une décision plus pertinente que celle rendue par l'homme[3]. Cette étude suscite une inquiétude générale face à l'impartialité et la neutralité des magistrats.

L'hypothèse de la qualité supérieure d'une analyse algorithmique par rapport à celle d'humain reste incertaine. Elle peut être parfaitement admise si on considère que l'impartialité des juridictions dépend de leur « neutralité stricte » (puisque cela peut éliminer l'influence des approches personnelles des magistrats sur leurs raisonnements). Pourtant, cela ne serait plus le cas si on estime que l'équité se caractérise par la prise en compte des éléments extrajudiciaires et qu'elle a une primauté ou fait partie du principe de « l'impartialité des juges ». Nous avons évoqué que selon Monsieur Pierre GAUTIER, l'émotion peut renforcer la justesse de la décision judiciaire (en particulier, dans les affaires pénales et celles liées au droit de la famille)[4]. Cette hypothèse affirme que dans certains cas, un manquement au principe d'égalité du traitement peut mieux garantir celui de l'équité.

Ce sujet a été déjà abordé dans une décision du 17 octobre 1995 de la Cour de justice des communautés européennes, concernant la discrimination positive. En interprétant le paragraphe 4 de l'article 2 de la directive de 1976, la Cour a déclaré que ce dernier avait pour « but précis et limité d'autoriser des mesures qui, tout en étant discriminatoires selon les apparences, visent

---

[1] I. AYRES, J. WALDFOGEL, « A Market Test for Race Discrimination in Bail Setting », *Stanford Law Review*, 1994, n° 46, p. 987.

[2] Sh. DANZIGER, J. LEVAV, L. AVNAIM-PESSO, « Extraneous factors in judicial decisions », *PNAS*, avril 2011, vol. 108, n° 17, pp. 6889-6892, cité dans S. ABITEBOUL, F. G'SELL, « Les algorithmes pourraient-ils remplacer les juges ? », *op. cit.*, p.10.

[3] M. DUNN, L. SAGUN, H. SIRIN, D. CHEN, « Early Predictability of Asylum Court Decisions », *Compte rendu de la manifestation lors de la conférence de l'Association de Computing Machinery sur l'intelligence artificielle et le droit*, 2017, disponible sur https://ssrn.com/abstract=2816191 (consulté le 5 août 2021).

[4] P. GAUTIER, « Le droit de la preuve et l'émotion », *op. cit.*, p. 180.

effectivement à éliminer ou à réduire les inégalités de fait pouvant exister dans la réalité de la vie sociale »[1].

Dans ce cas, la méthode employée par le juge pour la reconnaître doit être fondée sur un raisonnement strictement logique et bien encadré et « non sous l'influence des émotions »[2]. Le sujet de la nécessité de l'existence d'un aspect humain pour déterminer « l'équité » est doctrinal. Aux États-Unis, cela fait partie des débats entre les partisans des théories du « formalisme » et ceux du « réalisme » juridique.

Il est possible de diviser les méthodes de détermination de « l'équité » en deux : (1) celles qui sont particulièrement spontanées et détectables par les émotions humaines (e.g. la prise en compte de la vulnérabilité d'une victime lors d'un procès pénal) et (2) celles étant évaluables par une analyse formelle (e.g. dans le cas de la discrimination positive).

Concernant la première catégorie, la machine peut être programmée pour détecter certains éléments de la vulnérabilité dans les émotions exprimées par les justiciables ou par une analyse de sa situation ou les circonstances de l'affaire. Pourtant, à cause de la spontanéité de ces méthodes dans le sens humain, la fiabilité de ce type de détection algorithmique ne peut pas être garantie.

Les méthodes relevant de seconde catégorie se réalisent par une logique aristotélicienne (également connue comme « la logique traditionnelle »), basée sur des éléments strictement prédéfinis et sur une méthode formelle, dite « scientifique » (elle se positionne face à la logique émotionnelle basée sur les sentiments humains).

La base de ce raisonnement repose sur un « syllogisme »[3], défini par Aristote comme : « un discours dans lequel, certaines choses étant posées, quelque chose d'autre que ces données en découle nécessairement par le seul fait de ces données »[4]. Celle-ci ressemble considérablement au système du fonctionnement des algorithmiques. En effet, toutes les deux reposent sur un fondement mathématique et syllogistique. C'est ainsi que la méthode de détermination de l'équité dans les exemples similaires à celui de la discrimination positive peut être automatiquement modélisée, autoprogrammée et appliquée par la machine, sans aucune intervention humaine.

---

[1] CJCE, *Eckhard Kalanke c. Freie Hansestadt Bremen*, 17 octobre 1995, §18.

[2] Sénat (fr), *3. Le droit communautaire encadre les possibilités de discrimination " positive "*, rapport législatif, disponible sur https://www.senat.fr/rap/a2000-001/a2000-0013.html (consulté le 23 juillet 2021).

[3] Cf. J-B. GOURINAT, « Aristote et la " logique formelle moderne " : sur quelques paradoxes de l'interprétation de Łukasiewicz », *op. cit.*, pp. 69-101.

[4] Aristote, *Topiques*, I, 1, 100 a 25 et *Premiers Analytiques*, I, 1, 24 b 18-20, cité dans Universalis, *syllogisme*, disponible sur https://www.universalis.fr/encyclopedie/syllogisme/ (consulté le 24 juillet 2021).

Monsieur Boris BARRAUD affirme, à ce sujet, que « le fait qu'un juge-robot opère le plus souvent les mêmes choix que des juges-humains accrédite la vision d'une justice fonctionnante à base de syllogisme, contre la thèse d'une justice abandonnée à la subjectivité de chaque magistrat »[1].

La pertinence de ce propos a été affirmée par certaines études universitaires, réalisées entre 2016 et 2020, portant sur la prédiction des décisions de justice. Cependant, on ne peut pas le donner une portée générale puisque ces études sont réalisées dans les contextes jurisprudentiels et législatifs strictement définis[2]. Compte tenu de l'ensemble de ces considérations, nous pouvons évoquer qu'une déshumanisation du système judiciaire, en neutralisant les méthodes du raisonnement des magistrats, pourrait mieux garantir « l'impartialité » des juridictions. On peut considérer que les algorithmiques sont à la fois susceptibles d'éliminer les biais d'origine humaine, de modéliser la méthode de détermination de l'équité, et de l'appliquer automatiquement sur ses propres analyses[3].

Il est également nécessaire de considérer que la diversité des approches personnelles des magistrats sur une problématique juridique identique (faisant obstacle à l'harmonisation de leur vision) peut également poser un impact important sur la qualité de la prédiction et de la modélisation des décisions judiciaires.

Les cinq études empiriques sur la qualité de la prédiction algorithmique des décisions de la Cour européenne des droits de l'homme[4] de la Cour suprême des Philippines [5] et celle des États-Unis[6] et des tribunaux du Royaume-Uni[7] sont les études les plus importantes réalisées sur ce sujet entre 2016 et 2020. Elles ont réussi à atteindre des taux d'exactitude différent allant

---

[1] B. BARRAUD, « Un algorithme capable de prédire les décisions des juges : vers une robotisation de la justice ? », *Les Cahiers de la Justice*, 2017, vol.1, n°1, p. 121.

[2] *Supra*, notes n° 667, n° 668, n° 669, n° 670 et 671.

[3] Cf. S. WACHTER, B. MITTELSTADT, Ch. RUSSELL, « Why Fairness Cannot Be Automated: Bridging the Gap Between EU Non-Discrimination Law and AI », *Computer Law & Security Review*, 3 mars 2021, disponible sur https://arxiv.org/abs/2005.05906 (consulté le 15 septembre 2021).

[4] N. ALETRAS, D. TSARAPATSANIS, D. PREOȚIUC-PIETRO, V. LAMPOS, « Predicting judicial decisions of the European Court of Human Rights: a Natural Language Processing perspective », *op. cit.* ; Le taux exactitude de atteint par cette étude a été 79 % (en moyenne). ; Cf. M. MEDVEDEVA, M. VOLS, M. WIELING, « Using machine learning to predict decisions of the European Court of Human Rights », *op. cit.* ; le taux exactitude de cette étude est 75 % (en moyenne).

[5] M.B. VIRTUCIO, J.A. ABOROT, J.K. ABONITA, R.S. AVIÑANTE, R.J. COPINO, M.P. NEVERIDA, V.O. OSIANA, E.C. PERAMO, J.G. SYJUCO, G.B. TAN, « Predicting Decisions of the Philippine Supreme Court Using Natural Language Processing and Machine Learning », *op cit.* ; le taux exactitude atteint par cette étude a été 59%.

[6] D.M. KATZ, M.J. BOMMARITO II, J. BLACKMAN. « A general approach for predicting the behavior of the Supreme Court of the United States », *op. cit.* ; le taux exactitude atteint par cette étude est 71.9 %.

[7] B. STRICKSON, B. DE LA IGLESIA, « Legal Judgement Prediction for UK Courts », *op. cit.*, pp. 204–209. ; le taux exactitude atteint par cette étude est 69.05 %.

de 59% (pour les décisions de la cour suprême des Philippines) à 79% (pour celles de la Cour européenne des droits de l'homme). Pour déterminer ces taux, les chercheurs ont comparé « une décision élaborée par la machine » avec « celle rendue par un jury composé par des hommes » portant sur des faits totalement identiques.

Malgré le taux élevé de similitudes entre les deux, il semble que les analyses faites par la machine ne peuvent pas être encore considérées « complètement similaires » à celles « de l'humain ». Dans un premier regard, on peut conclure que ces systèmes ne sont pas suffisamment puissants pour réaliser une analyse, telle qu'elle était attendue. Pourtant, un regard plus profond nous conduit à mettre en question la pertinence de « ce mode d'évaluation de la qualité de prédiction » ainsi que « la méthode humaine » de la prise de décision judiciaire.

Messieurs Richard et Daniel SUSSKIND pensent que même si « l'homme » et « la machine » ne possèdent pas les mêmes capacités de compréhension et de pratique de la justice, cette dernière peut être capable d'appliquer la justice par sa propre méthode, pouvant être potentiellement plus pertinente que celle de l'humain[1]. Monsieur Boris BARRAUD, en faisant allusion à la subjectivité du raisonnement humain, explique que « d'un point de vue théorique, le fait qu'un robot soit en mesure de rendre la même justice qu'un humain dans huit cas sur dix, mais aussi le fait que les décisions du juge-robot et du juge-humain divergent deux fois sur dix, sont peut-être riches d'enseignements »[2].

Il convient de considérer qu'une « seule décision humaine » sur « un fait précis » ne peut pas être nécessairement considérée comme une référence juste et parfaite. En s'interrogeant sur la pertinence de cette dernière, on se rend compte que deux magistrats ou deux jurys peuvent rendre deux jugements, portant sur des faits identiques, avec un taux de différence supérieure à 29% (la moyenne du taux de décalage entre la décision algorithmique et celle d'humaine dans les 4 études mentionnées)[3]. Ils peuvent être même parfois opposés. En particulier, cela peut être le cas des décisions des juridictions d'appel annulant celles rendues par celles du premier degré (dans ces circonstances, on peut considérer que l'élément perturbant de la modélisation algorithmique d'un raisonnement judiciaire est humain). Cet exemple démontre que la divergence des décisions des juges sur des faits identiques est une réalité reconnue dans les cultures judiciaires européennes et américaines.

---

[1] Cf. R. SUSSKIND, D. SUSSKIND, *The Future of the Profession : How Technology Will Transform the Work of Human Experts*, Oxford, Oxford University Press, 22 octobre 2015, 368 p.

[2] B. BARRAUD, « Un algorithme capable de prédire les décisions des juges : vers une robotisation de la justice? », *préc.*, p. 123.

[3] Cf. X. LINANT DE BELLEFONDS, « L'utilisation des systèmes experts en droit comparé », *Revue internationale de droit comparé*, 1994, vol. 46, n° 2, p., 1994, pp. 703-718. ; Cf. Conseil de l'Europe, *la Charte éthique européenne d'utilisation de l'intelligence artificielle dans les systèmes judiciaires et leur environnement*, op. cit., p. 38.

De ce point de vue, même si la décision élaborée par l'intelligence artificielle n'est pas totalement identique à celle de l'homme, cela ne signifie pas que sa qualité est nécessairement supérieure ou inférieure. Par conséquent, on estime qu'il n'existe aucun mécanisme totalement fiable, permettant d'évaluer la qualité d'une décision judiciaire auto-générée (ce propos peut être aussi valable dans le cas d'évaluation des décisions des magistrats), en considérant qu'il est difficile de déterminer les caractéristiques de la « justesse » d'un raisonnement judiciaire humain.

Il n'y a aucune raison particulière et globalement acceptée justifiant le fait qu'une justice humaine est plus juste que celle de l'intelligence artificielle ou *vice-versa*. Compte tenu de cette divergence décisionnelle, on peut considérer que l'évaluation de la qualité des décisions rendues par les humaines est aussi considérablement difficile. Ce fait souligne notamment l'importance du rôle des juridictions suprême dans la détermination des « facteurs de reconnaissance d'une décision judiciaire de qualité ».

En Europe, l'idée de la nécessité de sauvegarde de l'aspect humain du procès a été particulièrement soutenue par le Conseil consultatif des juges européens, dans son avis n° 14 précisant que « l'introduction des TI [technologies de l'informatique] dans les tribunaux en Europe ne doit pas compromettre les aspects humain[s] et symbolique[s] de la justice. Si la justice est perçue par les justiciables comme purement technique, dépourvue de sa fonction réelle et fondamentale, elle risque de se déshumaniser. La justice est et doit rester humaine car elle traite avant tout des personnes et de leurs litiges »[1]. Pourtant, ni ce dernier ni le Conseil de l'Europe ne précisent la raison pour laquelle ils estiment qu'un litige entre les personnes ne peut être résolu d'une façon pertinente sans intervention humaine. C'est ainsi qu'on peut considérer que le fondement de cette évocation est flou tant sur le plan informatique que juridique. Par conséquent, elle ne peut être définitivement affirmée tant qu'elle n'est pas l'objet d'une étude juridico-informatique.

Il apparaît également impossible de soutenir qu'un système déshumanisé de justice peut généralement et toujours fonctionner d'une façon cohérente. Cette question doit être étudiée à travers une série d'études empiriques sur tous les impacts potentiels qu'il peut produire sur « les différents types de contentieux ». De façon générale, Il convient de déterminer précisément, au niveau national, le champ des tâches judiciaires pouvant être traitées de façon purement automatisée. Ensuite, il serait possible de créer un cadre législatif (et technique) spécifique pour chaque catégorie. Cela nous permettrait de déterminer précisément les catégories des contentieux dans lesquelles un tel système est susceptible de fonctionner mieux que des hommes.

---

[1] Conseil consultatif des Juges européens, *Justice et technologies de l'information (TI)*, Avis n°14, 20 janvier 2010, §6 cité dans Conseil de l'Europe, *Lignes directrices sur la conduite du changement vers la cyberjustice - Bilan des dispositifs déployés et synthèse de bonnes pratiques*, *op. cit.*, p.21.

Une déshumanisation peut être aussi envisageable, au niveau des juridictions suprêmes des États, dans le cas des « opinions » et des « interprétations des magistrats ». Pourtant, la possibilité technique de sa mise en œuvre dépend considérablement des exigences législatives et des caractéristiques de la culture judiciaire de chaque pays. Par exemple, en France, la proposition de résolution n° 2912 prévoit que « l'interprétation de la règle et du droit doit rester une prérogative strictement humaine »[1], alors qu'aux États-Unis, en absence d'une prise de position particulière, de la part des législateurs et des juridictions à ce sujet, une interprétation purement automatisée de la règle de droit par l'intelligence artificielle semble être techniquement autorisée. Grâce à sa neutralité mathématique, en éliminant le risque de politisation d'évolution jurisprudentielle du droit (sauf si nous considérons que la politisation est un élément naturel de l'évolution jurisprudentielle du droit), elle peut mieux garantir l'indépendance des juridictions vis-à-vis des pouvoirs exécutif et législatif.

En théorie, une interprétation déshumanisée pourrait être également avantageuse dans les juridictions suprêmes américaines. En fait, la nomination de ses magistrats par les chefs du pouvoir exécutif (aux niveaux fédéral ou fédéré) suscite la présomption du risque de leur dépendance politique. Pourtant, un tel intérêt est fortement potentiel car, dans l'hypothèse de l'existence d'une influence politique dans les décisions précédentes des magistrats, une analyse purement automatisée, en évitant l'émergence de nouvelles influences, peut reprendre et systématiser les influences précédentes, existant dans les bases de données judiciaires. Si une telle influence est massivement présente dans un grand nombre de jurisprudences, il serait particulièrement difficile de les identifier et les distinguer dans chaque texte.

La qualité du fonctionnement de l'intelligence artificielle dépend principalement de la fiabilité des données et de la pertinence du programme de ses modèles algorithmiques, produits à partir des deux premiers éléments. C'est ainsi qu'on peut considérer que la possibilité technique de déshumanisation d'un système judiciaire dépend aussi de sa structure et de ses sources. Une telle automatisation (partielle ou totale) peut plus facilement conduire à une déshumanisation lorsqu'il se base sur des sources juridiques claires, structurées et strictement prédéfinies telles que les lois écrites (comme dans les systèmes juridiques européens), que celui se basant sur les opinions précédentes des magistrats (comme celui des États-Unis). Dans la première catégorie, le jugement (notamment dans les juridictions de premier degré) consiste particulièrement à « l'application » du droit, alors que dans la

[1] Assemblée nationale (Fr), proposition de résolution n° 2912 *visant à encadrer la justice prédictive et empêcher que l'intelligence artificielle prenne les décisions de justice en lieu et place des juges*, 11 mai 2020.

seconde, en rendant une décision, les magistrats « créent » un nouveau droit. Par conséquent, leurs interprétations sont moins faciles à être modélisées.

Même si nous imaginons qu'en Europe, une « automatisation » du processus de prise de décision judiciaire peut théoriquement conduire à « une déshumanisation mécanique ou opérationnelle du procès », elle n'est pas susceptible de déshumaniser le système « sur le plan intellectuel » puisque, même dans le cas d'un traitement totalement automatisé, celui-ci repose sur (1) les modèles des raisonnements humains, exploités à partir des jurisprudences, ainsi que (2) les règles législatives élaborées par les hommes. On peut conclure que le recours aux systèmes purement automatisés de prise de décision, peut impacter l'évolution jurisprudentielle du droit, mais il ne déshumanise pas le système tant que l'un de ces deux éléments maintient son caractère humain. Par conséquent, l'hypothèse d'une déshumanisation totale des systèmes judiciaires semble être, au moins pour l'instant, impossible.

CONCLUSION

« [...] vous êtes dans le bon chemin si les experts se moquent de vous et disent que c'est impossible »[1].

- Matthew HEPBURN

Par ces mots, Monsieur Matthew HEPBURN essaye d'expliquer qu'aujourd'hui, la société des experts n'est toujours pas consciente des possibilités que les sciences émergentes (en particulier, celle de l'intelligence artificielle) peuvent présenter. Cela limite leur ouverture aux études réalisées dans le passé. D'une manière générale, qu'une suprématie en matière de l'intelligence artificielle dépend plutôt de « l'ouverture de la société aux idées innovantes et nouvelles » que « la capacité technique de conception d'outils puissants ».

Aujourd'hui, même « la créativité », qui était auparavant considérée comme l'une des caractéristiques essentiellement et exclusivement réservées à l'esprit « humain », peut être réalisée par les machines[2]. Cela nous démontre

---

[1] M. LEE, « Pentagon scientists develop microchip that detects COVID before symptoms when placed under skin », *Washington Examiner*, 13 avril 2021, disponible sur https://www.washingtonexaminer.com/news/pentagon-microchip-covid-under-skin (consulté le 22 mai 2022).

[2] C. ZAGHET, « NVIDIA présente un robot pour la cuisine doté d'intelligence artificielle », *Siècle Digital*, 14 janvier 2019, disponible sur https://siecledigital.fr/2019/01/14/nvidia-presente-un-robot-pour-la-cuisine-dote-dintelligence-artificielle (consulté le 11 septembre 2019). ; S. KETTLEY, « Artificial Intelligence BREAKTHROUGH: These incredible paintings were made by an AI ROBOT », *Express.co.uk*, 7 juin 2019 , disponible sur Artificial Intelligence news: AI robot created these INCREDIBLE paintings | Science | News | Express.co.uk (consulté le 11 September 2019). ; P. ABRY, H. WENDT, S. JAFFARD, « When Van Gogh Meets Mandelbrot: Multifractal classification of painting's texture », *Signal Processing*, vol. 93, n° 3, 2013, pp. 554-572. ; Cf. M. MAZZONE, A. ELGAMMAL, « Art, Creativity, and the Potential of Artificial Intelligence », *Artnodes*, n° 26, 2020, pp. 1-8, disponible sur https://orcid.org/0000-0002-4016-6297 (consulté le 8 décembre 2021). ; S. COLTON, J. HALSKOV, D. VENTURA, I. GOULDSTONE, M. COOK, B. PEREZ-FERRER, « The Painting Fool Sees! New Projects with the Automated Painter », *Proceedings of the Sixth International Conference on Computational Creativity*, juin 2015, pp. 189-196. ; Sh. YANISKY-RAVID, L. A. VELEZ-HERNANDEZ, « Copyrightability of Artworks Produced by Creative Robots and Originality: The Formality-Objective Model », *Minnesota Journal of Law, Science & Technology*, vol. 19, n° 1, 2018, pp. 1-53. ; J.-W. HONG, N. M. CURRAN, « Artificial Intelligence, Artists, and Art: Attitudes Toward Artwork Produced by Humans vs. Artificial

que les bénéfices de cette technologie, dans les domaines juridiques et judiciaires, sont susceptibles d'être considérablement importants.

Depuis longtemps, l'intelligence artificielle est omniprésente dans la vie des juristes et, de manière générale, dans « l'écosystème » classique du droit. Les progrès récents de cette technologie nous ont permis d'élargir le champ d'utilité de cette technologie, en échangeant les techniques classiques (purement statistiques) d'aide à la décision telles que celles dédiées à « la documentation » et « l'élaboration des statistiques estimant la chance de succès dans un procès » contre des systèmes plus sophistiqués (et potentiellement plus pertinentes) comme celui de « la modélisation du raisonnement juridique » et de la « reproduction des analyses et décisions judiciaires ».

Cet ouvrage présente des solutions législatives et techniques, permettant de mettre en œuvre les systèmes « augmentés » et « purement automatisés » de prise de décision judiciaire aux États-Unis et en Europe. Pourtant, dans chacune de ces dimensions, ces systèmes sont susceptibles de produire des impacts différents. Ils pourraient influencer aussi l'évolution et le fondement des règles juridiques.

L'intelligence artificielle est à la fois l'objet du commerce et le sujet de la justice augmentée. À ce titre, elle renforce, dans les environnements judiciaires « augmentés », l'importance des considérations économiques. Cela peut transformer les méthodes de gestion des systèmes de justice, augmenter le risque des interventions illégitimes des acteurs de legaltech dans les processus de prise de décision judiciaire et celui de la dépendance matérielle aux outils qu'ils produisent et fournissent. La mise en œuvre de ces environnements nécessite des mesures efficaces visant à garantir non seulement l'accès aux données fiables et aux logiciels appropriés, mais aussi la liberté décisionnelle des magistrats (si elle est exigée par les législations).

Le renforcement de l'efficacité de ces systèmes ainsi que la nécessité de préservation des droits individuels suscitent un besoin grandissant de « création de nouvelles règles législatives, réglementaires et éthiques » garantissant la conformité de leur fonctionnement avec les règles juridiques existantes. Celui-ci est de plus en plus présent au sein de l'Union européenne qu'aux États-Unis. Dans chacune de ces dimensions, le recours aux outils

---

Intelligence », *ACM Transactions on Multimedia Computing, Communications, and Applications*, vol. 15, n° 2, 2019, Art. n° 58, pp 1-16. ; Thomas J Watson Research Center, « Using AI to Create New Fragrances », *IBM*, 23 octobre 2018, disponible sur https://www.ibm.com/blogs/research/2018/10/ai-fragrances/ (consulté le 20 juillet 2019).

algorithmiques au sein de la justice est jugé respectivement « absolument à haut risque »[1] et « *a priori* sans risque »[2].

Il ressort aussi la nécessité impérieuse d'une adaptation des acteurs de la justice ainsi que des professionnels libéraux du monde du droit à certaines exigences techniques et formelles, imposées par les cadres mathématiques des algorithmes. Cela peut aboutir à certaines reconfigurations « formelles » et « rationnelles » des « travaux des juristes » et du « fonctionnement général » du système de justice. Les premières peuvent aussi être vectrices ou l'origine des secondes. Elles peuvent apparaître à tout niveau, allant des règles de la procédure et le contrôle de la qualité des décisions aux réformes linguistiques et langagières. Elles peuvent être mises en place dans le cadre de programmes spécifiques et des stratégies, visant à renforcer la qualité et l'efficacité du fonctionnement de ces systèmes dans les juridictions. Ses effets peuvent se refléter aussi inconsciemment dans les comportements et la pensée des juristes. Leur soumission à celles-ci développe, dans l'ensemble des environnements judiciaires augmentés, une forme plus ou moins générique et mathématique d'analyse des questions et des problématiques juridiques.

Dans le monde du droit, l'utilité des technologies de l'intelligence artificielle (combinées avec celles de la blockchain) ne se limite pas à l'exploitation, l'identification et la modélisation de l'intention originelle des législateurs lors de la création des lois organiques et des règles suprêmes existantes ainsi que « la modélisation » et « la prédiction » des évolutions jurisprudentielles. Elles peuvent être aussi utilisées pour créer des nouvelles règles législatives, en identifiant, analysant et modélisant « la volonté du peuple »[3], par l'intermédiaire d'analyse algorithmique des valeurs et des normes sociales.

Ces systèmes peuvent être également utilisés pour déterminer les caractéristiques des concepts subjectifs et conventionnels telles que la moralité, l'éthique et la justice. Le recours à ceux-ci peut permettre de renforcer le caractère démocratique du processus d'élaboration des projets de

---

[1] Art. 6§2 et le con° n° 40 de la proposition de règlement du Parlement européen et du Conseil établissant des règles harmonisées sur l'intelligence artificielle. ; Cf. con. n° 15 des recommandations du 8 avril 2020 du Conseil de l'Europe *sur les impacts des systèmes algorithmiques sur les droits de l'homme*, 8 avril 2020.

[2] *State c. Loomis*, 881 N.W.2d 749 (Wis. 2016), ¶ 8. ; Le 26 juin 2017, cette décision a été formellement confirmée par la Cour suprême des États-Unis. ; Cf. Scotusblog, l'évolution du traitement de la *petition for certiorari* présentée par Monsieur LOOMIS à la Cour suprême des États-Unis, disponible sur http://www.scotusblog.com/case-files/cases/loomis-v-wisconsin/ (consulté le 6 avril 2021).

[3] Cf. D. M. RASMUSSEN, « Public Reason and Constitutional Interpretation » In. A. AGRAWAL, J. GANS, A. GOLDFARB (dir.), *The Economics of Artificial Intelligence: An Agenda*, University of Chicago Press, 2019, pp. 89-96. ; Cf. D. K. SCHNEIDER, *Modélisation de la démarche du décideur politique dans la perspective de l'intelligence artificielle*, Université de Genève, 1996, disponible sur https://tecfa.unige.ch/tecfa/publicat/schneider/these-daniel/book.pdf (consulté le 30 août 2021).

loi et la pertinence des règles existantes (surtout en matière pénale). Cela peut également fournir de nouvelles méthodes de création des règles juridiques.

Le caractère « réalisable » de la justice augmentée doit être étudié non seulement du point de vue « technique » « juridique » (en particulier sa conformité avec les normes juridiques les plus hautes), mais aussi « démocratique » et « économique ». Plus précisément, « la réalisabilité » et « la volonté » de mettre en place ces systèmes doivent être étudiées séparément. Cette dernière se caractérise par celles des « populations » et des « administrations ». Son acceptation peut être confrontée à une méfiance publique.

Lord Farrer HERSCHELL explique (dans l'une de ses correspondances avec Sir George JESSEL) qu'« il est important que les gens obtiennent justice. Il est encore plus important qu'on leur fasse sentir et voir qu'ils l'obtiendront correctement »[1]. L'intelligence artificielle, étant associée aux ambitions économiques, fantasmes et peurs, se caractérise par « la nouveauté » et « l'étrangeté », elle développe une sorte de méfiance. C'est la raison pour laquelle, dans les juridictions, le recours aux systèmes algorithmiques peut mettre en péril « l'image » de la justice. Un sondage réalisé, en juin 2022, par l'auteur de cet ouvrage démontre que, lors des consultations juridiques virtuelles (automatisées ou non-automatisées), l'image et l'apparence des experts jouent un rôle essentiel dans la confiance que les justiciables les accordent (57% des participants ont répondu que l'apparence physique d'un expert est déterminante dans la confiance qu'ils les accordent).

Dans l'hypothèse de mise en œuvre des juridictions automatisées, cette image est plus susceptible d'être impactée. Dans ces circonstances, le recours aux techniques de « la réalité virtuelle » ou « le métavers »[2] peut permettre de maintenir cette image. Dans les différents systèmes juridiques, l'implication de ces technologies, dans les procès automatisés et augmentés, peut être confrontée aux obstacles législatifs variés (notamment du point de vue de la protection des données). En effet, la création algorithmique des avatars des membres des juridictions nécessite un recours à une grande masse de leurs données personnelles, englobant en particulier, celles « visuelles » et « vocales ».

---

[1] J. B. ATLAY, *The Victorian Chancellors*, Smith, Elder & Company, 1908, p. 460. ; N. ROSCOE POUND, « Mechanical Jurisprudence », *op. cit.*, p. 606.

[2] Cf. M. DAMAR, « Metaverse Shape of Your Life for Future: A bibliometric snapshot », *Journal of Metaverse*, vol. 1, n° 1, pp. 1-8. ; Cf. L-H. LEE, T. BRAUD, P. ZHOU, L. WANG, D. XU, Z. LIN, A. KUMAR, C. BERMEJO, P. HUI, « All One Needs to Know about Metaverse: A Complete Survey on Technological Singularity, Virtual Ecosystem, and Research Agenda », *Journal of Latex*, vol. 14, n° 8, septembre 2021, pp. 1-66, disponible sur https://doi.org/10.48550/arXiv.2110.0535 (consulté le 3 mai 2022).

En France, la collection et l'usage de leurs données personnelles en vue de leur profilage sont interdits[1]. En principe, compte tenu des dispositions de l'article L. 111-13 §2 du Code de l'organisation judiciaire, le champ d'application de cette règle se limite à leur divulgation publique. Les autorités compétentes doivent statuer sur sa probable applicabilité dans le cas de cet usage de ces technologies par les juridictions (ou les entreprises privées) pour créer des avatars. En l'absence d'une prise de position officielle, on peut considérer que, pour l'instant, il s'agit d'un vide juridique.

Au niveau de l'Union européenne, le considérant n° 50 du RGPD exclut son application dans le cas du traitement des données personnelles par les membres des juridictions lors du processus de prise de décision. Pourtant, cela ne concerne automatiquement pas cette forme du traitement des données personnelles de ces derniers par les juridictions, d'autant plus qu'en principe, les espaces virtuels créés grâce à cette technologie ne seront pas accessibles au public. Dans ces circonstances, conformément à l'article 6 §1 (a) de ce règlement, le recours à leurs données personnelles peut être aussi justifié par le consentement des membres des juridictions pour faire l'objet de création des avatars dans les espaces virtuels.

En réalité, contrairement à ce qu'on pourrait penser, le formalisme mathématique imposé par la mise en œuvre des environnements judiciaires « augmentés » et « automatisés », peut renforcer et stabiliser cette image. Dans un système où les méthodes d'analyse juridique sont scientifiques et formalisées, l'explicabilité des décisions de justice peut être théoriquement supérieure.

La volonté des administrations pour mettre en œuvre ces environnements dépend particulièrement des considérations économiques. Cet ouvrage présente des mesures à la fois technologiques et juridiques visant à établir, tant aux États-Unis qu'en Europe, les diverses formes et niveaux de juridictions augmentées et automatisées, ainsi qu'une perspective sur les intérêts et les risques qu'elles pourraient engendrer. Ainsi, pour concrétiser leur implémentation, il est crucial de se questionner sur « le caractère rentable » de ces systèmes et sur les coûts environnementaux qu'ils pourraient imposer aux administrations et aux professionnels du droit. Dans chaque système, celui-ci, étant strictement subjectif, peut être évalué différemment.

La mise en place d'un système augmenté ou automatisé efficace requiert l'implémentation d'un grand nombre de systèmes d'intelligence artificielle interagissant les uns avec les autres, créant ainsi un nouvel écosystème. En raison de leur hyperconnexion, le retrait ou le dysfonctionnement de l'un peut perturber le fonctionnement des autres, impactant la qualité des résultats du système. Les coûts liés à la création et à l'utilisation des outils algorithmiques nécessaires pour concevoir ces environnements peuvent être particulièrement

---

[1] Cf. L'alinéa 3 de l'art. 33 de La loi n° 2019-222 du 23 mars 2019 de *programmation 2018-2022 et de réforme pour la justice.*

élevés. À l'avenir, ces coûts pourraient également augmenter en raison des ajustements apportés par les créateurs, fournisseurs et prestataires. Cela pourrait renforcer la dépendance matérielle des institutions de justice augmentée à l'égard de ces acteurs.

Avant d'entreprendre un projet d'automatisation des systèmes judiciaires, les États et les professionnels du droit doivent évaluer sa rentabilité. Cette tâche peut s'avérer particulièrement complexe, car elle nécessite une compréhension approfondie des coûts précis liés à l'utilisation et à la création de l'ensemble des outils, ainsi qu'une capacité à choisir les logiciels nécessaires et appropriés pour chaque juridiction. Les experts dans ce domaine doivent prendre en compte les coûts du fonctionnement traditionnel de ces systèmes ainsi que prévoir l'évolution de l'ensemble de ces éléments pour l'avenir. De plus, ils doivent être en mesure d'identifier les besoins spécifiques de chaque juridiction et de proposer la création d'un nouveau logiciel adapté.

Pour répondre à cette demande émergente, de nouveaux cabinets de conseil spécialisés dans « la détermination de la rentabilité des systèmes augmentés et automatisés » et « le contrôle de leur conformité » pourraient être créés. Des groupes d'experts pourraient également être formés au sein des organes étatiques afin d'assister dans l'évaluation de la rentabilité de ces projets d'automatisation. Ce service pourrait être fourni par les administrations centrales, telles que le département de justice aux États-Unis ou les institutions de l'Union européenne.

L'examen de la rentabilité de la mise en œuvre de ces systèmes doit également prendre en compte leurs coûts environnementaux. L'utilisation intensive d'outils d'intelligence artificielle et de blockchain peut entraîner une consommation substantielle d'électricité, créant ainsi une dépendance significative des organes publics à l'égard des sources d'énergie. La mise en œuvre de la justice augmentée dans un pays disposant de ressources énergétiques adéquates peut être plus rentable que dans un autre dépendant de sources étrangères, évitant ainsi le renforcement de cette dépendance et le risque de néo-colonisation. Cette dépendance n'est pas exclusive aux systèmes d'intelligence artificielle, car les juridictions traditionnelles sont également tributaires des ressources naturelles. Par exemple, la fabrication de papiers et de stylos, des outils utilisés par les juridictions traditionnelles, implique une dépendance indirecte vis-à-vis des ressources telles que le bois, le charbon et les métaux, imposant également des coûts environnementaux, bien que probablement incomparables à ceux liés à l'électricité.

Dans ces circonstances, une crise d'énergie ou un conflit politique avec les prestataires de ces ressources ou une longue panne d'électricité peut impacter, voire paralyser, le fonctionnement des systèmes automatisés et augmentés de Justice, étant à la fois un service public mais aussi un droit fondamental pour les justiciables. Ainsi, même en présence d'un accès suffisant aux sources d'énergie, la mise en place de ces systèmes dans les juridictions où le nombre des affaires à traiter est faible ne sera rentable ni pour les créateurs ni pour les usagers.

La question de la rentabilité et les coûts environnementaux peuvent faire un obstacle à la mise en place « harmonisée » des systèmes judiciaires augmentés et automatisés aux grandes échelles, en particulier, dans l'Union européenne et aux États-Unis, puisque leurs membres n'ont pas les mêmes capacités économiques ni un accès égal aux sources d'énergie. En conclusion, sur le plan international, l'inégalité d'accès à l'énergie peut directement conduire à une défaillance d'ouverture et à leur accès aux systèmes automatisés ou augmentés de justice.

La bibliographie sélective

La liste sélective des ouvrages généraux

Aristote, Barthélemy-Saint-Hilaire J. (trad.), *La Grande Morale: Livres I & II*, Independently published, 2018, 151 p.

Aristote, Barthélemy-Saint-Hilaire J. (trad.), *les premiers analytiques*, Ladrange, 1866, 76 p.

Barraud B., *La recherche juridique – Sciences et pensées du droit*, L'Harmattan, coll. Logiques juridiques, 2016, 556 p.

S. Freud, *L'inquiétante étrangeté et autres essais*, Gallimard, 1 janvier 1988, 352 p.

Barraud B., *Théories du droit et pluralisme juridique*, Presses Universitaires d'Aix-Marseille, coll. Inter-normes, 2016, 692 p.

Bartneck Ch., Lütge Ch., Wagner A., Welsh S. (dir.), « Trust and Fairness in AI Systems » In. Bartneck Ch., Lütge Ch., Wagner A., Welsh S. (dir.), *An Introduction to Ethics in Robotics and AI*, Springer, 2021, pp.27-38

Bensoussan A., « Propos conclusifs – Essai sur le droit des robots » In. Bensamoun A. (sous dir.), *Les robots, objets scientifiques, objets de droits*, Mare & Martin, coll. Des Presses Universitaires de Sceaux, 2016, pp. 231-236

Kant E., Renaut A. (trad.), *Critique de la raison pure*, Flammarion 3e édition, 2006, 766 p.

Bensoussan A., Bensoussan J., *IA, robots et droit*, Bruylant, coll. Lexing - Technologies avancées & Droit, 632 p.

Benyekhlef K., Zhu J., Callipel V., « La responsabilité humaine à l'épreuve des décisions algorithmiques, perspective canadienne » In. Hubin J-B., Jacquemin H., Michaux B. (sous la coord.), *Le juge et algorithme : juges augmentés ou justice diminuée ?*, Centre de recherche information droit et société (CRIDS), Larcier, 2019, pp. 153-196.

Boer A., Van Engers T., « Application of Model-Based Diagnosis to Multi-Agent Systems Representing Public Administration » In. Palmirani M., Pagallo U., Casanovas P., Sartor G. (sous dir.), *AI Approaches to the Complexity of Legal Systems - Models and Ethical Challenges for Legal Systems, Legal Language and Legal Ontologies, Argumentation and Software Agents: International Workshop AICOL-III, Held as Part of the 25th IVR Congress, Frankfurt am Main, Germany, August 15-16, 2011. Revised Selected Papers*, Springer-Verlag Berlin Heidelberg, 2012, 1ère éd., pp. 235-244

Cadiet L., *Dictionnaire de la justice*, Presses universitaires de France, 1re éd ; 2004, 1362 p.

CARBONNIER J., *Droit et passion du droit sous la Ve République*, Flammarion, 1996, 276 p.
CARRÉ DE MALBERG R., *La loi, expression de la volonté générale*, Economica, col. Classique, 1984, 288 p.
CHEVRETTE F., CYR H., « De quel positivisme parlez-vous ? » In. *Lex Electronica*, vol. 15, n° 1, été 2010, éd. spéciale mélanges en l'honneur d'Andrée LAJOIE, 20 mai 2008, pp. 33-60
CHOMSKY N., *Aspects of the Theory of Syntax*, MIT Press, 1965, 251 p.
CHOMSKY N., CALVET L-J. (trad.), *Le Langage et la Pensée*, Payot et Rivages, 1990, 144 p.
CLUZEL-MÉTAYER L., *Le service public et l'exigence de qualité*, Dalloz, 2006, 634 p.
CLUZEL-MÉTAYER L., PREBISSY-SCHNALL C., SÉE A. (dir.), *La transformation numérique du service public : une nouvelle crise ?*, Mare & Martin, coll. droit & gestions publiques, 2022, 352 p.
COHEN-TANUGI L., *Le droit sans l'État*, Presses Universitaires de France, coll. Quadrige, 2007, 288 p.
CUVIER G., « La méthode scientifique : Bacon, Galilée & Descartes » In CUVIER G., WELLS PIETSCH Th. (éd.), *Cuvier's History of the Natural Sciences : Nineteen lessons from the Sixteenth and Seventeenth Centuries*, Publications scientifiques du Muséum, coll. n° 20, 2015, pp. 438-457
DE CODT J., « Juger avec un algorithme et juger l'algorithme » In. HUBIN J-B., JACQUEMIN H., MICHAUX B. (sous la coord.), *Le juge et algorithme : juges augmentés ou justice diminuée ?*, Centre de recherche information droit et société (CRIDS), Larcier, 2019, pp. 107-114
DE TOCQUEVILLE A., *De la démocratie en Amérique*, Pagnerre, Tome. 1, 1848, 358 p.
DE TOCQUEVILLE A, REYNAUD Ph., *De la démocratie en Amérique (1835 et 1840)*, Flammarion, coll. GF, 2010, 304 p.
DURMUS M., *The AI Thought Book: Inspirational Thoughts & Quotes on Artificial Intelligence*, Independently published, 2021, 130 p.
DWORKIN R., *Law's Empire*, Fontana press, 1986, 470 p.
EDELMAN B., « Critique de l'humanisme juridique » In. EDELMAN B., HERMITTE M.-A. (dir.), *L'Homme, la nature et le droit*, C. Bourgeois, 1988, p. 287-307
EPSTEIN L., KNIGHT J., *The Choices Justices Make*, CQ Press, 1997, 222 p.
FOREST D., *E-réputation : le droit applicable à la réputation en ligne*, Gualino, 1er éd., 2014, 60 p.
FRANCESCONI E., « Axioms on a Semantic Model for Legislation for Accessing and Reasoning over Normative Provisions » In. PALMIRANI M., PAGALLO U., CASANOVAS P., SARTOR G. (sous dir.), *AI Approaches to the Complexity of Legal Systems - Models and Ethical Challenges for Legal Systems, Legal Language and Legal Ontologies, Argumentation and Software Agents : International Workshop AICOL-III, Held as Part of the 25th IVR Congress, Frankfurt am Main, Germany, August 15-16, 2011. Revised Selected Papers*, Springer-Verlag Berlin Heidelberg, 2012, 1ère éd., pp. 147-161
FRANKENBERG G., « Comparative Law As Critique », *Edward Elgar Publishing Ltd.*, 2016, 296 p.
GLUECK Sh., GLUECK E., *Unravelling Juvenile Delinquency*, Harvard University Press, 1950, 416 p.

RAND A., « La Vertu d'Égoïsme », *Les Belles Lettres*, 1er éd. 2008, 168 p.
RODMAN BARRAT J., *Our Final Invention: Artificial Intelligence and the End of the Human Era*, St. Martin's Griffin, février 2015, 336 p.
SADIN E., *L'Intelligence artificielle ou l'enjeu du siècle : Anatomie d'un antihumanisme radical*, L'Échappée, éd. 1, 2018, 298 p.
SALTON G., MCGILL J., *Introduction to Modern Information Retrieval*, McGraw-Hill Book Company, 1983, 448 p.
SCALIA A., *A Matter of Interpretation: Federal Courts and The Law,* Princeton University Press, 1997, 176 p.
SEGAL J., « Chapitre 9. La théorie de l'information comme théorie mathématique » In. SEGAL J., *Le zéro et le un. Volume 2, Histoire de la notion d'information au XXe siècle*, Éditions Matériologiques, coll. Sciences & philosophie, 2011, pp. 715-780
STAHL B. C., *Artificial Intelligence for a Better Future, An Ecosystem Perspective on the Ethics of AI and Emerging Digital Technologies*, Springer, 136 p.
STRAUSS L., *Droit naturel et histoire*, Flammarion, coll. Champs essais, n° 158, 2008, 324 p.
SUSSKIND R., SUSSKIND D., *The Future of the Profession: How Technology Will Transform the Work of Human Experts*, Oxford University Press, 22 octobre 2015, 368 p.
SUSSKIND R., SUSSKIND D., *The Future of the Professions: How Technology Will Transform the Work of Human Experts*, OUP Oxford, 2015, 368 p.
TEMPLE H. J., *Opinions and Policy of the Right Honourable Viscount Palmerston, G.C.B., M.P., &c. as Minister, Diplomatist, and Statesman, During More Than Forty Years of Public Life*, Colburn and Co., 1852, 543 p.
TICHY L., POTACS M., *Public interest in law*, Intersentia, éd.1, janvier 2021, 380 p.
TOMASELLA S., *Se libérer du complexe de cendrillon : Trouver l'audace de vivre*, Eyrolles, 2020, 1er éd., 147 p.
VAPNIK V., *The Nature of Statistical Learning Theory*, Springer-Verlag New York Inc., 2000, 314 p.
VILLA R., « Faits divers et crimes célèbres : Cesare Lombroso et l'anthropologie criminelle entre crime et folie » In. L. BOSSI (dir.), *Crime et folie, Paris*, Gallimard, 2011, pp. 93-126
VINCENT A., « Argumentation and Intuitive Decision Making: Criminal Sentencing and Sentence Indication » In. M. PALMIRANI, U. PAGALLO, P. CASANOVAS, G. SARTOR (sous dir.), *AI Approaches to the Complexity of Legal Systems - Models and Ethical Challenges for Legal Systems, Legal Language and Legal Ontologies, Argumentation and Software Agents: International Workshop AICOL-III, Held as Part of the 25th IVR Congress, Frankfurt am Main, Germany, August 15-16, 2011. Revised Selected Papers*, Springer-Verlag Berlin Heidelberg, 2012, 1ère éd., pp. 217-234
VON NEUMANN J., MORGENSTERN O., *Theory of Games and Economic Behavior: 60th Anniversary Commemorative Edition*, Princeton University Press, 2007, 776 p.
VON SCHEEL H., « Zur einfuhrung in die kriminalstatistik insbesondere diegenige des deutschen reichs » In *Allgemeines Statistisches Archiv*, vol. 1, 1890, pp. 183-194
WALTON D., « A Dialogue System for Evaluating Explanations, Inference to the Best Explanation » In. D. WALTON (dir.), *Argument Evaluation and Evidence*, éd. 1, 2016, pp. 69-116

WALTON D., « Evidence and Argument Evaluation, A Dialogue System for Evaluating Explanations, Inference to the Best Explanation » In. D. WALTON (dir.), *Argument Evaluation and Evidence*, éd. 1, 2016, pp. 243-278
WATSON A., *Legal transplants: an approach to comparative law*, University Press of Virginia, 1974, 106 p.
WHITE J. B., *The Legal Imagination*, University of Chicago Press, 1985, 334 p.
WITTGENSTEIN L., « Tractatus logico-philosophicus », *Gallimard*, 1993, 132 p.
ZAVRŠNIK A., *Big Data, Crime and Social Control*, Routledge, éd. 1, 2017, 248 p.
DE SAINT –EXUPÉRY A., *Le petit prince*, éd. du groupe Ebooks libres et gratuits, 1943, 107 p., disponible sur www.cmls.polytechnique.fr/perso/tringali/documents/st_exupery_le_petit_prince.pdf (consulté le 19 décembre 2021)
DE TOCQUEVILLE A., *De la démocratie en Amérique*, Institut Coppet, janvier 2012, 634 p., disponible sur https://www.institutcoppet.org/wp-content/uploads/2012/01/De-la-démocratie-en-Amérique.pdf (consulté sur 17 avril 2022)
LERAT P., *Les langues spécialisées*, Presses Universitaires de France, 1995, 208 p.

La liste sélective des articles de revue et de conférence

A. JACQUES, « De l'inquiétante étrangeté chez Freud et chez Lacan », *Champ lacanien*, vol. 2, n° 10, 2011, pp. 195-210
ABITEBOUL S., G'SELL F., « Les algorithmes pourraient-ils remplacer les juges ? », *Le Big Data et le droit*, Dalloz, 2019, Thèmes et Commentaire, disponible sur https://hal.inria.fr/hal-02304016v2/document (consulté le 5 janvier 2020)
ABRY P., WENDT H., JAFFARD S., « When Van Gogh Meets Mandelbrot: Multifractal classification of painting's texture », *Signal Processing*, vol. 93, n° 3, 2013, pp. 554-572
ACEMOGLU D., RESTREPO P., « Artificial Intelligence, Automation and Work », art. n° 24196, *University of Chicago Press*, 2018, disponible sur https://www.nber.org/system/files/working_papers/w24196/w24196.pdf (consulté le 24 avril 2022)
AHMAD S., « Unmaking democrac : How corporate influence is eroding democratic governance », *Harvard International Review*, vol. 41, n° 2, printemps 2020, pp. 54-57
ALETRAS N., TSARAPATSANIS D., PREOȚIUC-PIETRO D., LAMPOS V., « Predicting judicial decisions of the European Court of Human Rights: a Natural Language Processing perspective », *PeerJ Computer Science,* 2:e93, 2016, disponible sur https://doi.org/10.7717/peerj-cs.93 (consulté le 4 octobre 2020)
ALLEN IV J. C., « Artificial Intelligence in Our Legal System », *Judges Journal*, coll. Artificial Intelligence, vol. 59, n° 1, février 2020, disponible sur https://www.americanbar.org/groups/judicial/publications/judges_journal/2020/winter/ (consulté le 7 septembre 2021)
AMARO R., « L'ubérisation du droit » In. *« L'ubérisation », l'appréhension par le droit d'un phénomène numérique : l'économie collaborative*, colloque tenu le 2 déc. 2016 à l'Université Descartes, Dalloz IP/IT, 2017, n0 3, pp. 161-165

AMIN A., « Stratégies identitaires et stratégies d'acculturation : deux modèles complémentaires », *Revue internationale de la recherche interculturelle*, vol. 2, n° 2, 2012, pp. 103-116
ANCEL M., « L'Humanisme et le droit », *Bulletin de l'Association Guillaume Budé*, 1947, vol. 3, pp. 38-45
ANDRYCHOWICZ M., WOLSKI F., RAY A., SCHNEIDER J., FONG R., WELINDER P., MCGREW B., TOBIN J., ABBEEL P., ZAREMBA W., « Hindsight Experience Replay », *31st Conference on Neural Information Processing Systems*, 2017, Long Beach, CA, USA,
disponible sur https://proceedings.neurips.cc/paper/2017/file/453fadbd8a1a3af50a9df4df899537b5-Paper.pdf (consulté le 19 novembre 2021)
ANDRYCHOWICZ M., WOLSKi F., RAY A., SCHNEIDER J., FONG R., WELINDER P., MCGREW B., TOBIN J., ABBEEL P., ZAREMBA W., « Hindsight Experience Replay », *31e conférence sur les systèmes de traitement de l'information neuronale*, 2017, Long Beach (CA), disponible sur https://arxiv.org/abs/1707.01495 (consulté le 14 août 2021)
ARENS N., « La démocratie tocquevillienne. Un parcours dialectique (travaux de fin d'études), *Revue interdisciplinaire d'études juridiques*, 2015, vol. 74, n°1, pp. pp. 181-202
ASHLEY K.D., « Reasoning with cases and hypotheticals in HYPO », *International Journal of Man-Machine Studies*, vol. 34, n°6, juin 1991, pp. 753-796
AUGUST G., « L'internationalisation de la profession d'avocat », *Pouvoirs*, 2012, vol. 1, n°140, pp. 49-57
AYRES I., WALDFOGEL J., « A Market Test for Race Discrimination in Bail Setting », *Stanford Law Review*, 1994, n° 46, pp. 987-1047
BAIE P.R., « Beyond black ink: from Langdell to the Oyez project, the voice of the past », *Loyola Law Review*, vol. 55, 2009, pp. 277-330. ; Les informations complémentaires sur ce projet son disponible sur https://dbpedia.org/page/Oyez_Project (consulté le 15 septembre 2021)
BAR M., « The proactive brain: using analogies and associations to generate predictions ». *Trends in Cognitive Sciences*, vol. 11, 2007, pp. 280-289
BARCLAY S., « Posner's Economic Model and the Decision to Appeal », *The Justice System Journal*, vol. 19, n° 1, 1997, pp. 77-99
BARON J., RITOV I., « Omission bias, individual differences, and normality », *Organizational Behavior and Human Decision Processes*, vol. 94, 2004, pp. 74-85
BARRA V., « Apprentissage automatique des réseaux de neurones », *Tangente* (hors-série), n° 68, octobre 2018, pp. 44-47
BARRAUD B., « Le droit en datas : comment l'intelligence artificielle redessine le monde juridique », *Revue Lamy Droit de l'immatériel*, Lamy (imprimé) / Wolters Kluwer, éd. électronique, 2019, 21 p., disponible sur https://hal.archives-ouvertes.fr/hal-02445023 (consulté le 19 janvier 2022)
BARRAUD B., « Les blockchains et le droit », *Revue Lamy droit de l'immatériel* (Wolters Kluwer), n° 147, avril 2018, pp. 48-62
BARRAUD B., « Un algorithme capable de prédire les décisions des juges : vers une robotisation de la justice ? », *Les Cahiers de la Justice*, 2017, vol.1, n°1, pp. 121-139
BENCH-CAPON T., « Argument in Artificial Intelligence and Law », *Artificial Intelligence and Law*, vol. 5, 1997, pp. 249–261

BENYEKHLEF K., « Vers un droit postnational ? Un court essai sur le droit cosmopolitique comme modèle de gouvernance globale », *Lex Electronica*, vol. 15 (édition spéciale Mélanges en l'honneur d'Andrée LAJOIE), n° 1, été 2010, pp. 909-976

BENYEKHLEF K., ZHU J., « Intelligence artificielle et justice : justice prédictive, conflits de basse intensité et données massives », *les cahiers de propriété intellectuelle*, éd. Yvon Blais, vol. 30, n° 3, pp. 789-826

BERK R., HEIDARI H., JABBARI Sh., KEARNS M., ROTH A., « Fairness in Criminal Justice Risk Assessments: The State of the Art », *Sociological Methods & Research*, vol. 50, n° 1, 2021, pp. 3-44

BERNARD G., FEAT J., « Langage naturel et intelligence artificielle », *Stratégies théoriques*, Coll. Histoire et Théories Linguistiques, vol. 10, n°1, 1988, pp.151-170

BERRY III W. W., « Individualized Sentencing », *Washington and Lee Law Review*, vol. 76, n° 13, 2019, pp. 13-92

BILLION A., GUILLERMIN M., « Intelligence artificielle juridique : enjeux épistémiques et éthiques », *Cahiers Droit, Sciences & Technologies*, vol. 8, 2019, pp. 131-147, disponible sur https://doi.org/10.4000/cdst.774 (consulté le 03 mars 2022)

BOURCIER D., « De l'intelligence artificielle à la personne virtuelle : émergence d'une entité juridique ? », *Droit et Société*, vol. 49, 2001, pp. 847-871

BOURCIER D., « L'acte de juger est-il modélisable ? De la logique à la justice », *Archives de philosophie du droit*, n° 54, 2011, pp. 37-53

BOWSER R. T., « A Matter of Interpretation: Federal Courts and the Law », *Campbell Law Review*, 1997, vol. 19, n° 2, printemps 1997, pp. 209-222

BOYER A. D., « Logic and Experience », *Cornell Law Review*, vol. 80, n° 2, art. n° 12, janvier 1995, pp. 362-371

BRANTINGHAM P. J., BRANTINGHAM P. L., « Criminality of place », *European Journal on Criminal Policy and Research*, vol. 3, 1995, pp. 5-26

BROOKS T., « Between Natural Law and Legal Positivism: Dworkin and Hegel on Legal Theory », *Georgia State University law review*, vol. 23, n° 3, pp. 513-560

BROWN B., KIMBALL B. A., « when Holmes Borrowed from Langdell: The "Ultra Legal" Formalism and Public Policy of Northern Securities (1904) », *American Journal of Legal History*, vol. 45, n° 3, juillet 2001, pp. 278-321

BROWN WEISS E., « International Law in a Kaleidoscopic World », *Asian Journal of International Law*, vol. 1, 2011, pp. 21-32

BRYSON J-J., MALIKOVA H., « Is There an AI Cold War? », *Global Perspectives*, vol. 2, n° 1, 2021, disponible sur https://doi.org/10.1525/gp.2021.24803 (consulté le 11 juillet 2021)

BURGH R. W., « Review: [Untitled] Reviewed Work: Democracy and Distrust: A Theory of Judicial Review by John Hart Ely », *Law and Philosophy*, Springer, vol. 1, n° 3, coll. values in the law of tort (part I), 1982, pp. 481-487

BURRELL J., « How the machine 'thinks': Understanding opacity in machine learning algorithms », *Big Data & Society*, vol. 3, n° 1, janvier - juin 2016, pp. total: 1-12

CABRIO E., VILLATA S., « A natural language bipolar argumentation approach to support users in online debate interactions », *Argument & Computation*, vol. 4, n° 3, 2013, pp. 209–230

CAFFIAU S., PORTET F., « La génération automatique de textes comme support à la compréhension de modèle de tâches en conception : une étude préliminaire », *9ème*

conférence francophone sur l'Interaction Homme-Machine, AFIHM, août 2017, Poitiers (France), pp. 125-136
CALO R., « Artificial Intelligence Policy: A Primer and Roadmap », *U.C. Davis Law Review*, vol. 51, 2017, pp. 399-435
CARBONNIER J., « Gurvitch et les juristes », *Droit et Société*, vol. 4, 1986, pp. 347-351
CARD R., « Can States "Just Say No" to Federal Health Care Reform ? The Constitutional and Political Implications of State Attempts to Nullify Federal Law », *BYU Law Review*, vol. 2010, n° 5, 2010, pp. 1795-2010
CARDOZO B., « Law and literature », *Yale Law Journal*, vol. 48, 1938-1939, pp. 489-507
CARO J-Y., « La théorie économique du crime », *Sociologie du travail*, 1981, vol. 23, n°1 pp. 122-128
CARON Ch., « L'IA ou le retour de HAL », *Comm. com. Electr*, 2018, répère n° 5
CHAE Y., « U.S. AI Regulation Guide: Legislative Overview and Practical Considerations », *The Journal of Robotics, Artificial Intelligence & Law*, vol. 3, n° 1, pp. 17-40
CHEN W., CHEN Ch., YANG P., BI S., LIU J., XIA M., LIN Q., MA N., LI N., HE Y., ZHANG J., WANG Y., WANG W., « Long-term Chinese calligraphic handwriting reshapes the posterior cingulate cortex: A VBM study », *PLoS ONE*, vol. 14, n° 4, 2019, art. n° e0214917, disponible sur https://doi.org/10.1371/journal.pone.0214917 (consulté le 22 janvier 2022)
CHENG Sh-T, « Cognitive Reserve and the Prevention of Dementia: the Role of Physical and Cognitive Activities », *Current Psychiatry Reports*, vol. 18, n° 9, art. n° 85, 2016, disponible sur https://doi.org/10.1007/s11920-016-0721-2 (consulté le 2 janvier 2022)
CHESTERMAN S., « Artificial intelligence and the limits of legal personality », *International and comparative law quarterly*, vol. 69, n° 4, octobre 2020, p. 819-844
CHEVRETTE F., CYR H., « De quel positivisme parlez-vous ? », *Lex Electronica*, vol. 15 (édition spéciale Mélanges en l'honneur d'Andrée LAJOIE), n° 1, été 2010, pp. 29-60
CHOMSKY N., « Three models for the description of language », *IRE Transactions on Information Theory*, 1956, vol. 2, n° 3, pp. 113-124
CIMAMONTI S., « Le profilage à l'épreuve du procès », *Revue pénitentiaire et de droit pénal*, ed. Cujas, n° 2, avril - juin 2015, pp. 441-464
CLARK R. H., « Karl Llewellyn on Legal Method: A Social Science Reconsideration », *Tulsa Law Journal*, vol. 14, n° 3, 1978, pp. 491-514
CLARKE R. V., « Situational Crime Prevention: Its Theoretical Basis and Practical Scope », *Crime and Justice*, 1983, vol. 4, pp. 225–256
COHEN W-W., SINGE Y., « Context-sensitive learning methods for text categorization », *ACM Transactions on Information Systems*, vol. 17, n° 2, avril 1999, pp. 141–173
COLTON S., HALSKOV J., VENTURA D., GOULDSTONE I., COOK M., PEREZ-FERRER B., « The Painting Fool Sees! New Projects with the Automated Painter », *Proceedings of the Sixth International Conference on Computational Creativity*, juin 2015, pp. 189-196
DANLOS L., « Génération automatique de textes en langue naturelle », *Annales Des Télécommunications*, vol. 44, 1989, pp. 94-100

DAVIES M., « Tacit Knowledge and Semantic Theory: Can a Five per cent Difference Matter? », *Mind*, vol. 96, n° 384, octobre 1987, pp. 441-462

EPSTEIN L., LANDES W.M., POSNER R.A., « Inferring the Winning Party in the Supreme Court from the Pattern of Questioning at Oral Argument », *The Journal of Legal Studies*, vol. 39, n° 2, 2010, pp. 433-467

EPSTEIN L., MARTIN A-D., QUINN K-M., SEGAL J-A., 2007, « Ideological Drift Among Supreme Court Justices: Who, When, and How Important? », *Northwestern University Law Review*, vol. 101, n° 4, pp. 1483-1542

FRAGA-LAMAS P., FERNÁNDEZ-CARAMÉS T.M., « Fake News, Disinformation, and Deepfakes: Leveraging Distributed Ledger Technologies and Blockchain to Combat Digital Deception and Counterfeit Reality », *IT Professional*, vol. 22, n° 2, mars-avril 2020, pp. 53-59

GAUTIER P., « Le droit de la preuve et l'émotion », *Revue Juridique de la Sorbonne*, n° 3, juin 2021, n° 3, pp. 173-180

GÉMAR J-C., « Aux sources de la " jurilinguistique " : texte juridique, langues et cultures », *Revue française de linguistique appliquée*, 2011, vol. XVI-1, pp. 9-16

GOURINAT J-B., « Aristote et la " logique formelle moderne " : sur quelques paradoxes de l'interprétation de Łukasiewicz », *Philosophia Scientiæ*, vol. 15, cahier 2, 2011, pp. 69-101

HASLAM N., « Dehumanization: An Integrative Review », *Personality and Social Psychology Review*, vol. 10, n° 3, août 2006, pp. 252–264, disponible sur https://doi.org/10.1207/s15327957pspr1003_4 (consulté le 25 novembre 2021)

HONG J.-W., CURRAN N.M., « Artificial Intelligence, Artists, and Art: Attitudes Toward Artwork Produced by Humans vs. Artificial Intelligence », *ACM Transactions on Multimedia Computing, Communications, and Applications*, vol. 15, n° 2, 2019, Art. n° 58, pp 1-16

JEULAND E., « Remarques sur le besoin de rituel dans la justice numérisée Réponse à Marika MOISSEFF », *Revue juridique de la Sorbonne*, décembre 2021, n° 4, pp. 23-24

KERIKMÄE T., PÄRN-LEE E., « Legal dilemmas of Estonian artificial intelligence strategy: in between of e-society and global race », *AI & Soc*, 2020, vol. 36, 2021, pp. 561–572, disponible sur https://doi.org/10.1007/s00146-020-01009-8

LAMPOS V., CRISTIANINI N., « Nowcasting Events from the Social Web with Statistical Learning », *ACM Transactions on Intelligent Systems and Technology*, vol. 3, n. 4, septembre 2012, art. n° 72, pp 1-22

LASSERRE V., « Justice prédictive et transhumanisme », *Archives de philosophie du droit*, 2018, vol. 1, T. 60, pp. 311-320

LAURENT É., « L'intérêt général dans l'Union européenne, du fédéralisme doctrinal aux biens publics européens ? », *Regards croisés sur l'économie*, vol. 2, n° 2, 2007, pp. 27-33

LAURENT G., « Le statut du temps et de l'aspect dans la structure modale de l'énoncé. Esquisse d'un modèle global », *Syntaxe et Sémantique*, 2001, vol. 2, n° 1, pp. 57-80

LE PLUARD Q., « La fin de l'humanisme juridique ? Vers un dépassement de l'Homme comme seule fin du droit », *Cahiers Droit, Sciences & Technologies*, vol. 11 (L'humain en transformation - dossier thématique), 2020, pp. 109-121, disponible sur https://doi.org/10.4000/cdst.2798 (consulté le 25 janvier 2022)

LEMBER V., KATTEL R., TÕNURIST P., « La capacité technologique dans le secteur public : le cas de l'Estonie », *Revue Internationale des Sciences Administratives*, 2018, vol. 84, n° 2, pp. 221-239

LINANT DE BELLEFONDS X., « L'utilisation des systèmes experts en droit comparé », *Revue internationale de droit comparé*, 1994, vol. 46, n° 2, p., 1994, pp. 703-718
LINDE H. A., « The Judge as Political Candidate », *Cleveland State Law Review*, 1992, vol. 40, n° 1, art. n° 3, disponible sur https://engagedscholarship.csuohio.edu/clevstlrev/vol40/iss1/3/
MAZZONE M., ELGAMMAL A., « Art, Creativity, and the Potential of Artificial Intelligence », *Artnodes*, n° 26, 2020, pp. 1-8, disponible sur https://orcid.org/0000-0002-4016-6297 (consulté le 8 décembre 2021)
MENÈS M., « L'inquiétante étrangeté », *La lettre de l'enfance et de l'adolescence*, 2004, vol. 56 ; n° 2, pp. 21-24
MOCHALES R., MOENS M-F., « Argumentation mining », *Artificial Intelligence and Law*, vol. 19, avril 2011, pp. 1-22
MONAHAN J., SKEEM J.L., « Risk Assessment in Criminal Sentencing », *Annual Review of Clinical Psychology*, 2016, vol. 12, n°1, pp. 489-513, disponible sur https://doi.org/10.1146/annurev-clinpsy-021815-092945 (consulté le 7 septembre 2021)
MORADINEJAD R., « Le contrat intelligent, nouveau vecteur de confiance dans les relations contractuelles : réalité ou rêve ? », *Les Cahiers de droit*, vol. 60, n° 3, Septembre 2019, pp. 623–651
MORISON J., HARKENS A., « Re-engineerng justice? Robot judges, computerised courts and (semi) automated legal decision-making », *Legal Studies*, décembre 2019, vol. 39, n° 4, pp. 618-635, disponible sur https://doi.org/10.1017/lst.2019.5 (consulté le 9 juin 2022)
NAGEL S-S., « Political Party Affiliation and Judges' Decisions », *The American Political Science Review*, vol. 55, n° 4, décembre 1961, pp. 843-850
NARD C. A., « Legal Forms and the Common Law of Patents », *Boston University Law Review*, vol. 90, 2010, pp. 51-108
ORLANDO M., VERBA M., « Do Only Big Cities Innovate? Technological Maturity and the Location of Innovation », *Econometric Reviews*, vol. 90, 2005, pp. 31-57
OSIANA V-O., PERAMO E-C., SYJUCO J.G., TAN G.B., « Predicting Decisions of the Philippine Supreme Court Using Natural Language Processing and Machine Learning », *2018 IEEE 42nd Annual Computer Software and Applications Conference (COMPSAC)*, Tokyo, juillet 2018, pp. 130-135
OSTBERG C.L., WETSTEIN M.E., DUCAT C.R., « Attitudes, Precedents and Cultural Change: Explaining the Citation of Foreign Precedents by the Supreme Court of Canada », *Revue Canadienne de science politique*, vol. 34, n° 2, 2001, pp. 377-399
OSWALD M., GRACE J., URWIN Sh., BARNES G.C., « Algorithmic risk assessment policing models: lessons from the Durham HART model and 'Experimental' proportionality », *Information & Communications Technology Law*, vol. 27, n. 2, avril 2018, pp. 223-250, disponible sur https://doi.org/10.1080/13600834.2018.1458455 (consulté le 6 mai 2022)
OUSTINOFF M., « langage est l'instrument du malentendu », *Hermès, La Revue*, 2019, vol.2, n° 84, pp. 52-56.
PARDO M. S., « The Paradoxes of Legal Proof: A Critical Guide », *Boston University Law Review*, vol. 99, 2019, pp. 233-290, disponible sur https://www.bu.edu/bulawreview/files/2019/01/PARDO.pdf (consulté le 9 octobre 2021)

PASQUALE F., « Normative Dimensions of Consensual Application of Black Box Artificial Intelligence, Administrative Adjudication of Benefits Claims », *Law & Contemporary Problems*, vol. 84, n° 3, 2021, pp. 35-45
PASQUALE F., « Professional Judgment in an Era of Artificial Intelligence and Machine Learning », *Faculty Scholarship*. 2019, disponible sur https://doi.org/10.1215/01903659-7271351 (consulté le 14 avril 2022)
PASQUALE F., « Secret Algorithms Threaten the Rule of Law », *MIT Technology Review*, Tech Policy, disponible sur https://www.technologyreview.com/2017/06/01/151447/secret-algorithms-threaten-the-rule-of-law/ (consulté le 6 avril 2021)
PATRY R., « Le bilinguisme judiciaire dans les juridictions fédérales », *Les Cahiers de droit*, vol. 24, n° 1, 1983, pp. 69–79, disponible sur https://doi.org/10.7202/042535ar (consulté le 13 août 2021)
PERLMAN A., « The Implications of ChatGPT for Legal Services and Society, Lead Article », *Harvard Law School*, mars/avril 2023, disponible sur https://clp.law.harvard.edu/knowledge-hub/magazine/issues/generative-ai-in-the-legal-profession/the-implications-of-chatgpt-for-legal-services-and-society/ (consulté le 2 juin 2023)
PETROVA A., ARMOUR J., LUKASIEWICZ T., « Extracting Outcomes from Appellate Decisions in US State Courts », *Frontiers in Artificial Intelligence and Applications*, vol. 334 (Legal Knowledge and Information Systems), JURIX 2020, pp. 133-142
POSNER R. A., « Law and Literature: A Relation Reargued », *Virginia Law Review*, novembre 1986, vol. 72, n° 8, pp. 1351-1392
POSNER R. A., « Legal formalism, legal realism, and the interpretation of statutes and the constitution », *Case Western Reserve Law Review*, vol. 37, n. 2, 1986-87, pp.179-217
POSNER R. A., « Legal Formalism, Legal Realism, and the Interpretation of Statutes Legal Formalism, Legal Realism, and the Interpretation of Statutes and the Constitution and the Constitution », *Case Western Reserve Law Review*, vol. 37, n° 2, 1986, pp. 179-217
POSNER R. A., « The State of Legal Scholarship Today: A Comment on Schlag », *Georgetown Law Journal*, vol. 97, 2008, pp. 845-855
POUND R., « A Survey of Social Interests », *Harvard Law Review*, vol. 57, n° 1, octobre 1943, pp. 1-39
POUND R., « The Need of a Sociological Jurisprudence », *Green Bag*, vol. 19, 1907, pp. 607-615
QUINN M. S., « Argument and Authority in Common Law Advocacy and Adjudication: An Irreducible Pluralism of Principles », *Chicago-Kent Law Review*, vol. 74, n° 2 (Symposium on Taking Legal Argument Seriously), pp. 655-777
RADIN M., « Eleganter », *Law Quaterly Review*, vol. 46, 1930, pp. 311-325
RAI N., « Why ethical audit matters in artificial intelligence ? », *AI Ethics*, 2021, disponible sur https://doi.org/10.1007/s43681-021-00100-0 (consulté le 6 octobre 2021)
RANI P., SARKAR N., « Emotion-sensitive robots-a new paradigm for human–robot interaction », *4th IEEE/ras international conference on humanoid robots*, 2004, vol 1, pp. 149-167
READ J. H., ALLEN N., « Living, Dead, and Undead: Nullification Past and Present », *American Political Thought,* vol. 1, n° 2, september 2012, pp. 263-297

REILING D., « Courts and Artificial Intelligence », *International Journal for Court For Court Administration*, vol. 11, n° 2, 2020, disponible sur https://doi.org/10.36745/ijca.343 (consulté le 7 septembre 2021)
REILING D., « Quelle place pour l'intelligence artificielle dans le processus de décision d'un juge ? », *Les Cahiers de la Justice*, vol. 2, n° 2, 2019, pp. 221-228
RESNIK J., « On the margin: Humanities and law », *Yale Journal of Law & the Humanities*, 1998, vol. 10, n° 2, pp. 413-420
RICH A., « Legislators of the world », *Community Development Journal*, vol. 42, n° 4, octobre 2007, pp. 422-424
RISSE M., « Human rights and artificial intelligence : an urgently needed agenda », *Human rights quarterly : a comparative and international journal of the social sciences, humanities and law*, vol. 41, n° 1, février 2019, pp. 1-16
ROBERTS H., COWLS J., MORLEY J., TADDEO M., WANG V., FLORIDI L., « The Chinese approach to artificial intelligence: an analysis of policy, ethics, and regulation », AI & Society, vol. 36, 2021, pp. 59–77, disponible sur https://doi.org/10.1007/s00146-020-00992-2 (consulté le 15 mai 2021)
ROGAT Y., « The Judge as Spectator », *The University of Chicago Law Review*, vol. 31, n° 2, 1964, pp. 213-256
ROSCOE POUND N., « Mechanical Jurisprudence », *Columbia Law Review*, vol. 8, n° 8, decembre 1908, pp. 605-623
ROUVIÈRE F., « La justice prédictive, version moderne de la boule de cristal », *Revue trimestrielle de droit civil*, 2017, p. 527
ROUVROY A., BERNS T., « Gouvernementalité algorithmique et perspectives d'émancipation, Le disparate comme condition d'individuation par la relation ? », *Réseaux*, vol. no 177, no. 1, 2013, pp. 165-196
ROUVROY A., STIEGLER B., « Le régime de vérité numérique, de la gouvernementalité algorithmique à un nouvel État de droit », *Le tournant numérique... et après ?*, vol. 4, 2015, pp. 113-140
RUGER T-W., KIM P-T., MARTIN A-D., QUINN K-M., « The Supreme Court Forecasting Project: Legal and Political Science Approaches to Predicting Supreme Court Decision making », *Columbia Law Review*, vol. 104, n° 4, mai 2004, pp. 1150-1210
RUGER T. W., KIM P.T., MARTIN A.D., QUINN K.M., « The Supreme Court forecasting project: Legal and political science approaches to predicting Supreme Court decision making », *Columbia Law Review*, vol. 104, n° 4, 2004, pp. 1150-1209
RUSSELL J. A., « A circumplex model of affect », *Journal of Personality and Social Psychology, vol. 39,* n° 6, 1980, pp. 1161-1178, disponible sur https://doi.org/10.1037/h0077714 (consulté le 25 novembre 2021)
SALTON G., WONG A., YANG C. S., « A vector space model for automatic indexing », *Communications of the ACM*, vol. 18, n° 11, novembre 1975, pp. 613-620, disponible sur https://doi.org/10.1145/361219.361220 (consulté le 5 mai 2022)
SAY I., « Des outils d'aide à la décision aux décisions individuelles automatiques, quel régime juridique? » In. I. SAYN (coord.), *Justice et numérique. Quelles (r)évolutions? Actes du Séminaire e-juris*, La semaine juridique, éd. générale supplément au n° 44-45, 28 octobre 2019, pp. 15-21
SCALIA A., « The Rule of Law as a Law of Rules », *University of Chicago Law Review*, vol. 56, n° 4, 1989, art. n° 1, pp. 1175-1188,

disponible sur https://chicagounbound.uchicago.edu/uclrev/vol56/iss4/1 (consulté le 21 décembre 2021)
SCHANG F., « Les attitudes russelliennes », *Cahiers de philosophie de l'université de Caen*, vol. 54, 2017, pp. 149-168
SCHERER M. U., « Regulating Artificial Intelligence Systems: Risks, Challenges, Competencies, and Strategies », *Harvard Journal of Law & Technology*, vol. 29, n° 2, printemps 2016, pp. 354-400, disponible sur http://dx.doi.org/10.2139/ssrn.2609777 (consulté le 25 avril 2022)
SCHERER M. U., « Regulating Artificial Intelligence Systems: Risks, Challenges, Competencies, and Strategies », *Harvard Journal of Law & Technology*, vol. 29, n° 2, printemps 2016, pp. 354-400
SCHUBERT Jr. G-A., « The Theory of "The Public Interest" in Judicial Decision-Making », *Midwest Journal of Political Science*, vol. 2, n° 1, février 1958, pp. 1-25
SEGAL J-A., COVER A-D., « Ideological values and the votes of U.S. Supreme Court Justices », *The American Political Science Review*, vol. 83, n° 2, juin 1989, pp. 557-565
SEGAL J-A., EPSTEIN L., CMARON C.M., SPAETH H.J., « Ideological values and the votes of U.S. Supreme Court justices revisited », *The Journal of Politics*, 1995, 57, pp. 812-823
SHAHRJERDI S., « L'influence du paradigme des magistrats sur l'efficacité et la fiabilité des techniques de la modélisation automatisée des décisions de justice : Exemple de la Cour suprême des États-Unis et de la Cour européenne des droits de l'homme *», Revue Internationale de droit des données et du numérique*, vol.7, 2021, pp. 81-96
SHAHRJERDI S., « Les forces créatrices du droit à l'ère du numérique », *Revue internationale de droit des données et du numérique*, 2020, vol. 6, pp. 103-116
SHANNON C-E., « A mathematical Theory of Communication », *The Bell System Technical Journal*, Vol. 27, pp. 379-423
SHANNON C. E., « Une théorie mathématique de la communication », *The bell system technical Journal*, vol. 27, octobre 1948, pp. 379-423
SICOT V., « 7 Les traitements de la Jurisprudence par LexisNexis » In. I. SAYN (coord.), *Justice et numérique. Quelles (r)évolutions? Actes du Séminaire e-juris*, La semaine juridique, éd. générale supplément au n° 44-45, 28 octobre 2019, pp. 37-40
SIMONS D. J., BOOT W. R., CHARNESS N., GATHERCOLE S. E., CHABRIS Ch. F., HAMBRICK D. Z., STINE-MORROW E. A. L., « Do "Brain-Training" Programs Work ? », *Psychological Science in the Public interest*, vol. 17, n° 3, 2016, pp. 103-186
SMUHA N-A., « From a 'race to AI' to a 'race to AI regulation': regulatory competition for artificial intelligence », *Law, Innovation and Technology*, vol. 13, n° 1, 2021, p.9, disponible sur https://doi.org/10.1080/17579961.2021.1898300 (consulté le 12 juin 2020)
SOLUM L-B., « The Fixation Thesis: The Role of Historical Fact in Original Meaning », *Notre Dame Law Review*, vol. 91, n° 1, 2015, article 1, 78 p., disponible sur https://scholarship.law.nd.edu/ndlr/vol91/iss1/1/ (consulté le 7 mai 2021)
SOURDIN T., « Judge v Robot? Artificial Intelligence and Judicial Decision-Making », *UNSW Law journal*, vol. 41, n° 4, 2018, pp. 1114-1133, disponible sur https://www.unswlawjournal.unsw.edu.au/wp-content/uploads/2018/12/Sourdin.pdf (consulté le 7 septembre 2021)

SOURIOUX J-L., LERAT P., « Pour l'apprentissage du langage du droit », *Revue trimestrielle de droit civil*, vol. 98, n° 2, 1999, pp. 343-353

STEIN E., « Past and Present Proposed Amendments to the United States Constitution Regarding Marriage », *Washington University Law Quarterly*, vol. 82, n° 3, 2004, pp. 611-685

STEIN P., « Elegance in Law », *Law Quaterly Review*, vol. 77, n° 96, pp. 242-255

STERN Y., BLUMEN H. M., RICH L. W., RICHARDS A., HERZBERG G., GOPHER D., « Space Fortress game training and executive control in older adults: A pilot intervention, Aging », *Neuropsychology, and Cognition*, vol. 18, n° 6, 2011, pp. 653-677

STOBB M., « The Costs of Going Global Lower Court Response to Constitutional Cross-Fertilization », *Journal of Law and Courts*, vol. 9, n° 2, automne 2021, pp. 215-232

STONE J., « Roscoe Pound and Sociological Jurisprudence », *Harvard Law Review*, vol. 78, n° 8, juin 1965, pp. 1578-1584

STONE J., « The Ratio of the Ratio Decidendi », *The Modern Law Review*, vol. 22, n° 6, 1959, pp. 597-620

STRAUSS L., PATARD E., « Le droit naturel », *Archives de Philosophie*, vol. 79, n° 3, juillet-septembre 2016, pp. 453-484

STRICKSON B., DE LA IGLESIA B., « Legal Judgement Prediction for UK Courts », *ICISS 2020. Proceedings of the 2020 The 3rd International Conference on Information Science and System*, mars 2020, pp. 204-209, disponible sur https://doi.org/10.1145/3388176.3388183

STROWEL A., MARIQUE E., « Gouverner par la loi ou les algorithmes : de la norme générale de comportement au guidage rapproché des conduites », *Dalloz IP/IT*, vol. 2017, n° 10, pp. 517-521

TARNAUD N., BOURGEOIS C., BABIN L., « Les professions règlementées à l'épreuve de l'ubérisation du droit : vers un monde sans avocat ? », *Management & Sciences Sociales*, la responsabilité sociétale des écoles de management en France, n° 25, juillet - décembre 2018, pp.103-117.

TERRÉ F., « Droit, éthique et neurosciences », *Revue Médecine & Droit*, 2011, n° 106, p. 64-66

TUTT A., « An FDA for Algorithms », *Administrative Law Review*, vol. 69, n° 1, 2017, pp. 83-123

VAN CLEYNENBREUGEL P., DEMOULIN I., « La normalisation européenne après l'arrêt James Elliott Construction du 27 octobre 2016 : la Cour de justice de l'Union européenne a-t-elle élargi ses compétences d'interprétation ? », *Revue de la Faculté de droit de l'Université de Liège*, vol. 2, 2017, pp. 307-326

VAN OPIJEN M., « Legal(Ly) Linked Data. Over De Noodzaak Tot Betere Standaardisatie Van Juridisch Bronmateriaal (Legal(Ly) Linked Data About the Need for Better Standardisation of Legal Sources) », *Computerrecht*, 15 janvier 2018, art. n° 51, pp. 64-69., disponible sur https://alnola.home.xs4all.nl/pubs/LegallyLinkedData.pdf (consulté le 15 janvier 2019)

VAN WAEYENBERGE A., « La normalisation technique en Europe. L'Empire (du droit) contre-attaque », *Revue internationale de droit économique*, 2018, vol. 3, t. XXXII, pp. 305-317

VARELA F., MATURANA H., URIBE R., « Autopoiesis: the organization of living systems, its characterization and a model », *Currents in modern biology*, mai 1974, vol. 5, n° 4, pp.187-196.
VERMEYS N., ACEVEDO LANAS M-F., « L'émergence et l'évolution des tribunaux virtuels au Canada –L'exemple de la Plateforme d'aide au règlement des litigesen ligne (PARLe) », *Revue juridique de la Sorbonne*, juin 2020, n° 1, pp. 22-51
VILLA V., « A Pragmatically Oriented Theory of Legal Interpretation », *Sodno ustvarjanje prava*, vol. 12, 2010, pp. 89-120
VINCENT J., « Industrialisation et libéralisme au XIXe siècle : nouvelles approches de l'histoire économique britannique », *Revue d'histoire du XIXe siècle*, vol. 37, coll. L'ère victorienne revisitée, 2008, pp. 87-110
VINGE V., « The coming technological singularity: How to survive in the post-human era », *VISION-21 Symposium*, 1993, disponible sur https://users.manchester.edu/Facstaff/SSNaragon/Online/100-FYS-F15/Readings/Vinge,%20The%20Coming%20Technological%20Singularity.pdf (consulté le 6 mai 2022)
VITO G. F., REED J.C., WALSH W.F., « Police executives' and managers' perspectives on Compstat », *Police Practice and Research*, vol. 18, n. 1, pp. 15-25, disponible sur https://doi.org/10.1080/15614263.2016.1205986 (consulté le 6 mai 2022)
VON MAYR G., « Statistics and gesellschaftslehre », *Moralstatistik mit Einschluss der Kriminalstatistik*, vol. 3, 1917, pp. 425-426
VON SCHEEL H., « Zur einfuhrung in die kriminalstatistik insbesondere diegenige des deutschen reichs » In *Allgemeines Statistisches Archiv*, 1890, pp. 183–194
WACHTER S., MITTELSTADT B., FLORIDI L., « Why a Right to Explanation of Automated Decision-Making Does Not Exist in the General Data Protection Regulation », *International Data Privacy Law*, vol.7, n°2, mai 2017, pp. 76–99.
WACHTER S., MITTELSTADT B., RUSSELL Ch., « Bias Preservation in Machine Learning: The Legality of Fairness Metrics Under EU Non-Discrimination Law », *West Virginia Law Review*, vol. 123, n° 3, 2021, disponible sur http://dx.doi.org/10.2139/ssrn.3792772 (consulté le 15 octobre 2021)
WACHTER S., MITTELSTADT B., RUSSELL Ch., « Why Fairness Cannot Be Automated: Bridging the Gap Between EU Non-Discrimination Law and AI », *Computer Law & Security Review*, 3 mars 2021, disponible sur https://arxiv.org/abs/2005.05906 (consulté le 15 septembre 2021)
WALTON D., « Arguments from Correlation to Causation » In. D. WALTON (dir.), *Argument Evaluation and Evidence*, éd. 1, 2016, pp. 179-208
WANG R., « Legal technology in contemporary USA and China », *Computer Law & Security Review*, vol. 39, novembre 2020, art. n° 105459, disponible sur https://doi.org/10.1016/j.clsr.2020.105459 (consulté le 5 mai 2022)
WANG S., HE M., GAO Z., HE S., JI Q., « Emotion recognition from thermal infrared images using deep Boltzmann machine », *Frontiers of Computer Science*, vol. 8, 2014, pp. 609–618
WANG Y., KOSINSKI M., « Deep neural networks are more accurate than humans at detecting sexual orientation from facial images », *Journal of Personality and Social Psychology*, 2018, vol. 114, n° 2, pp. 246–257
WHITMAN J. Q., « The Two Western Cultures of Privacy: Dignity versus Liberty », *The Yale Law Journal*, vol. 113, n° 6, avril 2004, pp. 1151-1221

WOLFSON R. F., « Aesthetics In and About the Law », *Kentucky Law Journal*, vol. 33, n° 1, 1944, pp. 33-47
WRIGHT A., « Dispositions, Anti-Realism and Empiricism », *Proceedings of the Aristotelian Society*, nouvelle série, vol. lxxxxi, 1990/1991, pp. 39-59
YANISKY-RAVID Sh., VELEZ-HERNANDEZ L.A., « Copyrightability of Artworks Produced by Creative Robots and Originality: The Formality-Objective Model », *Minnesota Journal of Law, Science & Technology*, vol. 19, n° 1, 2018, pp. 1-53
ZAVRŠNIK A., « Criminal justice, artificial intelligence systems, and human rights », *ERA Forum*, 2020, pp. 567-583
ZHONG H., GUO A., TU C., XIAO Ch., LIU Zh., SUN M., « Legal Judgment Prediction via Topological Learning », *Journal de la Conférence sur les méthodes empiriques dans le traitement du langage naturel*, Bruxelles, 31 octobre - 4 novembre 2018, pp. 3540-3549, disponible sur https://www.aclweb.org/anthology/D18-1390.pdf (consulté le 23 juin 2021)
ZOCK M., SABAH G., « La génération automatique de textes : trente ans déjà, ou presque », *Langages*, 26e année, n° 106, 1992, 106 pp. 8-35

Pour une bibliographie exhaustive et complète des sources utilisées dans cet ouvrage, veuillez vous référer à la bibliographie de la thèse intitulée *La régulation juridique de l'intelligence artificielle au sein de la justice : une étude comparative entre le droit de l'Union européenne et les lois fédérales des Etats-Unis*, soutenue le 19 octobre 2022 à l'École de droit de la Sorbonne, par M. S. Siavash SHAHRJERDI.

Structures éditoriales du groupe L'Harmattan

L'Harmattan Italie
Via degli Artisti, 15
10124 Torino
harmattan.italia@gmail.com

L'Harmattan Hongrie
Kossuth l. u. 14-16.
1053 Budapest
harmattan@harmattan.hu

L'Harmattan Sénégal
10 VDN en face Mermoz
BP 45034 Dakar-Fann
senharmattan@gmail.com

L'Harmattan Cameroun
TSINGA/FECAFOOT
BP 11486 Yaoundé
inkoukam@gmail.com

L'Harmattan Burkina Faso
Achille Somé – tengnule@hotmail.fr

L'Harmattan Guinée
Almamya, rue KA 028 OKB Agency
BP 3470 Conakry
harmattanguinee@yahoo.fr

L'Harmattan RDC
185, avenue Nyangwe
Commune de Lingwala – Kinshasa
matangilamusadila@yahoo.fr

L'Harmattan Congo
219, avenue Nelson Mandela
BP 2874 Brazzaville
harmattan.congo@yahoo.fr

L'Harmattan Mali
ACI 2000 - Immeuble Mgr Jean Marie Cisse
Bureau 10
BP 145 Bamako-Mali
mali@harmattan.fr

L'Harmattan Togo
Djidjole – Lomé
Maison Amela
face EPP BATOME
ddamela@aol.com

L'Harmattan Côte d'Ivoire
Résidence Karl – Cité des Arts
Abidjan-Cocody
03 BP 1588 Abidjan
espace_harmattan.ci@hotmail.fr

Nos librairies en France

Librairie internationale
16, rue des Écoles
75005 Paris
librairie.internationale@harmattan.fr
01 40 46 79 11
www.librairieharmattan.com

Librairie des savoirs
21, rue des Écoles
75005 Paris
librairie.sh@harmattan.fr
01 46 34 13 71
www.librairieharmattansh.com

Librairie Le Lucernaire
53, rue Notre-Dame-des-Champs
75006 Paris
librairie@lucernaire.fr
01 42 22 67 13

www.ingramcontent.com/pod-product-compliance
Lightning Source LLC
LaVergne TN
LVHW011156061026
849535LV00003B/756